HAUS-RUCKER-CO
ATEMZONEN

Lentos Kunstmuseum Linz
Verlag der Buchhandlung Walther und Franz König, Köln

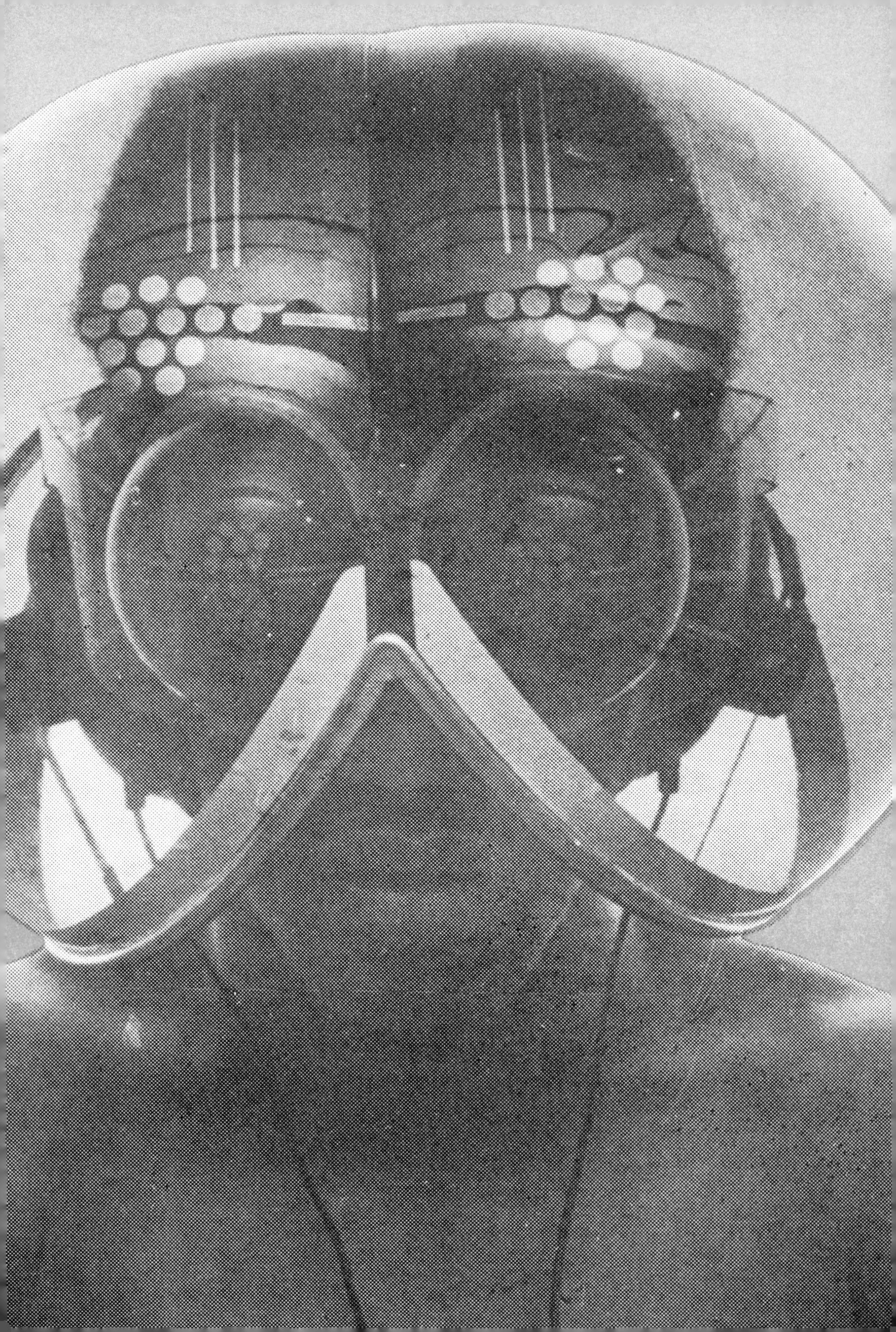

Vorwort / Preface

2020 übernahm das Lentos in Linz den Vorlass von Günter Zamp Kelp in seine Sammlungen. Die 537 Werke der Künstlergruppe Haus-Rucker-Co und Arbeiten von Günter Zamp Kelp, die nach der Auflösung des Kollektivs entstanden sind, bilden neben dem Vorlass von VALIE EXPORT und dem Archiv zu Herbert Bayer nun eine wichtige Säule der Sammlung des Lentos. Bis dato ist dieser Werkblock die bedeutendste Kollektion der Architekturgruppe in einem öffentlichen Museum.

Mit der Ausstellung *Atemzonen* präsentiert das Lentos diesen Sammlungsbestand erstmals der Öffentlichkeit. Die Schau, die in sechs thematische Stränge gegliedert ist, könnte nicht zeitgemäßer sein. Angesichts der aktuellen Klimakatastrophe bildet das Schaffen der Künstlergruppe einen bedeutenden inhaltlichen Referenzpunkt für die Arbeit junger Künstler·innen. Studierende der Abteilung raum&designstrategien der Kunstuniversität Linz haben sich im Sommersemester 2023 mit den Werken von Haus-Rucker-Co beschäftigt – im Annexraum werden die Ergebnisse dieser Recherchen begleitend gezeigt. Ergänzt wird die Ausstellung durch eine Soundarbeit von Kirsten Reese im Freiraum des Lentos.

Wir sind sehr dankbar, dass wir für diese Publikation Verena Konrad, Ludwig Engel und Karin Wilhelm als Autor·innen gewinnen konnten, die in das Werk der bedeutenden Künstlergruppe einführen. Die Publikation, die in zwei Teile gegliedert ist, besteht aus einem inhaltlich-textlichen Teil kombiniert mit der vollständigen Abbildung des Vorlasses von Zamp Kelp und bietet so die Grundlage für eine weitere inhaltliche und kunsthistorische Auseinandersetzung mit dem Werk der Künstlergruppe. Für die experimentelle grafische Umsetzung zeichnet Katarina Schildgen verantwortlich.

Besonderer Dank gilt in diesem Zusammenhang der Stadt Linz, namentlich Bürgermeister Klaus Luger, der den Ankauf der Werke ermöglicht hatte. Des Weiteren ist der unermüdliche Einsatz von Sarah Jonas hervorzuheben, welche die Projektleitung für die Produktion der Publikation übernahm und als kuratorische Assistenz für die Ausstellung fungierte. Ein ganz herzlicher Dank gilt dem Künstler, Günter Zamp Kelp, der als Kurator der Ausstellung und Begleiter bei allen Entscheidungen in Bezug auf die Publikation mit großem Einsatz zum Gelingen des Projektes beigetragen hat. Die Herausgabe des Buches ist mit dem Wunsch verbunden, dass eine große Anzahl an Werken der Gruppe Haus-Rucker-Co in internationalen Ausstellungen präsentiert wird und so die Arbeit des Lentos über die Region hinaus wirksam werden kann.

Hemma Schmutz
Künstlerische Direktorin der Museen der Stadt Linz

In 2020, the Lentos in Linz added the estate of Günter Zamp Kelp to its collections. This includes 537 works by the artist group Haus-Rucker-Co and works by Günter Zamp Kelp created after the dissolution of the collective. Alongside the estate of VALIE EXPORT and the Herbert Bayer Archive, they now form an important pillar of the Lentos collection. To date, this is the most important selection of the architecture group's works held by a public museum.

The exhibition *Breathing Zones* at the Lentos now presents these works to the public for the first time. Divided into six thematic strands, the show could not be more timely. In view of the current climate crisis, the group's oeuvre plays an important role as a reference point for young artists. Students from the Department of Space and Design Strategies at the University of Art and Design Linz studied the work of Haus-Rucker-Co during the summer semester of 2023. The results of this research are displayed in the annex space while a sound work by Kirsten Reese is on show parallel to the exhibition in the open space of the Lentos.

We are very grateful that Verena Konrad, Ludwig Engel and Karin Wilhelm have contributed to this publication by providing insights into the work of this remarkable group of artists. The book is divided into two parts: a section of texts alongside a complete body of images documenting Zamp Kelp's estate, so offering the basis for further examination of the group's oeuvre in terms of its content and in the context of art history. The experimental graphic design was created by Katarina Schildgen.

We would like to take this opportunity to express our sincere thanks to the City of Linz, and in particular to Mayor Klaus Luger, who made the purchase of these works possible. We would also like to thank Sarah Jonas for her tireless efforts in project management and production for the publication and also her curatorial assistance for the exhibition. Sincere thanks are due to the artist Günter Zamp Kelp as curator and guide in all decisions regarding the publication, whose great dedication ensured the success of the project. The publication of the book is linked to the wish that a great number of works by the Haus-Rucker-Co group will be shown at international exhibitions, so allowing the work of the Lentos to have an impact beyond the region.

Hemma Schmutz
Artistic Director of the Museums of the City of Linz

Atemzonen / Breathing Zones

Eine Ausstellung über Haus-Rucker-Co und das Atmen
An exhibition about Haus-Rucker-Co and breathing

In der Ausstellung des „Lentos Archiv Haus-Rucker-Co" im Großen Saal des Kunstmuseums wird auch die Anwesenheit des Elementes Luft thematisiert. Also die Präsenz jener Gaskombination, die aus 21% Sauerstoff, 78% Stickstoff, 0,93% Argon und 0,035% Kohlendioxyd besteht und eine essentielle Voraussetzung für terrestrisches Leben ist.

Dieses Gasgemisch ist bekanntlich unsichtbar und wird uns immer erst dann bewusst, wenn es schlecht riecht, es unerträglich heiß oder kalt wird oder es uns den Atem verschlägt. Dann rufen wir nach Klimakontrolle, nach wohltemperierten, kontrollierten Environments, die unser Überleben garantieren. Schon im Jahr 1971 machte Haus-Rucker-Co die Ausstellung *COVER. Überleben in verschmutzter Umwelt* im Museum Haus Lange in Krefeld, in der wir das Museum unter der Prämisse einer kontaminierten Umwelt mittels einer Traglufthalle zur künstlichen Oase, einem synthetischen Reservat mit gefilterter Luft transformierten. Teil dieser Ausstellung war das Objekt *KLIMA 2 / ATEM-ZONE*, das als Namensgeberin der Ausstellung *Haus-Rucker-Co. Atemzonen* fungiert.

Die Ausstellung gliedert sich in thematische Zonen, die den 800 Quadratmeter großen Raum mit sieben schwebenden textilen, szenischen Paravents in sechs Bereiche teilen. Neben ‚Klimakontrolle' sind ‚Progressives Wohnen', ‚Stadtnatur', ‚Kosmos Vanil-la', ‚Geschichten vom Raum' und ‚Orte der Kommu-nikation' Teilthemen des ausgestellten Archivs.

Das „Lentos Archiv Haus-Rucker-Co" besteht aus Arbeiten, die in der zweiten Hälfte des letzten Jahrhunderts entstanden sind. Um diesen Werken aktuelle Positionen gegenüberzustellen, wurden Studierende der Kunstuniversität Linz eingeladen, zum Thema Atmen und Atemzonen Projekte und Statements zu entwickeln, die in einem eigenen Raum präsentiert werden.

Aus Anlass der Ausstellung hat die Tonkünstlerin Kirsten Reese eine Komposition entwickelt, in der das Atmen in akustischen Variationen im überbauten Vorfeld des Museums zu hören ist. Der Atemreflex, mit dem wir sieben Liter Luft zwölf bis sechzehn Mal pro Minute ein- und ausatmen, wird Teil der Ausstellung, macht uns die Wichtigkeit der den Planeten Erde umgebenden Atmosphäre bewusst und will als Hinweis darauf verstanden werden, mit dieser Gegebenheit pfleglich umzugehen.

Vor 4,5 Milliarden Jahren war der Mars von einer dichten, warmen und feuchten Atmosphäre umgeben, welche die Voraussetzungen für Flüsse und Seen an der Oberfläche des Planeten schuf. Damals war es die Sonne, die einen Großteil seiner Lufthülle ins All blies und ihn zum Wüstenplaneten machte.

Viereinhalb Milliarden Jahre später müssen wir uns als Erdbewohner·innen im Klaren darüber sein, dass die von uns betriebene Erderwärmung zu ähnlichen klimatischen Perspektiven führen wird, wenn wir den Umgang mit unserer Welt nicht radikal ändern.

Zamp Kelp im Mai 2023

The "Lentos archive Haus-Rucker-Co" exhibition in the Great Hall of the museum also explores the presence of the element air. In other words, the presence of that combination of gases that is an essential condition for terrestrial life, made up of 21% oxygen, 78% nitrogen, 0.93% argon and 0.035% carbon dioxide.

This mixture of gases is, as we all know, invisible and we only become aware of it when it smells bad, when it becomes unbearably hot or cold or if it takes our breath away. It is then that we call for climate control, for well-regulated temperatures, for the controlled environments that will guarantee our survival.

As early as 1971, Haus-Rucker-Co staged the exhibition *COVER. Survival in a Polluted Environment* at the Museum Haus Lange in Krefeld. Under the premise of a contaminated environment, we transformed the museum into an artificial oasis – a synthetic reserve with filtered air – by constructing an air dome. This show included the object *CLIMATE 2 / BREATHING ZONE*, which provides the title for the exhibition *Haus-Rucker-Co. Breathing Zones*.

The exhibition is divided into thematic zones, with seven floating textile scenic screens separating the 800-square-metre space into six sections.

Alongside 'Climate Control', sub-themes of the exhibited archive include 'Progressive Living', 'City Nature', 'Cosmos Vanilla', 'Stories of Space' and 'Sites of Communication'.

The "Lentos archive Haus-Rucker-Co" consists of works produced in the second half of the last century. In order to compare these works with current positions, students from the Linz University of Art were invited to develop projects and statements on the theme of breathing and breathing zones. These are presented in a dedicated space.

Sound artist Kirsten Reese has developed a composition for the exhibition in which breathing can be heard in acoustic variations in a covered outdoor area of the museum. The breathing reflex, through which we inhale and exhale seven litres of air twelve to sixteen times per minute, becomes part of the exhibition, making us aware of the importance of the atmosphere surrounding planet Earth, and intended as a call to treat this reality with care.

4.5 billion years ago, Mars was surrounded by a dense, warm and humid atmosphere, creating the conditions for rivers and lakes to form on the surface of the planet. At that time, it was the Sun that blew much of its atmosphere into space and transformed it into a desert planet.

Four and a half billion years later, we as earthlings must be aware that the global warming we are causing will lead to similar climatic prospects if we do not radically change the way we treat our world.

Zamp Kelp in May 2023

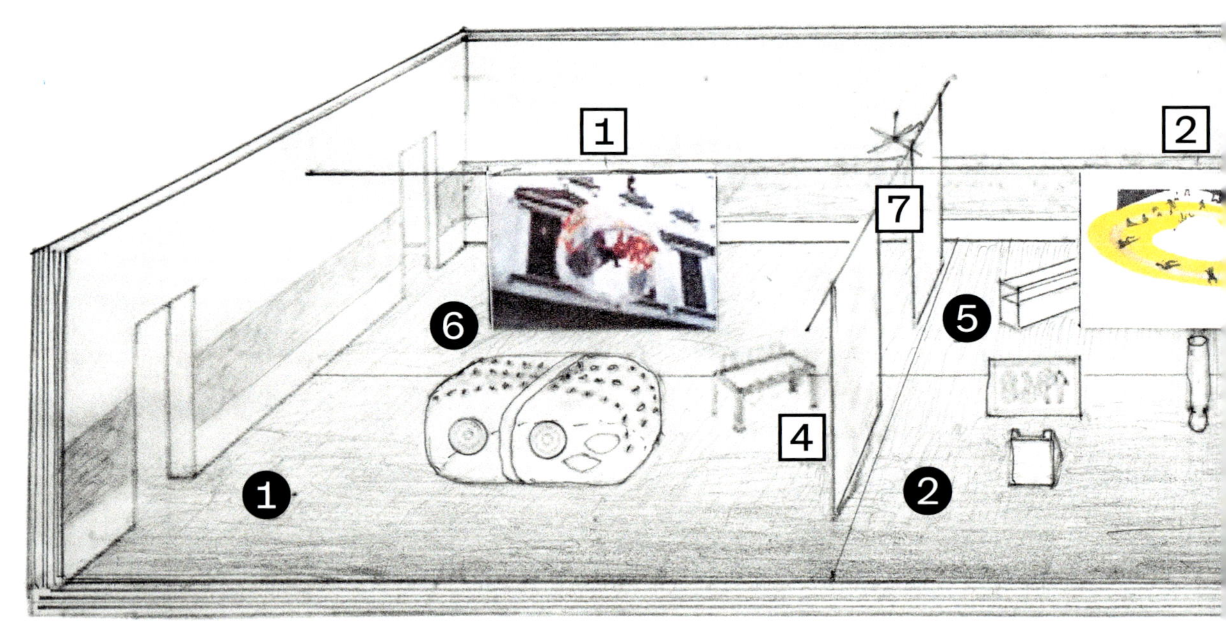

1
6
4
7
5
2
2
1

Raumstrategie / Room Strategy:

❶ *Progressives Wohnen / Progressive Living*
❷ *Kosmos Vanilla / Cosmos Vanilla*
❸ *Klimakontrolle / Climate Control*
❹ *Stadtnatur / City Nature*
❺ *Orte der Kommunikation / Sites of Communication*
❻ *Geschichten vom Raum / Stories of Space*

Szenische Paravents / Scenic Room-Divider:

1 *Ballon für 2 / Balloon for 2*
2 *Billiard Planet*
3 *Walk into the Cloud*
4 *Pneumacosm*
5 *Palmtree Island*
6 *Zero Gravity Heart*
7 *Architekturtrainer / Architecture Trainer*

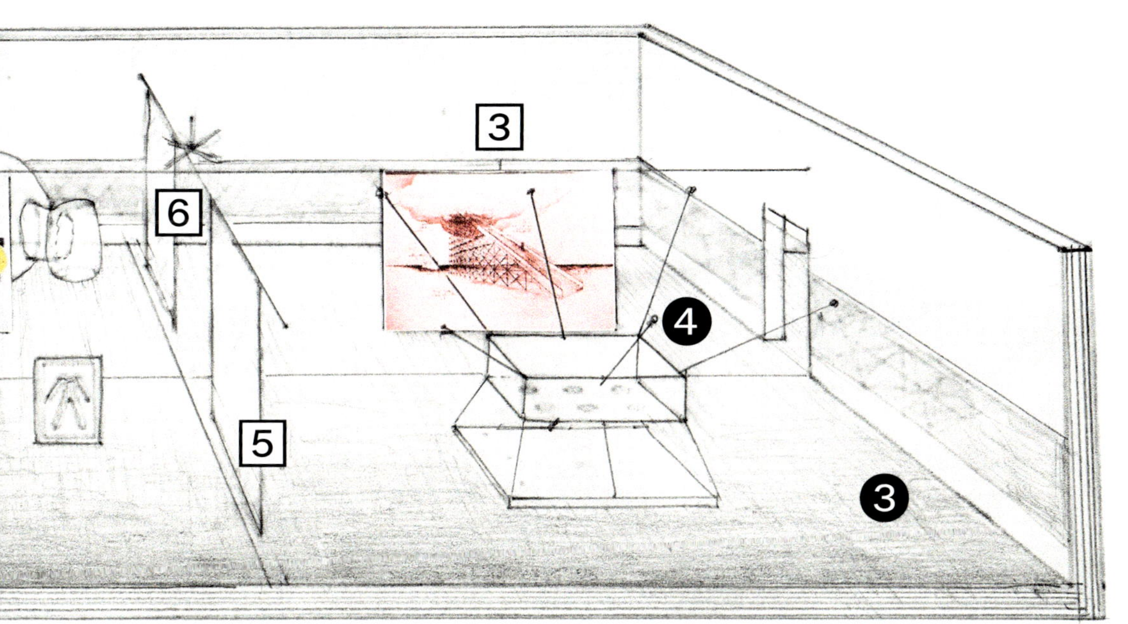

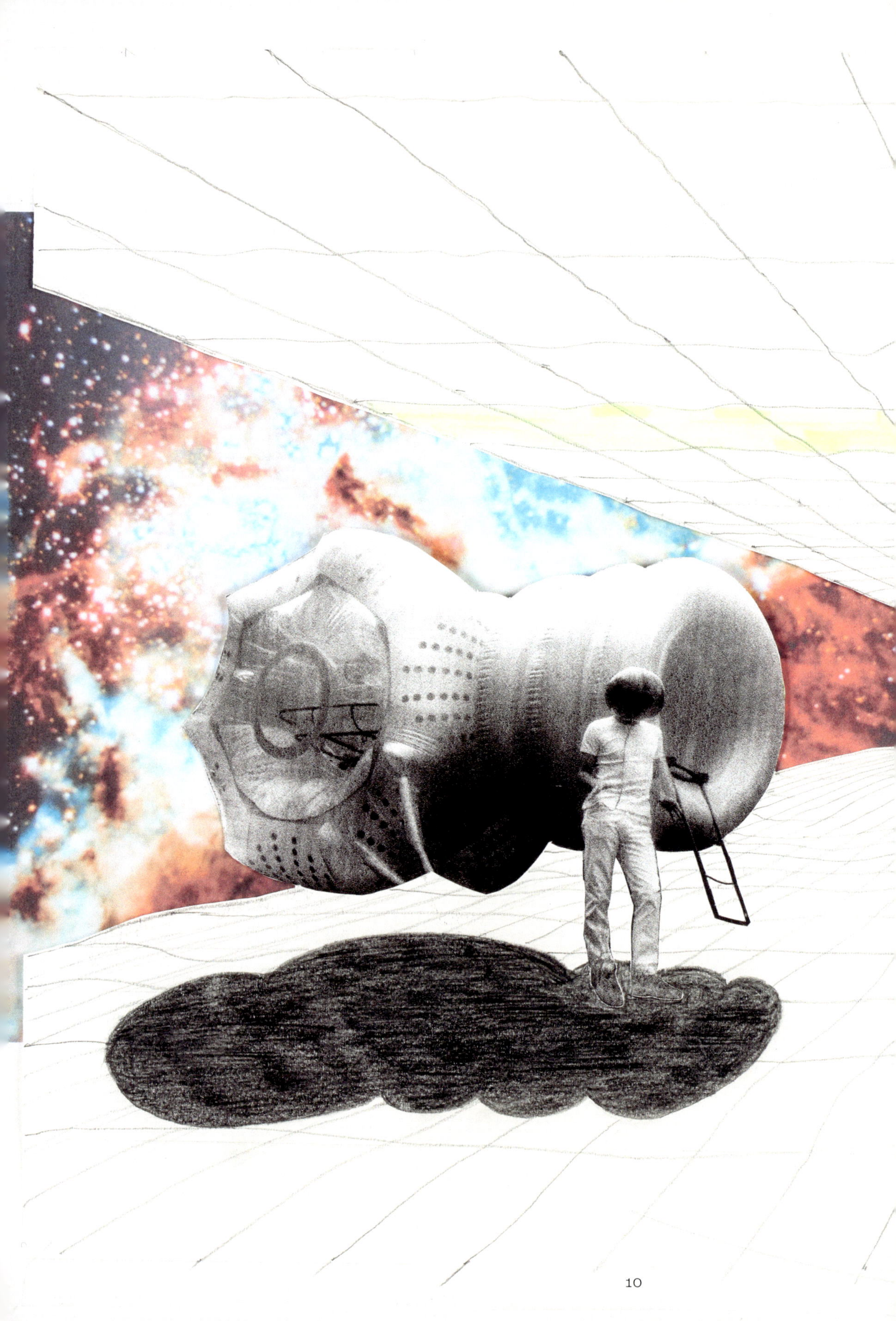

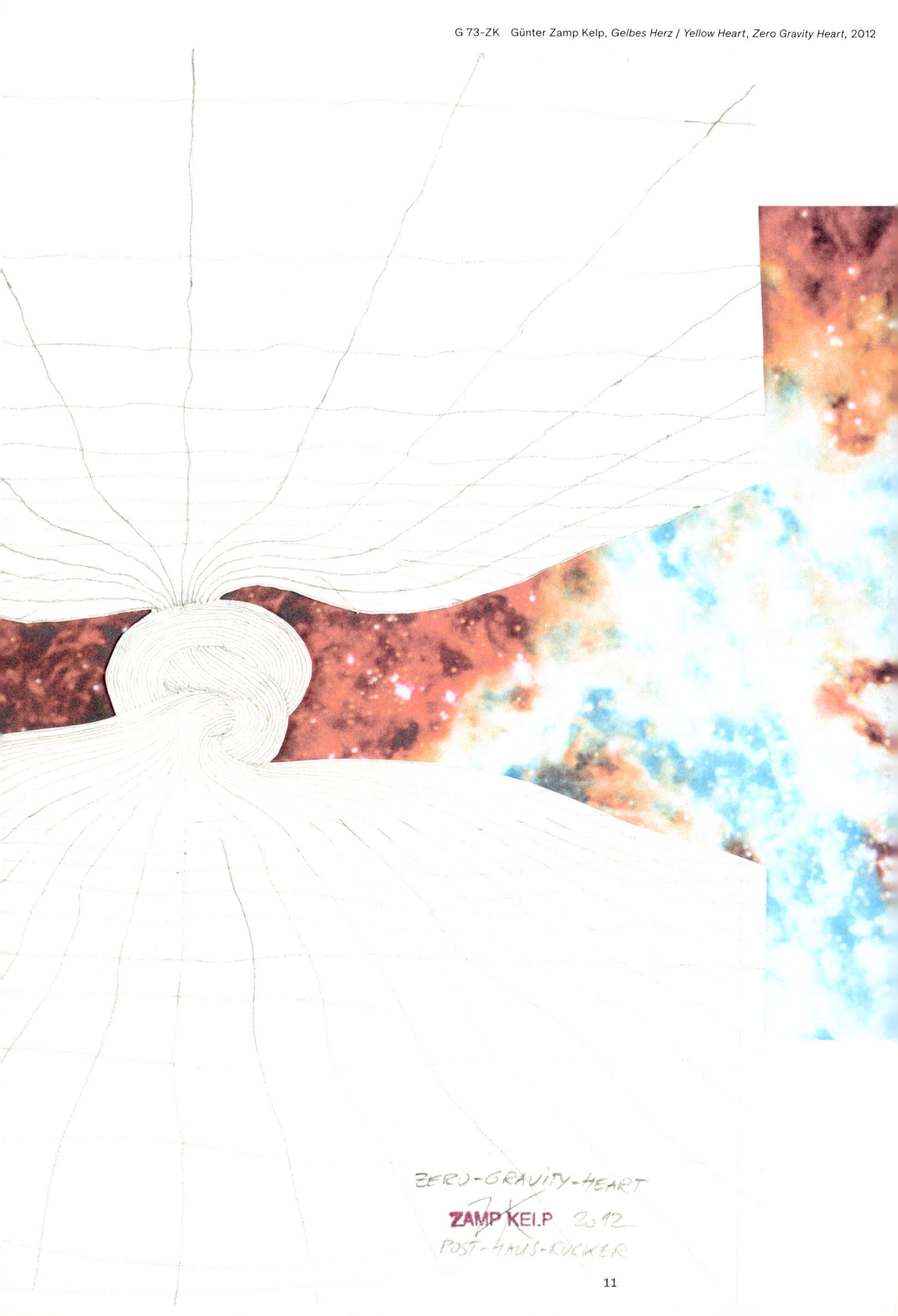

ZERO-GRAVITY-HEART
ZAMP KELP 2012
POST-HAUS-RUCKER

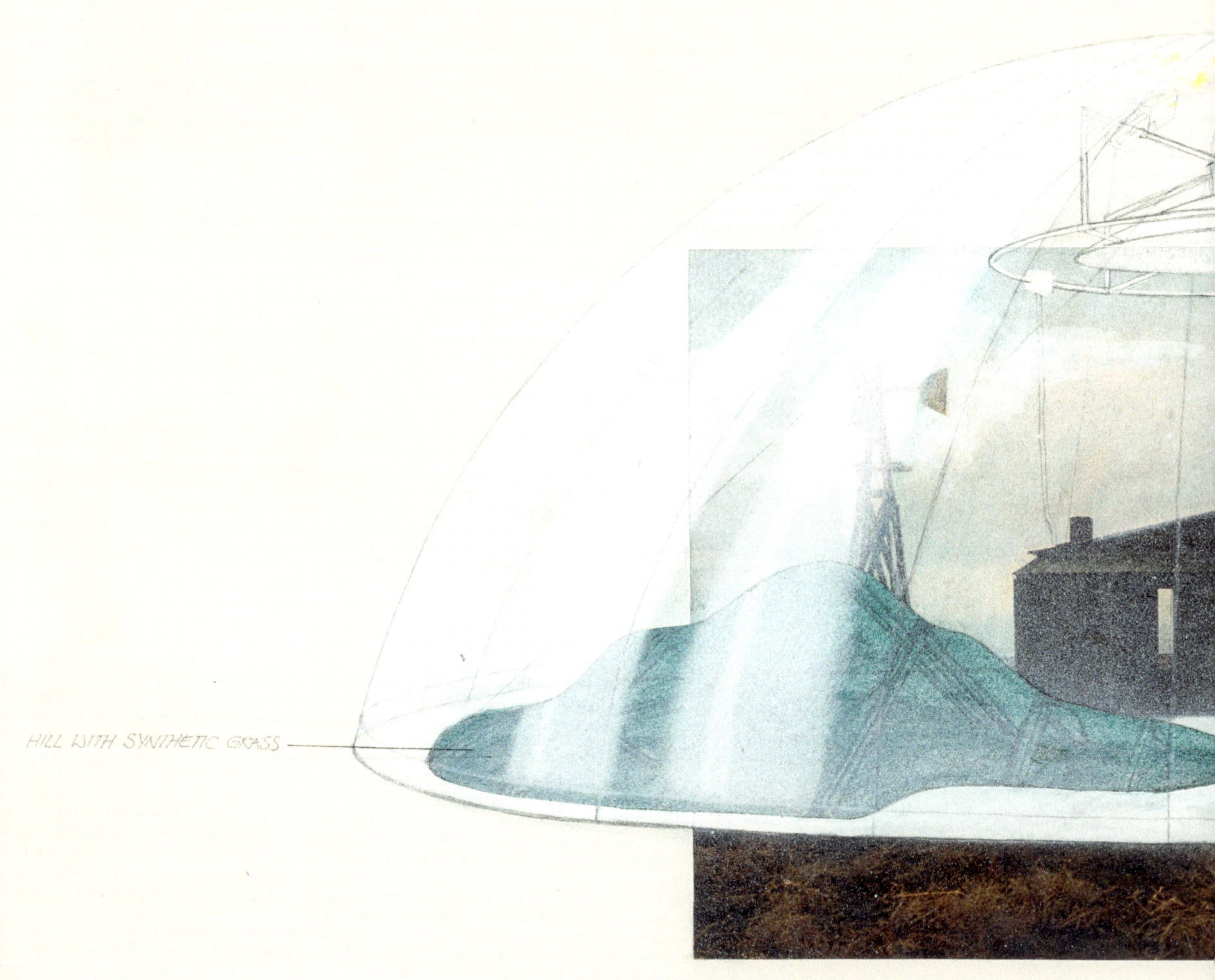
HILL WITH SYNTHETIC GRASS

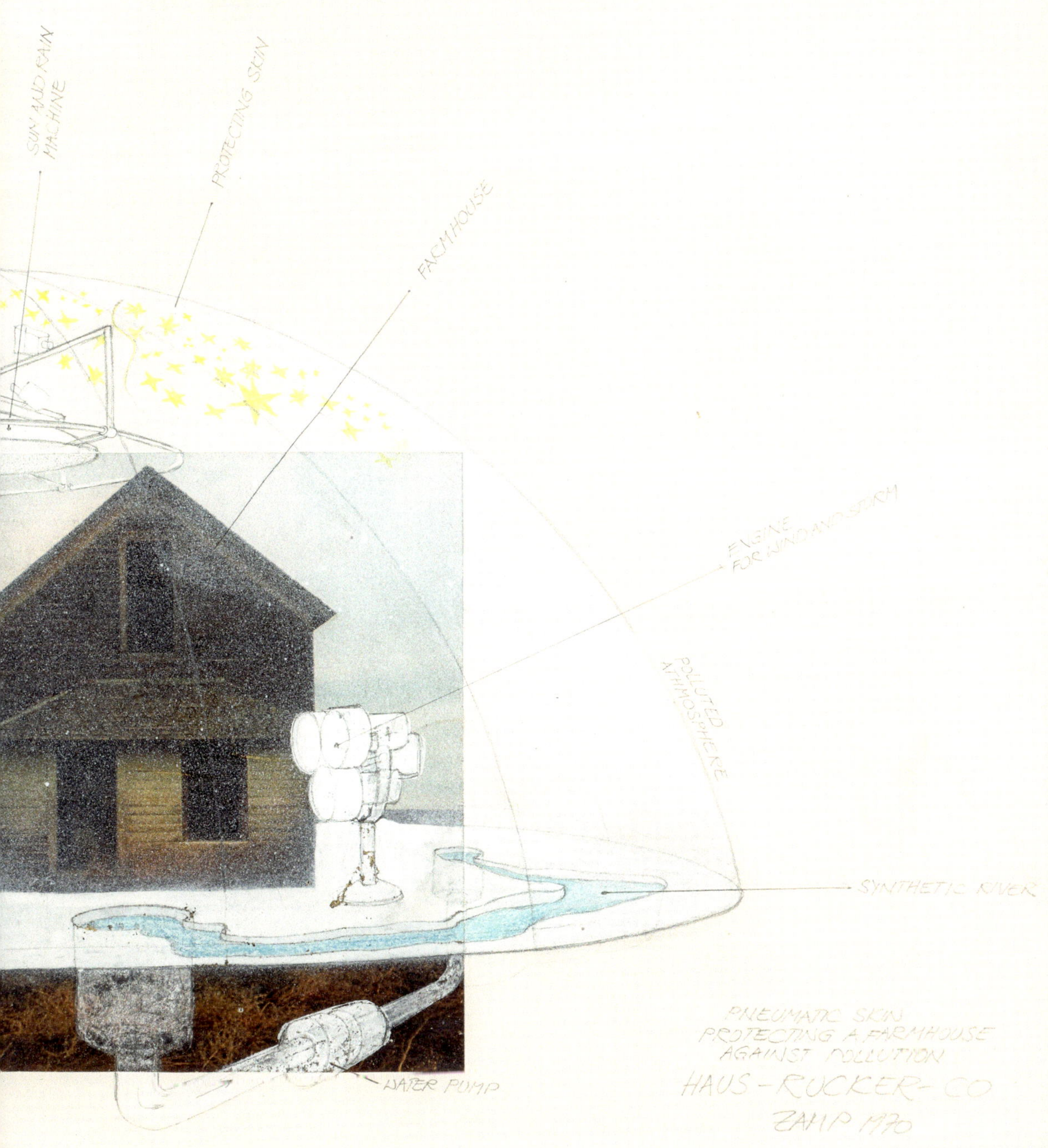

PNEUMATIC SKIN
PROTECTING A FARMHOUSE
AGAINST POLLUTION
HAUS-RUCKER-CO
ZAMP 1970

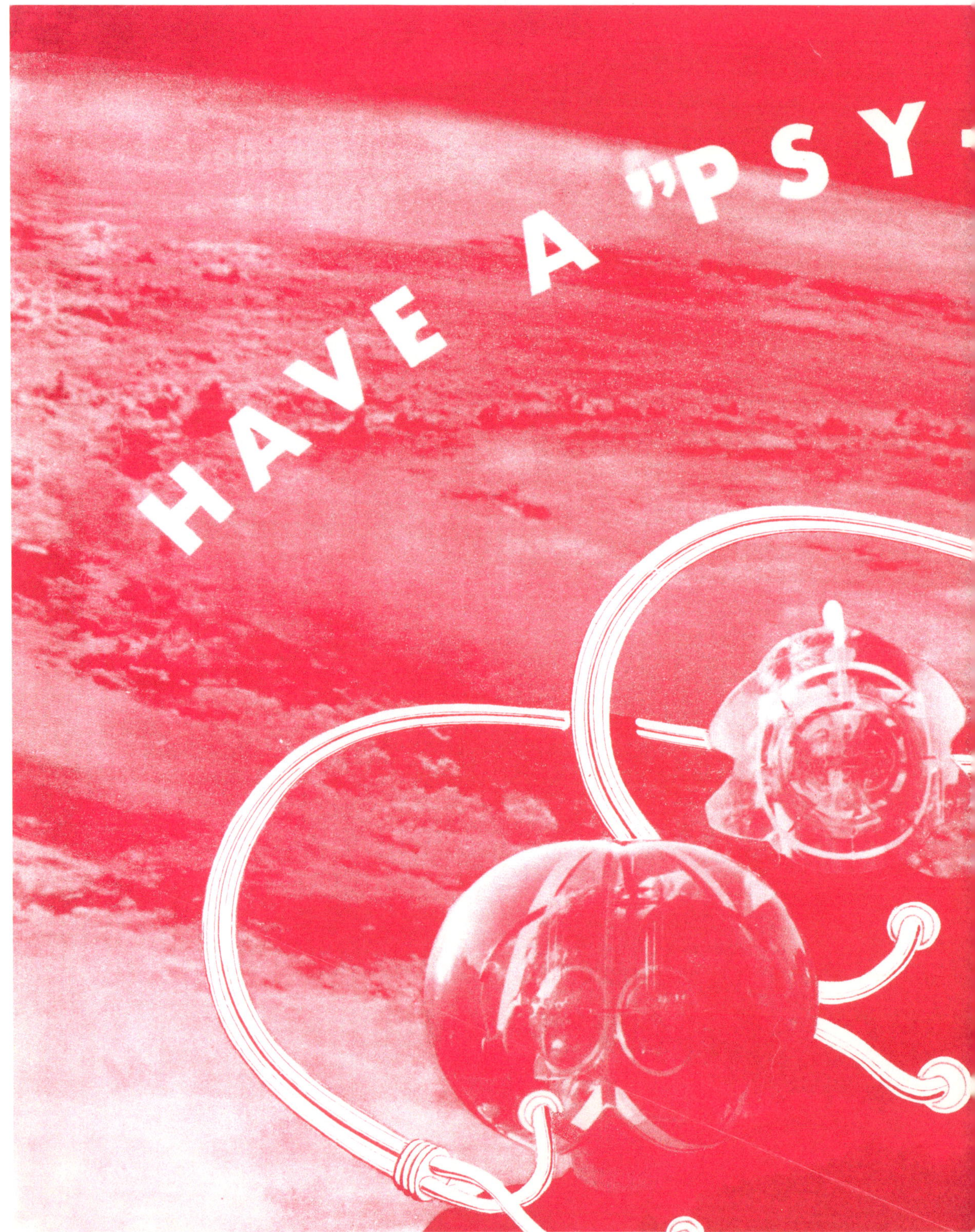

G 90-ZK   Haus-Rucker-Co (Günter Zamp Kelp), *Vanille Zukunft / Vanilla Future, Have a 'Psy-Year'*, 1968

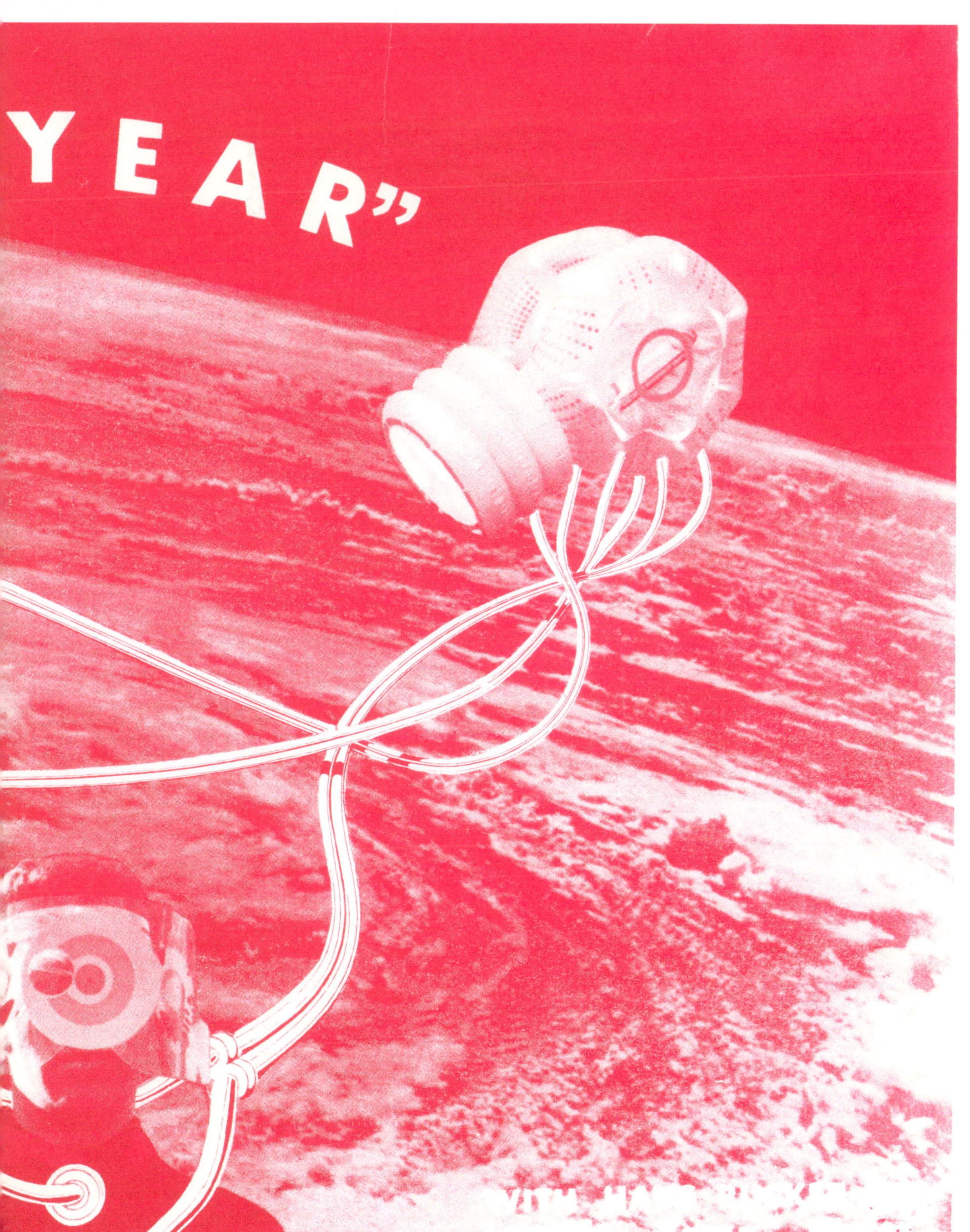
YEAR"

Verena Konrad

Die Welt – Raum – Perspektive

Architektur, Kunst und Gesellschaft
im Kontext von Raum und Transformation

Die 1960er-Jahre gelten heute im Rückblick als Jahre des kollektiven Aus- und Aufbruchs. Getragen von der Stimmung, Veränderung herbeiführen zu wollen und zu können, bilden sich auch in der Architektur und Kunst dieser Zeit zahlreiche Gruppen, die ihre Wirkungsstätten in die Stadt, den öffentlichen oder semi-öffentlichen Raum, transferieren und ihre oftmals performative Praxis als Experiment anlegen. So schließen sich im Sommer 1967 auch die jungen Architekten Günter Zamp Kelp und Laurids Ortner und der bildende Künstler Klaus Pinter als „Haus-Rucker-Co" zusammen. Benannt nach der Hügelkette bzw. oberösterreichischen Region, vor allem aber dem Verrücken räumlicher Ordnungen verpflichtet, liegt die „Mission" der interdisziplinären Künstlergruppe in der Erfindung neuer Objekte, der Schaffung neuer Apparaturen zur Intensivierung und Regulierung von (Raum-)Wahrnehmung und einer sprachfreudigen, ausdrucksstarken, experimentellen wie transformativen künstlerischen Arbeit, die Form und Idee, Sprache und Inhalt zusammen denkt. Die visionäre Konstruktion, die Lust am Spekulativen, an der Möglichkeitsform, aber auch am physisch-psychischen Erlebnis des Ausnahmezustandes werden zum Leitmotiv einer künstlerischen Praxis.

Weltraum und Raumwelten

Der 1992 erschienene Katalog zur Ausstellung *Haus-Rucker-Co* in der Kunsthalle Wien beginnt mit der Abbildung eines Plakates aus dem Jahr 1968. „HAVE A PSY-YEAR" steht darauf in Versalien. Zu sehen sind ein Ausschnitt der Erde aus der Weltraumperspektive und drei Figuren mit Helmen und verbindenden Schläuchen sowie einer Apparatur, die wohl eine Versorgungseinheit sein könnte. Die erste bemannte Mondlandung ist zu diesem Zeitpunkt noch Zukunftsmusik, sie wird 1969 stattfinden, doch die Faszination für die Mission im All und das Interesse für den „Weltraum" ist bereits deutlich ablesbar. Der „Sputnik-Schock“ sitzt tief. Nach dem Erfolg der ersten sowjetischen Satellitenmission 1957 bezeichnet dieser „Schock“ die Reaktion des Westens auf den erlebten Rückstand in den Naturwissenschaften und im Bereich der Technologien, den es nun aufzuholen gilt. Die 1960er und 1970er werden so zu einer Ära des Investierens in großangelegte Bildungs- und Forschungsprogramme. In Zeiten des Kalten Krieges eilig auf den Weg gebracht, soll der US-amerikanische „National Defense Education Act“ die Balance im Wettstreit der Mächte wiederherstellen. Aktivitäten wie jene des „Physical Science Study Comittee“ am MIT (Massachusetts Institute of Technology) und viele andere Maßnahmen sollten dabei helfen, die technologische Lücke zu schließen.[1] Mit diesem Fokus entsteht nicht nur eine neue Form von Wissensproduktion, sondern auch ein neues Verständnis von Welt, das sich wirkmächtig und bildhaft einschreibt in die gesellschaftsutopischen Visionen jener Zeit und damit auch in die künstlerische Produktion.

Fast wie in einem Paralleluniversum findet zeitgleich noch eine andere Revolution statt. Sie ist einer anderen Perspektive von Welt gewidmet – jener der konkreten, harten, von Ungleichheit und Ungerechtigkeit geprägten Alltags- und Erlebniswelt – und steht im Kontext gesellschaftlicher Transformation und demokratischer Erneuerung. So viele neue politische Programme auch auf dem Weg sein mögen, sind die 1960er- und 1970er-Jahre, widersprüchlich wie jede Zeit, ebenso geprägt von einer Skepsis gegenüber Institutionen, deren Autorität immer mehr in Frage gestellt wird. Unabhängig von Fokus und Standpunkt treten Raum und Gesellschaft jedoch als politische Kategorien ganz deutlich und sichtbarer als je zuvor als Aspekte einer politischen Ordnung zutage.

Widerstand und Kritik

Ebenso hart wie der Kontrast von gesellschaftlicher Revolution auf nationalem Boden und Machtexploration im Weltall vollzieht sich in den 1960er-Jahren auch die parallel zum Technologieschub wachsende Funktionalismus-Kritik. Der Wille zum Ausbruch aus den starren Ordnungen wird auch in diesem intellektuellen Aufstand deutlich spürbar. Innerhalb dieser Kritik „interferieren zwei entgegengesetzte Widerstandshaltungen: Während sich der radikale Rationalismus der Wirklichkeit des architektonischen Raums verpflichtet fühlte, bezog der Utopismus der ProtagonistInnen des ‚Austrian Phenomenons' (Peter Cook) seine Radikalität aus der Imago des plastischen Ausdrucks und der Autonomie einer von ihren tristen Funktionen befreiten Form", schreibt Gabriele Kaiser in ihrem Text „Poetische Stadtfantasien als Kritik am Funktionalismus?".[2] Im Kontext dieser Kritik, die kulturprägend ist, stehen auch zahlreiche Ausstellungen dieser Zeit, etwa jene der *Neuen städtischen Wohnformen* (1966/67) der ÖGFA Österreichische Gesellschaft für Architektur als auch *Urban Fictions – Leitbilder für die Stadt der Zukunft* (1967) in der Galerie nächst St. Stephan mit Beiträgen von Raimund Abraham, Günther Feuerstein, Hans Hollein, Laurids Ortner, Walter Pichler, Wolf D. Prix, Carl Pruscha u. a.[3] Erstere steht für ein konkretes Arbeiten an der Stadt mit Bezugnahme auf vorhandene Strukturen, letztere für einen am erweiterten Kunstbegriff angelehnten erweiterten Architekturbegriff, der sich politisch und poetisch öffnete, hin zu einer skulpturalen und performativen Praxis.

Anregungen für die frühen Arbeiten des Kollektivs Haus-Rucker-Co kommen aus dem „Gesamtkollektiv" – Pneus, Superstrukturen, Raumgitter, Trichter und Pyramiden finden sich bei Archigram, Superstudio, Hans Hollein und vielen anderen. Die Fiktionen jener Zeit finden ihre visuelle Übersetzung in Megastrukturen, Raumfahrtsbildern und „poetischen Stadtfantasien" (Günther Feuerstein), die reale Planungsszenarien überlagern. Der Fokus liegt „out of the box". Auf das architektonische Objekt folgt die zweckungebundene Raumstruktur – es entstehen Zeichnungen und Skizzen mit Blasen und Zellen, Raumexperimente, die den erlebten Raum fokussieren.

Frühe Experimente mit Manifest-Charakter

Noch vor der eigentlichen Gründung als Haus-Rucker-Co entstehen zwei Projekte, die nachträglich wie ein künstlerisch-architektonisches Gründungsmanifest wirken. Im Zuge eines internationalen Wettbewerbs mit dem Titel *Interdesign 2000*, ausgeschrieben durch das deutsche Unternehmen Holzäpfel, sollen

„PHY-PSY. Die technischen Errungenschaften unseres Zeitalters sind unserer geistigen und körperlichen Entwicklung so weit vorausgeeilt, daß sich die Alternative – die physisch-psychischen Fähigkeiten weiterzuentwickeln – geradezu aufdrängt. PHY-PSY ist eine Art Raumfahrtsprogramm, mit dem Ziel der Eroberung des Inner-Space, des Raumes im Menschen selbst. Und damit der Aktivierung neuer phy-psy Kräfte. Die Zielsetzung ist kollektiv: Arbeitsbereiche werden geteilt und von Teams verschiedener Sparten bearbeitet. Beitrag des Gestalter-Teams ist die Schaffung von optischen Leitbildern und die Gestaltung von Environments, die gleichsam als Nährlösung dieser neuen Entwicklung fungieren. Begonnen vom Mini-Environment, das am Körper zu tragen ist, bis zum allesumfassenden, allesumformenden: der Stadt.“ [4]

neue, zukunftsträchtige Möbel- und Wohnkonzepte entwickelt werden. Zamp Kelp entwickelt mit Helmut Grasberger und Manfred Ortner den *Pneumacosm*. Laurids Ortner produziert mit Angela Hareiter (später Mitglied der Gruppe „Missing Link"), Edith Ortner und Herbert Schweiger den *Mind-Expander*. Der *Pneumacosm* fokussiert die physische, der *Mind-Expander* die psychische Welt. Beide behandeln mit architektonischen Mitteln das Thema der Gestaltung neuer Räume. Der *Pneumacosm* steht in der Reihe von Architekturexperimenten, die Marc Dessauce später als Zeit der „aufblasbaren Architektur" zusammenfasst.[5] Haus-Rucker-Co umschreibt ihn so:

> *Pneumatische Plug-In-Wohnzelle. Das* Pneumakosm *ist eine Wohneinheit, die wie eine Glühbirne funktioniert. Sie wird fertig installiert geliefert und in die vorgesehene Halterung einer vertikalen städtischen Struktur gesteckt. Wie man eine Glühbirne in eine Fassung schraubt. Mit dem Augenblick, da das* Pneumakosm *angesteckt ist, funktioniert das Licht, man kann den Wasserhahn aufdrehen und telefonieren.* [6]

Der Mensch als Nomade nimmt seine Architektur mit. Stühle, Kissen und Raumhüllen stehen für das Temporäre und Veränderbare. Die Architektur zeigt sich damit in ihrer transformativen Kraft.

Den Gesellschaftsraum unter neuen Perspektiven neu wahrzunehmen, ist das Ziel des *MEP*, des *Mind-Expanding-Program*, das mit dem *Mind-Expander I* 1967 so etwas wie einen Prototypen erhält. Tatsächlich handelt es sich beim *Mind-Expander I* um eine eigenständige Arbeit, die später erweitert und fortgeführt wird. Der *Mind-Expander* dient der Bewusstseinserweiterung. In den späten 1960er-Jahren sind in der Biophysik Experimente zur Beeinflussung der menschlichen Psyche durch visuelle, akustische oder haptische Reize weit verbreitet. Die Wahrnehmungspsychologie gewinnt an Bedeutung und Anerkennung als Wissenschaft. Große Experimente zu menschlichem Verhalten und sinnlichem Erfahren finden statt. In diesem Kontext steht der *Mind-Expander*, der als technische Apparatur zu neuen (Raum-)Erfahrungen stimulieren soll. In einem möbelartigen Objekt sitzen in einer Sitzschale zwei Personen in einer bestimmten Position. Sie sind umgeben von einem großen PVC-Helm, der mit von Klaus Pinter gestalteten, bunten Farbstreifen beklebt ist. Dort erfahren sie intensive visuelle, akustische und haptische Reize, wodurch sich verschiedene psychische Erlebnismöglichkeiten erschließen.[7] Diese Ausflüge in innere Welten als Pendant zum Weltall wurden verschiedentlich auch mit der Erforschung von bewusstseinserweiternden Drogen in Verbindung gebracht, auf die der *Mind-Expander* verweist.

Der Wunsch nach einer offenen Gesellschaft zeigt sich in den entgrenzten Raumstrukturen, in einer räumlichen Ordnung, die nicht nur zweckungebunden ist, sondern in der explizit alles möglich scheint. Die Architektur wird nun mobil, sie wird modular, sie hat das Potenzial, sich auszudehnen und wieder zu schrumpfen, sie wird anpassungsfähig. Ihr Fokus auf Wahrnehmung und die Erfindung neuer Instrumente zur Verstärkung und Fokussierung von Wahrnehmungsreizen ist nicht nur technische Spielerei, sondern steht im Kontext einer medienkritischen Analyse, die sich zu den Paradigmen ihrer Zeit verhält. Hans Holleins Manifest und Proklamation *Alles ist Architektur* (1968) erklärt die Architektur selbst zum Medium im Sinne einer „Konditionierung eines psychischen Zustands"[8] – „Happy PSY-YEAR!" Damit wird die Materialität von Architektur als Gebautem radikal in Frage gestellt und dem architektonischen Denken gänzlich neue Möglichkeiten eröffnet. „Eine Architektur, die uns frei macht vom ‚gebauten Lebensraum' und ganz neue Beziehungen der Menschen zueinander als auch zum Raum ermöglicht."[9]

Der Blick auf das Werk von Zamp Kelp und mit ihm auch auf die Gruppe Haus-Rucker-Co wirkt wie der Blick in ein Archiv dieser Raum- und Transformations-Experimente. Der Fokus liegt auf dem Verstehen von Welt als Gesamtheit aller einem Menschen erkenn- und begreifbaren Dinge und ihrer Beziehungen zueinander. Mensch, Maschine, Stadt, Landschaft, Körper, Emotion und Wahrnehmung sind die Bezugsparameter dieser architektonischen wie künstlerischen Praxis, die im Werk von Zamp Kelp bis heute erkennbar sind. Aus der sicheren Distanz des Unbeteiligtseins fragen sich heute viele, wie revolutionär und transformationsbegünstigend diese Experimente tatsächlich waren. Für die Architekturgeschichte ist die elementare Chiffre dafür nicht „68", sondern „67", als Sinnbild für eine große Suchbewegung, in der die Architektur über das Kollektiv und die Kunst ihren Weg zurück zum Individuum fand.[10]

[1] Vgl. Tom Holert / Haus der Kulturen der Welt (Hg.): *Bildungsschock. Lernen, Politik und Architektur in den 1960er und 1970er Jahren*, Berlin / Boston 2020.

[2] Gabriele Kaiser, „Poetische Stadtfantasie als Kritik am Funktionalismus?", in: *68*, Katalog anlässlich der Ausstellungen „Wer war 1968? Kunst Architektur, Gesellschaft" im Kunstmuseum Lentos und im Stadtmuseum Nordico und „Schluss mit der Wirklichkeit! Avantgarde, Architektur, Revolution, 1968" in der Landesgalerie Linz, hg. von Johannes Porsch, Hedwig Saxenhuber und Georg Schöllhammer, Salzburg 2018, S. 434.

[3] Ebd.

[4] Zitiert nach Dieter Bogner (Hg.), *Haus-Rucker-Co, Denkräume – Stadträume*, Klagenfurt 1992, S. 9.

[5] Vgl. Marc Dessauce (Hg.): *The Inflatable Moment. Pneumatics and Protest in '68*, New York 1999.

[6] Zitiert nach Bogner, S. 11.

[7] Vgl. Dieter Bogner, „Denkräume-Stadträume", in: Dieter Bogner (Hg.), *Haus-Rucker-Co, Denkräume – Stadträume*, Klagenfurt 1992, S. 275.

[8] Hans Hollein, „Alles ist Architektur", in: *Bau*, Jg. 23, Heft 172, Wien 1968, S. 2.

[9] Hans Hollein, „Vorstoß und Rückstoß", in: *Bau*, 21. Jg., Heft 4, Wien 1966. S. 65.

[10] Vgl. Christa Kamleithner, „Konsum und Kritik. Die österreichische Architekturavantgarde, 1968 und die ‚Explorierung der Empfindung'", in: *68*, Katalog anlässlich der Ausstellungen „Wer war 1968? Kunst Architektur, Gesellschaft im Kunstmuseum Lentos und im Stadtmuseum Nordico" und „Schluss mit der Wirklichkeit! Avantgarde, Architektur, Revolution, 1968" in der Landesgalerie Linz, hg. von Johannes Porsch, Hedwig Saxenhuber und Georg Schöllhammer, Salzburg 2018, S. 444.

VERENA KONRAD studierte Kunstgeschichte, Geschichte und Theologie an der Universität Innsbruck. Lehrtätigkeiten am Lehrstuhl für Architekturtheorie an der Universität Innsbruck und an der Abteilung raum&designstrategien der Kunstuniversität Linz, kuratorische Mitarbeit in der Galerie im Taxispalais, Kuratorin an der Kunsthalle Wien und seit 2013 Direktorin des Vorarlberger Architektur Institutes. 2018 Kommissärin des Österreichischen Pavillons bei der Architekturbiennale in Venedig. Mandate in diversen Gremien und Vorständen.

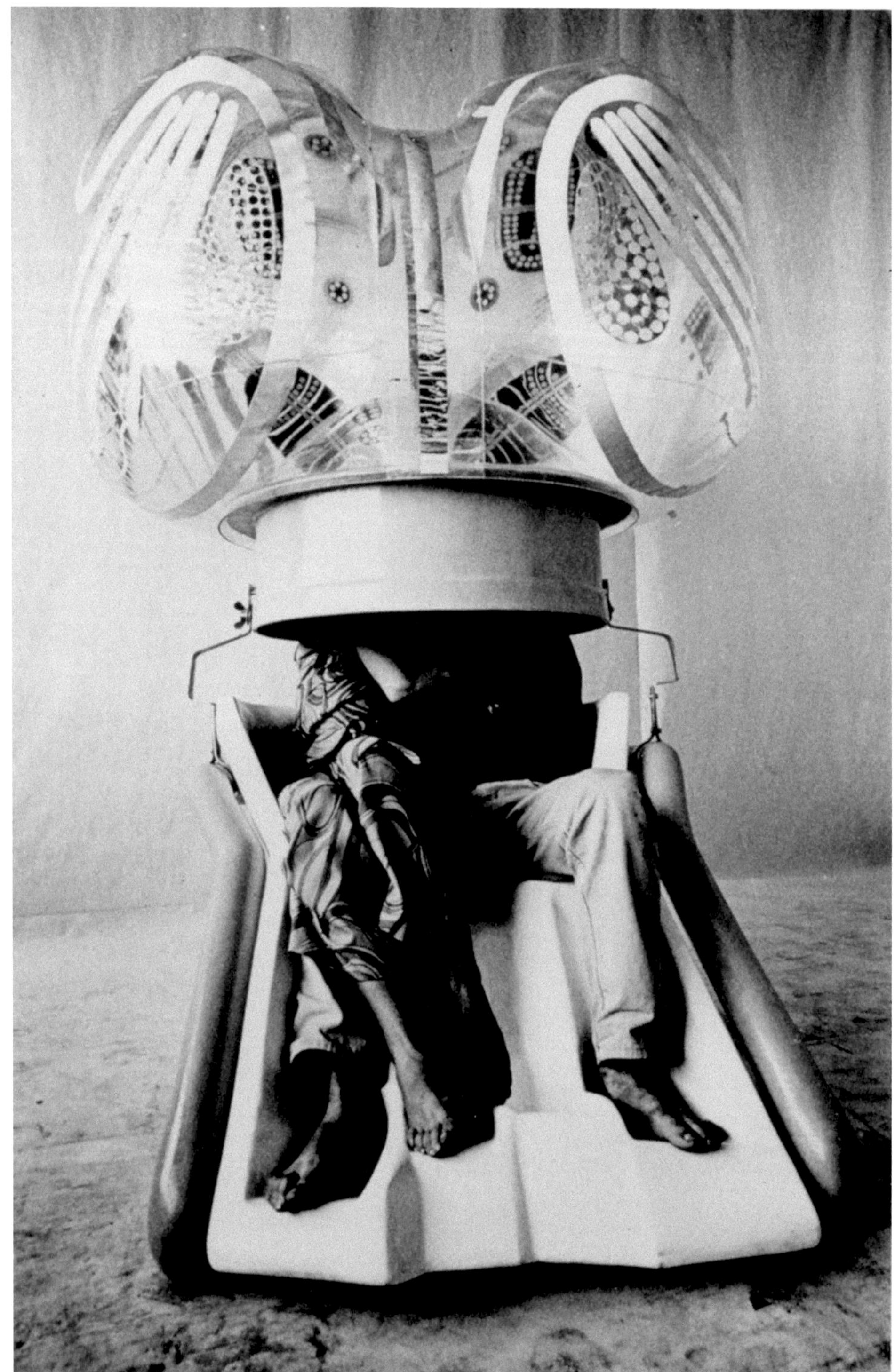

Haus-Rucker-Co, *Mind-Expander 1*, 1967

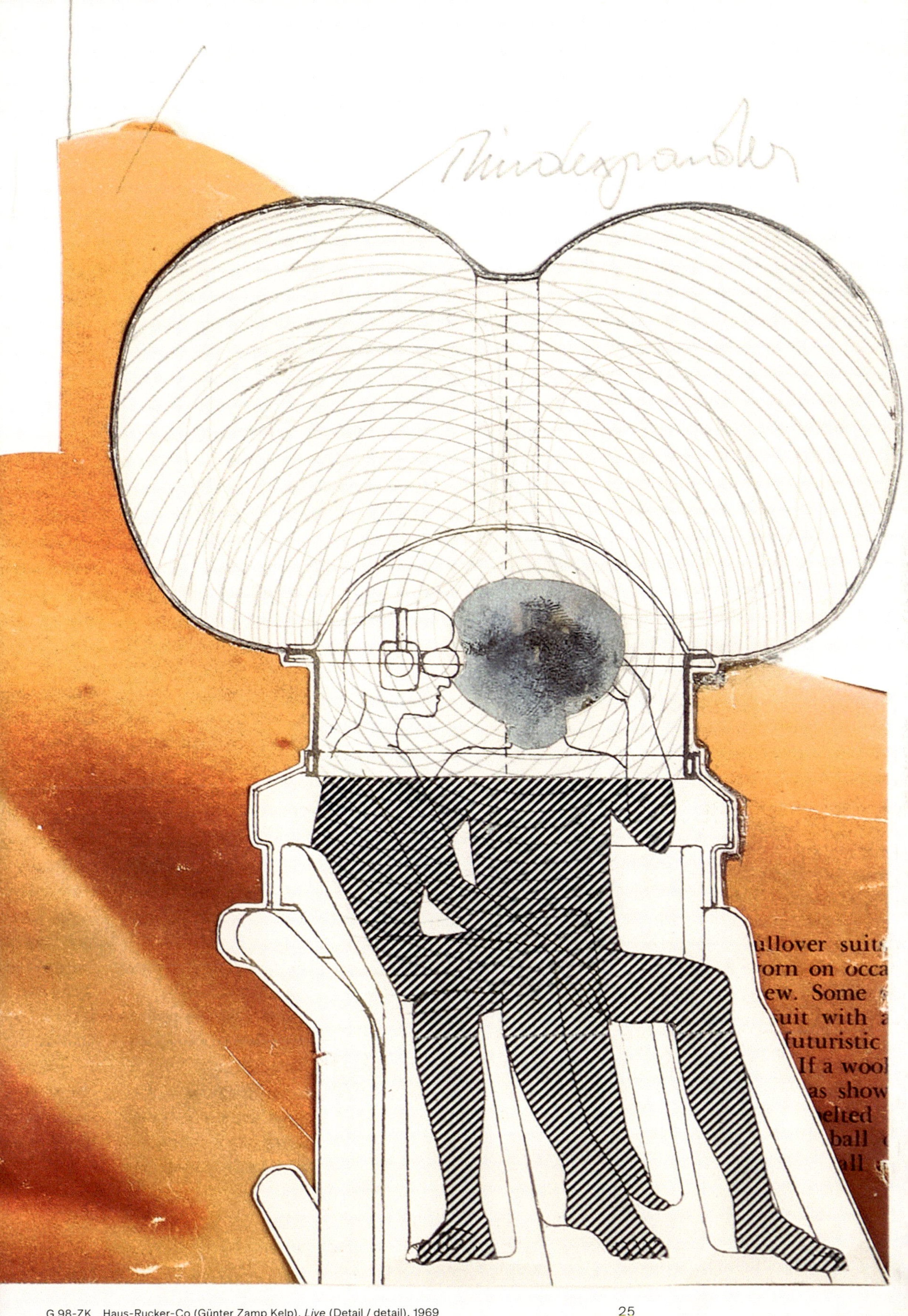

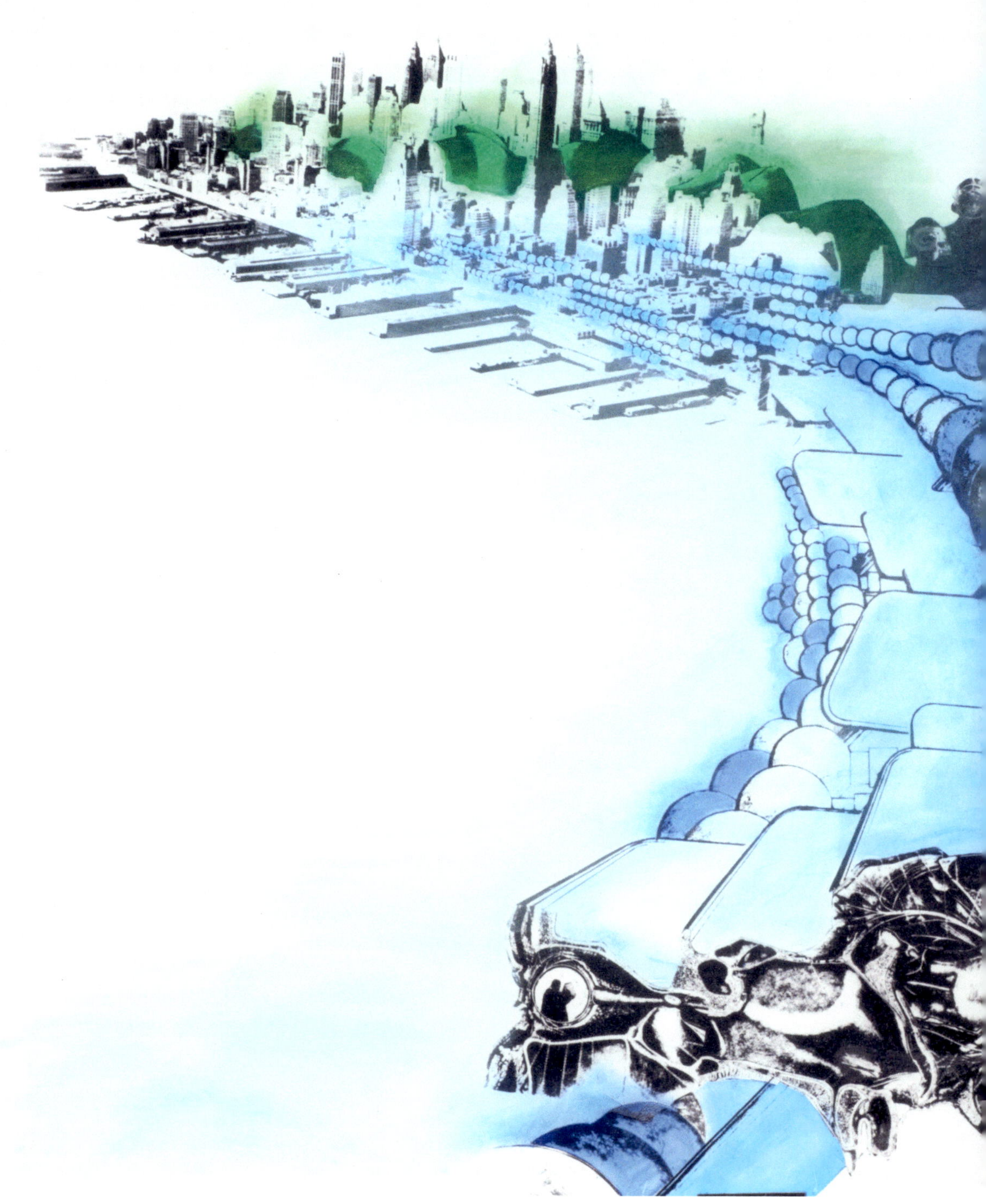

G 34-ZK   Haus-Rucker-Co (Günter Zamp Kelp), *Pneumacosm*, *PC-Triptychon 3* / *PC-Triptych 3*, Formation NY, 1968 (2007)

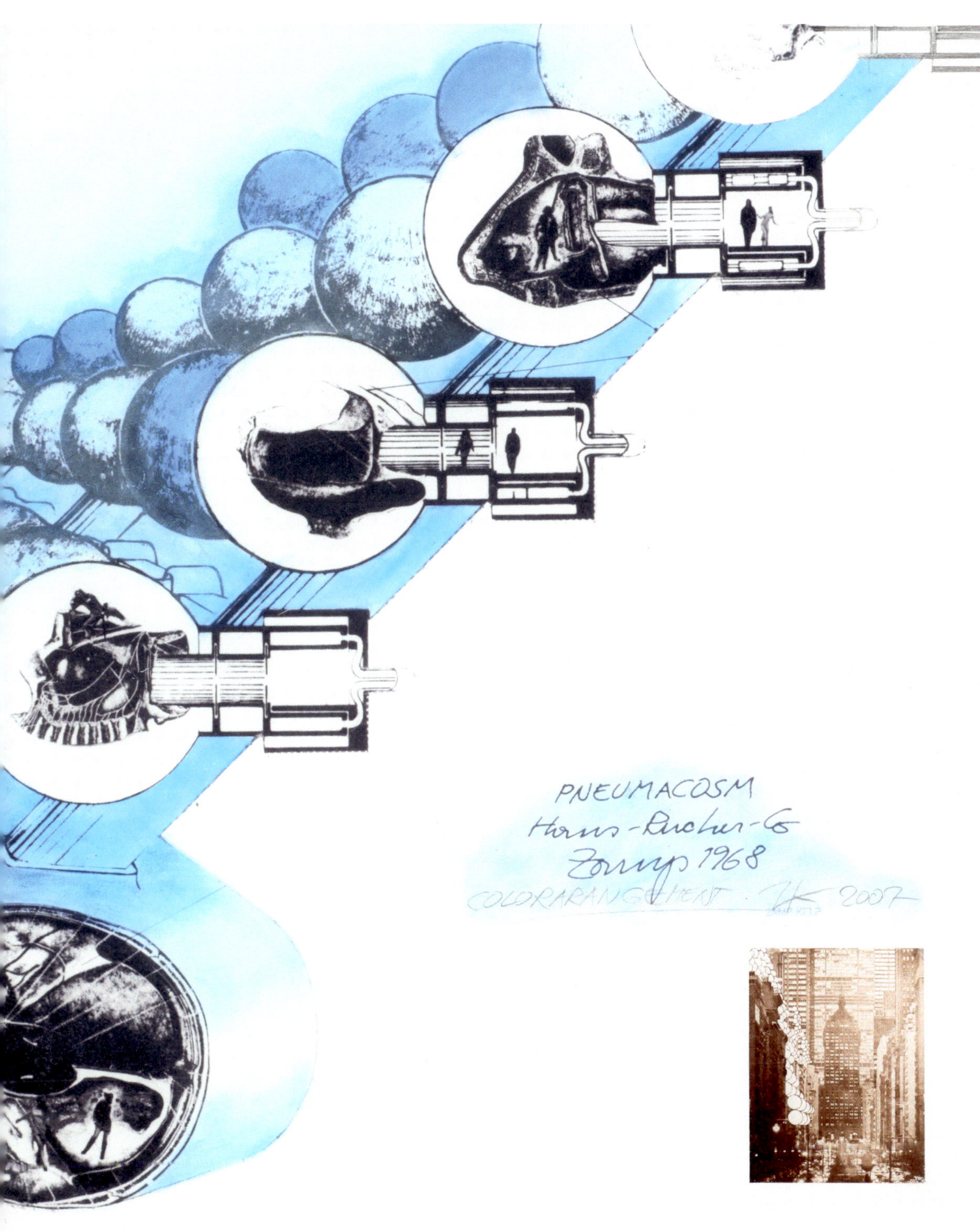
PNEUMACOSM
Hans-Rucker-Co
Zürich 1968
COLORARANGEMENT TK 2007

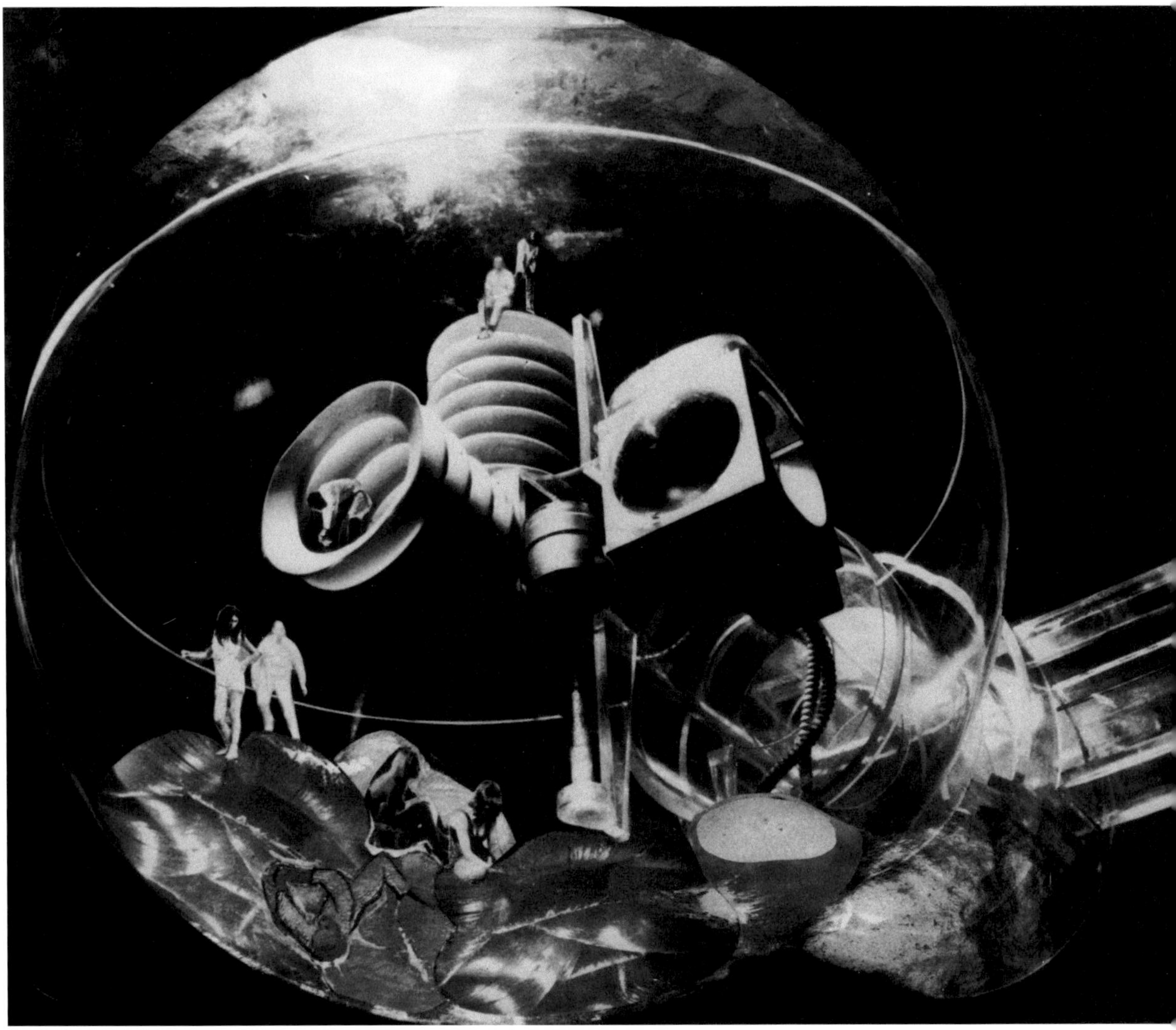

G 31-ZK   Haus-Rucker-Co (Günter Zamp Kelp), *Pneumacosm, PC-Triptychon 1 / PC-Triptych 1*, 1967

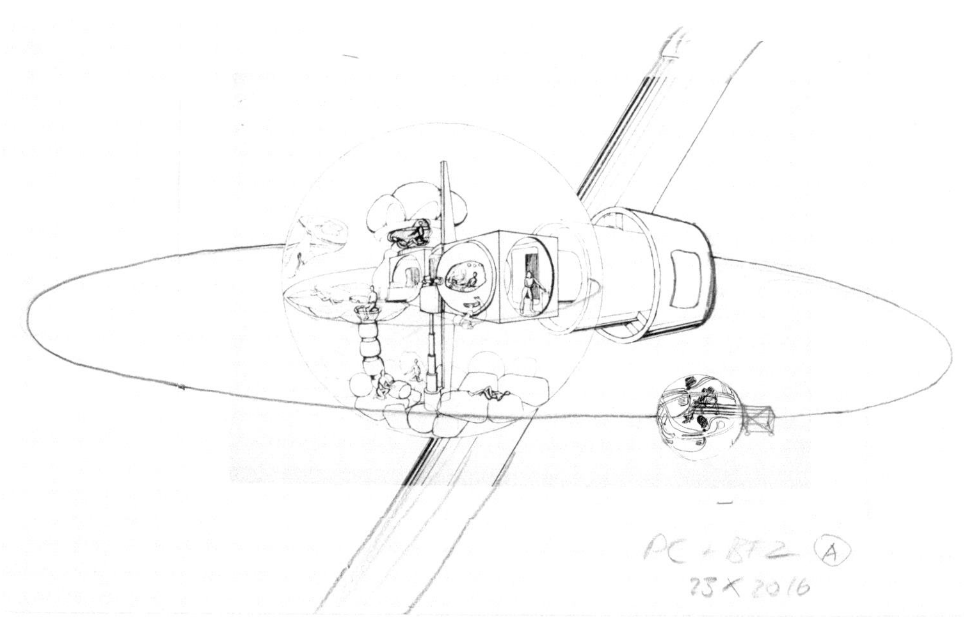

G 50-ZK   Günter Zamp Kelp, *Pneumacosm, Collage PC + Trabant*, 2013

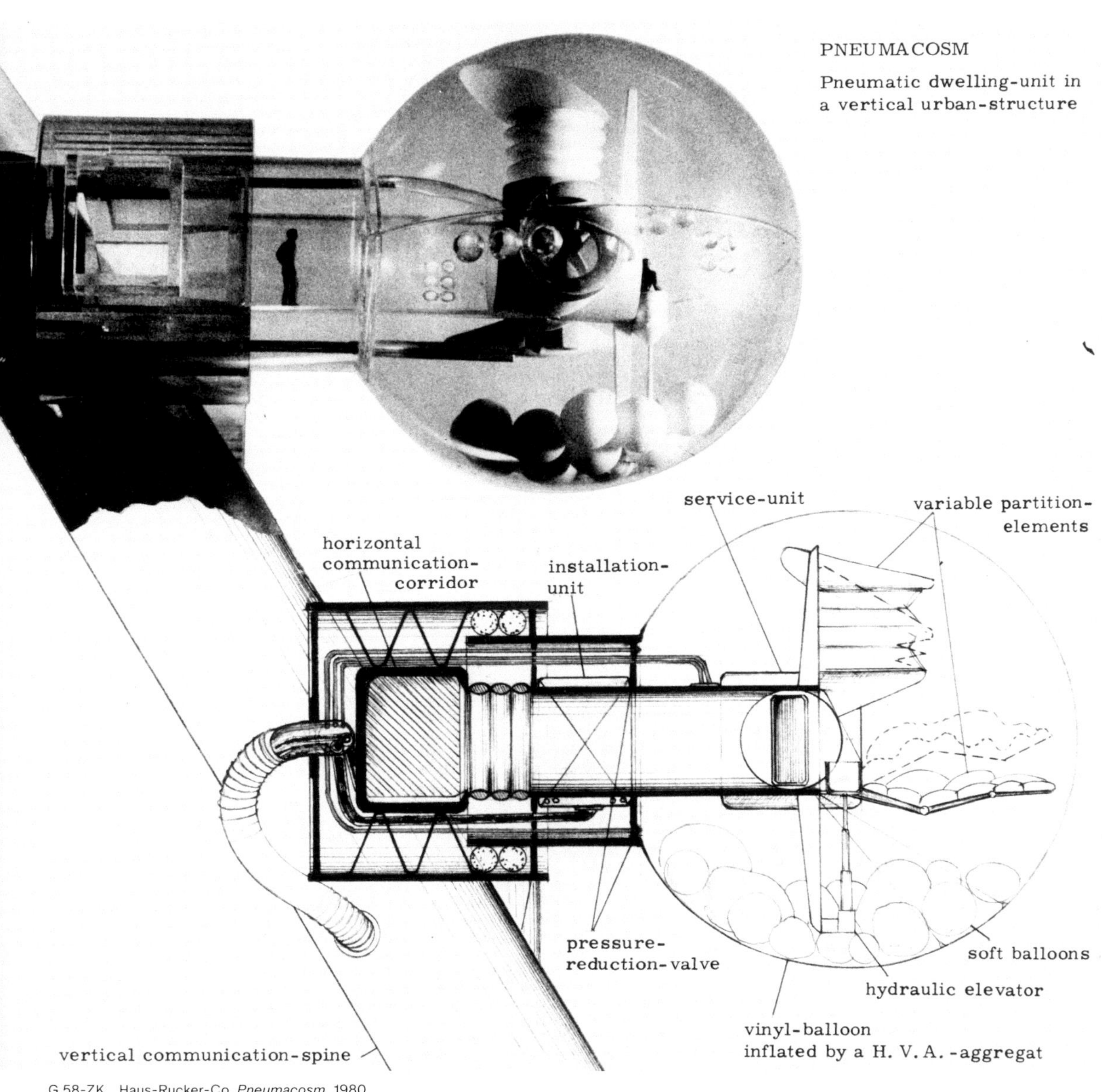

G 58-ZK   Haus-Rucker-Co, *Pneumacosm*, 1980

Verena Konrad

The World – Space – Perspective

Architecture, art and society
in the context of space and transformation

In retrospect, the 1960s are today seen as years of collective upheaval and new beginnings. Carried by the mood of wanting and being able to make change happen, many groups were also formed in the architecture and art scenes of the time, transferring their workplaces to the city, public or semi-public space, and designing their frequently performative practice as experiment. So it was that in the summer of 1967 the young architects Günter Zamp Kelp and Laurids Ortner and the visual artist Klaus Pinter also joined forces as "Haus-Rucker-Co". Their name derived from the rolling hills or region in Upper Austria, but above all an expression of their commitment to the *Verrücken* or "shifting" of spatial orders, the "mission" of the interdisciplinary group of artists lay in inventing new objects, creating new devices to intensify and regulate (spatial) perception, and in experimental and also transformative artistic work infused with a joy in language and an expressive power, which merged form and idea, language and content. Visionary construction, a delight in speculative imagination, in the form of potentiality, but also in the physical-psychological experience of the exceptional situation became the leitmotif of an artistic practice.

Outer space and space worlds

The 1992 catalogue for the exhibition *Haus-Rucker-Co* at Kunsthalle Wien begins with the image of a poster from 1968. On it is written "HAVE A PSY-YEAR" in capitals. It shows a section of the Earth from the perspective of outer space and three figures with helmets and connecting hoses as well as a device that might be a supply unit. At that point the first manned moon landing was still a thing of the future, set to take place in 1969, and yet the fascination with the space mission and interest in "outer space" is already clearly visible. "Sputnik shock" ran deep. Following the success of the first Soviet satellite mission in 1957, this "shock" describes the West's reaction to the backwardness it had perceived in the natural sciences and in technologies, which it now had to catch up to. The 1960s and 1970s thus became a period of investment in large-scale education and research programmes. Hastily launched during the Cold War, the US "National Defense Education Act" was designed to restore balance in the competition between the powers. Activities such as those of the "Physical Science Study Committee" at MIT (Massachusetts Institute of Technology) and many other measures were intended to help close the technological gap.[1] With this focus, it was not only a new form of knowledge production that emerged, but also a new understanding of the world that powerfully and visually inscribed itself into utopian visions of society of the time and so also artistic production.

Almost as if in a parallel universe, at the same time another revolution was taking place. It was dedicated to another perspective of the world – that of the concrete, harsh world of everyday life and experience, marked by inequality and injustice – and was set in the context of social transformation and democratic renewal. However many new political programmes might have been on their way, the 1960s and 1970s – as contradictory as any era – were characterised just as much by a scepticism towards institutions whose authority was increasingly being challenged. Regardless of focus and standpoint, however, space and society as political categories emerged as aspects of a political order quite clearly and more visibly than ever before.

Resistance and critique

Just as stark as the contrast between social revolution on domestic soil and the exploration of power in outer space was the growing critique of functionalism that unfolded parallel to the technological push in the 1960s. The desire to break out of the rigid orders also became clearly evident in this intellectual uprising. Within this critique, "two opposing stances of resistance interfere: While radical rationalism felt committed to the reality of architectural space, the utopianism of the protagonists of the "Austrian Phenomenon" (Peter Cook) drew its radicality from the imago of sculptural expression

and the autonomy of a form liberated from its dreary functions",
writes Gabriele Kaiser in her text "Poetische Stadtfantasien als Kritik
am Funktionalismus?" (Poetic Urban Fantasies as a Critique of Functionalism?)[2]. Within the context of this critique, which is culturally
formative, there are also numerous exhibitions of the time, such as
that of *Neue städtische Wohnformen* (new forms of urban housing,
1966/67) organised by the ÖGFA Austrian Society for Architecture
and *Urban Fictions – Leitbilder für die Stadt der Zukunft* (1967) at
Galerie nächst St. Stephan with contributions by Raimund Abraham, Günther Feuerstein, Hans Hollein, Laurids Ortner, Walter
Pichler, Wolf D. Prix, Carl Pruscha and others.[3] The former repre-
sented a concrete process of working on the city with reference to
existing structures, while the latter reflected an expanded concept
of architecture based on the expanded concept of art, which opened
up politically and poetically towards a sculptural and performative
practice.

Inspiration for the early works by the Haus-Rucker-Co collective
came from the "overall collective" – pneus, superstructures, spatial
grids, funnels and pyramids could be found in the work of Archigram, Superstudio, Hans Hollein and many others. The fictions of
the time found their visual translation in megastructures, space images and "poetic urban fantasies" (Günther Feuerstein) that over-
laid real planning scenarios. The focus lay "out of the box". The
architectural object was followed by the purposeless spatial structure – drawings and sketches with bubbles and cells were produced,
spatial experiments that focused on the experienced space.

Early experiments with a manifesto character

Even before their actual founding as Haus-Rucker-Co, two projects
were produced that retrospectively seem like an artistic-architectur-
al founding manifesto. An international competition launched by
the German company Holzäpfel, entitled *Interdesign 2000*, called
for new, future-oriented furniture and living concepts. Zamp Kelp
designed the *Pneumacosm* with Helmut Grasberger and Manfred
Ortner. Laurids Ortner produced the *Mind-Expander* with Angela
Hareiter (later a member of the "Missing Link" group), Edith Ortner

"PHY-PSY. The technological achievements of our age are so far ahead of our mental and physical development that the alternative – to further develop physical-psychological abilities – seems almost inevitable. PHY-PSY is a kind of space travel programme with the aim of conquering inner space, the space within the human. And hence the activation of new phy-psy forces. The objective is collective: work areas are shared and worked on by teams from different disciplines. The contribution of the team of designers is the creation of visual models and the design of environments that serve as a culture medium for this new development. Starting from the mini-environment worn on the body to the all-encompassing, all-transforming: the city." [4]

and Herbert Schweiger. The *Pneumacosm* focused on the physical world, the *Mind-Expander* on the psychological world. Both explored the theme of designing new spaces with architectural means. The *Pneumacosm* was part of the series of architectural experiments that Marc Dessauce later summed up as the period of "inflatable architecture".[5] Haus-Rucker-Co describes it thus:

> *"Pneumatic plug-in living unit. The* Pneumacosm *is a housing unit that functions like a light bulb. It comes ready installed and plugs into the designated holder of a vertical urban structure. As one screws a light bulb into a socket. The moment the* Pneumacosm *is plugged in, the light works, you can turn on the tap and make a phone call."*[6]

Man as nomad takes his architecture with him. Chairs, cushions and room shells represent the temporary and changeable. Architecture shows itself in its transformative power.

The aim of the *MEP*, the *Mind-Expanding-Program*, which reached something like a prototype in 1967 in *Mind-Expander I*, was to allow a fresh perception of social space from new perspectives. *Mind-Expander I* was in fact an independent work that was later extended and continued. The *Mind-Expander* served to expand consciousness. In the late 1960s, experiments into influencing the human psyche through visual, acoustic or haptic stimuli were widespread in biophysics. Perceptual psychology gained importance and recognition as a science. Large-scale experiments were being conducted on human behaviour and sensory experience. As a technical apparatus designed to stimulate new (spatial) experiences, the *Mind-Expander* fit into this context. In a furniture-like object, two people sit in a seating shell in a certain position. They are surrounded by a large PVC helmet covered with coloured stripes designed by Klaus Pinter. There they experience intense visual, acoustic and haptic stimuli, opening up various psychological possibilities of experience.[7] These trips into inner worlds as a counterpart to outer space were also variously related to research into mind-expanding drugs, to which the *Mind-Expander* refers.

The desire for an open society was revealed in spatial structures without boundaries, in a spatial order that was not only not tied to a purpose, but in which explicitly everything seemed possible.

Architecture now became mobile, it became modular, it had the potential to expand and shrink again, it became adaptable. Its focus on perception and the invention of new tools to amplify and focus perceptual stimuli were not just technological gimmicks, but rather stood in the context of a media-critical analysis that related to the paradigms of its time. Hans Hollein's manifesto and proclamation *Everything is Architecture* (1968) declared architecture itself to be a medium in the sense of a "conditioning of a psychological state"[8] – "Happy PSY-YEAR!" This radically questioned the materiality of architecture as a built thing and opened up entirely new possibilities for architectural thinking. "An architecture that frees us from the "built environment" and opens new possible relations between humans and with space."[9]

A look at the work of Zamp Kelp and at the Haus-Rucker-Co group with him seems like a glimpse into an archive of these experiments in space and transformation. The focus lies on understanding the world as a totality of all the things that a human can recognise and grasp, and how they relate to each other. Man, machine, city, landscape, body, emotion, perception are the reference parameters of this architectural and artistic practice, which can still be discerned in Zamp Kelp's work to this day. From the safe distance of non-involvement, many today wonder just how revolutionary and how transformational these experiments really were. For the history of architecture, the elementary cipher for this is not "68" but "67", as the symbol of a great search movement in which architecture found its way back to the individual via the collective and art.[10]

1

Cf. Tom Holert / Haus der Kulturen der Welt (ed.): *Politics of Learning, Politics of Space: Architecture and the Education Shock of the 1960s and 1970s*, Berlin / Boston 2021.

2

Gabriele Kaiser, "Poetische Stadtfantasie als Kritik am Funktionalismus?", in: *68*, catalogue for the exhibitions "Wer war 1968? Kunst Architektur, Gesellschaft" at Kunstmuseum Lentos and Stadtmuseum Nordico and "Schluss mit der Wirklichkeit! Avantgarde, Architektur, Revolution, 1968" at Landesgalerie Linz, ed. by Johannes Porsch, Hedwig Saxenhuber and Georg Schöllhammer, Salzburg 2018, p. 434.

3

Ibid.

4

Quoted after Dieter Bogner (ed.), *Haus-Rucker-Co, Denkräume – Stadträume*, Klagenfurt 1992, p. 9.

5

Cf. Marc Dessauce (ed.), *The Inflatable Moment. Pneumatics and Protest in '68*, New York 1999.

6

Quoted after Bogner, p. 11.

7

Cf. Dieter Bogner, "Denkräume-Stadträume", in: Dieter Bogner (ed.), *Haus-Rucker-Co, Denkräume – Stadträume*, Klagenfurt 1992, p. 275.

8

Hans Hollein, "Alles ist Architektur", in: *Bau*, vol. 23, issue 172, Vienna 1968, S. 2.

9

Hans Hollein, "Vorstoß und Rückstoß", in: *Bau*, vol. 21, issue 4, Vienna 1966. p. 65.

10

Cf. Christa Kamleithner, "Konsum und Kritik. Die österreichische Architekturavantgarde, 1968 und die "Explorierung der Empfindung", in: *68*, catalogue for the exhibitions "Wer war 1968? Kunst Architektur, Gesellschaft" at Kunstmuseum Lentos and Stadtmuseum Nordico (2019) and "Schluss mit der Wirklichkeit! Avantgarde, Architektur, Revolution, 1968" at Landesgalerie Linz (2019), ed. by Johannes Porsch, Hedwig Saxenhuber and Georg Schöllhammer, Salzburg 2018, p. 444.

VERENA KONRAD studied art history, history and theology at the University of Innsbruck. Lecturer at the Department of Architectural Theory at the University of Innsbruck and at the Department of Spatial and Design Strategies at the University of Art in Linz. Curator at Galerie im Taxispalais, curator at Kunsthalle Wien and since 2013 director of the Vorarlberg Architecture Institute. In 2018 she was commissioner of the Austrian Pavilion at the Architecture Biennale in Venice, and has seats on various committees and boards.

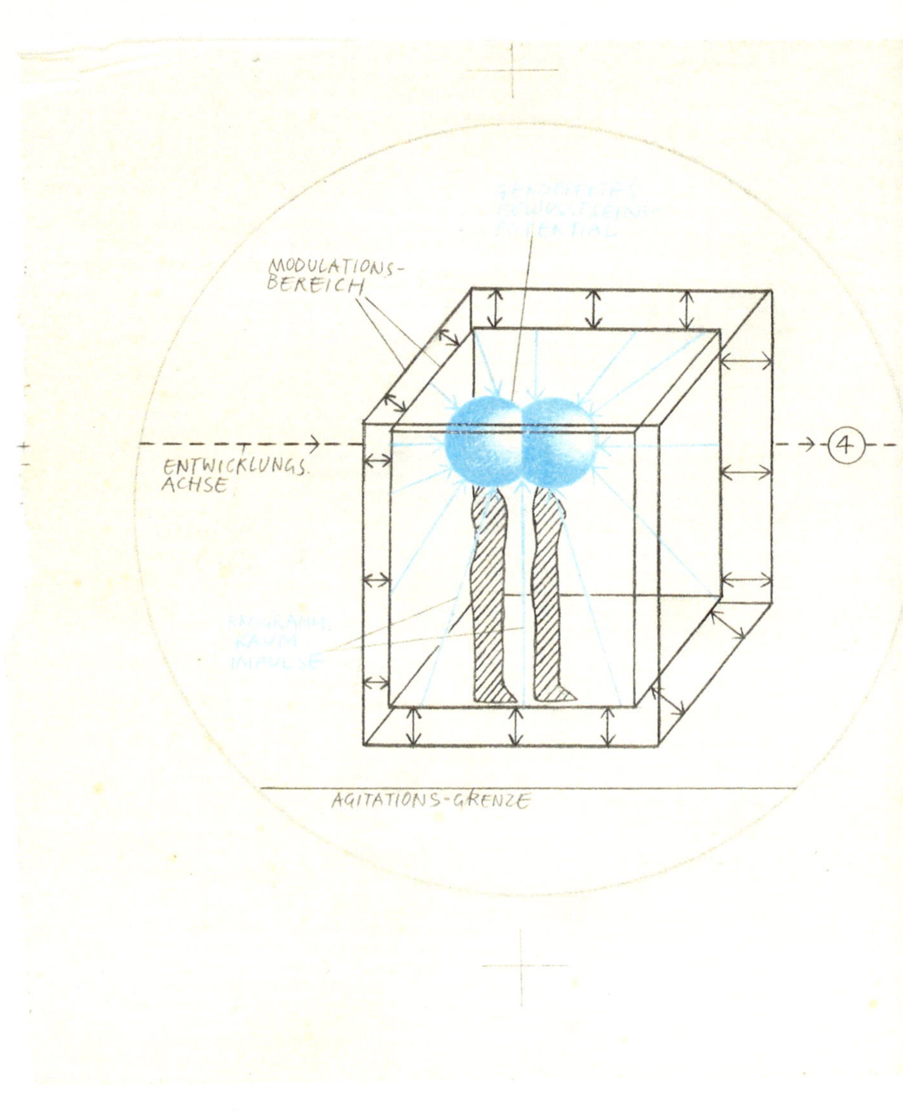

G 48-ZK   Haus-Rucker-Co (Manfred Ortner), *Pneumacosm, Agitationsgrenzen / Agitation Limits*, 1971

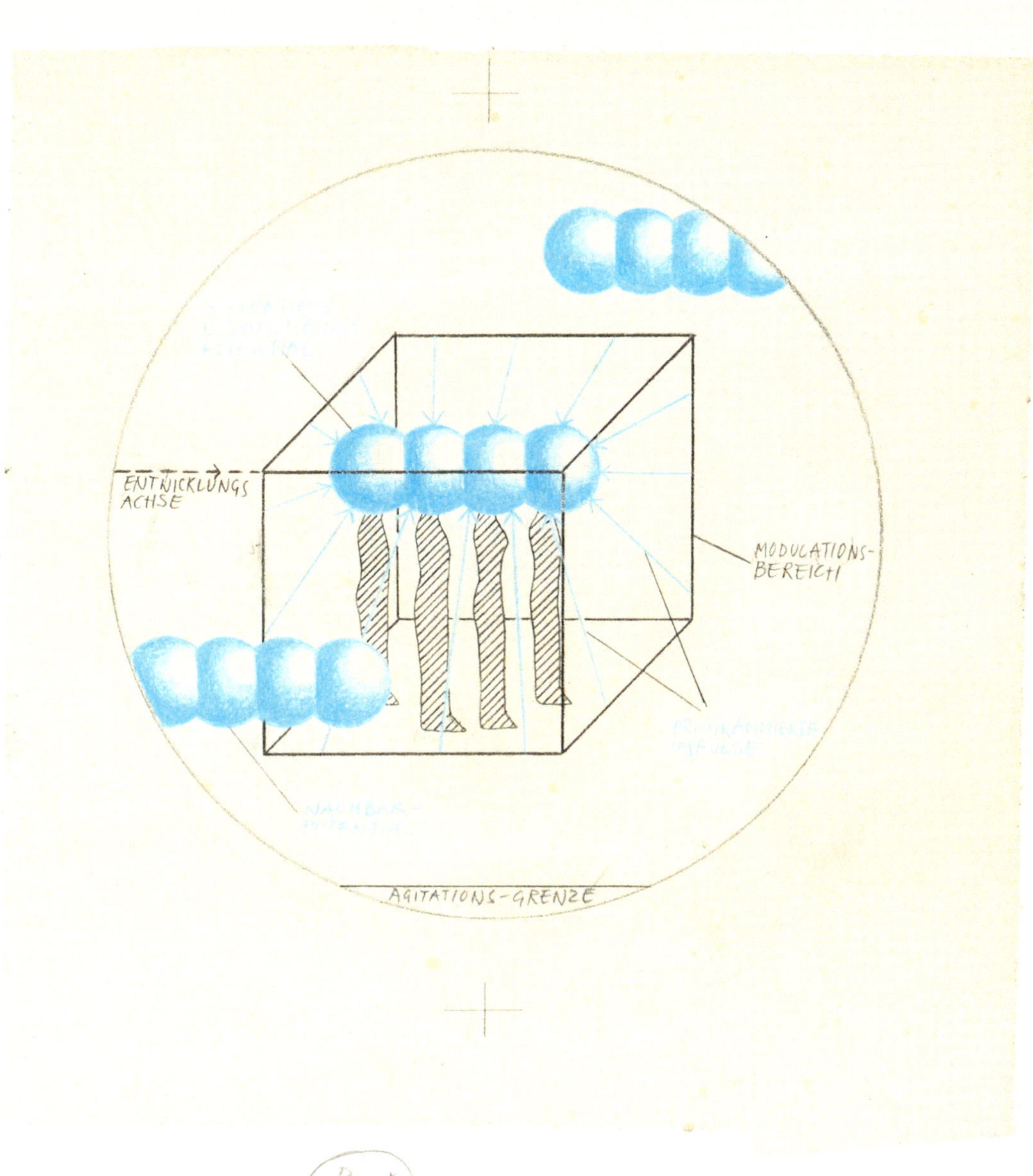

ENTWICKLUNGS
ACHSE
MODULATIONS-
BEREICH
AGITATIONS-GRENZE
NACHBAR-
POTENTIAL
B 4
Ø = 8'8 cm

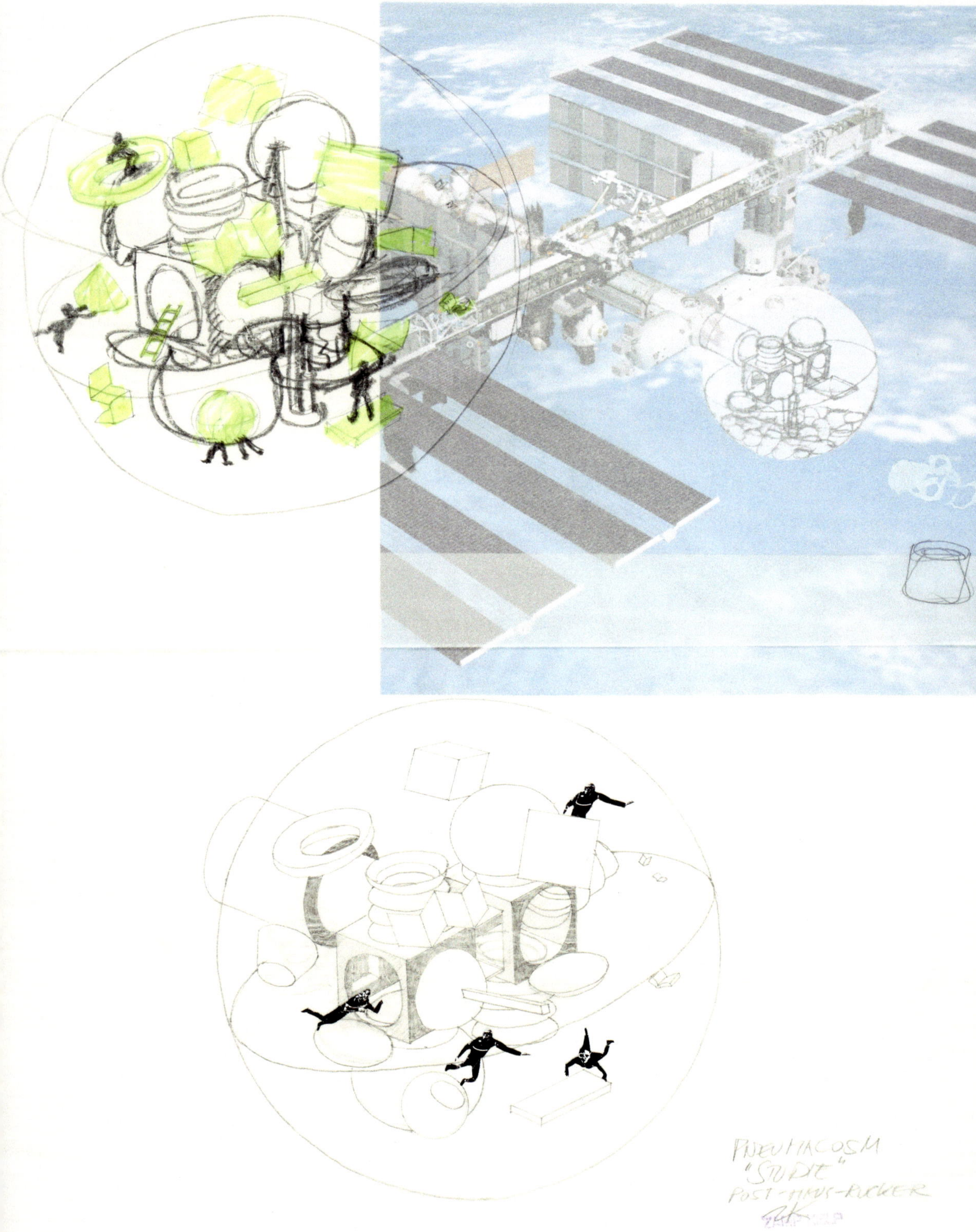

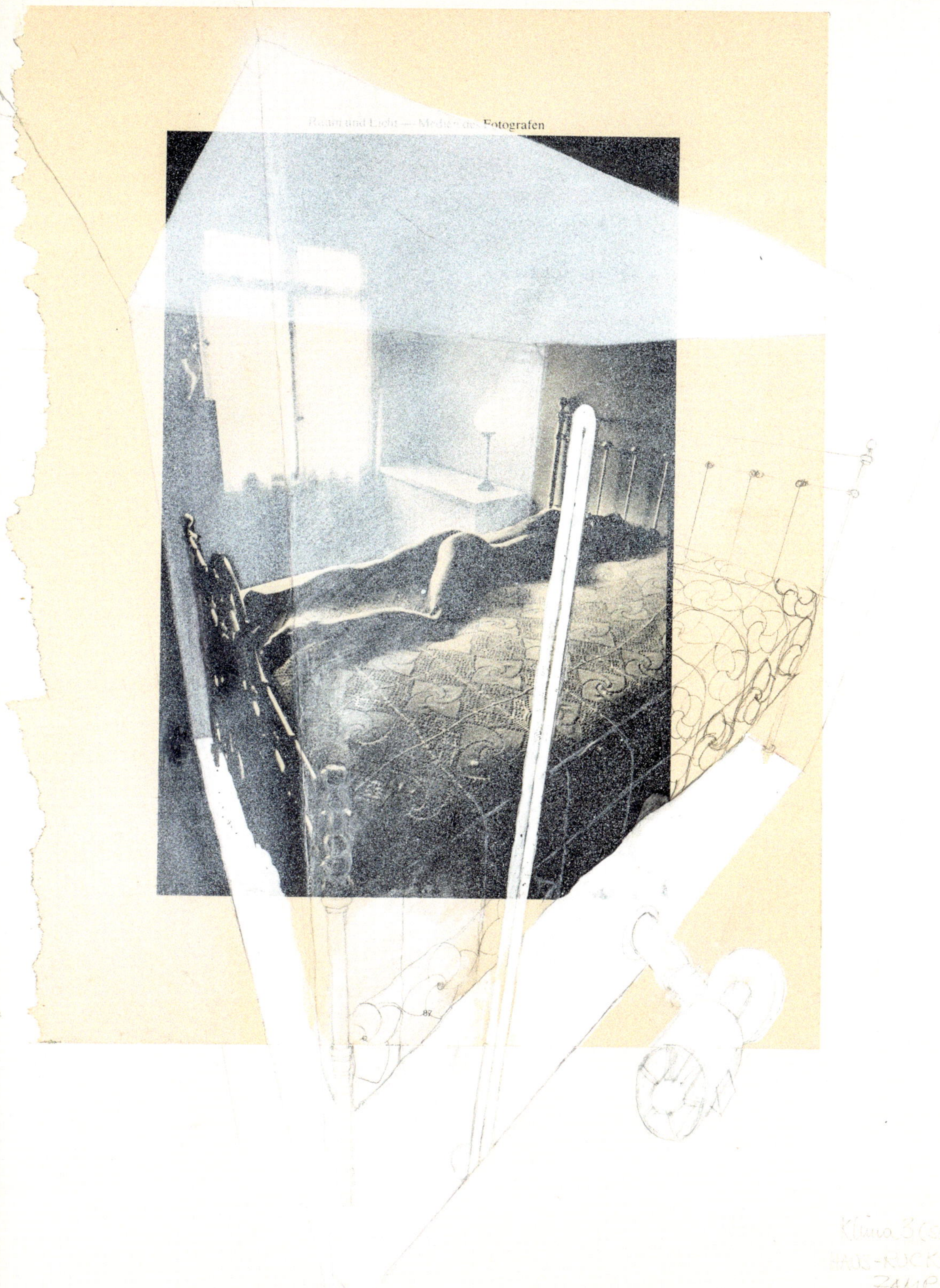

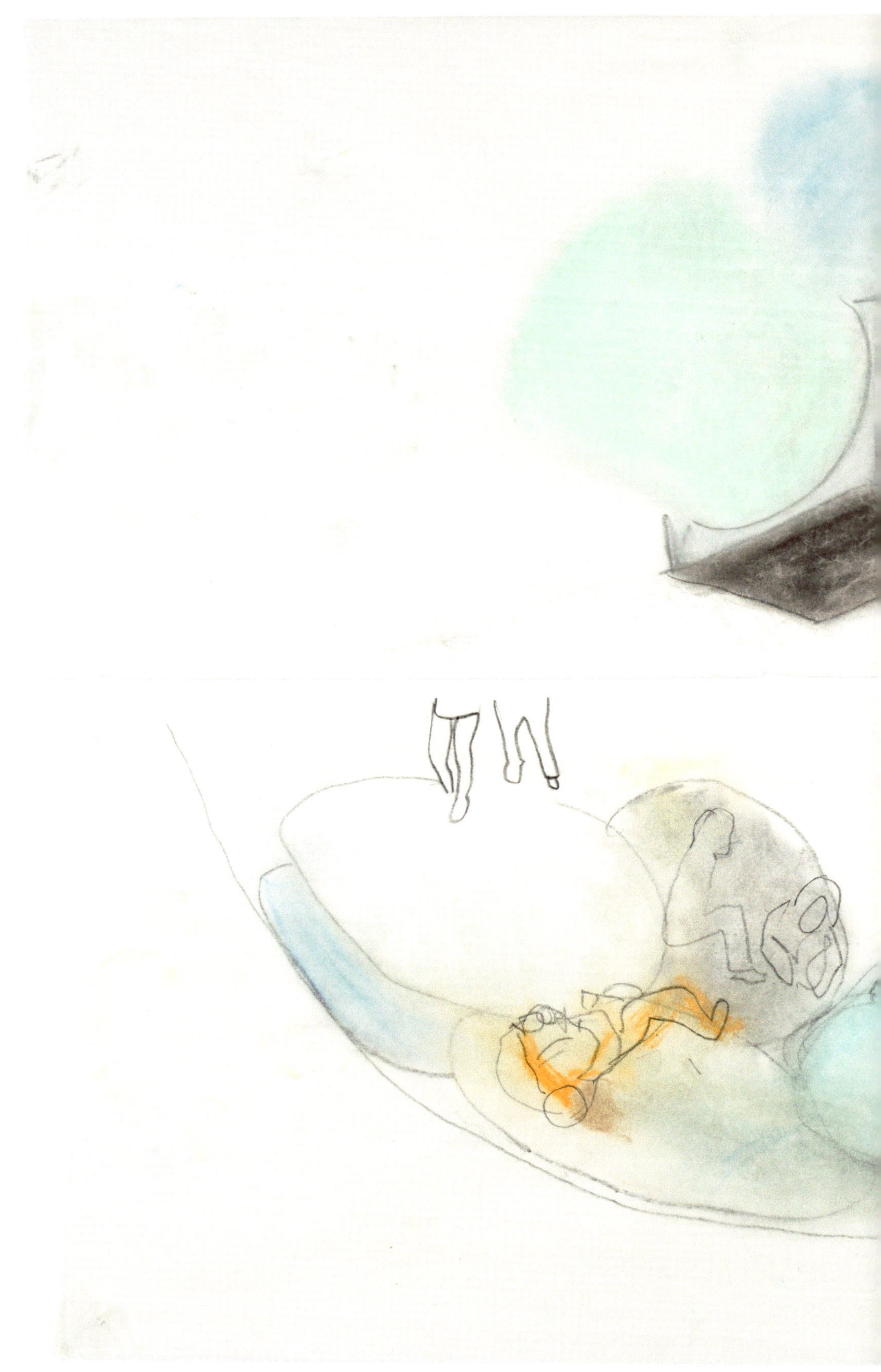

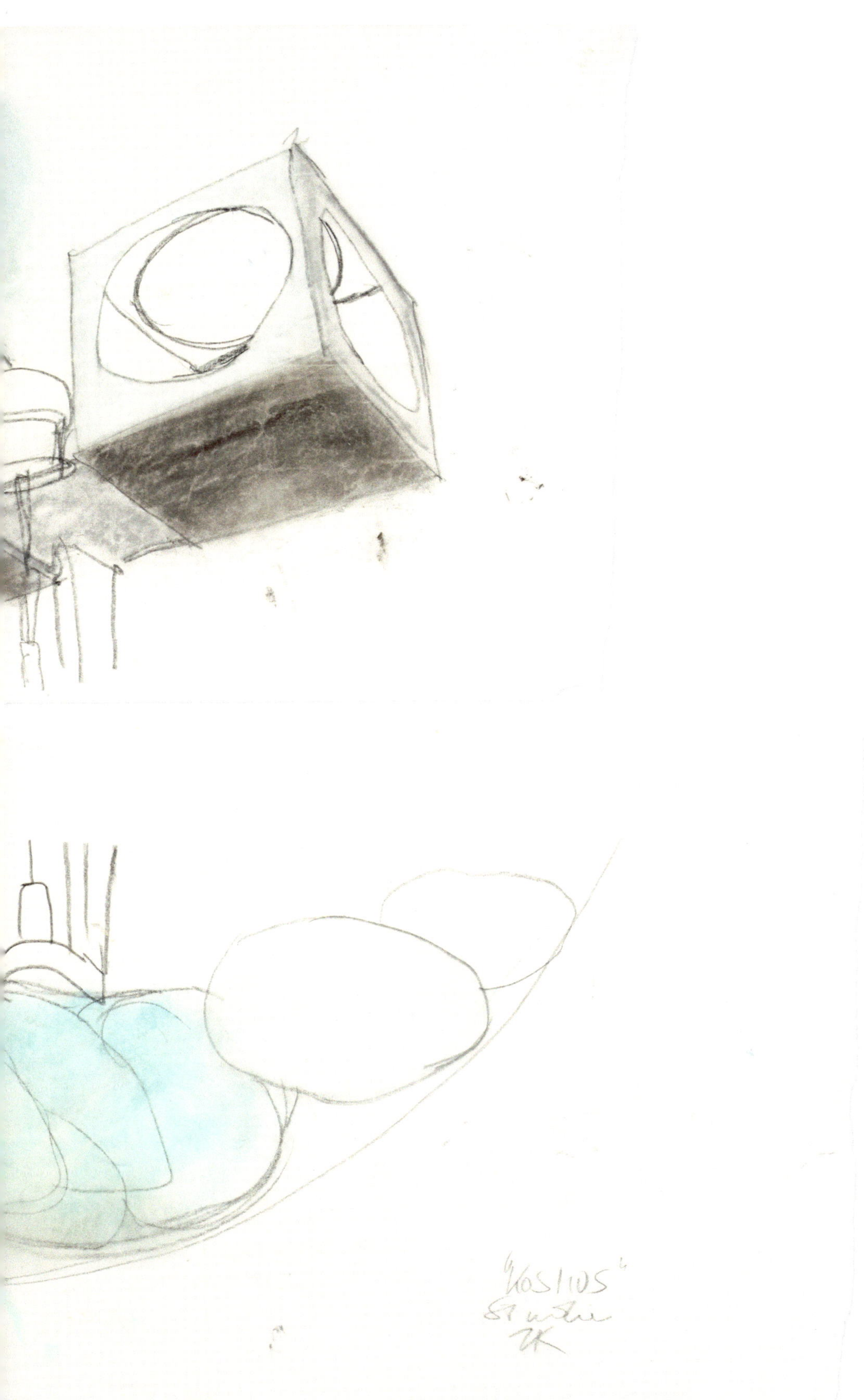

G 55/56-ZK   Günter Zamp Kelp, *Pneumacosm*, *Kosmos-Studie / Cosmos study*, 2013

Karin Wilhelm

Der Architekt Günter Zamp Kelp
oder
Was ist Architektur?

Es war die Zeit der Revisionen. Im Deutschen Architekturmuseum (DAM) in Frankfurt/Main hat man diese Tendenz 1984 zur Eröffnung des Hauses unter dem Gründungsdirektor Heinrich Klotz in der imponierenden Ausstellung *Revision der Moderne. Postmoderne Architektur* publikumswirksam in Szene gesetzt. Präsentiert wurden damals die bereits angekauften, eigenen Exponate in der soeben durch Oswald Mathias Ungers äußerlich behutsam sanierten Frankfurter Gründerzeitvilla mit dem Blick auf den Main, deren Innenausbau jetzt differenzierte Ausstellungen ermöglichte. Offenbar mit Bedacht hatten die Kuratoren damals die Besucherinnen und Besucher zunächst in einen dunkel gehaltenen Innenraum eintreten lassen, wo in einer großen Schwarz-Weiß-Reproduktion der im Weimarer Bauhaus konzipierte Jenaer Theaterumbau von Walter Gropius aus dem Jahr 1922 zu sehen war, der als Paradebeispiel die Architekturmoderne repräsentierte. Hier schaute man auf ein Muster jener 90-Grad-Winkel-Moderne und wurde gleichsam der Ursünde eines farblosen Funktionalismus ansichtig, der grautonig, formal langweilig und in der Tat revisionsbedürftig schien![1]

Sodann, gleichsam versöhnlich, durfte der Blick der Besucher in den angrenzenden Raum der Helle gleiten, eben dorthin, wo senkrecht aufgestellte Glasvitrinen kleine Architekturmodelle einhüllten, die in ihrer farbigen Varianz und ornamentbewussten Zeichenhaftigkeit die Attraktivität der postmodernen Kontrapositionen aufleuchten ließen. Und doch gab es im Feld dieser Lichtblick-Entwürfe ein Objekt der Irritation. Es war eine besonders kleine, merkwürdige Komposition, ein aufrecht stehendes Einweckglas, worin man eingelegtes Obst oder Gemüse erwarten würde und worin jetzt eine kaum fünf Zentimeter große, zerfallende Hütte aus kleinen Holzstäben zu sehen war, die auf grünem Moosterrain in einer Miniaturnatur einsam überdauerte. An eben diesem, so scheinbar wenig architektonisch-gestalterisch ambitionierten Objekt aber blieb der Blick hängen! Neugierig geworden, lernte man die Schöpfer des Sujets kennen, jene seit langem schon international umworbene österreichische Architekten-Künstler-Gruppe *Haus-Rucker-Co (operative)*, die hier mit ihrem *Stück Natur, eingeweckt*

angenehm verwirrte. Schaute man da auf eine Petitesse, die es mit
der Sachlage bauwirtschaftlicher Zwänge nicht so ernst nahm? Oder
war das evozierte Lächeln über diese postmoderne Attitüde nicht
vielmehr der Anlass zur Reflexion und Grundsatzbefragung? War
das noch Architektur? Und wenn ja, was ist dann Architektur? Was
intonierte diese märchenhafte Kleininstallation, die Günter Zamp
Kelp mit den Kollegen Laurids und Manfred Ortner 1973 erarbeitet
hatte, und welch intensive Kraft zur Revision war ihr zu eigen?

II

Seit der 1967 in Wien gegründeten Arbeitsgemeinschaft Haus-
Rucker-Co hat Günter Zamp Kelp in den Jahren bis zu ihrer end-
gültigen Auflösung im Jahre 1992 Fragen dieser Art künstlerisch in
Zeichnungen, Collagen, Objekten und kleinen utopisch angelegten
Schriften erzählerisch umkreist.[2] Schon in den 1960er Jahren sind es
elementare Fragestellungen zur Professionalisierung im Umfeld der
Universitäten gewesen, mit denen die Gruppe das durchaus stän-
disch geprägte Selbstbild des pragmatisch realitätstüchtigen Bau-
meisters programmatisch hinter sich gelassen hat. An seine Stelle
trat jetzt der Architekt als Konzeptkünstler, der zunächst kein Bauwerk aus Stein, Beton oder Holz entwickelt, sondern Denk-Raum-
Bilder oder Wahrnehmungsobjekte, die als temporär konzipierte
Artefakte neue Erlebnisräume schaffen. Bereits der *Ballon für 2*, jene
luftgetragene, aus dem Fenster eines Wiener Mietshauses heraus-
geschobene, durchsichtige Konstruktion von 1967, versetzte das im
Inneren sitzende Paar in eine Höhenlufterfahrung, die gewiss zur
Sensibilisierung räumlicher Wahrnehmungsmuster anregte, aber
mit der lustvoll angelegten Weitsicht zugleich ein gewisses Un-
behagen auszulösen wusste. Diese Angst-Schau-Lust-Erfahrung, die
im Gefolge der Happenings, der Fluxus-Bewegung und vor allem
des Wiener Aktionismus entstanden war, katapultierte die Archi-
tekturproduktion ins Feld der künstlerischen, konzeptionell-ge-
sellschaftspolitischen Aktionsarbeit. So hatte mit dem *Ballon für 2*
die Architektur das Atelier verlassen und war als Street-Art-Erlebnis
in Erscheinung getreten, um 1972 auf der Kasseler *documenta 5* als
gefestigte Hüllenkonstruktion in luftiger Höhe die Besucherinnen

und Besucher abermals in jene Angst-Lust-Erfahrung einzuführen. Dieser noch mit Klaus Pinter entwickelte Aktionsraum drang bautechnisch in die Welt der durch Innendruck getragenen PVC-Hüllenbauten vor, wodurch sich die Gruppe um Zamp Kelp zugleich der konstruktiv vermittelten medialen Welt des temporären Bauens näherte. Die Faszination, räumliche Stabilität durch die Labilität des unsichtbaren Mediums Luft herstellen und garantieren zu können, hatte man in einer Fotomontage Buckminster Fullers, in dessen *Manhattan Dome* von 1960 gesehen. Schon in dieser Fotomontage war deutlich geworden, dass die technische Bewältigung einer leichten Traglufthallenkonstruktion eine unterschwellige Botschaft aussandte: die offenbar notwendige Kontrolle der Klimaentwicklung.

Zamp Kelp wird Raumobjekte dieser Art später „Instrumente der Wahrnehmung" nennen. Und tatsächlich ist es die Inszenierung des Sehens gewesen, jene Auffächerung des Blickens in der Bewegung der Betrachter-Nutzer, die raumprägend wurde. Bereits 1977 war die Idee der räumlichen Wahrnehmungsschulung zusammen mit den Ortners im *Rahmenbau* für die Kasseler *documenta 6* für ein internationales Publikum entworfen worden. Diese Idee, die Architektur als Kunstform zur Sensibilisierung des „Möglichkeitssinns" im Betrachter (Robert Musil) aufzuweiten, mithin eine Objektkunst zu erfinden, die, wie der *Environment Transformer* oder der *Mind-Expander*, die sinnliche Erfahrung mit dem umgebenden Raum stimulieren und gleichsam verfremden sollte, hat hier im Umfeld der psychedelischen Erlebenswelten der 1960/70er Jahre ihre eigene spielerische Wirkung entfaltet.

Diese Kraft, den Spieltrieb der Betrachter animieren zu können, ist dem Kunstwerk zu eigen. Und tatsächlich folgte die Architektur als Kunstform, wie sie Zamp Kelp mit den Ortners entworfen hat, in modifizierter Form einem Kerngedanken der Ästhetik Friedrich Schillers. Das Konzept hatte Schiller in den 1795 erschienenen Briefen über die *Ästhetische Erziehung des Menschen* theoretisch umkreist und dem Spieltrieb die Kraft zugemessen, „von den Fesseln jedes Zweckes, jeder Pflicht, jeder Sorge"[3] befreien zu können. Dieses Konzept, dass der Mensch allein im interesselosen Spiel gleichsam zu sich selbst finden könne, ist geradezu idealtypisch im Projekt des *Riesenbillard* in Wien umgesetzt worden und hat die New Yorker Schaffensphase Zamp Kelps begleitet. Dass es 1970 als Installation *Giant Billiard* in der 53rd Street als große, begehbare „Luftmatratze" im öffentlichen Stadtraum auftauchte und die Passanten-Besucher wie schon in Wien zum „Tollen … wie auf einer schneebedeckten Wiese"[4] animierte, demonstriert die lebensfrohe Kraft des konzeptionellen Architekturentwerfens. Selbst in den Zeichnungen Zamp Kelps wirkt dieses Erlebnispotential nach und hat seinen Raum-Klang-Konstruktionen wie dem *Big Piano* von 1971 in poetischer Deutung einer wundersamen Himmelsleiter jenen Charakter verliehen, der das Feld der rein funktional angelegten Architektur grundlegend infrage stellte. Kam hier zum Tragen, was Hans Hollein behauptet hatte: „Alles ist Architektur"?

III

Dem erweiterten Architekturbegriff Zamp Kelps und der Haus-Rucker-Co liegen einige Leitbilder des utopischen Denkens zugrunde. Dass dahinter die Ahnungen des Dystopischen durchschimmern, dokumentieren eben jene Projekte wie das *Stück Natur, eingeweckt*, das zwei Jahre nach der *Big Piano* Zeichnung entstand und das die Gefahren der Naturzerstörung noch im ironischen Verfremdungseffekt einfing. Wie vielfältig und international prägend diese Arbeiten Zamp Kelps und der österreichischen Kollegen in der Folge gewesen sind, kann inzwischen in der Grundlagenpublikation zum Werk des einst aus Linz ausgewanderten „Luftschlossers" Zamp Kelp geradezu vergnüglich nachgelesen und angesehen werden.

Schaut man sich heute die frühen Werke der 1960er Jahre wie den *Environment Transformer* wieder an, jene Plastikmaske, die Zamp Kelp mit seinen Haus-Rucker-Kollegen im Wiener Straßenraum 1968 vor dem Gesicht trug und dabei den Blick über das domestizierte Rinnsal des Wienflusses schweifen ließ, so sieht man darin schon die Gesichtsmaske als Virenschutz, und damit eine beunruhigend merkwürdige Weitsicht in Hinblick auf ein Gefahrenpotential, das der heutige „Luftschlosser" kalkulieren muss. Es ist dieses Doppelgesicht unserer Zivilisation zwischen Showdown und „Prinzip Hoffnung" (Ernst Bloch), dem wir in diesem ungemein anregenden Buch über das Werk Zamp Kelps begegnen. Mit ihm schweifen wir im Blättern und Lesen zwischen Vergangenheit, Gegenwart und Zukunft des architektonischen Denkens aufs Ersprießlichste herum

– das *dérive* lässt grüßen – und treffen auf den eigensinnigen, radikalen Avantgardehabitus, der für die österreichische Kunstszene in der zweiten Hälfte des 20. Jahrhunderts so typisch gewesen ist.

An der Berliner Universität der Künste (UdK), die Günter Zamp Kelp 1988 als Professor berief, wurde er zum hochgeschätzten Lehrer, der diese Haltung als zivilisationskritisches Denken an die Studierenden weitergab. Dass er ihnen dabei ungeahnte Einblicke in die osteuropäische Architekturlandschaft verschaffte, die man in Österreich nie aus den Augen verloren hatte, unterstützte auf eigene Art die Revision der herrschenden Architekturbetrachtung.[5]

[1] Damals war man nicht mehr mit dem Faktum vertraut, dass das Theater im Inneren eine großartige Wandmalerei der Bauhauswerkstätten gezeigt hatte. Erst nach dem Fall der Berliner Mauer 1989 trat das farbige Gesamtkonzept wieder ins Blickfeld.

[2] Ab 1967 Laurids Ortner / Zamp Kelp / Klaus Pinter; seit 1971 Laurids Ortner / Manfred Ortner / Zamp Kelp.

[3] Friedrich Schiller, *Über die ästhetische Erziehung des Menschen* (1795), zitiert in: Albert Köster (Hg.), *Schillers Philosophische Schriften*, Leipzig 1906, S. 421.

[4] Ludwig Engel (Hg.), *Zamp Kelp. Luftschlosser. Ein Blick auf Haus-Rucker-Co / Post-Haus-Rucker*, Leipzig 2019, S. 150.

[5] Vgl. Zamp Kelp u. a., *Czernowitz Tomorrow. Architecture and Identity in the Surge of Central Eastern Europe*, Düsseldorf 2007.

KARIN WILHELM ist emeritierte Professorin für Geschichte und Theorie der Architektur und Stadt. Studium Kunstgeschichte / Soziologie / Philosophie; Lehraufträge und Gastprofessuren in Deutschland und Österreich, u.a. Universität der Künste, Berlin (ab 1983); Ordinaria Technische Universität Graz / Arch.Fak. (1991–2001, in diesem Jahr Dekanin der Arch.Fak.); Professorin Technische Universität Braunschweig / Arch.Fak. (2001–2012); Wissenschaftlicher Beirat Stiftung Bauhaus Dessau (1994–1999), Berufung zum Mitglied der Braunschweigischen Wissenschaftlichen Gesellschaft (2011).

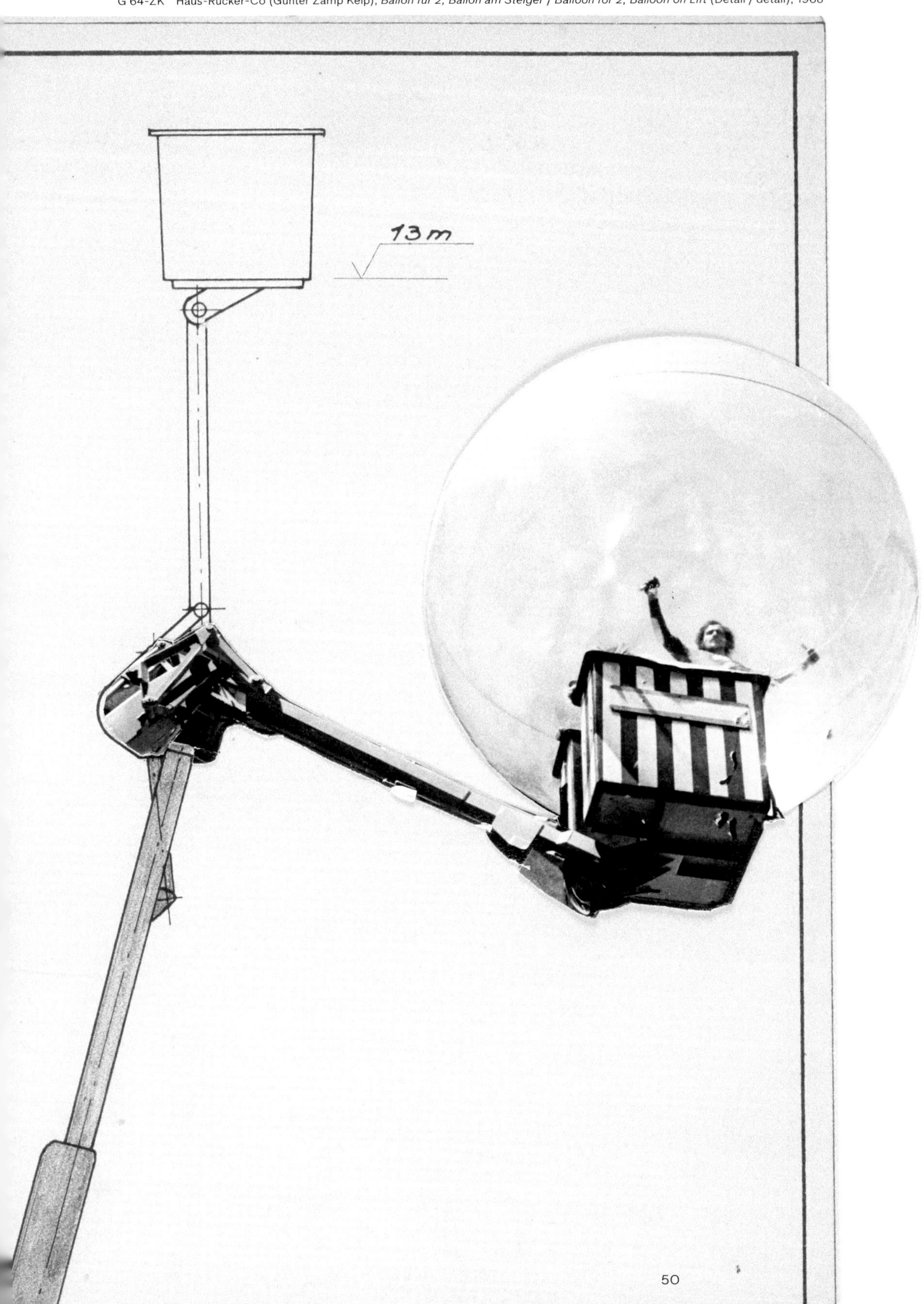
13 m

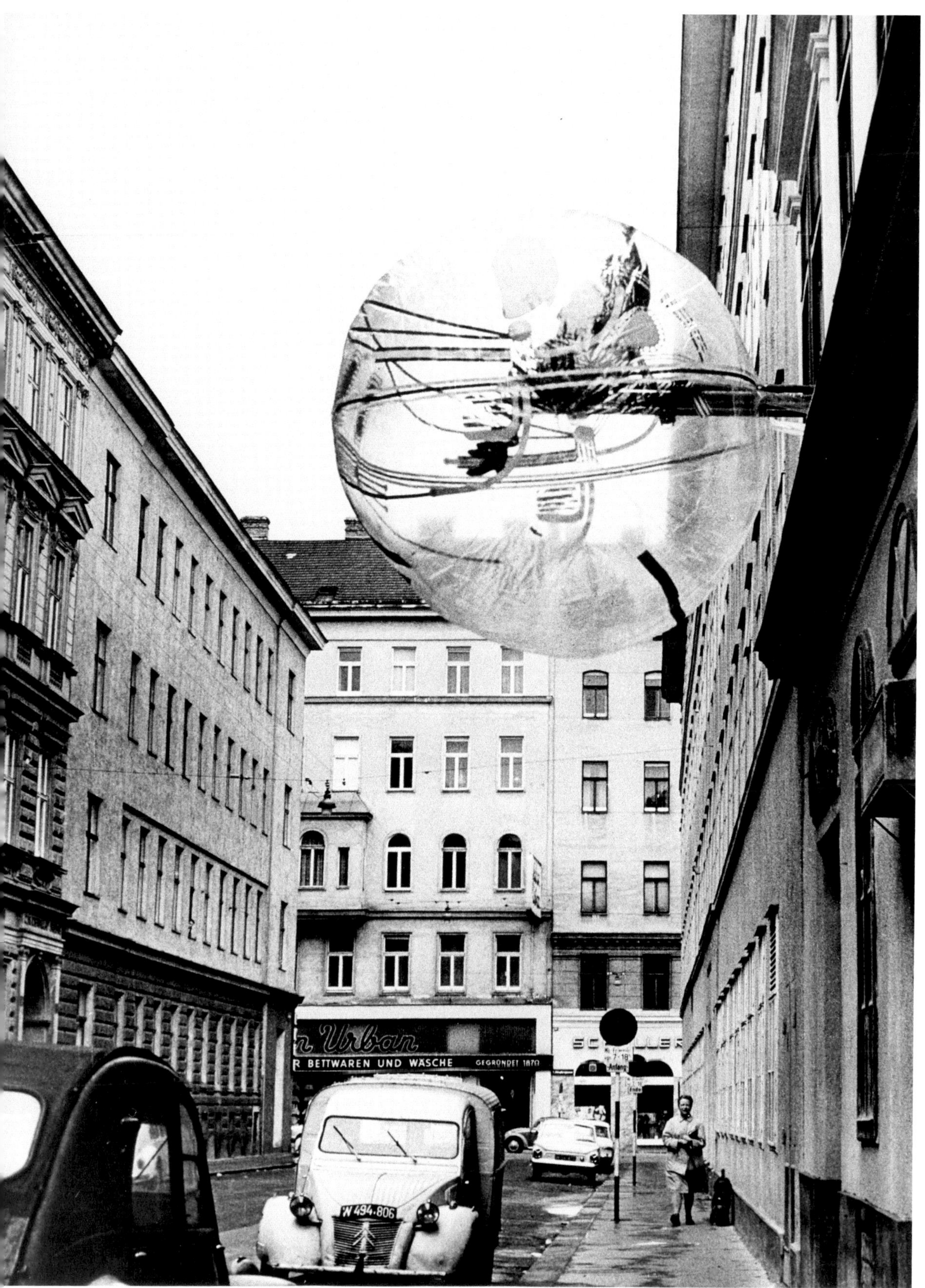

G 62-ZK   Haus-Rucker-Co, *Ballon für 2 / Balloon for 2, Bf2 Apollogasse*, 1967

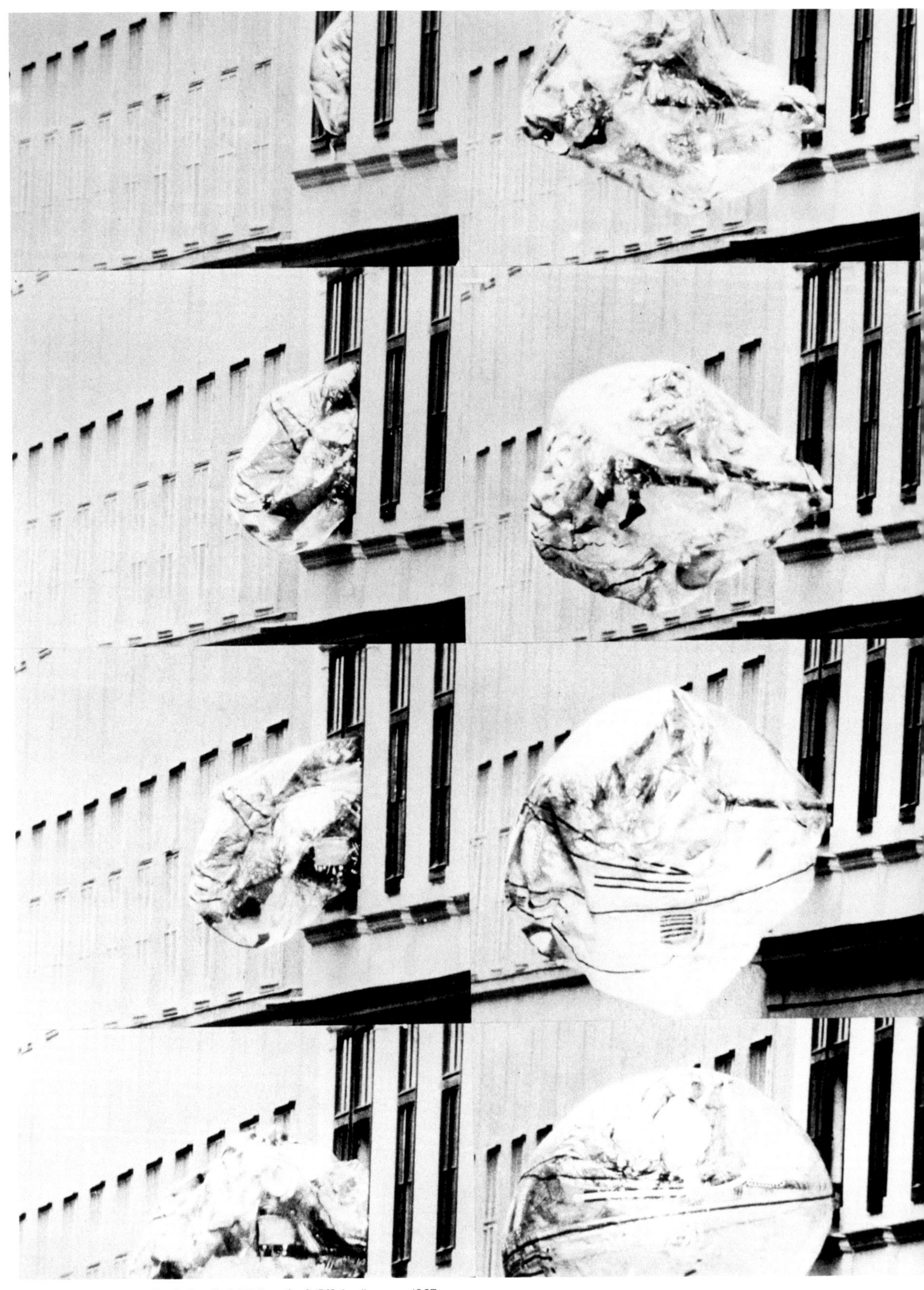

G 63-ZK   Haus-Rucker-Co, *Ballon für 2 / Balloon for 2, Bf2 Apollogasse*, 1967

8-ZK   Haus-Rucker-Co (Günter Zamp Kelp), *Stück Natur auf Dreifuß / Piece of Nature on Tripod*, 1973 (2017)

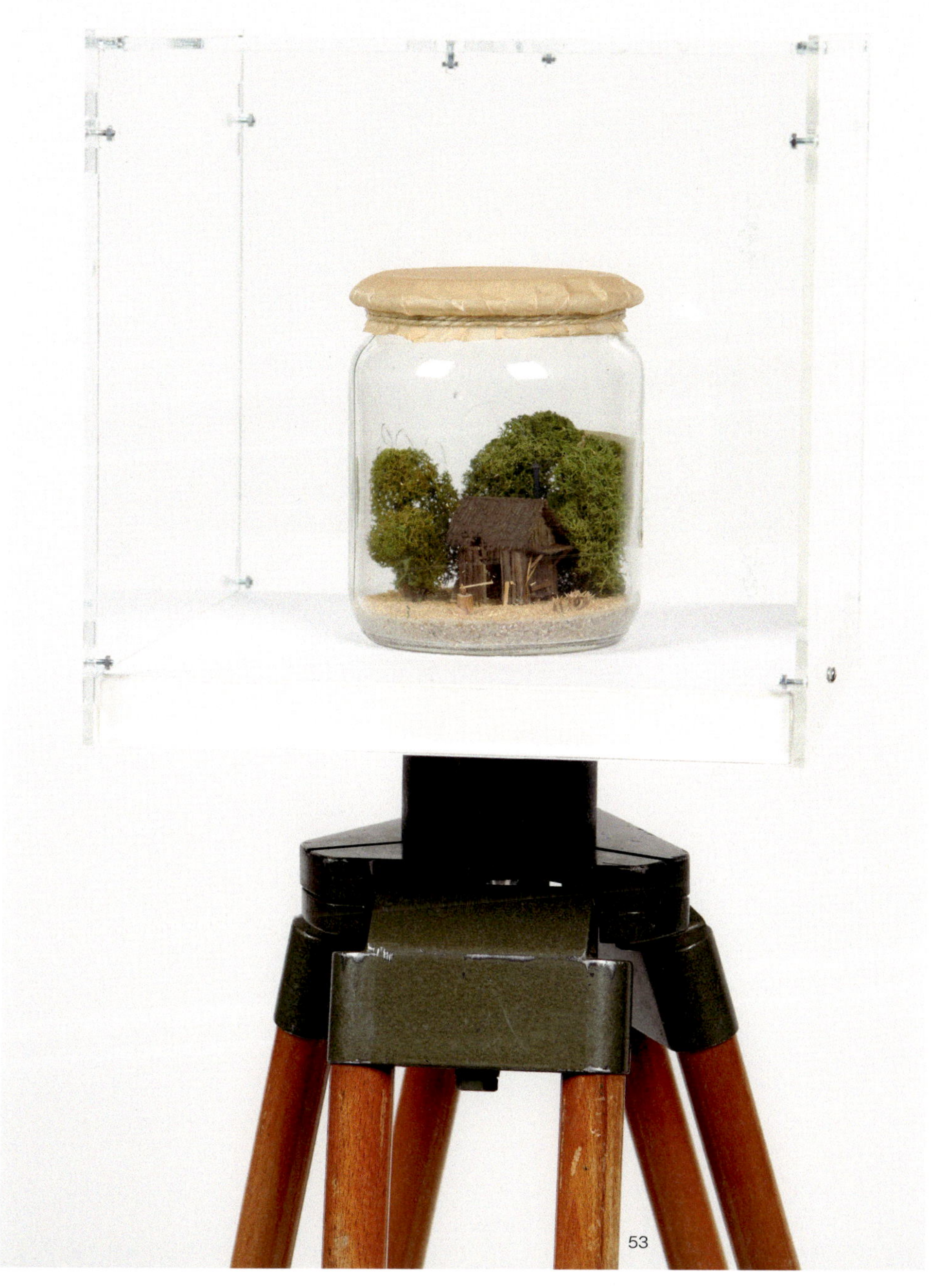

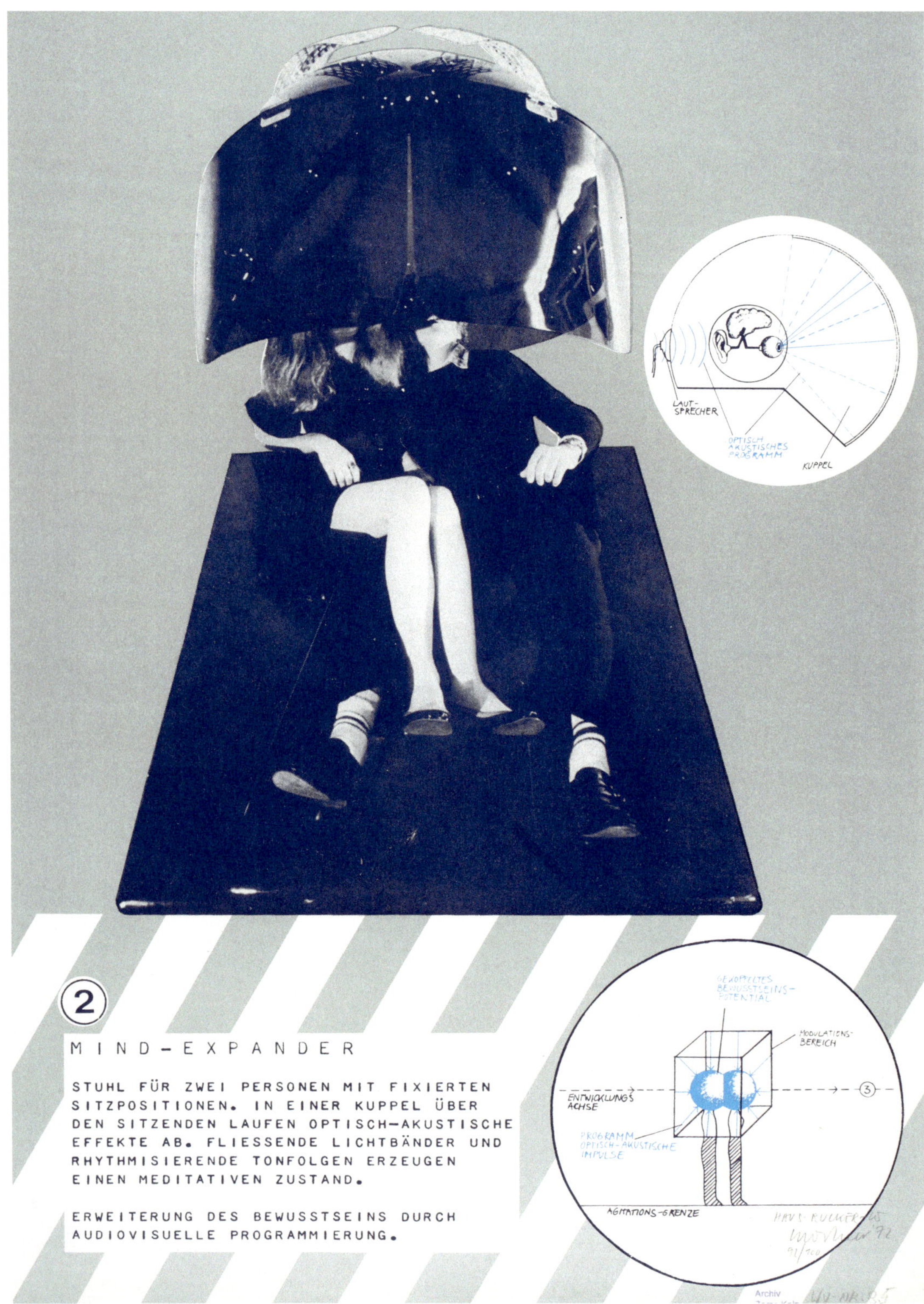

② MIND-EXPANDER

STUHL FÜR ZWEI PERSONEN MIT FIXIERTEN
SITZPOSITIONEN. IN EINER KUPPEL ÜBER
DEN SITZENDEN LAUFEN OPTISCH-AKUSTISCHE
EFFEKTE AB. FLIESSENDE LICHTBÄNDER UND
RHYTHMISIERENDE TONFOLGEN ERZEUGEN
EINEN MEDITATIVEN ZUSTAND.

ERWEITERUNG DES BEWUSSTSEINS DURCH
AUDIOVISUELLE PROGRAMMIERUNG.

G 92-ZK   Haus-Rucker-Co (Manfred Ortner), *Mind-Expanding-Program, Mind-Expander*, 1972

G 93-ZK Haus-Rucker-Co (Manfred Ortner), *Mind-Expanding-Program, Gelbes Herz / Yellow Heart* (Detail / detail), 1972

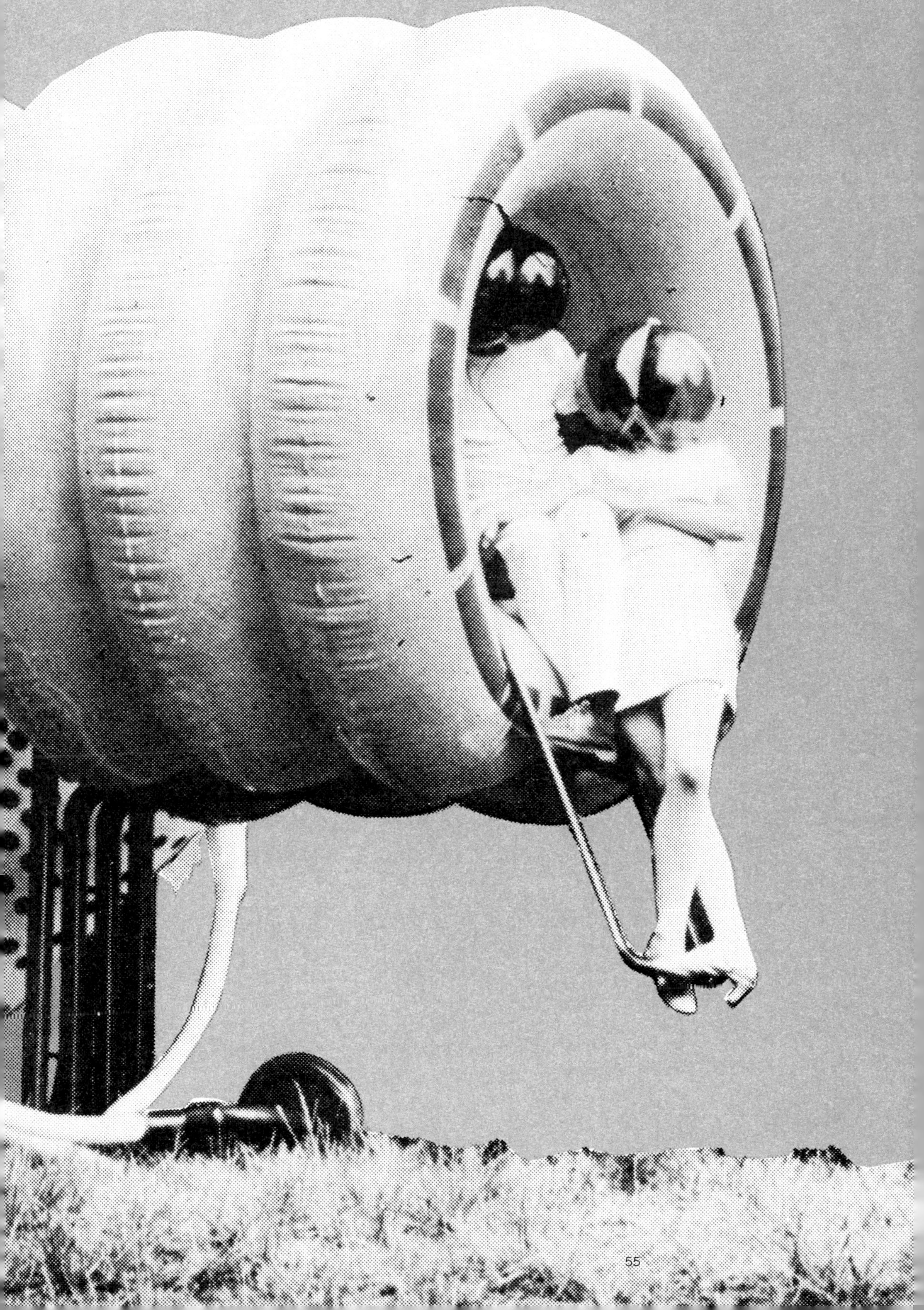

Karin Wilhelm

The architect Günter Zamp Kelp,
or
What is architecture?

It was the time of revisions. In 1984, at the opening of the German Museum of Architecture (DAM) building in Frankfurt/Main under the founding director Heinrich Klotz, this tendency was presented to public acclaim in an impressive exhibition called *Revision of the Modern: Postmodern Architecture*. The museum's own exhibits, which had already been purchased, were shown in the Gründerzeit villa. The exterior, with its view of the River Main, had just been carefully restored by Oswald Mathias Ungers, while the interior fittings now made sophisticated exhibitions possible. Clearly with consideration, the curators first had visitors enter a dark interior, where a large black-and-white reproduction of Walter Gropius's Jena theatre conversion from 1922, conceived at the Weimar Bauhaus, was on display as a prime example of architectural modernism. This example of 90-degree-angle modernism demonstrated, as it were, the original sin of a colourless functionalism: grey-toned, formally dull, and very much in need of revision![1]

Then, in a conciliatory gesture, so to speak, the visitor's gaze was allowed to glide into the adjoining room of lightness. Here vertically installed glass cabinets encased small architectural models that, in their colourful variation and ornamental symbolism, served to illuminate the appeal of the postmodern counter-positions. And yet there was one object of irritation in this array of designs for hopeful brightness. It was a particularly small and strange composition, the kind of pickling jar we would expect to be filled with preserved fruit or vegetables. Instead there was a crumbling hut made of small wooden sticks, barely five centimetres tall, a solitary survivor on green mossy terrain in a miniature natural world. And yet this was the object that caught the eye, despite its seemingly unambitious architecture and design! Curious viewers discovered that the creators were the Austrian architect-artist group *Haus-Rucker-Co (operative)*, internationally sought-after for some time already, presenting their pleasantly confusing *Piece of nature, preserved*. Were they looking at a trifling object that didn't take the situation of construction industry constraints so seriously? Or was the smile evoked by this postmodern attitude instead an occasion for reflection and fundamental questioning? Was it still architecture? And if so, what is architecture? Created in 1973 by Günter Zamp Kelp and colleagues Laurids and Manfred Ortner, what did this tiny fairy-tale installation articulate, and what intense power of revision was inherent in it?

II

Following the formation of the working group Haus-Rucker-Co in Vienna in 1967, and continuing over the years until the group finally disbanded in 1992, Günter Zamp Kelp circled questions of this kind in a narrative approach with drawings, collages, objects and small utopian texts.[2] As early as the 1960s, it was fundamental questions about professionalisation in the university environment that took the group's programme away from the corporate-influenced self-image of the pragmatically realistic master builder. In his place now came the architect as conceptual artist, who essentially does not design a building made of stone, concrete or wood, but instead thought-space images or perception objects that create new spaces of experience as temporarily conceived artefacts. *Balloon for 2*, the airborne, transparent construction from 1967 that was pushed out of the window of a Vienna apartment building, transported the couple sitting inside into a high-altitude aerial experience that undoubtedly stimulated a sensitisation of spatial patterns of perception, but at the same time knew how to trigger a certain unease along with its joyful vision. This experience of fear-show-pleasure, which came about in the wake of the Happenings, the Fluxus movement and above all Viennese Actionism, catapulted architectural production into the field of artistic, conceptual socio-political action work. Thus, with *Balloon for 2*, architecture had left the studio and appeared as a street art experience, in order to introduce visitors once again to that fear-pleasure experience at the *documenta 5* in Kassel in 1972 as a solid shell construction at a lofty height. This action space, which was still developed with Klaus Pinter, entered the world of PVC shell constructions supported by internal pressure, while the group around Zamp Kelp also approached the constructively mediated media world of temporary construction. The fascination of being able to produce and guarantee spatial stability using the lability of the invisible medium of air had been seen in a photomontage by Buckminster Fuller in his *Manhattan Dome* from 1960. In this photomontage it was already clear that the technical mastery of a light air dome construction sent out a subliminal message: the evidently necessary control of climate change.

Zamp Kelp would later call spatial objects of this kind "instruments of perception". And in fact it was the staging of vision, that fanning out of the gaze in the movement of the viewer-user, that became space-defining. As early as 1977, the idea of spatial perception training had been conceived together with the Ortners in the *Frame Building* at the Kassel *documenta 6* for an international audience. This idea of expanding architecture as an art form to sensitise the "sense of possibility" in the viewer (Robert Musil), thus inventing an object art that, like the *Environment Transformer* or the *Mind-Expander*, was intended to stimulate and at the same time alienate the sensory experience with the surrounding space, unfolded its own playful effect here in the environment of the psychedelic worlds of experience of the 1960s/70s.

This power to animate the viewer's play instinct is inherent in the work of art. And indeed, architecture as an art form, as designed by Zamp Kelp with the Ortners, followed a core idea of Friedrich Schiller's aesthetics in a modified form. Schiller had theoretically circled the concept in his *Letters on the Aesthetic Education of Man*, published in 1795, and attributed to the play instinct the power of being able to free oneself "from the bonds inseparable from every purpose, every duty, every care".[3] This concept, that a person could find themselves in disinterested play alone, as it were, was typified quite perfectly in the *Giant Billiard* project in Vienna and accompanied Zamp Kelp's creative phase in New York. The fact that it appeared in 1970 as the *Giant Billiard* installation on 53rd Street, a large, accessible "air mattress" in public urban space that encouraged passers-by to "romp … as if on a snow-covered meadow",[4] as it had in Vienna, demonstrates the joyful power of conceptual architectural design. Even in Zamp Kelp's drawings, this potential for experience continues to have an effect and has given his space-sound constructions, such as the *Big Piano* of 1971, a poetic interpretation of a wondrous stairway to heaven, a character that fundamentally questions the field of purely functional architecture. Was this the materialisation of Hans Hollein's assertion that "everything is architecture"?

III

The extended architectural concept of Zamp Kelp and Haus-Rucker-Co is based on several guiding principles of utopian thinking. The fact that intimations of dystopia glimmer through behind these is documented by precisely those projects such as the piece *Nature, Preserved*, which was created two years after the *Big Piano* drawing and which still captured the dangers of the destruction of nature in the ironic alienation effect. Just how diverse and internationally influential these works by Zamp Kelp and his Austrian colleagues have been subsequently, can now be read and viewed with great enjoyment in the definitive publication on the work of the atmosconceptor Zamp Kelp, who once emigrated from Linz.

If one looks again today at the early works of the 1960s such as *Environment Transformer*, the plastic mask that Zamp Kelp wore over his face with his Haus-Rucker colleagues in the streets of Vienna in 1968, letting his gaze wander over the domesticated trickle of the River Wien, one sees in it already the face mask as virus protection, and thus a disturbingly odd foresight in terms of a potential danger that today's atmosfabricator must calculate. It is this double face of our civilisation between showdown and the "principle of hope" (Ernst Bloch) that we encounter in this tremendously inspiring book on the work of Zamp Kelp. As we browse and read, we wander with him between the past, present and future of architectural thinking in a highly rewarding way – the *dérive* sends its regards – and encounter the stubborn, radical avant-garde habitus that was so typical of the Austrian art scene in the second half of the 20th century.

At the Berlin University of the Arts (UdK), which appointed Günter Zamp Kelp as professor in 1988, he became a highly esteemed teacher who passed on this attitude to the students as civilisation-critical thinking. The fact that in the process he provided them with unexpected insights into the Eastern European architectural landscape, which had always remained in view in Austria, supported in its own way the revision of the prevailing view of architecture.[5]

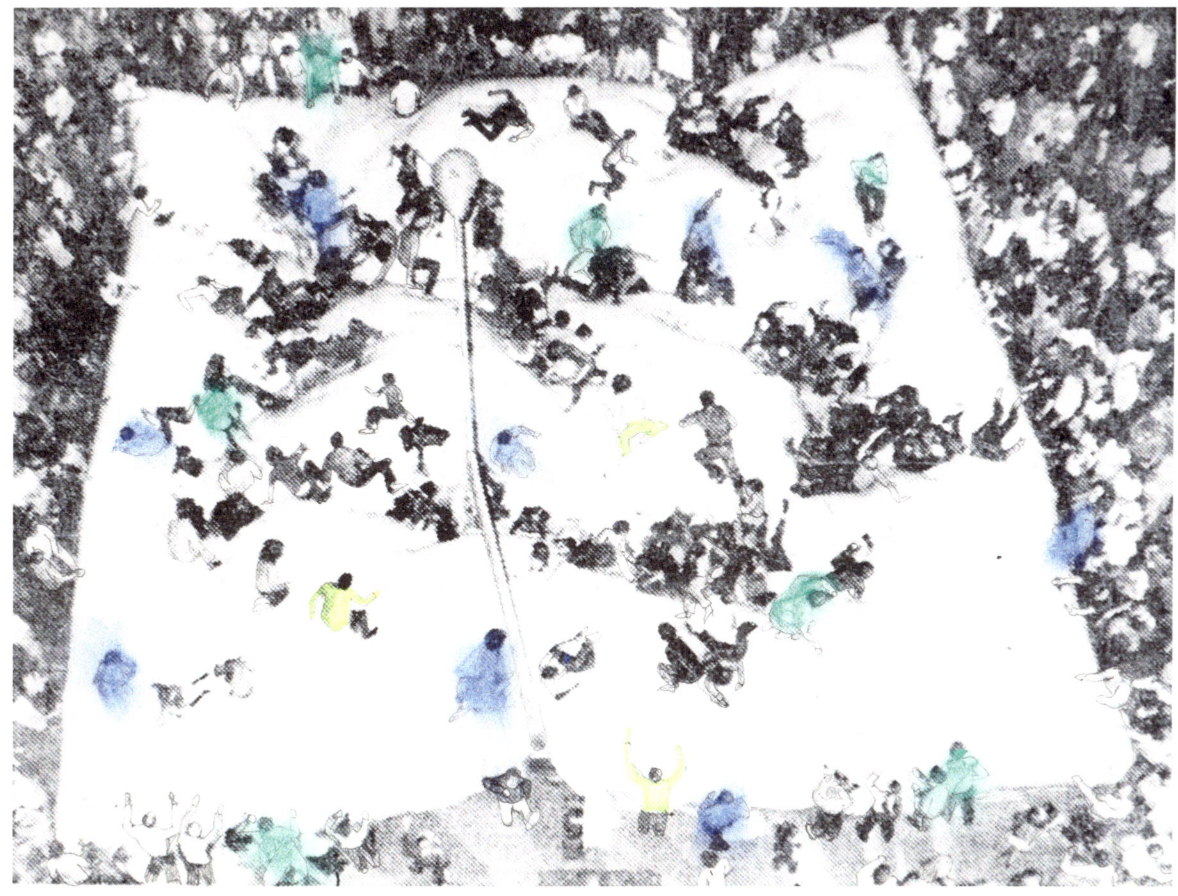

G 530-ZK   Haus-Rucker-Co (Laurids Ortner, Günter Zamp Kelp, Klaus Pinter), *Giant Billard*, undatiert / undated

[1] At that time, people were no longer aware that the theatre had featured a magnificent mural painting by the Bauhaus workshops inside. Only after the fall of the Berlin Wall in 1989 did the colourful overall concept return to view.

[2] From 1967 Laurids Ortner / Zamp Kelp / Klaus Pinter; since 1971 Laurids Ortner / Manfred Ortner / Zamp Kelp.

[3] Friedrich Schiller, *On the Aesthetic Education of Man in a Series of Letters* (ed. & tr. Elizabeth M. Wilkinson & L. A. Willoughby), Oxford 1967, p. 109.

[4] Ludwig Engel (ed.), *Zamp Kelp. Prospector. Casting an Eye on Haus-Rucker-Co and Post-Haus-Rucker*, Leipzig 2021, p. 150.

[5] See Zamp Kelp et al., Czernowitz Tomorrow. *Architecture and Identity in the Surge of Central Eastern Europe*, Düsseldorf 2007.

KARIN WILHELM is a professor emeritus for the History and Theory of Architecture and Urbanism. Studied art history / sociology / philosophy; lectureships and guest professorships in Germany / Austria, including Berlin University of the Arts (from 1983); Full Professor Graz University of Technology / Arch.Fac.(1991-2001, in this year Dean of the Arch.Fac.); Professor University of Technology Braunschweig / Arch.Fac. (2001-2012); scientific advisory board of Bauhaus Dessau Foundation (1994-1999), appointed member of the Braunschweig Scientific Society (2011)

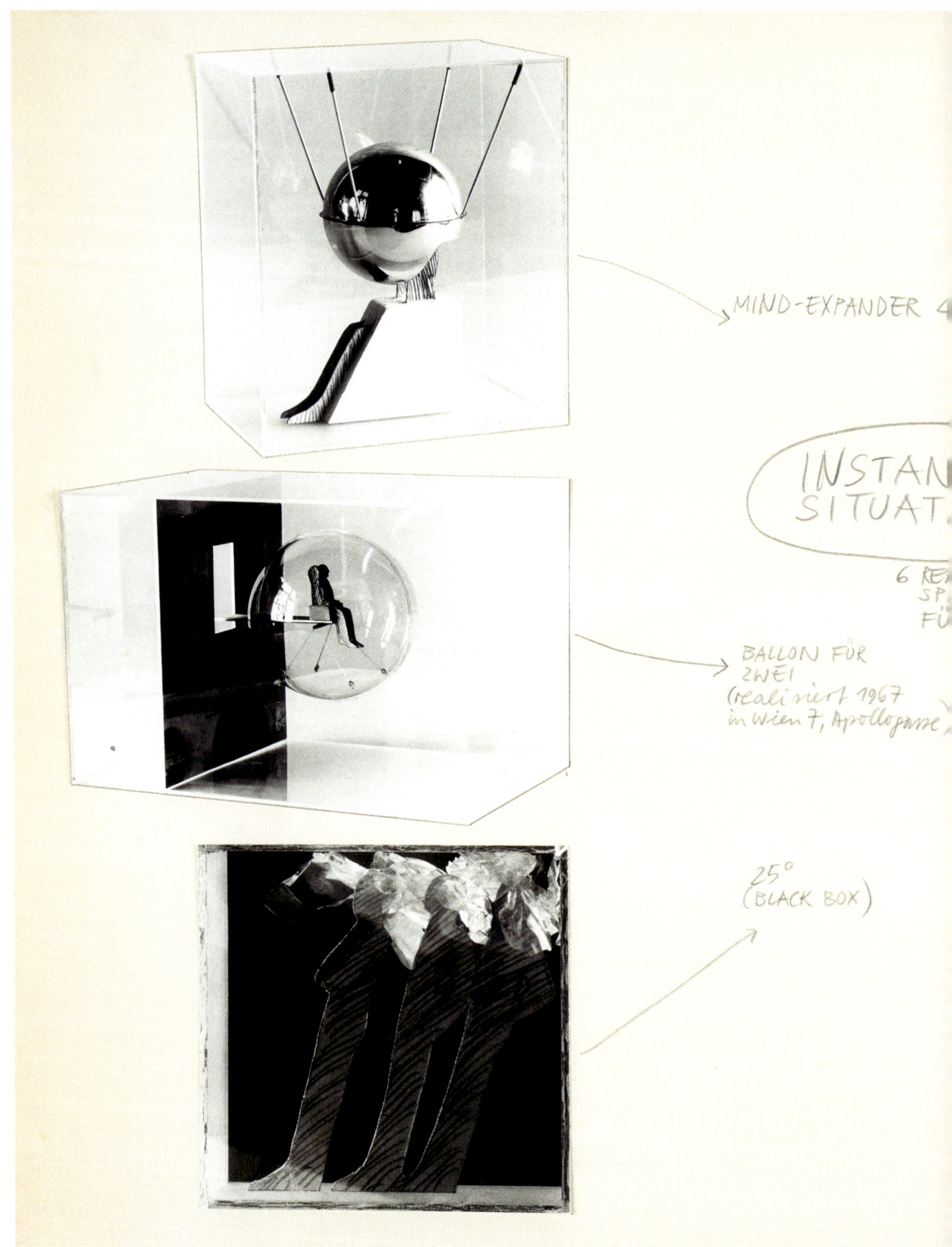

G 111-ZK   Haus-Rucker-Co (Laurids Ortner, Günter Zamp Kelp, Klaus Pinter), *Instant Situations, Instant Situation*, 1970

SHINDAI ROOM

KOPFBALL

...RBARE
...UATIONEN
...50 PERSONEN

GIANT BILLARD
...alisiert 1970
...Wien u. New York)

HAUS-RUCKER-CO
1970

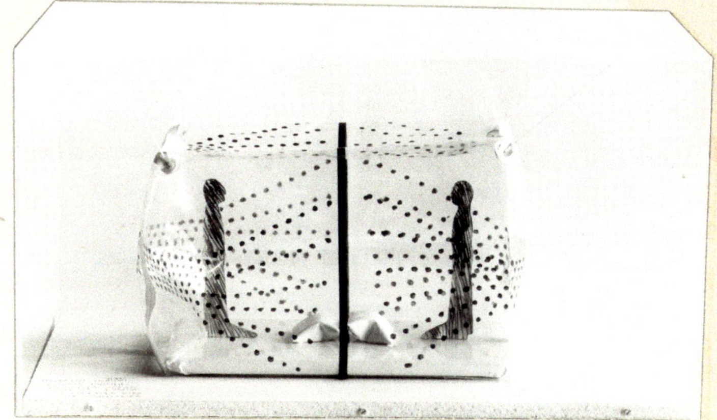

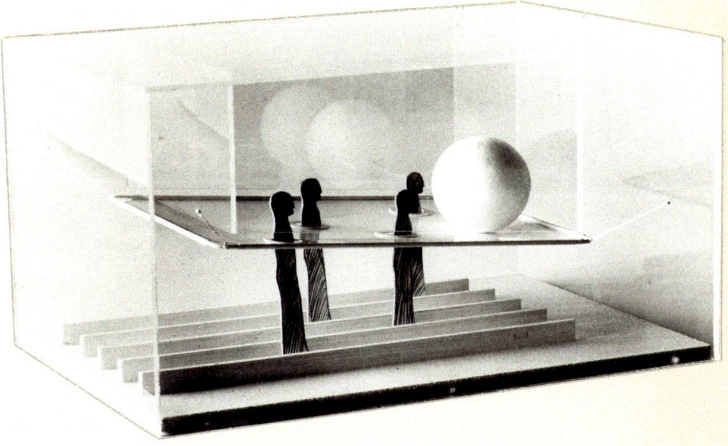

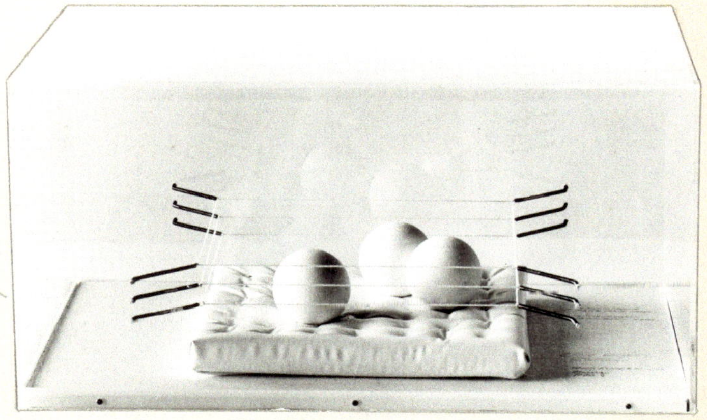

63

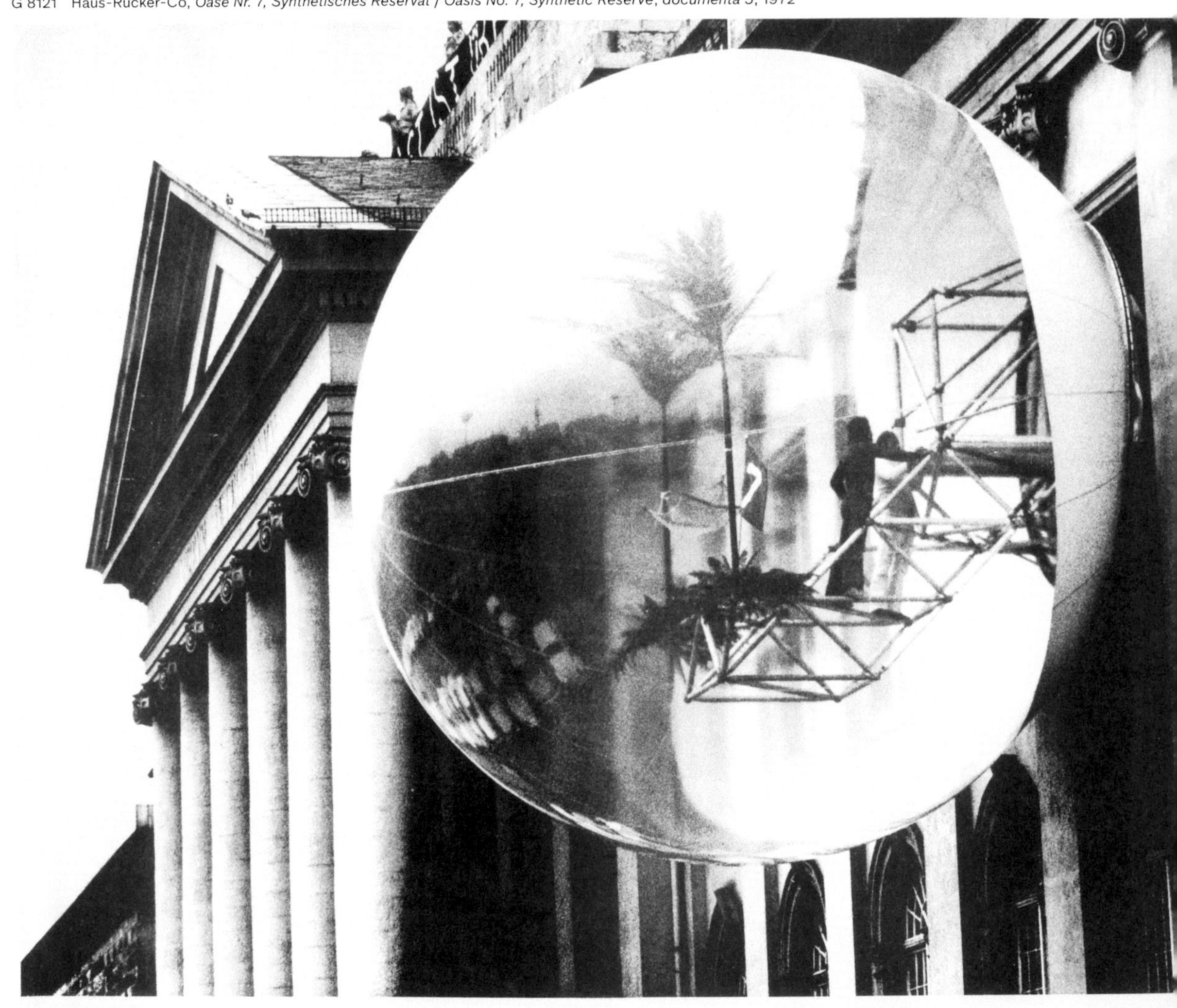

G 8121　Haus-Rucker-Co, *Oase Nr. 7, Synthetisches Reservat / Oasis No. 7, Synthetic Reserve, documenta 5*, 1972

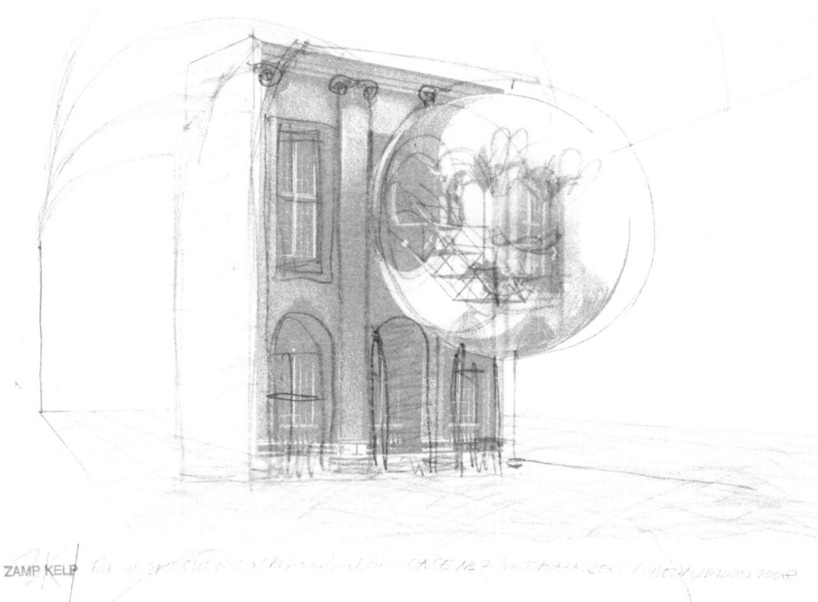

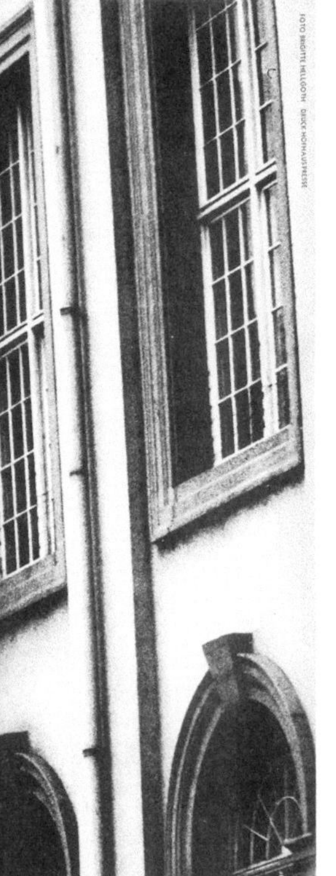

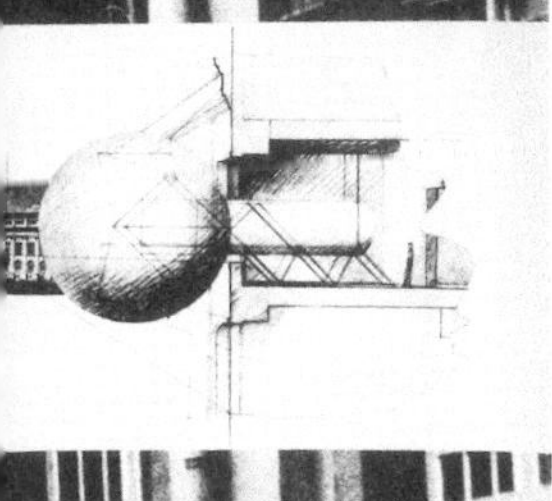

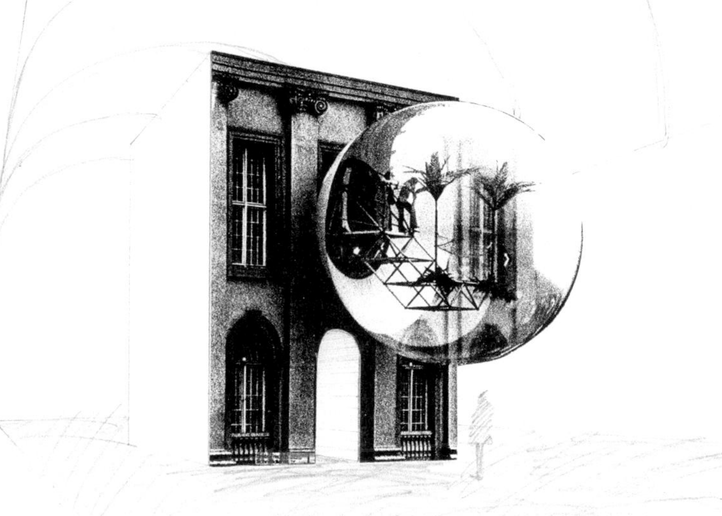

G 153-ZK   Günter Zamp Kelp, *Oase im Ausstellungsraum / Oasis in exhibition space*,
Rekonstruktion *Oase Nr. 7* / Reconstruction *Oasis No. 7*, 2008

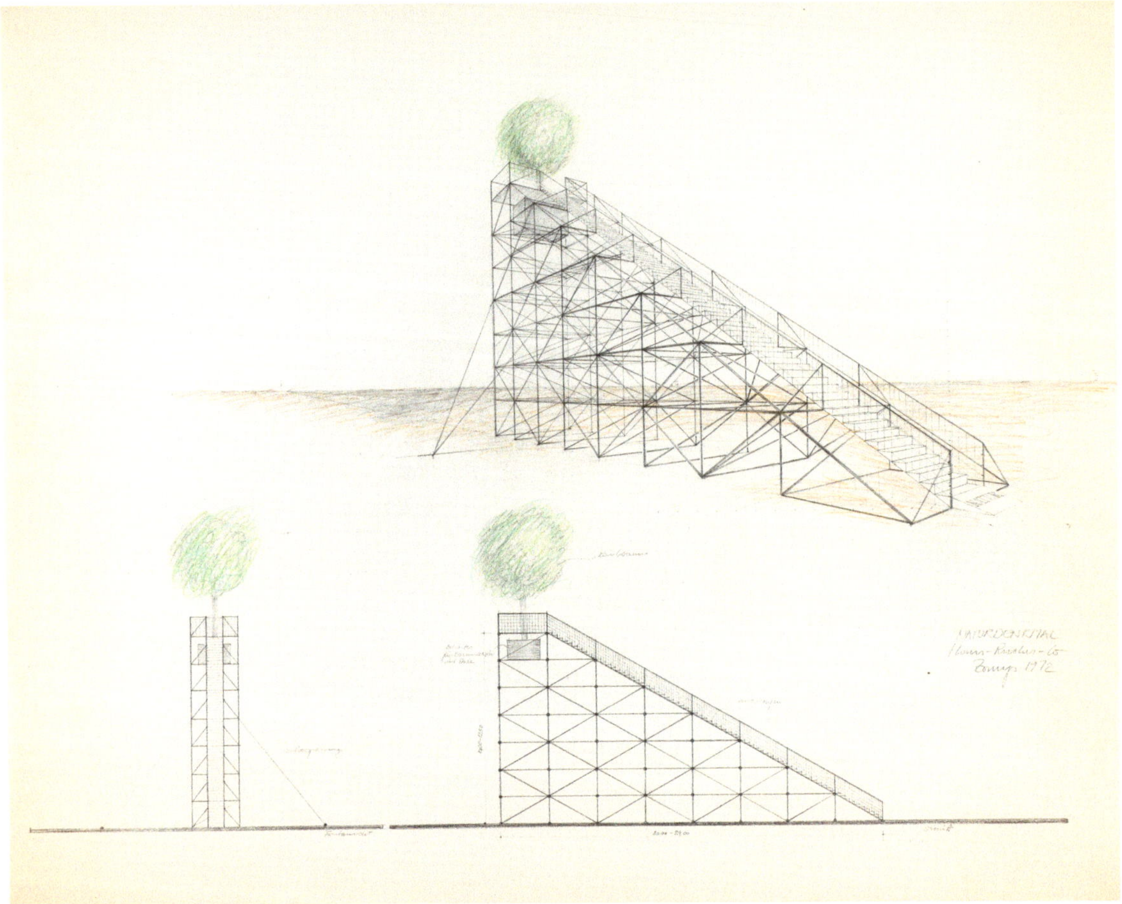

G 131-ZK   Haus-Rucker-Co (Günter Zamp Kelp), *Stadtnatur / City Nature, Naturdenkmal / Natural Monument*, 1972

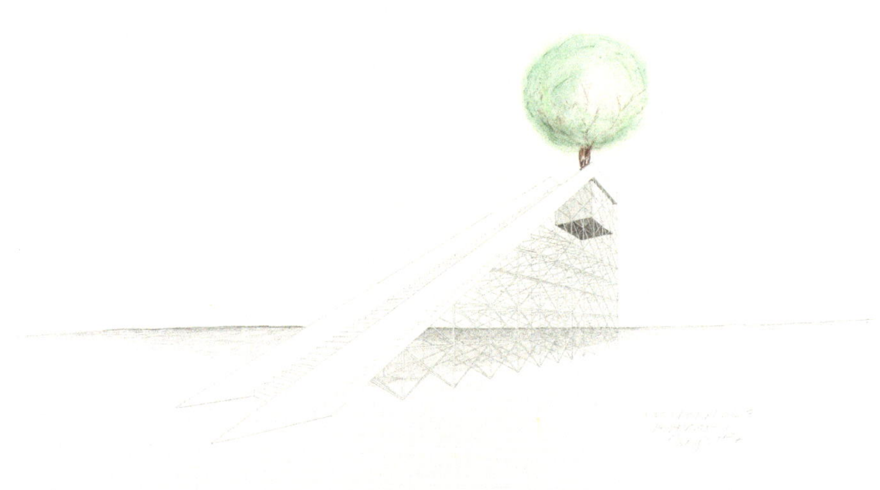

G 133-ZK   Haus-Rucker-Co (Günter Zamp Kelp), *Stadtnatur / City Nature, Naturdenkmal 3 / Natural Monument 3*, 1987

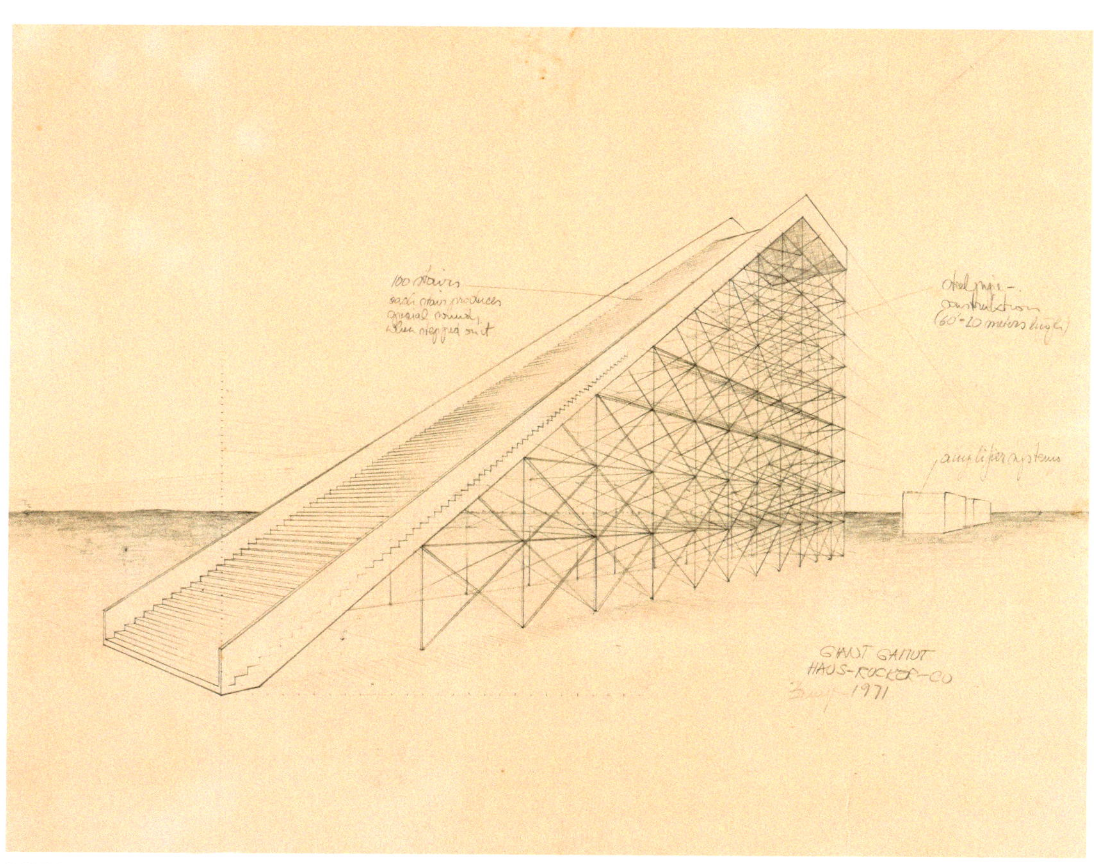

G 267-ZK   Haus-Rucker-Co (Günter Zamp Kelp), *Giant Gamut, Tonleiter / Gamut*, 1971

Ludwig Engel

The Sky is the Limit
Über Haus-Rucker-Cos Big Piano

Seit etwas mehr als zehn Jahren habe ich das Vergnügen, mich zeitweise recht intensiv mit Haus-Rucker-Co und Günter Zamp Kelps Arbeiten zu beschäftigen.[1] Diesen Katalogbeitrag im Rahmen der großen Werkschau *Haus-Rucker-Co – Atemzonen* im Lentos nehme ich zum Anlass, ein Projekt herauszugreifen, das mir besonders lieb ist – vielleicht in nicht ganz unerheblichem Maße, da ich meine, dass die Arbeit auch Zamp Kelp bis heute viel bedeutet. Es handelt sich dabei um das *Big Piano* von 1971, von Zamp ursprünglich für die *documenta 5* im New Yorker Atelier von Haus-Rucker-Co ersonnen. Die Arbeit wurde nie realisiert, sondern ist „nur" in Form von wunderschönen Zeichnungen und Modellen erhalten – und seit 2020 Teil der Lentos-Sammlung. Nun wäre einzuwenden, dass es ja im Werk von Haus-Rucker-Co genug realisierte Projekte gibt, über die man sprechen könnte. Zamps Denken und Handeln manifestiert sich für mich aber am kraftvollsten im Spekulativen. Während die realisierten Interventionen von Haus-Rucker-Co es ein ums andere Mal schafften, aus Besucher·innen Partizipierende zu machen, machen die spekulativen Arbeiten wie das *Stück Natur* (1973) oder eben das *Big Piano* aus Betrachter·innen Mitdenkende. In einem Gespräch, das wir einmal führten, bemerkte Zamp dazu: „Bleiben Ideen Ideen, sind sie wie offene Fenster durch die Zeiten hinweg, durch welche ihre Schöpfer und ihre Betrachter in die Perspektive ihrer optionalen Realisierung blicken. Viele Ideen öffnen viele Fenster, sie sind der Sauerstoff des Lebens. Ich liebe Ideen."[2] Das *Big Piano* ist bis heute Idee geblieben und besitzt somit auch bis heute noch dieses Potential, neue Perspektiven zu öffnen.

Doch was ist eigentlich das *Big Piano*? Es handelt sich dabei um eine einigermaßen komplexe Versuchsanordnung zur Erweiterung des Raumbewusstseins: eine Treppe, bestehend aus überdimensionierten Klaviertasten, die in einer künstlichen Wolke endet. Zum einen ist da die lange Treppe, die ins Nirgendwo, in den Himmel im metaphorischen Sinne führt. Diese offensichtliche Symbolik birgt gleich ein ganzes Bündel an Fragen und Assoziationen: Ist die Person, die sich getraut, die Treppe zu erklimmen, auf dem Weg in den Himmel, ins Paradies gar? Oder ist es ein Akt, dem es an Demut fehlt? Ist das Aufstreben ein gotteslästerliches Unterfangen? Wie die Inspiration zum Werk – der Turmbau zu Babel – es nahelegt? Oder bringt der Aufstieg Erkenntnis? In jedem Fall ist der Aufstieg ein „leap of faith“, wie es im Englischen so schön heißt, denn eine Aussicht ist dort oben ja aufgrund des dichten Nebels nicht zu erwarten. Eher eine Introspektion. Zum anderen ist da der tongebende Effekt des Stufenlaufs: Es ist vorstellbar, dass die Treppenstufen wie ein Klavier funktionieren. Es könnte also mit tiefen, donnernden Tönen beginnen, die sich bis zum Erreichen der Plattform in der Wolke in höchste Höhen erheben. Der Aufstieg wird so zu einem psychoakustischen Erlebnis. Damit wird der Rhythmus des Aufstiegs (und Abstiegs) körperlich erlebbar. Die Person auf den Treppenstufen wird sich ihrer eigenen Gangart bewusst, muss sich dazu verhalten, trägt in gewisser Weise auch die Verantwortung dafür, was im Stadtraum um sie herum dann zu hören sein wird. Damit gehört das *Big Piano* zu den Objekten von Haus-Rucker-Co, die den urbanen Spielzeugen, den *urban toys,* zuzuordnen sind. Es gibt einen Moment der Aktivierung und des Wirksamwerdens der Besucher·innen, die nicht zuschauen müssen, sondern interagieren dürfen.

Wie die Idee für das Big Piano entstand, ist übrigens bestens belegt: in New York City, 1971, im Haus-Rucker-Co-Loft Broadway, Ecke Broom Street, oberster Stock. Die Idee passt zur Zeit: Irgendwie gilt für die drei Haus-Rucker-Co-Mitglieder, die dort unter „Haus-Rucker-Inc.“ firmieren – Zamp Kelp, Klaus Pinter, Caroll Michels – in diesen Tagen wirklich: The sky is the limit. Ob spektakuläre Entwürfe zu einem sich über die Dächer ganz Manhattans ausbreitenden Skyparks oder ganz reale Spaziergänge auf dem Fenstersims des Lofts – es sind luftige, kreative Zeiten. Zurück zum *Big Piano.* Eines Tages besucht der gerade aus Providence, Rhode Island, nach New York City umgezogene österreichische Architekt Raimund Abraham das Loft und bringt ein Buch über neue archäologische Erkenntnisse zum Turmbau zu Babel mit. Zamp Kelp erinnert sich: „Der Turm war ja eigentlich die *Zikkurat Etemenanki* und zur Zeit seiner Existenz ein babylonisches Heiligtum. Mich beeindruckt eine Zeichnung der Zikkurat mit der zentralen Treppe, die Nebukadnezar abreißen ließ, um den Babyloniern den Glauben zu nehmen.“ Mit dieser Treppe im Sinn entwirft Zamp Kelp eine freistehende Stahlgerüst-Treppenkonstruktion mit Stufen, die bei Betreten unterschiedliche Töne erzeugen. Die Arbeit betitelt er *Big Piano,* aber auch der Titel *Sky Stair* findet Verwendung. Die fixe Idee kommt auch gleich zum Einsatz. Zamp erinnert sich weiter:

„Als Harald Szeemann in der Funktion des Leiters der *documenta 5*
telefonisch seinen Besuch ankündigt und schließlich [...] im Studio vorbeikommt, schlagen wir ihm vor, das *Big Piano* auf dem Friedrichsplatz in Kassel zu realisieren. Die von den Benutzer·innen des
Instruments erzeugten Kompositionen sollen mittels Lautsprecher
in der Innenstadt Kassels omnipräsent werden. Szeemann zeigt sich
interessiert, sagt aber, dass auch Haus-Rucker-Co in Düsseldorf an
einem Vorschlag arbeitet.“ Wie zu erahnen, bekommt der „Vorschlag
aus Düsseldorf“ den Zuschlag, und so findet sich beim Betrachten
der Dokumentationsfotos der *documenta 5. Befragung der Realität –
Bildwelten heute* nicht das *Big Piano* auf dem Friedrichsplatz, sondern
die ikonische *Oase Nr. 7* – eine Blase mit Palmen und Hängematte,
die am Fridericianum klebt, während sich darüber das Transparent
„Kunst ist überflüssig“ von Fluxus-Künstler Ben Vautier zeigt.

So richtig mag Zamp aber seitdem von den Treppen nicht mehr
lassen: In einer Collage von 1972 sieht man das *Big Piano* (unter dem
Titel *Giant Gamut*) im Central Park stehen. Sogar ein Diagramm für
die Tonfolgen der Stufen wird angefertigt. Viele Zeichnungen krei-
sen immer wieder um diesen einen Entwurf. Ausgehend von dem
Big Piano entsteht nur wenig später das Projekt *Stadtnatur, Naturdenkmal (1972/73)*. Wieder eine freistehende Stahlgerüst-Treppenkonstruktion, aber ohne Tonstufen und ohne Wolke, stattdessen
mit Baum als markantem Abschluss des Aufstiegs. Auch diese Arbeit
bleibt unrealisiert. 1976 gibt es dann mit *Schiefe Ebene* eine schräg
gekippte Platte, aufgestellt als monumentaler Raumteiler am Wiener
Naschmarkt. Die Öffnung in der Mitte passiert man mithilfe einer
Treppenkonstruktion, die hinauf und wieder hinunter führt. Es fol-
gen die Idee zur *bvb* (1979) – abermals eine freistehende Stahlgerüst-
Treppenkonstruktion, die sich scheinbar entlang einer gerasterten
Fassade erhebt – ganz so, als hätte hier jemand ein Provisorium ein-
gerichtet, um Superstudios *Continuous Monument* zu erklimmen. Im
Jahr 2000 entsteht dann schließlich der *Jahrtausendblick*. Diesmal ist
die Treppe ihrem Namen entsprechend kein Provisorium, sondern
auf Dauer ausgelegt und in Stein ausgeführt. Oben angekommen,
wird der Blick der Besucher·innen durch eine Sequenz von Schei-
ben in die Landschaft entführt.

Wie populär das *Big Piano* als Aktivierungswerkzeug des Stadtraums hätte werden können, lässt sich an zwei späteren Projekten
zeigen, die zumindest indirekt davon beeinflusst sein könnten: 2002

wurde im Rahmen der *SWISS EXPO* eine künstliche Wolke realisiert –
freilich ohne Beteiligung von Haus-Rucker-Co. Das New Yorker
Büro Diller Scofido + Renfro realisierte dafür das *Blur Building* auf
dem Neuenburger See: eine Konstruktion, die Wasser aus dem See
pumpt und es dann vernebelt wieder abgibt, so dass lediglich eine
Wolke tief über dem See hängend zu sehen ist. Es gab zwar keine
musikalische Treppe, aber immerhin eine Treppe, um auf das *angel
deck* zu gelangen. Zweifellos eine immersive wie auch erfrischende
Erfahrung, die viele Menschen dankbar annahmen. Auch die musikalische Treppe wurde realisiert. 2009 wurden im Rahmen einer
Initiative mit dem Namen *Fun Theory* die Treppenstufen einer Stock-
holmer Untergrundbahnstation zum Klavier umgebaut. Auf den
Dokumentationsvideos sieht man Menschen mit großer Freude die
Treppe allein und in Gruppen hinauf- und hinunterhopsen und kann
sich gut vorstellen, dass sich auf den Pianostufen des *Big Pianos* ähnlich anregende Menschenansammlungen eingefunden hätten wie
bei den vielen anderen urbanen Interventionen Haus-Rucker-Cos.

Eine Nachbemerkung mag noch gestattet sein. Auch wenn dieser
kurze Kommentar eine Idee und nicht ihre Realisierung feiert, bleibt
doch eben zu einem großen Anteil die Faszination für die Idee in
ihrer immerwährend möglichen Realisation. Und so wäre trotz
allem ja auch dem *Big Piano* ein Leben im Echten zu wünschen. Wer
weiß, vielleicht finden sich ja doch noch Mittel und Wege, um das
Big Piano herzustellen? Zamp Kelps Science-Fiction-Kurzgeschichte
Baltasar spielt Piano aus dem Jahr 2018 jedenfalls eröffnet eine solche
Perspektive: „Im 22. Jahrhundert, anno 2172, zur 45. Ausgabe der
Ausstellung *documenta* in Kassel, soll neben den zeitgenössischen
Positionen auch ein historisches Projekt realisiert werden. Die Wahl
fällt auf *Big Piano* von Haus-Rucker-Co – seinerzeit entwickelt für
die *documenta 5*. Die Beschaffung der Mittel für die Realisierung ist
wie schon vor 200 Jahren das Problem. …",[3] aber diesmal klappt es.
So viel sei hier verraten.

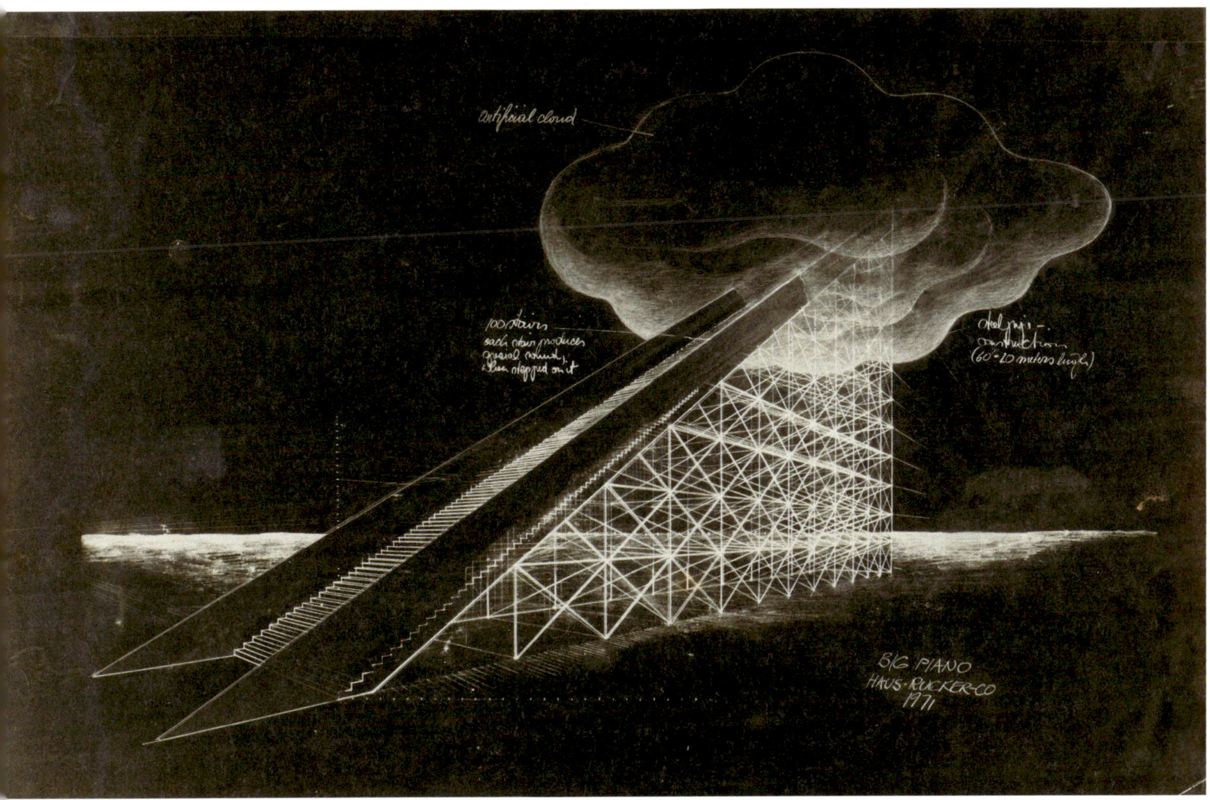

G 273-ZK   Haus-Rucker-Co (Günter Zamp Kelp), *Tonleiter / Gamut, Big Piano*, 1971

1
U. a. Kurator der Ausstellung *Haus-Rucker-Co: Architektur-utopie reloaded.* Haus am Waldsee, Berlin (2014 / 15) und Herausgeber des Buches *Zamp Kelp. Luftschlosser. Ein Blick auf Haus-Rucker-Co / Post-Haus-Rucker*, Spector Books (2019).

2
Ludwig Engel im Gespräch mit Zamp Kelp, in: Ludwig Engel (Hg.), *Zamp Kelp. Luftschlosser. Ein Blick auf Haus-Rucker-Co / Post-Haus-Rucker*, Leipzig 2019, S. 198.

3
Günter Zamp Kelp, „Baltasar spielt Piano", in: Ludwig Engel (Hg.), *Zamp Kelp. Luftschlosser. Ein Blick auf Haus-Rucker-Co / Post-Haus-Rucker*, Leipzig 2019, S. 118.

LUDWIG ENGEL ist Futurologe und Kurator. Er leitet mit Julian Schubert (Something Fantastic) das *Studio for Immediate Spaces* am Sandberg Instituut in Amsterdam. Mit seinem Berliner Studio kuratiert und realisiert er Ausstellungen, Bücher und Konferenzen. Er war Co-Kurator der Ausstellung *Haus-Rucker-Co: Architekturutopie Reloaded* am Berliner Haus am Waldsee (2014 / 15) und ist Herausgeber der Werksbiografie *Zamp Kelp. Luftschlosser. Ein Blick auf Haus-Rucker-Co / Post-Haus-Rucker*, erschienen bei Spector Books (2019).

G 269-ZK   Haus-Rucker-Co (Günter Zamp Kelp), *Giant Gamut, Tonleiter / Gamut, Urban Toy NY Central Park*, 1972

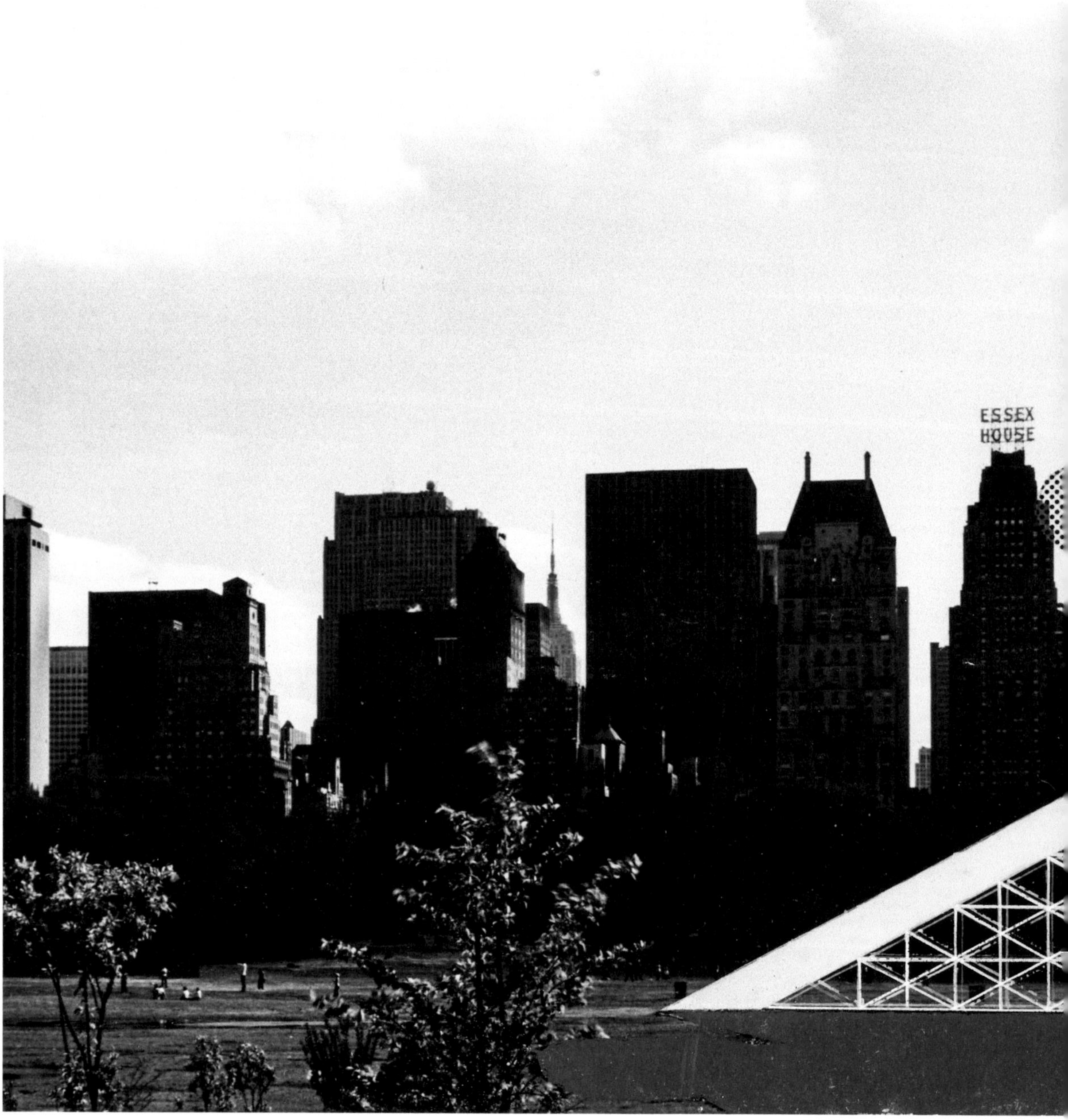

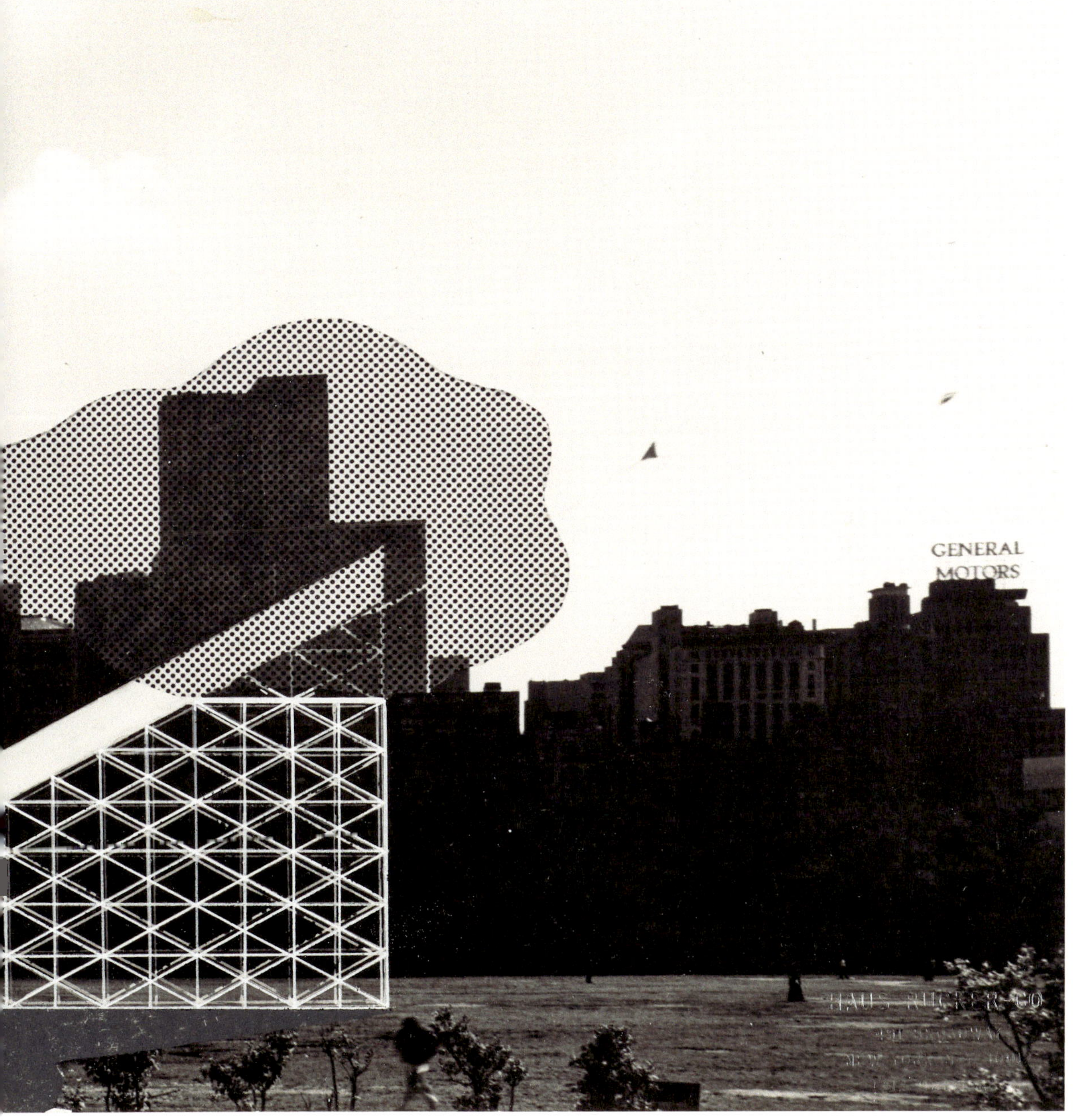

GENERAL
MOTORS
HAUS-RUCKER-CO

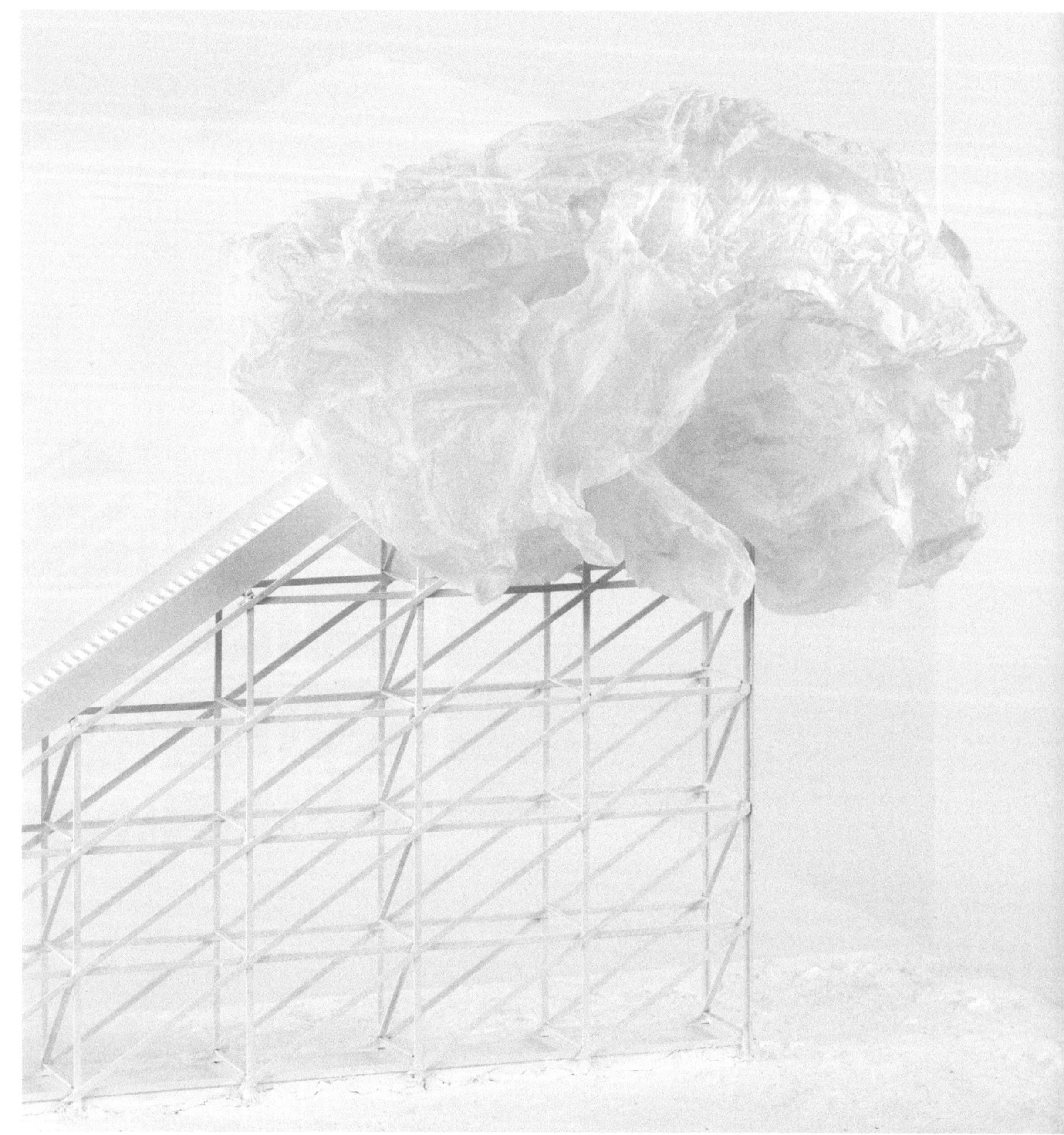

12-ZK   Haus-Rucker-Co (Günter Zamp Kelp), *Giant Gamut, Tonleiter / Gamut, Big Piano* (Detail / detail), 2014

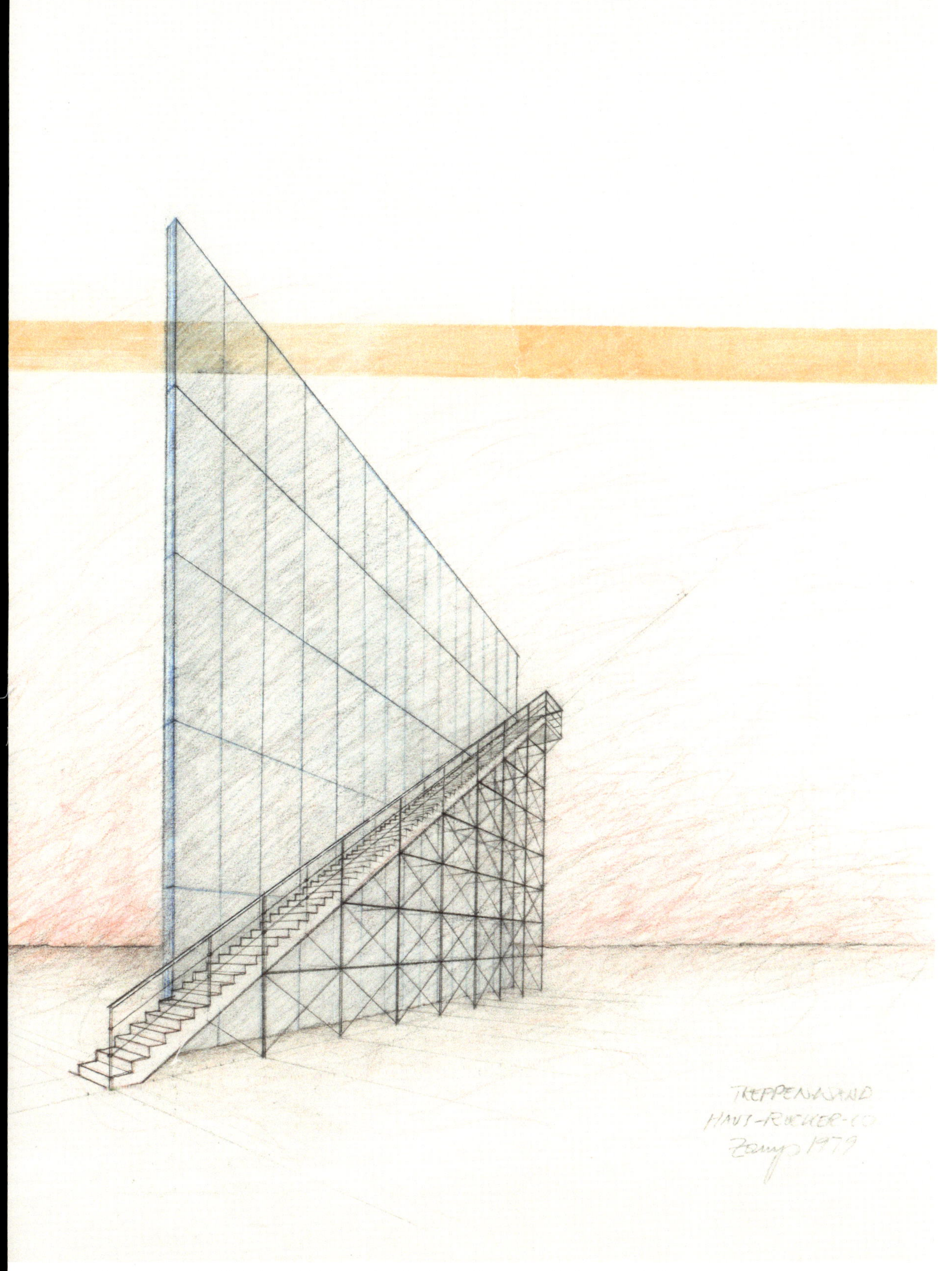

G 247-ZK   Haus-Rucker-Co (Günter Zamp Kelp), *Provisorien / Provisionals*, Treppenwand / *Staircase wall*, 1979

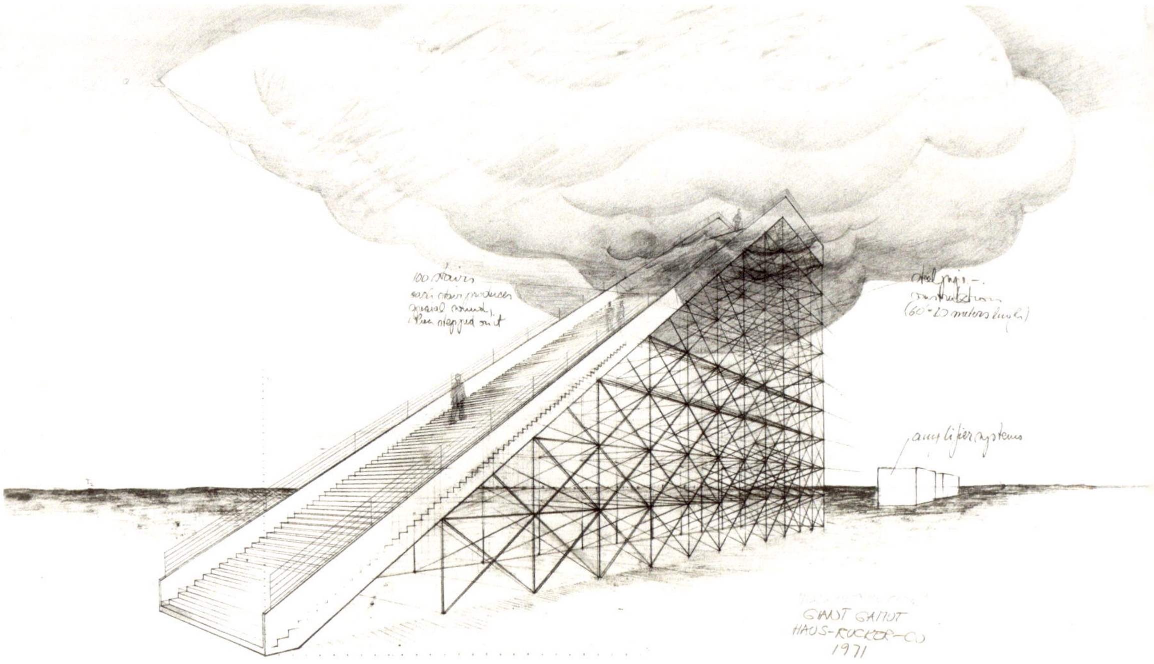

G 268-ZK   Haus-Rucker-Co (Günter Zamp Kelp), *Giant Gamut, Tonleiter / Gamut, Walk into the Cloud*, 1971

      G 275-ZK   Haus-Rucker-Co (Günter Zamp Kelp), *Tonleiter / Gamut, Sky Stair*, undatiert / undated

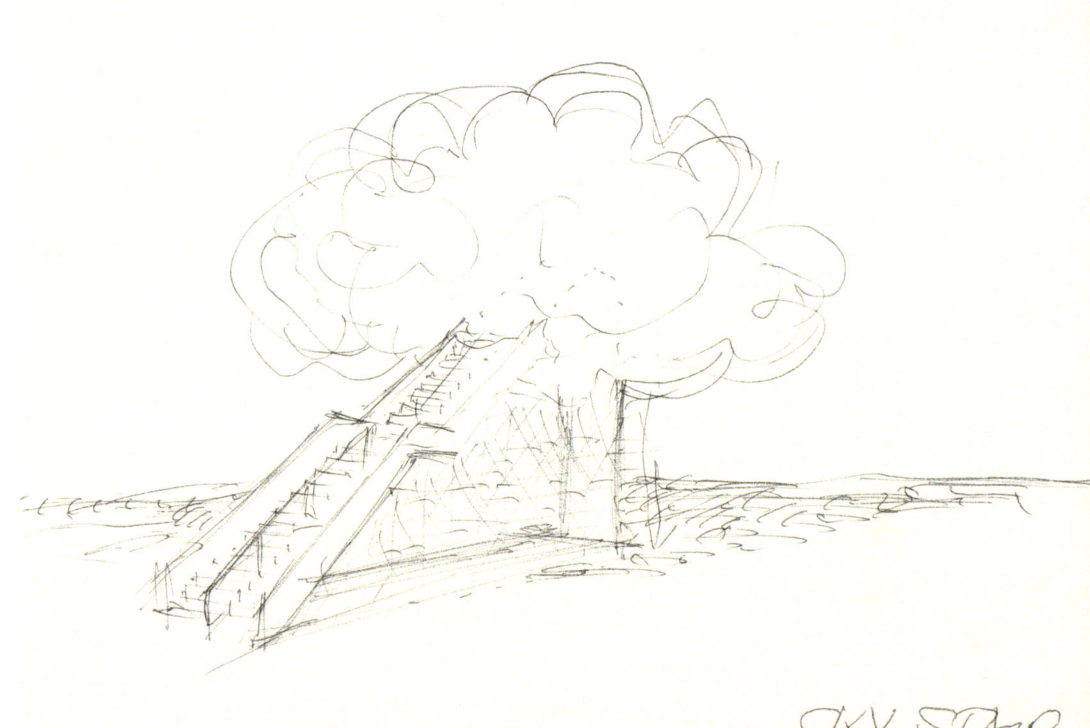

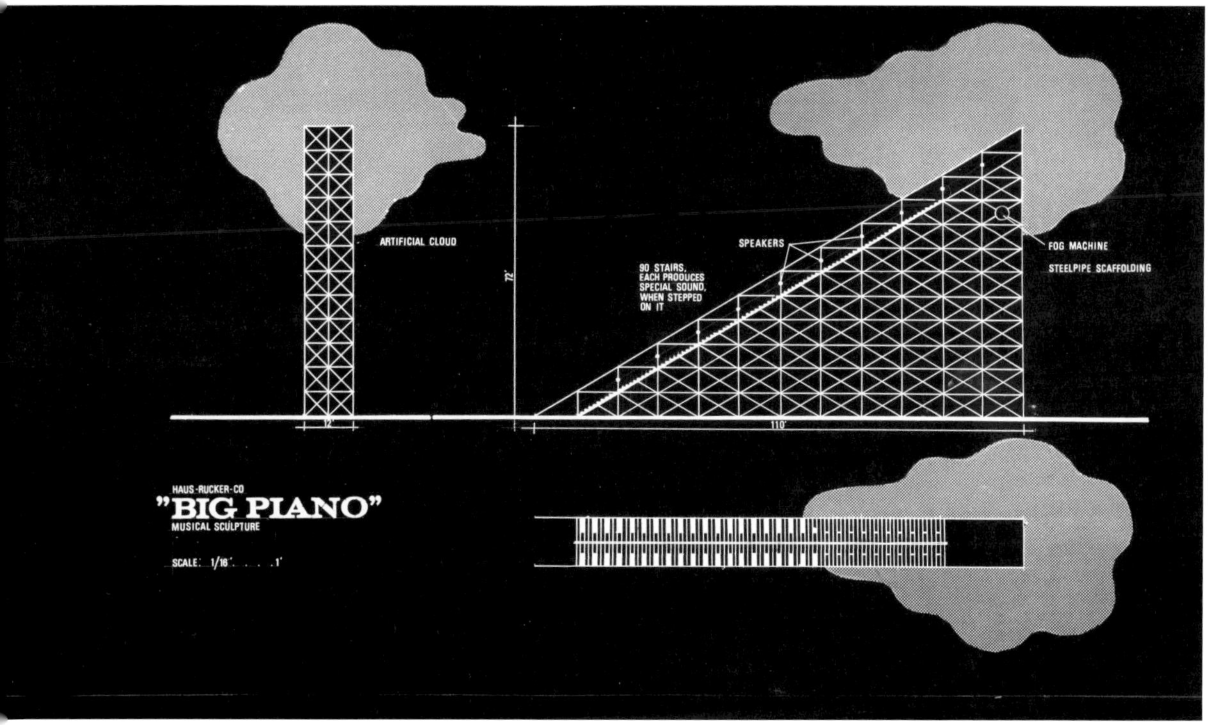

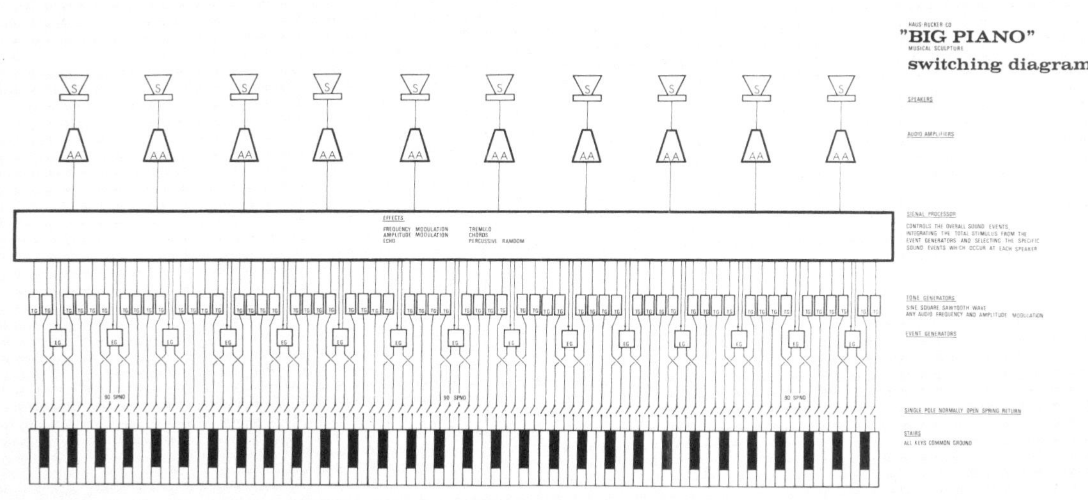

G 274-ZK   Haus-Rucker-Co (Günter Zamp Kelp), *Tonleiter / Gamut*, *Big Piano*, undatiert / undated

G 272-ZK   Haus-Rucker-Co (Günter Zamp Kelp), *Giant Gamut*, *Tonleiter / Gamut*, *Big Piano*,
Musical Sculpture Switching Diagram, undatiert / undated

Ludwig Engel

The Sky is the Limit
On Haus-Rucker-Co's Big Piano

For a little more than ten years now, I have had, and still have, the pleasure of engaging – sometimes quite intensively – with Haus-Rucker-Co and Günter Zamp Kelp's work.[1] In this catalogue text to accompany the large-scale retrospective *Haus-Rucker-Co – Breathing Zones* at the Lentos, I am taking the opportunity to single out a project that is particularly dear to me – perhaps because I think that this work means a great deal to Zamp Kelp to this day. *Big Piano* dates from 1971 and was originally conceived by Zamp for *documenta 5* at the New York studio of Haus-Rucker-Co. The work was never realised – it is "only" preserved in the form of beautiful drawings and models that have been part of the Lentos collection since 2020. Of course, you could argue that there are enough realised projects in Haus-Rucker-Co's oeuvre to discuss. But for me, it is in the speculative qualities that Zamp's thinking and actions unfold most strikingly. While Haus-Rucker-Co's realised interventions have succeeded time and again in turning visitors into participants, the speculative works such as *Piece of Nature* (1973) or *Big Piano* turn viewers into co-thinkers. In a conversation we once had, Zamp remarked: "If ideas continue to live on as ideas, they remain open windows through time, through which their creators and their viewers look into the perspective of their optional realisation. Many ideas open many windows, they are life's oxygen. I love ideas."[2] *Big Piano* has remained an idea to this day, and as such still carries this potential to open up new perspectives.

But what actually is *Big Piano*? It involves a rather complex experimental arrangement for expanding one's spatial awareness: a staircase consisting of oversized piano keys that ends in an artificial cloud. On the one hand, there is the long flight of steps leading to nowhere, up to heaven. This obvious symbolism immediately gives rise to a whole bundle of questions and associations. Is the person who dares to climb the stairs into the sky on their way to paradise even? Or is it an act that lacks humbleness? Is striving upwards a blasphemous venture? As the inspiration for the work – the Tower of Babel – implies? Or does the ascent bring knowledge? In any case, climbing the stairs is a 'leap of faith', since a view is unlikely due to the dense mist. Rather an introspection. On the other hand, there is the sound made by the steps: We may assume that the steps work like a piano. So it could start with low, thundering notes that get higher and higher, right up to the heights, until the platform in the cloud is reached. The ascent thus becomes a psychoacoustic experience. The rhythm of the ascent (and descent) is experienced physically. The person taking the steps becomes aware of their own walking pace, must react to it, and in some way bears the responsibility for what will then be heard in the urban space around them. This makes *Big Piano* one of the Haus-Rucker-Co objects that can be classified as *urban toys*. There is a moment of activation and of becoming active for the visitors, who do not simply have to watch but are instead allowed to interact.

By the way, the origins of the idea for the *Big Piano* are well documented: New York City, 1971, in the Haus-Rucker-Co loft on Broadway, corner of Broom Street, top floor. The idea fitted the time: somehow, for the three Haus-Rucker-Co members operating there under the name "Haus-Rucker-Inc." – Zamp Kelp, Klaus Pinter, Caroll Michels – the sky really was the limit in those days. Spectacular sketches for a skypark that stretched across the rooftops of the whole of Manhattan, or very real walks along the windowsill of the loft – these were breezy, creative times. Back to the *Big Piano*. One day, Raimund Abraham, an Austrian architect who had just moved to New York City from Providence, Rhode Island, visits the loft and brings a book about new archaeological findings on the Tower of Babel. Zamp Kelp recalls: "The tower was actually the *Etemenanki ziggurat*, a Babylonian shrine at the time of its existence. I'm struck by a drawing of the ziggurat with the central staircase, which Nebuchadnezzar demolished in order to take away the faith of the Babylonians." With this staircase in mind, Zamp Kelp designs a freestanding steel-framed stairway structure with steps that produce different notes when they are stepped on. He calls the work *Big Piano*, although the title *Sky Stair* is also used. The spontaneous idea is put to use immediately. Zamp continues: "When Harald Szeemann, in his role as director of *documenta 5*, announces his visit by telephone and finally […] drops by the studio, we suggest to him that we should realise the *Big Piano* on Friedrichsplatz in Kassel. The compositions created by the users of the instrument would become omnipresent via loudspeakers in the centre of Kassel. Szeemann shows interest, but says that Haus-Rucker-Co in Düsseldorf is also working on a proposal." As we might guess, the "proposal from Düsseldorf" gets the go-ahead, and so when looking at the documentation photos of *documenta 5. Questioning Reality – Pictorial Words Today*, it is not the *Big Piano* on Friedrichsplatz that we find, but instead the iconic *Oasis No. 7* – a bubble containing palm trees and a hammock attached to the Fridericianum, while above it appears the banner "Kunst ist überflüssig" (art is superfluous) by Fluxus artist Ben Vautier.

Since then, however, Zamp has never really let go of the stairs: In a collage from 1972, the *Big Piano* (under the title *Giant Gamut*) is shown in Central Park. He even makes a diagram for the note sequences of the steps. Time and again, many of his drawings circle back to this one design. Based on the *Big Piano*, the project *Urban Nature, Nature Monument*, (1972/73) is created just a short time afterwards. Another free-standing steel-frame staircase construction, but without sound-producing steps or a cloud – instead a tree forms the distinctive end of its ascent. This work, too, remains unrealised. Then, in 1976, there is *Inclined Plane*, a slanted panel erected as a monumental room divider at the Naschmarkt in Vienna. An opening at its centre can be entered by taking a stairway construction that leads up through it and down again. After this comes the concept for the *Staircase Wall* (1979) – again a free-standing steel scaffolding staircase construction that seems to rise along a grid façade – as if someone had set up a provisional way to climb Superstudio's *Continuous Monument*. Finally, in the year 2000, the *Millennium View* is conceived. This time, in keeping with its name, the staircase is not provisional but permanent and made of stone. When visitors arrive at the top, their gaze is drawn away into the landscape through a sequence of glass panes.

How popular the *Big Piano* could have become as a tool for activating urban space can be shown in two later projects that might have been influenced by it, at least indirectly. In 2002, an artificial cloud was realised as part of the *swiss expo* – albeit without the participation of Haus-Rucker-Co. The New York office Diller Scofido + Renfro erected the *Blur Building* on Lake Neuchâtel: a construction that pumps water out of the lake and then releases it again as a fine mist, so all that can be seen is a cloud hanging low over the lake. There was no musical stairway, but there were stairs to get to the *angel deck*. Certainly both an immersive and refreshing experience that many people gratefully embraced. The musical staircase was also realised. In 2009, as part of an initiative called *Fun Theory*, the steps of a Stockholm underground station were converted into a piano. In the documentary videos, people can be seen hopping up and down the stairs alone and in groups, full of joy, and it is easy to imagine that the same kind of excited crowds would have gathered on the piano steps of the *Big Piano,* as they did for many other of the urban interventions by Haus-Rucker-Co.

If I may add a postscript: While this short commentary celebrates an idea and not its realisation, the fascination around the idea to a large extent remains in its perpetually possible realisation. And so, in spite of everything, I personally hope that the *Big Piano* will find a life in the real world. Who knows, maybe there will be ways and means to produce the *Big Piano* after all? Zamp Kelp's science fiction short story *Baltazar Plays the Piano* from 2018 opens up such a perspective: "In the 22nd century, in the year 2172, a historical project is to be realized for the *documenta 45* exhibition in Kassel, in addition to other contemporary designs. The choice has fallen on *Big Piano* by Haus-Rucker-Co – developed for *documenta 5* in 1972. Just like two hundred years ago, procurement of the funds for the project's realization was the main difficulty. …"[3] And yet this time it works out. So much may be revealed here.

[1] Among other things, curator of the exhibition *Haus-Rucker-Co: Architectural Utopia Reloaded.* Haus am Waldsee, Berlin (2014/15) and editor of the book *Prospector. Casting an Eye on Haus-Rucker-Co and Post-Haus-Rucker,* Spector Books (2021).

[2] Ludwig Engel im Gespräch mit Zamp Kelp, in: Ludwig Engel (ed.), *Zamp Kelp. Luftschlosser. Ein Blick auf Haus-Rucker-Co / Post-Haus-Rucker,* Leipzig 2019, p. 198.

[3] Günter Zamp Kelp, „Baltazar Plays the Piano", in: Ludwig Engel (ed.), *Zamp Kelp. Prospector. Casting an Eye on Haus-Rucker-Co and Post-Haus-Rucker,* Leipzig 2021, p. 118.

LUDWIG ENGEL is a futurologist and curator. He runs the *Studio for Immediate Spaces* at the Sandberg Instituut in Amsterdam with Julian Schubert (Something Fantastic). His Berlin studio curates and realises exhibitions, books and conferences. He was co-curator for the exhibition *Haus-Rucker-Co: Architectural Utopia Reloaded* at the Berlin Haus am Waldsee (2014/15) and is editor of the work biography *Zamp Kelp. Prospector. Casting an Eye on Haus-Rucker-Co and Post-Haus-Rucker* published by Spector Books (2021).

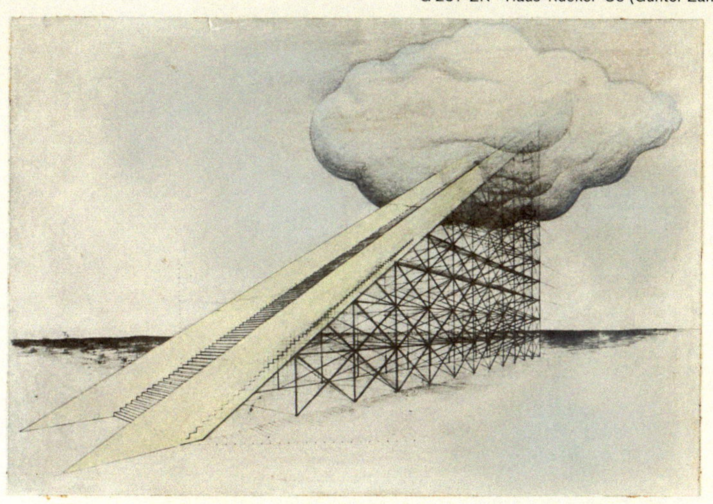

KÜNSTLICHE WOLKE
STIEGEN KONSTRUKTION
13,50 m
27,00 m
<BIG PIANO>
ALS WETTBEWERBSBEITRAG
~1976

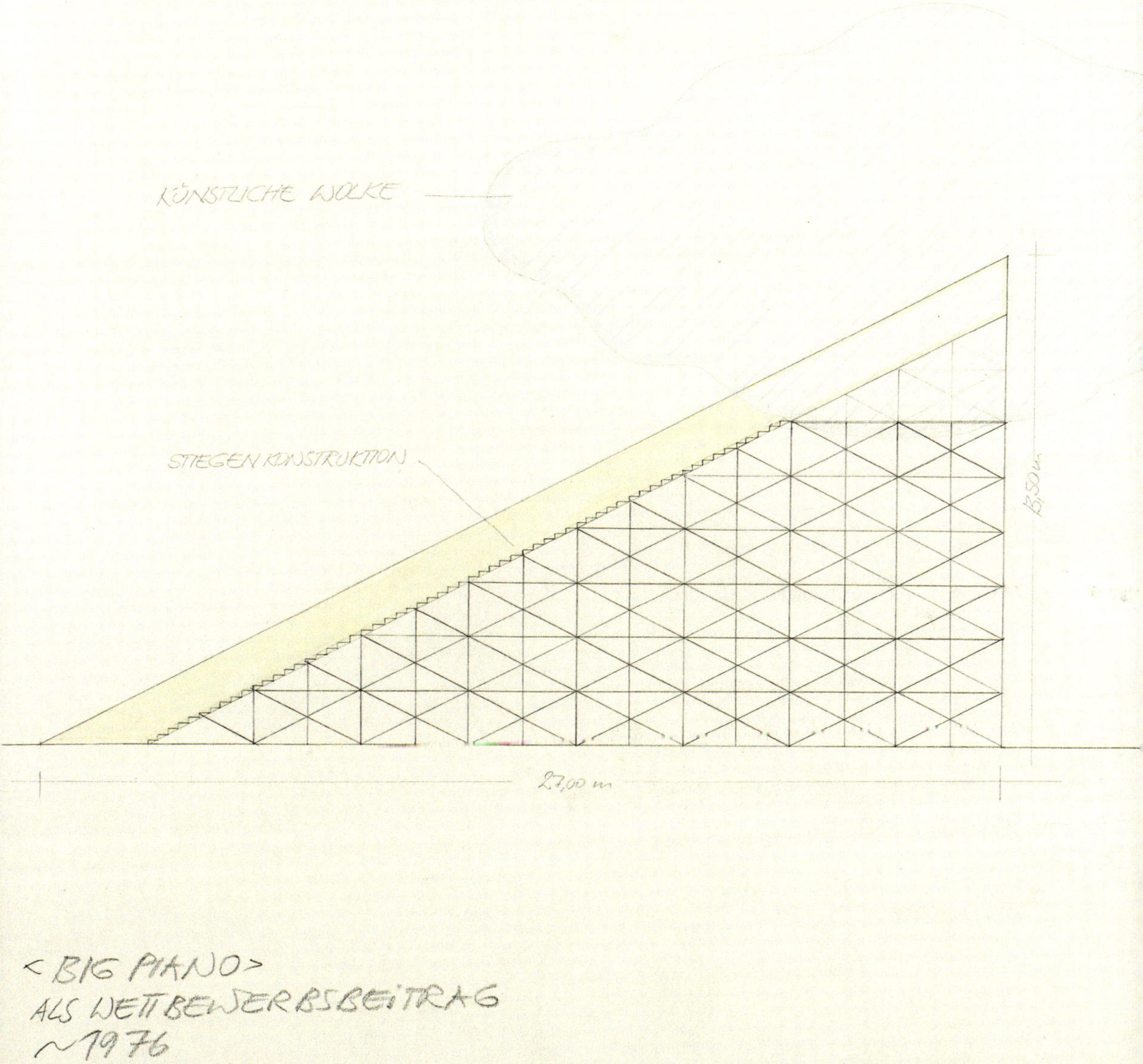

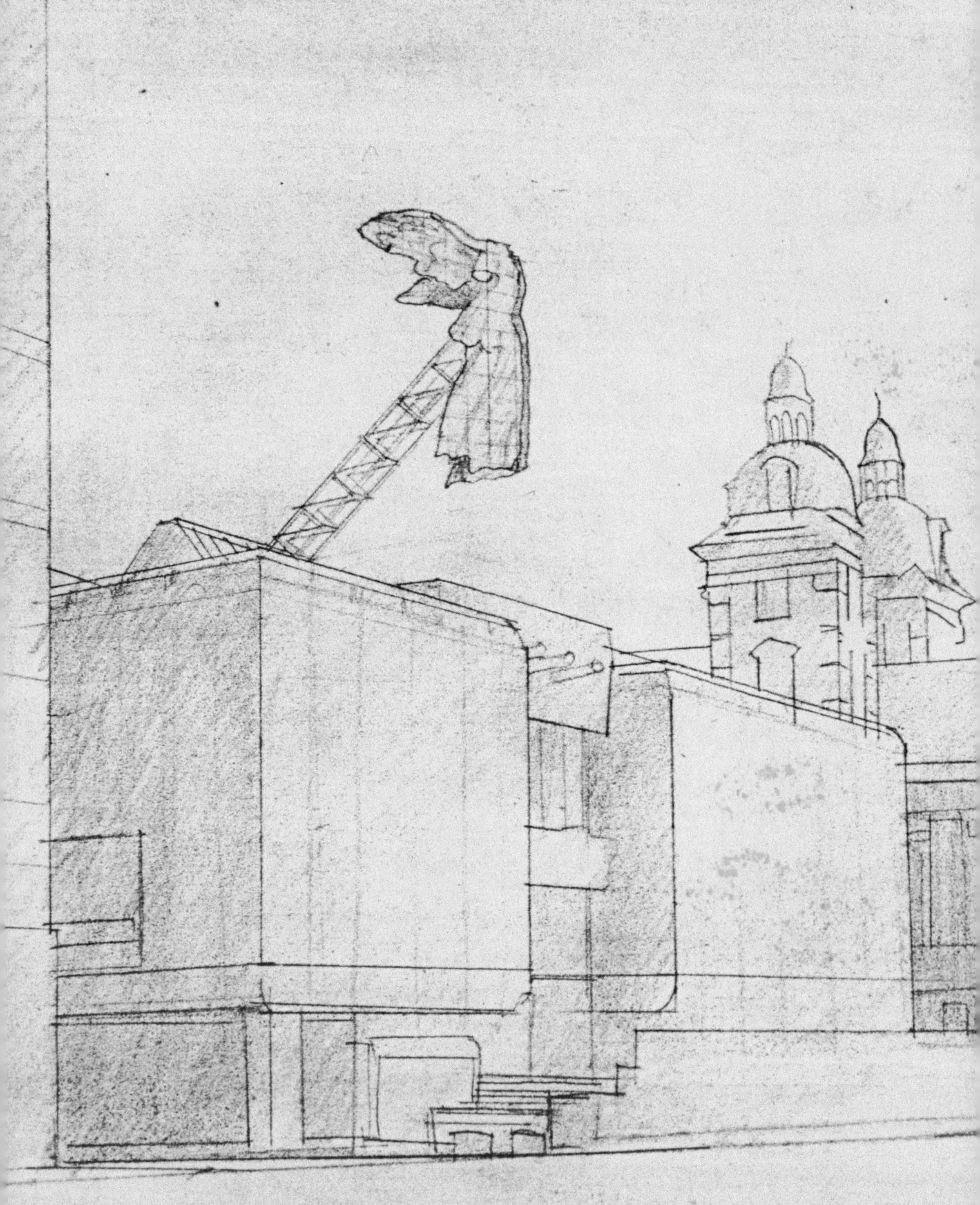

G 266-ZK   Haus-Rucker-Co (Laurids Ortner, Günter Zamp Kelp, Manfred Ortner), *Provisorien / Provisionals, Nike Kunsthalle Düsseldorf* (Detail / detail), 1985

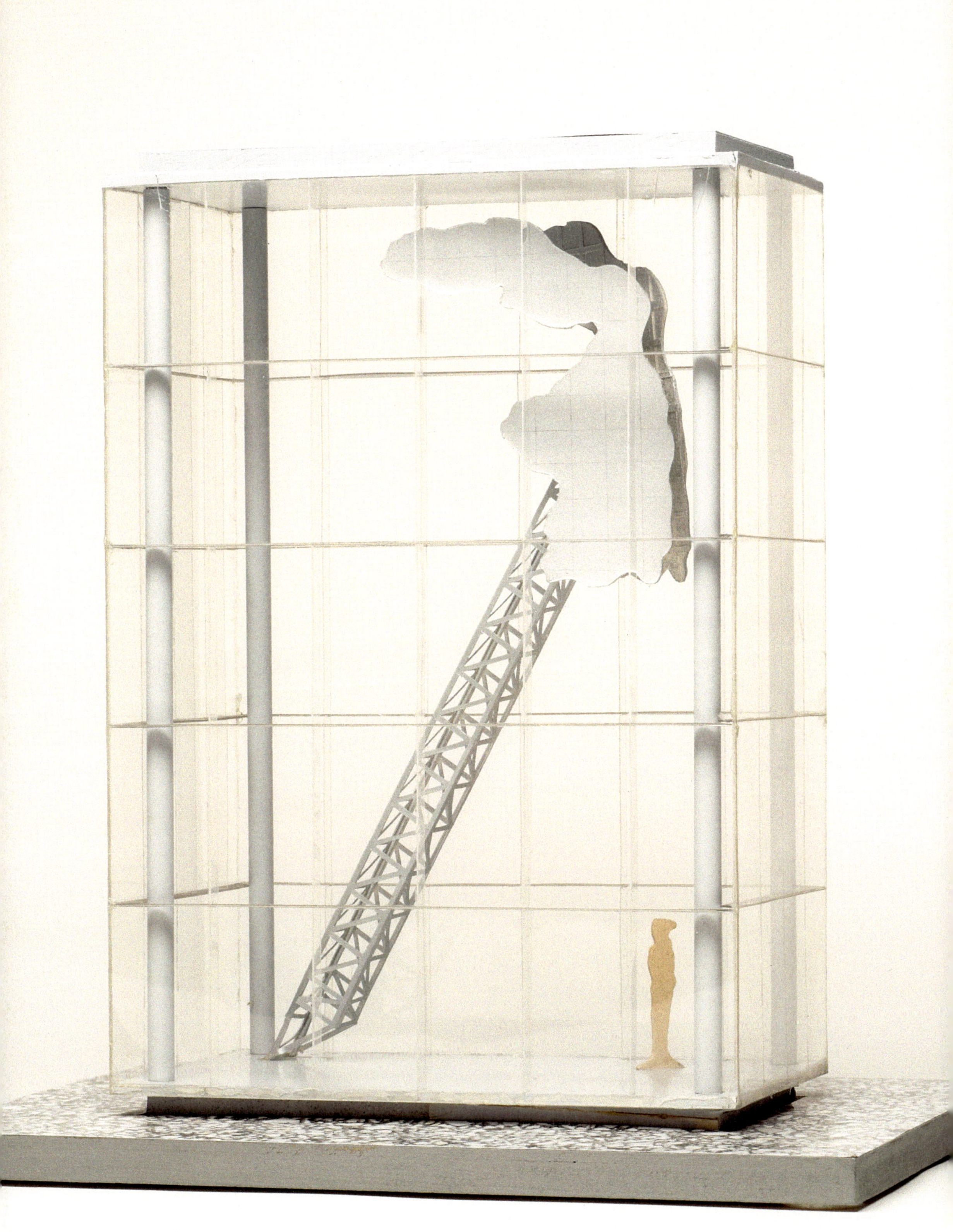

1550 Haus-Rucker-Co, *Nike*, Modell / Model, 1977

G 8347   Haus-Rucker-Co (Klaus Pinter), *Joe's Bar on the West Side*, 1972

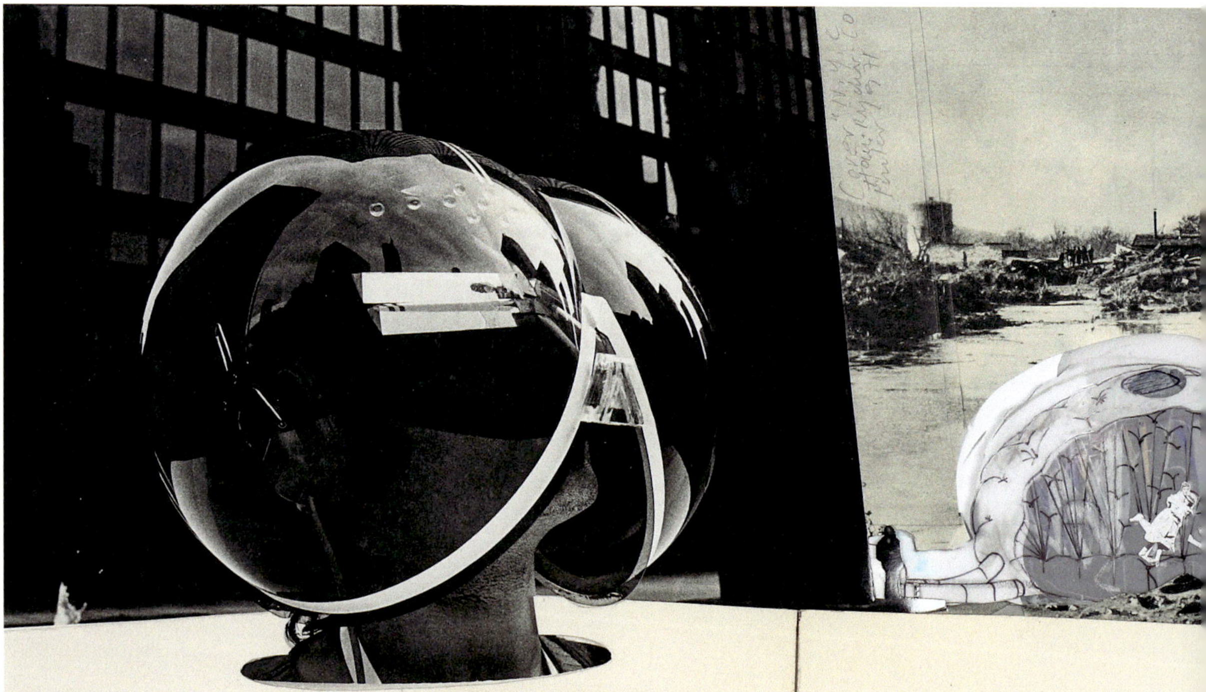

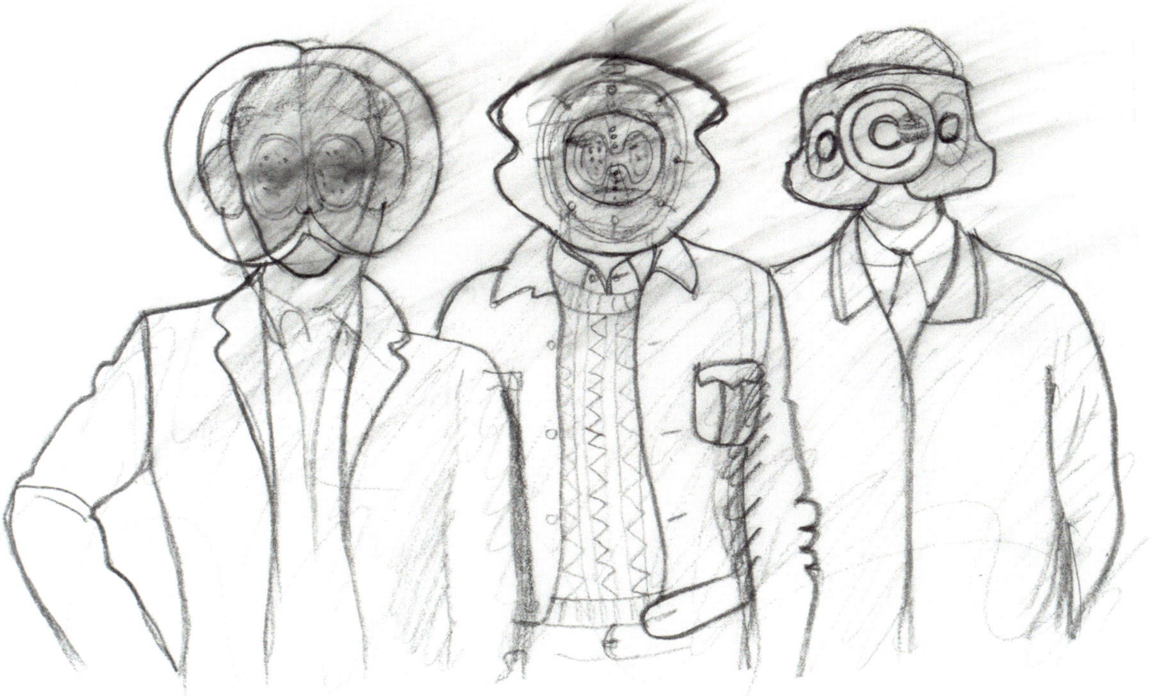

G 87-ZK   Günter Zamp Kelp, *Environment Transformer*, Überzeichnung / Overdrawing, 2015

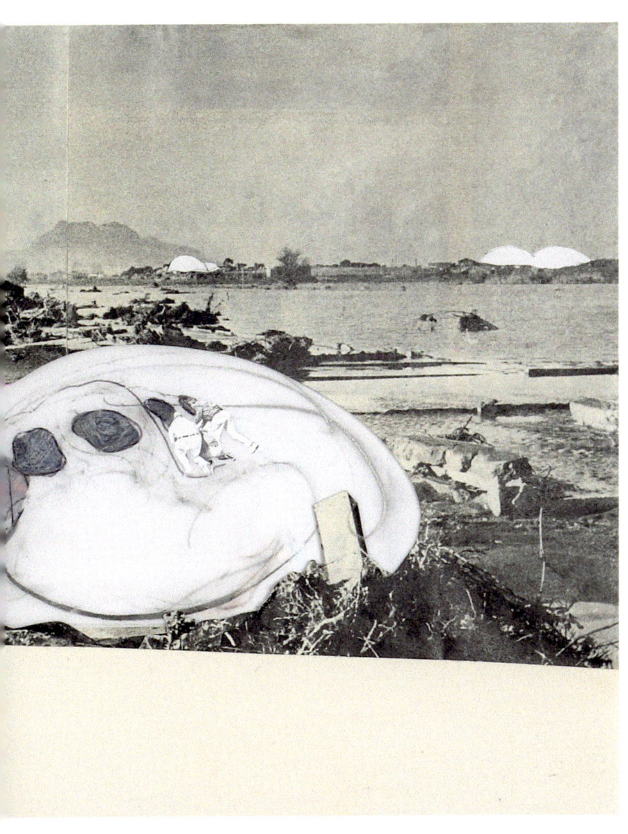

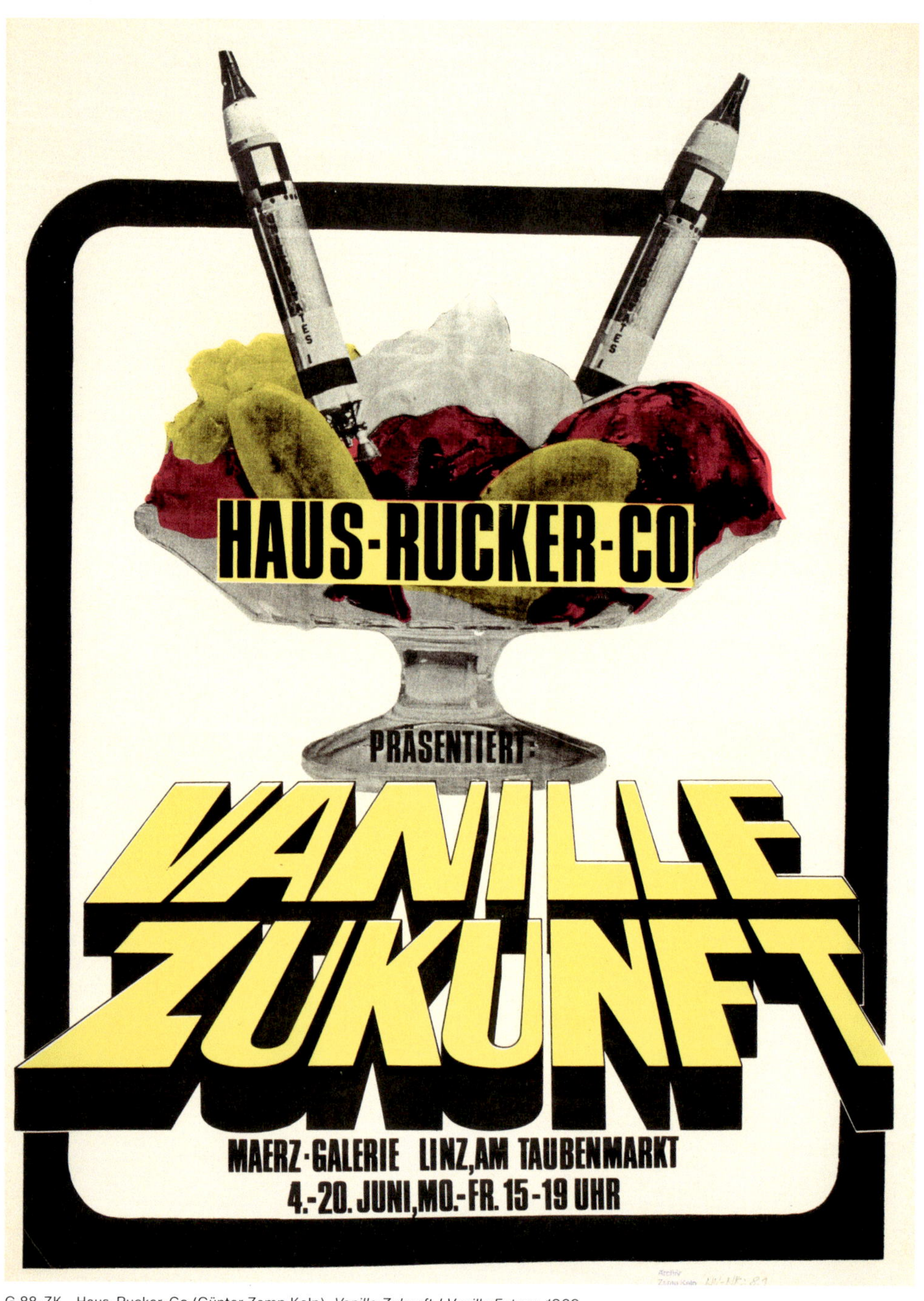

G 88-ZK   Haus-Rucker-Co (Günter Zamp Kelp), *Vanille Zukunft / Vanilla Future*, 1969

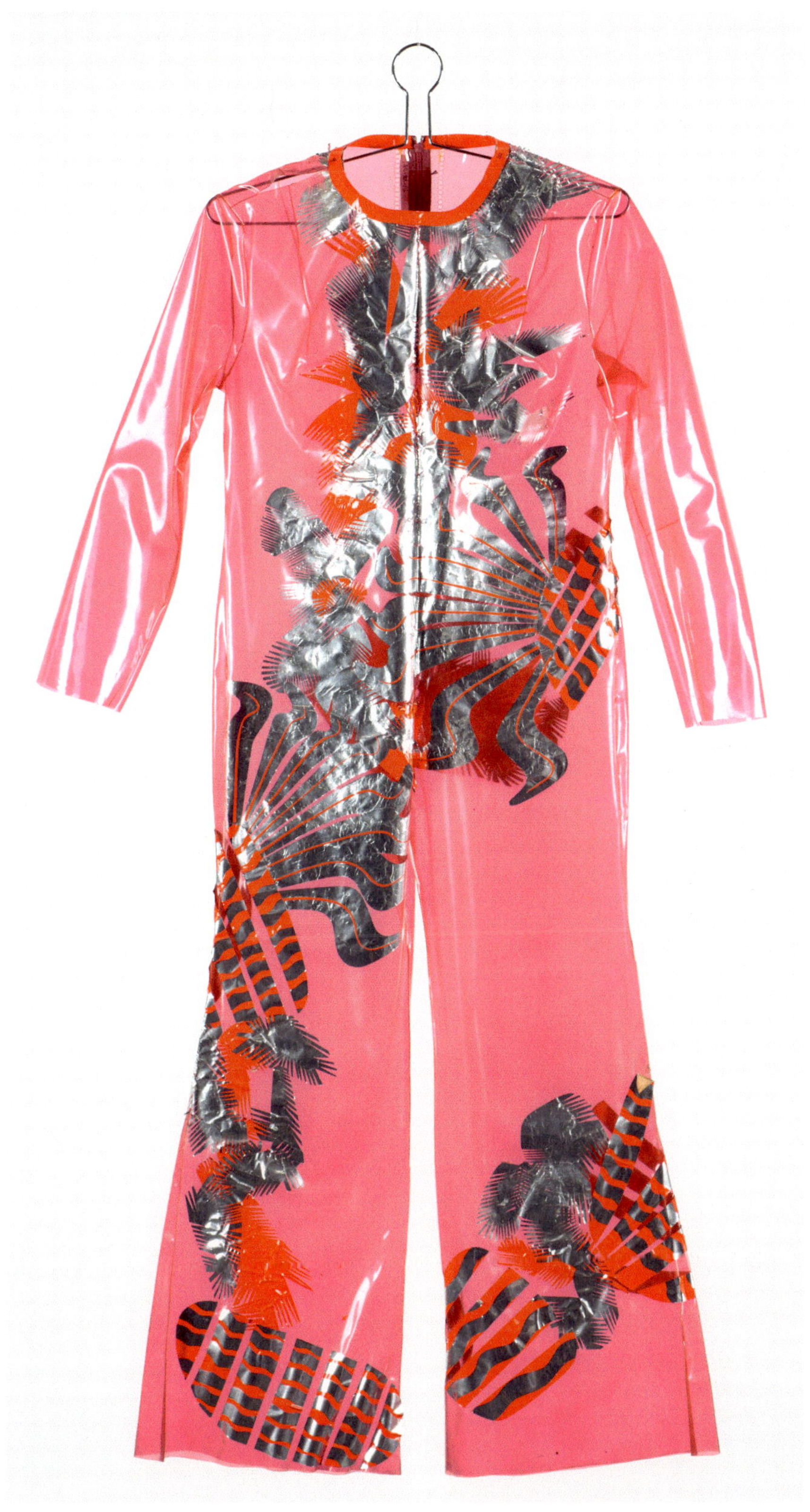

4-ZK Haus-Rucker-Co (Laurids Ortner, Günter Zamp Kelp, Klaus Pinter), *E-Skin 1, Electric Skins*, 1968

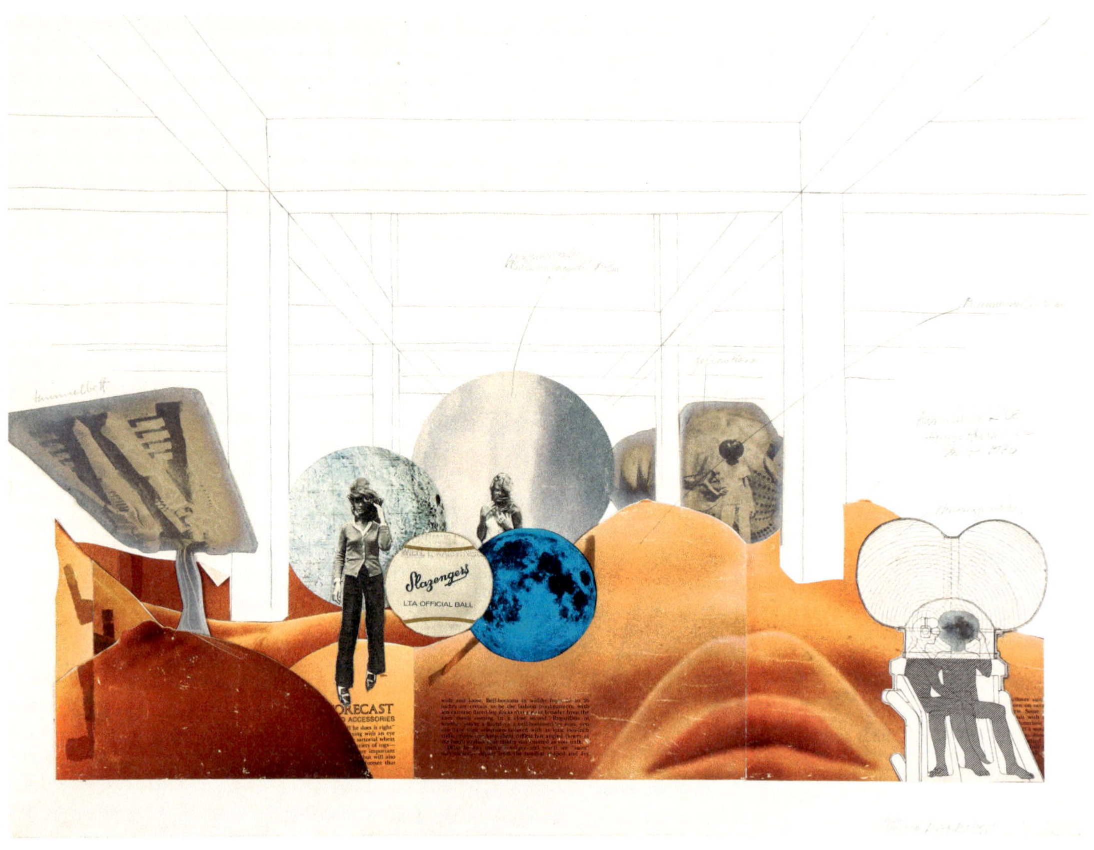

G 98-ZK   Haus-Rucker-Co (Günter Zamp Kelp), *Live*, 1969

HAUS-RUCKER-CO
SAMMLUNG LENTOS

Lentos Kunstmuseum Linz
Verlag der Buchhandlung Walther und Franz König, Köln

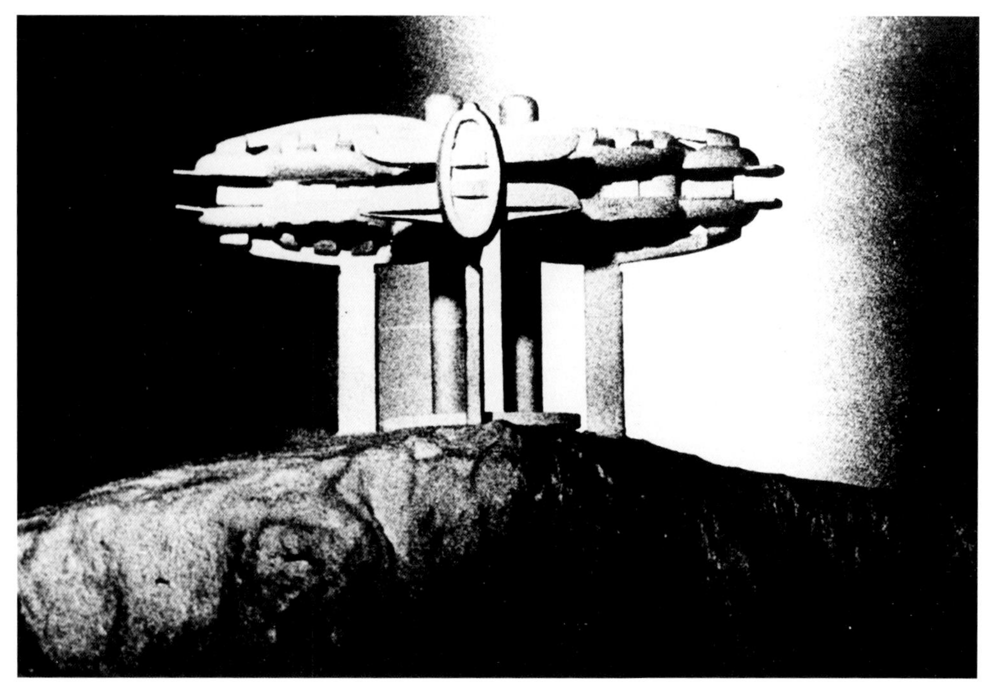

G 9-ZK   *Architekturtrainer / Architecture Trainer*

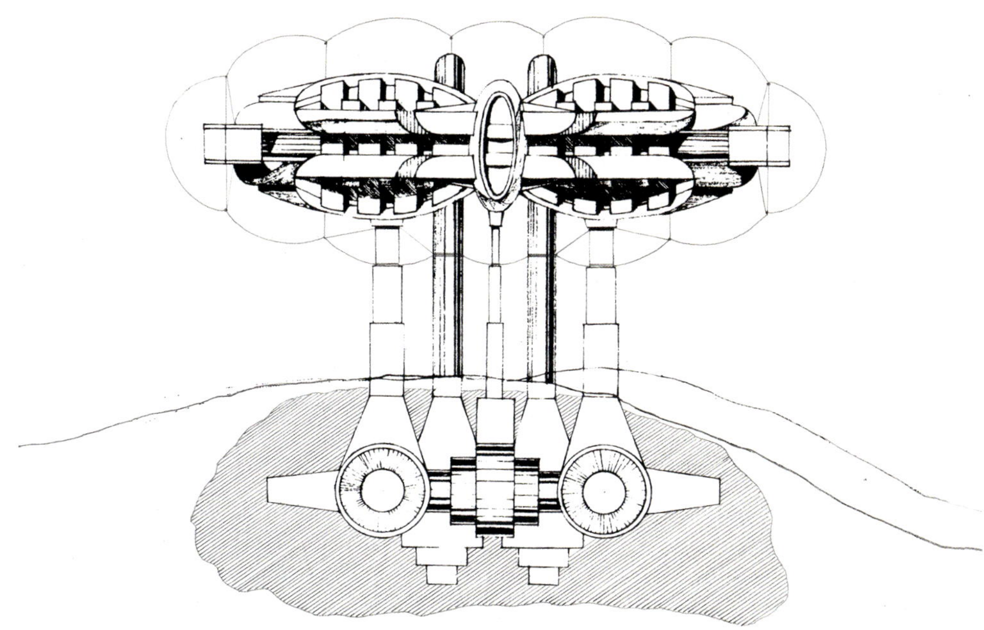

G 10-ZK   *Architekturtrainer / Architecture Trainer*

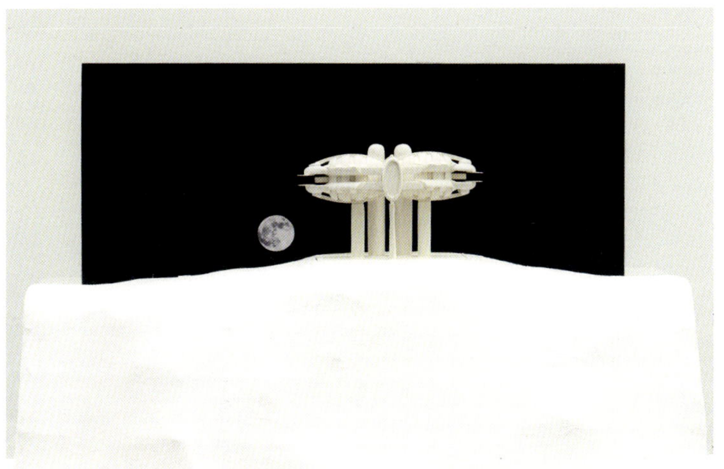

1-ZK   *Architekturtrainer / Architecture Trainer*

Architekturtrainer, 1965

Günter Zamp Kelp

Der Entwurf des *Architekturtrainers* entstand während Günter Zamp Kelps Studienzeit an der Technischen Universität in Wien und ist damit eines seiner frühesten aufgezeichneten Projekte. Anlass war ein Studierendenwettbewerb zum Thema Architekturschule, ausgeschrieben von der *Union Internationale des Architectes* anlässlich ihres Kongresses in Paris 1965. Auf Anregung von Prof. Karl Schwanzer, der seit 1963 den Lehrstuhl für Gebäudelehre und Entwerfen II an der TU Wien innehatte, beteiligte sich Günter Zamp Kelp neben Laurids Ortner als einer von fünf Studierenden an der Ausschreibung. Karl Schwanzer und sein Assistent Günther Feuerstein ermutigten die Studierenden, kreatives Potenzial zu entwickeln, und veranstalteten inspirierende Studienreisen, wie etwa in die USA oder nach London.

Zamp Kelps Projekt, das in Paris präsentiert wurde, zeigt sich als Bauwerk für angehende Architekt·innen, mit dem Anspruch, auch ein Zeichen im Stadtraum der oberösterreichischen Landeshauptstadt Linz zu setzen. Positioniert auf der Anhöhe des Linzer Spatzenbergs, scheint das Gebäude auf seinen fünf Vertikalen über der Stadt zu schweben. Die drei miteinander verbundenen Baukörper der Architekturschule bieten Raum für Lehre, Forschung und Diskussion. Ihre exotische äußere Erscheinung und die darauf beruhende Atmosphäre der Innenräume sind prägend für die Entwicklung des kreativen Potenzials der Studierenden.

Architecture Trainer, 1965

Günter Zamp Kelp

The design of the *Architecture Trainer* was created when Günter Zamp Kelp was still a student at the Vienna University of Technology and is one of his earliest recorded projects. The event was a student competition about architectural schools organised by the *Union Internationale des Architectes* to coincide with its congress in Paris in 1965. At the suggestion of Professor Karl Schwanzer, who had held the Chair of Building Theory and Design II at the TU Vienna since 1963, Günter Zamp Kelp took part in the competition as one of five students, along with Laurids Ortner. Karl Schwanzer and his assistant Günther Feuerstein encouraged the students to develop creative potential and arranged inspiring study trips, such as to the USA or London.

The project that Zamp Kelp presented in Paris is a building for budding architects that also aims to make a statement in the urban space of Linz, the capital of Upper Austria. Located on the hill of the Spatzenberg, the building seems to float above the city on its five verticals. The three interconnected structures of the architecture school provide space for teaching, research and discussion. The exotic exterior and the resulting atmosphere of the interior spaces are formative for the development of the students' creative potential.

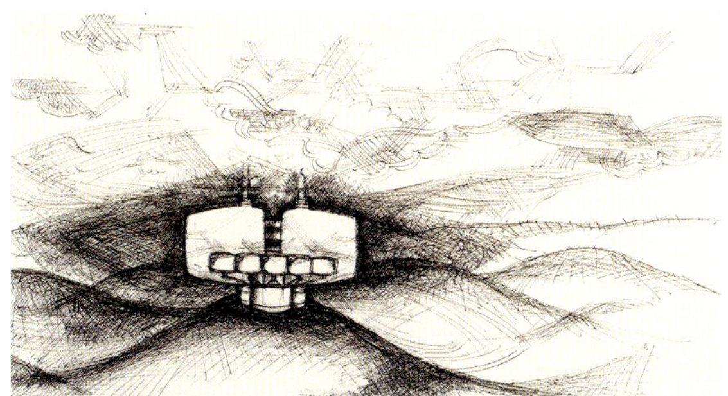

G 1-ZK   *Architekturtrainer / Architecture Trainer*

G 2-ZK   *Architekturtrainer / Architecture Trainer*

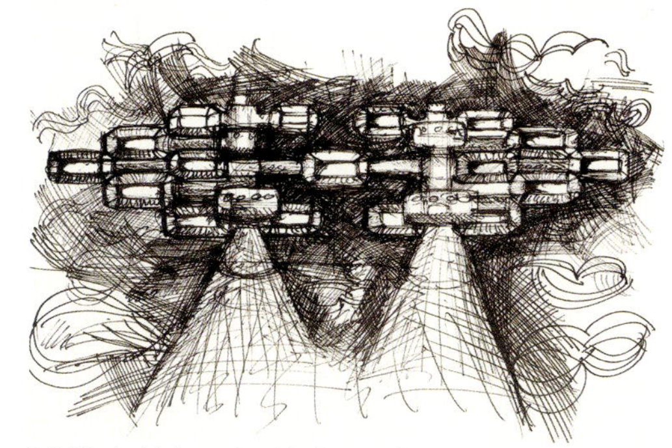

G 3-ZK   *Architekturtrainer / Architecture Trainer*

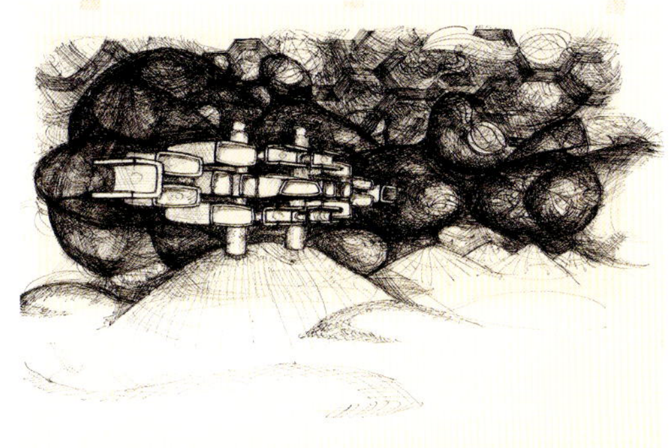

G 4-ZK   *Architekturtrainer / Architecture Trainer*

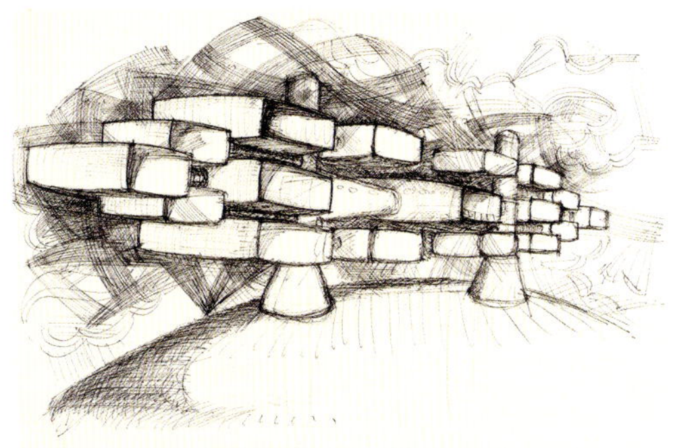

G 5-ZK   *Architekturtrainer / Architecture Trainer*

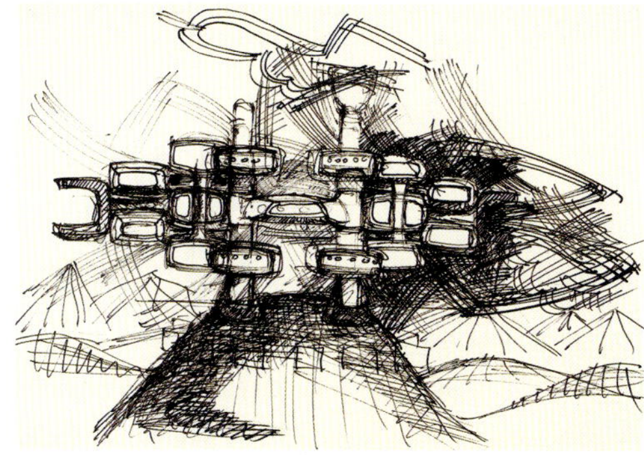

G 6-ZK   *Architekturtrainer / Architecture Trainer*

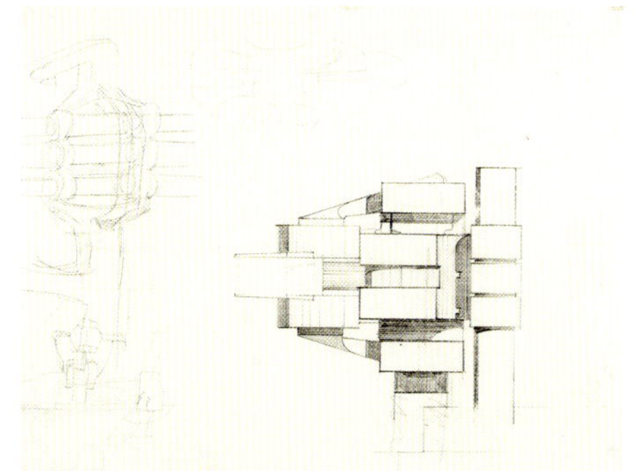

G 7-ZK   *Architekturtrainer / Architecture Trainer*

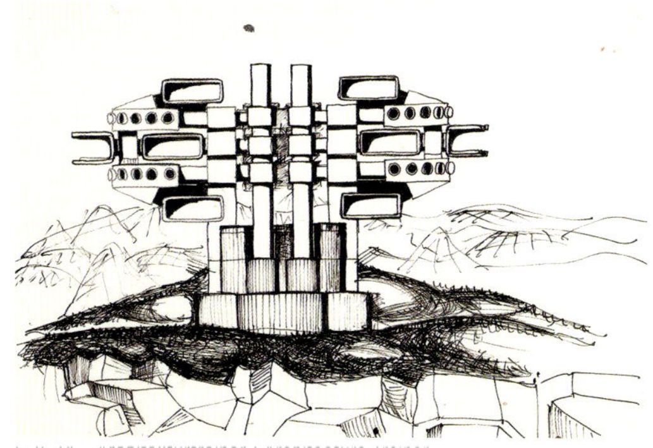

G 8-ZK   *Architekturtrainer / Architecture Trainer*

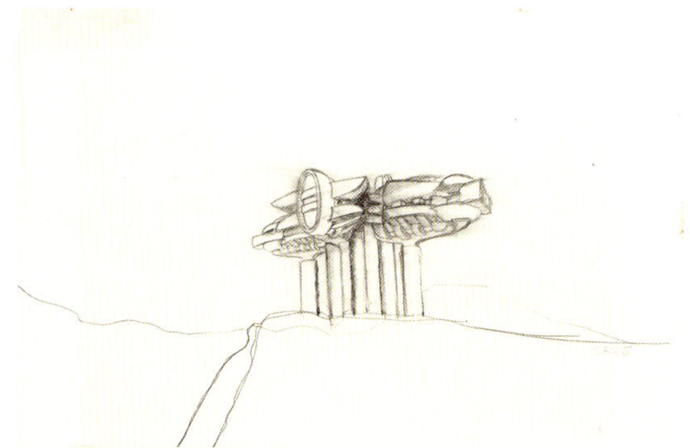

G 11-ZK   *Architekturtrainer / Architecture Trainer*

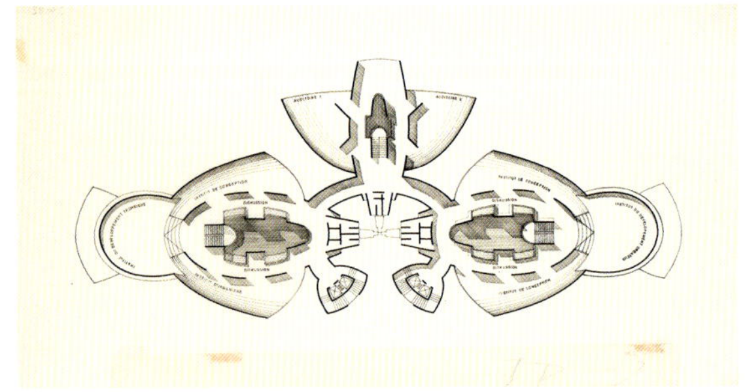

G 12-ZK   *Architekturtrainer / Architecture Trainer*

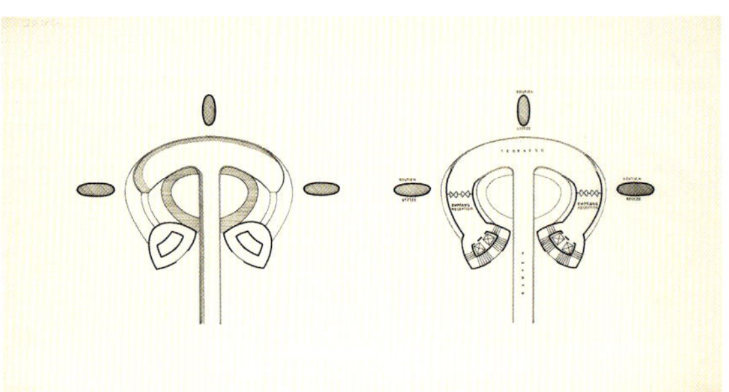

G 13-ZK   *Architekturtrainer / Architecture Trainer*

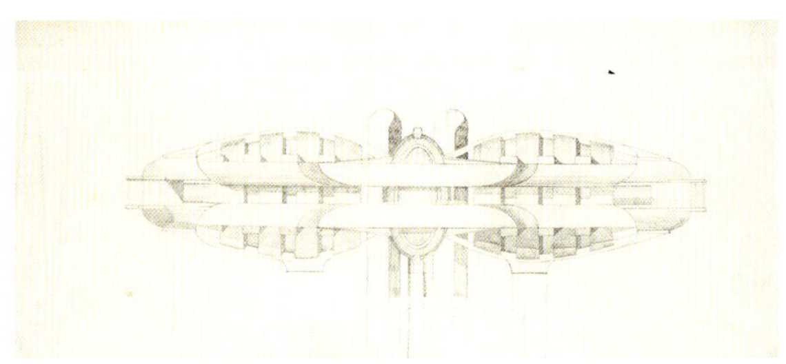

G 14-ZK   *Architekturtrainer / Architecture Trainer*

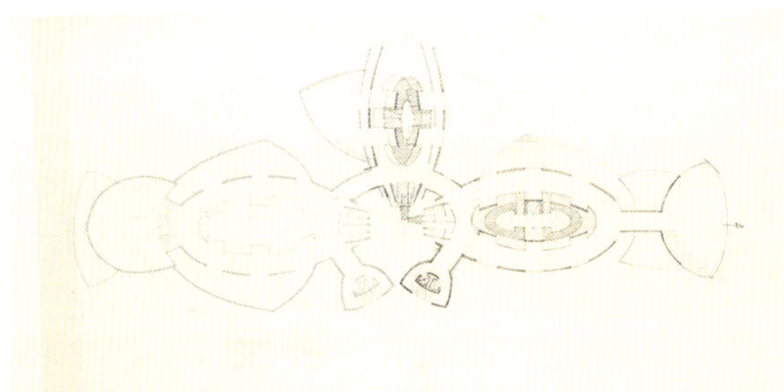

G 15-ZK   *Architekturtrainer / Architecture Trainer*

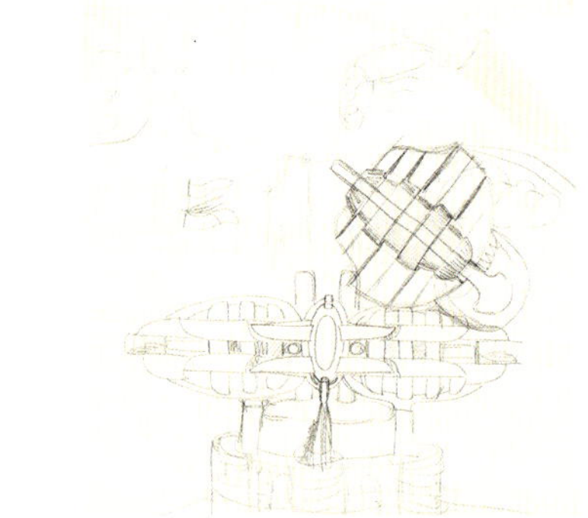

G 16-ZK   *Architekturtrainer / Architecture Trainer*

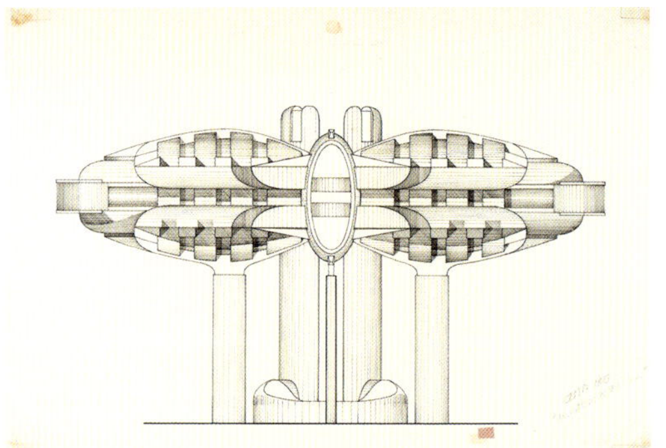

G 17-ZK   *Architekturtrainer / Architecture Trainer*

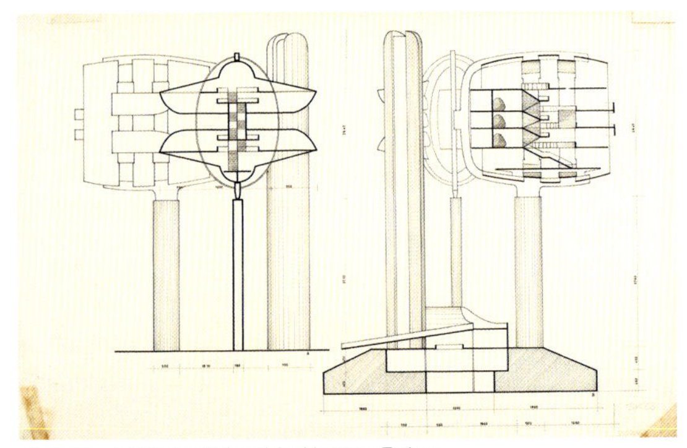

G 18-ZK   *Architekturtrainer / Architecture Trainer*

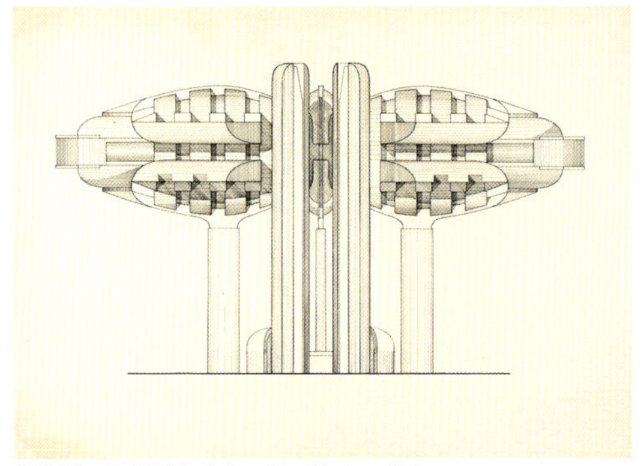

G 19-ZK   *Architekturtrainer / Architecture Trainer*

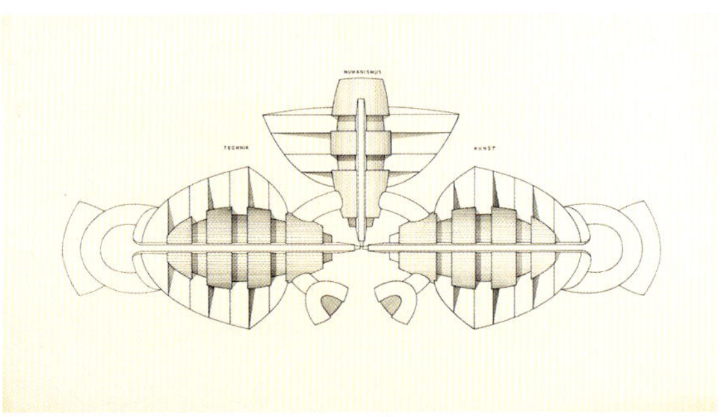

G 20-ZK   *Architekturtrainer / Architecture Trainer*

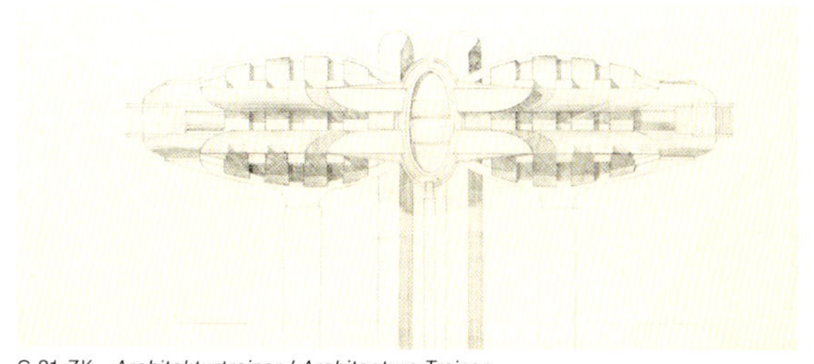

G 21-ZK   *Architekturtrainer / Architecture Trainer*

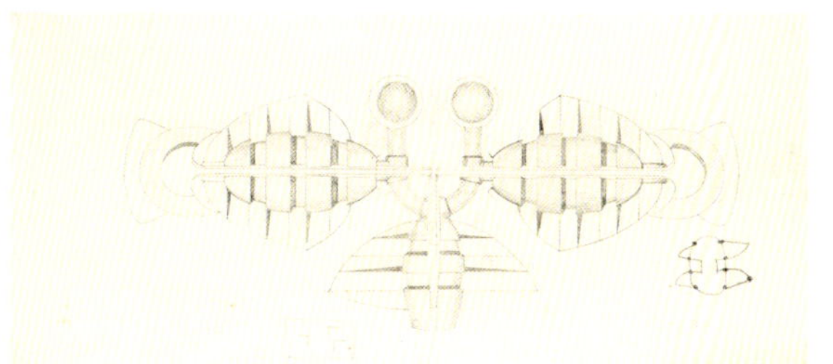

G 22-ZK   *Architekturtrainer / Architecture Trainer*

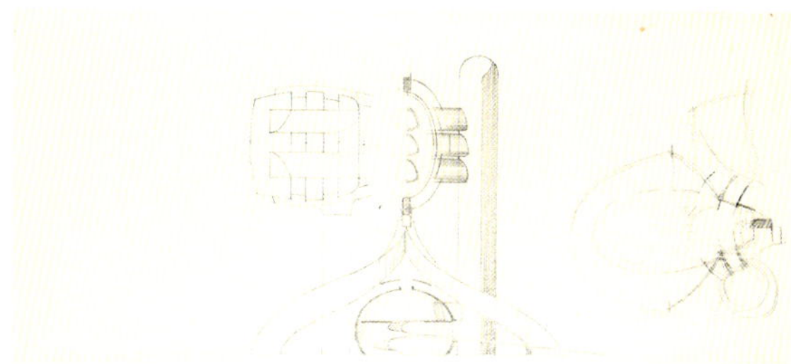

G 23-ZK   *Architekturtrainer / Architecture Trainer*

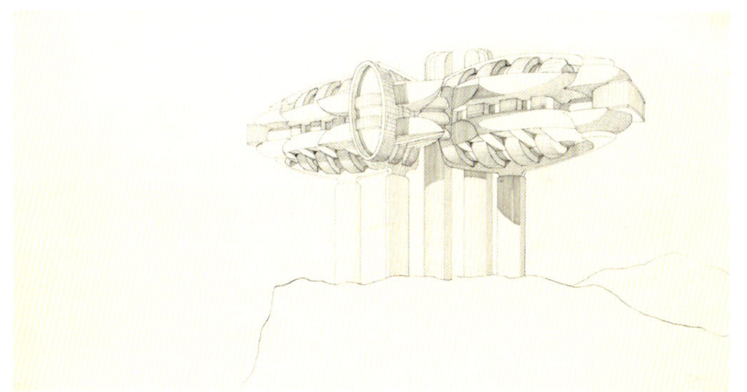

G 24-ZK   *Architekturtrainer / Architecture Trainer*

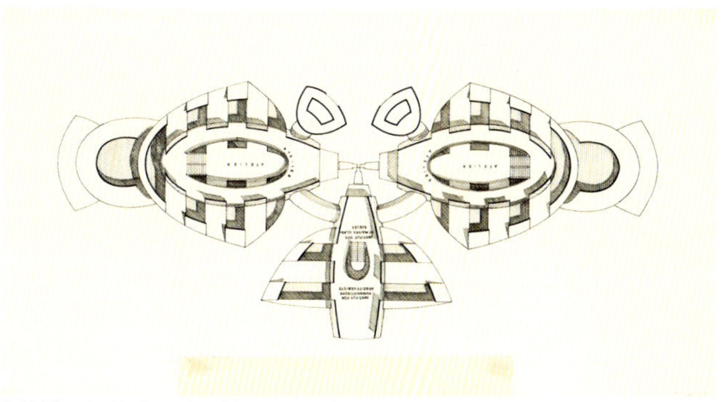

G 25-ZK   *Architekturtrainer / Architecture Trainer*

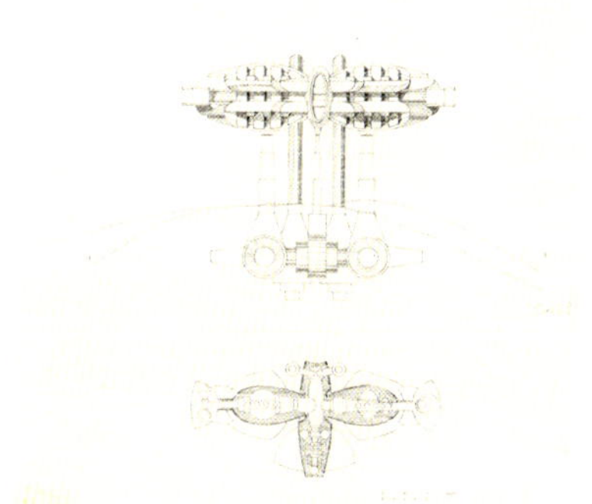

G 26-ZK   *Architekturtrainer / Architecture Trainer*

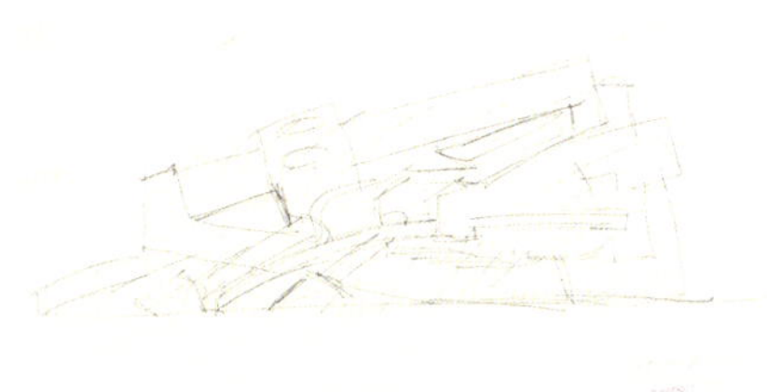

G 27-ZK   *St. Elias Kirche / Church*

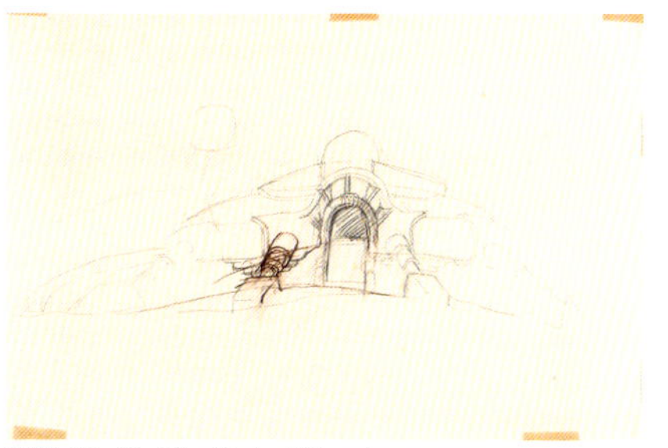

G 28-ZK   *St. Elias Kirche / Church*

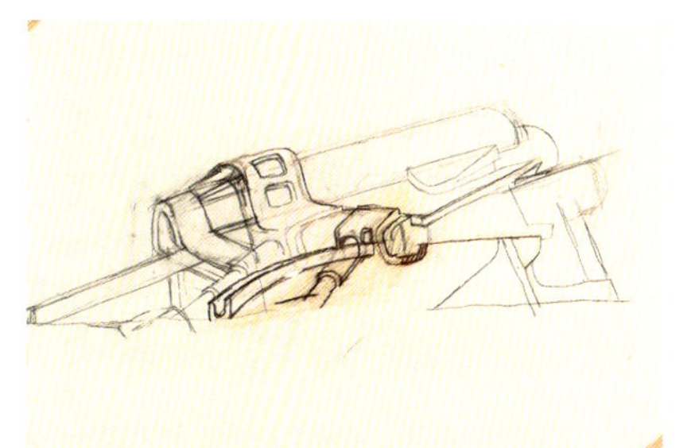

G 29-ZK   *St. Elias Kirche / Church*

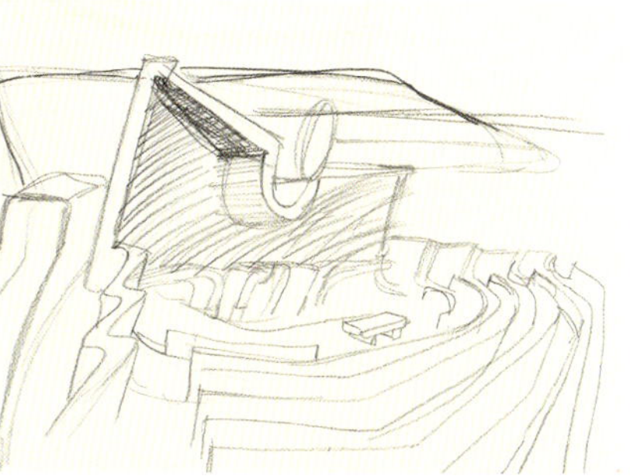

G 30-ZK   *St. Elias Kirche / Church*

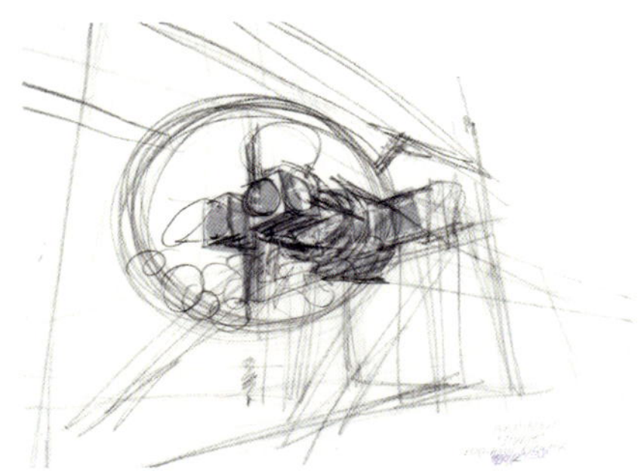

G 46-ZK *Pneumacosm*

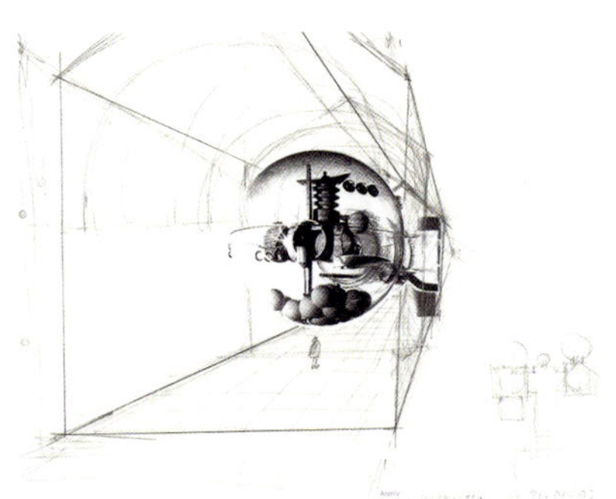

G 47-ZK *Pneumacosm*

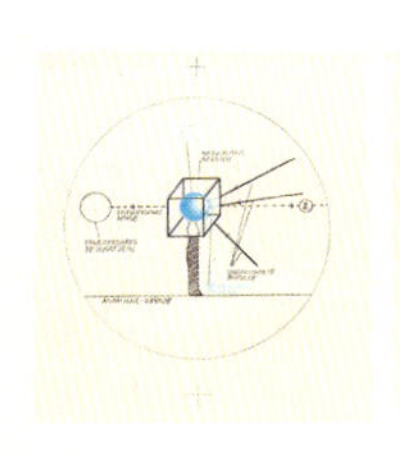

G 48-ZK *Pneumacosm*

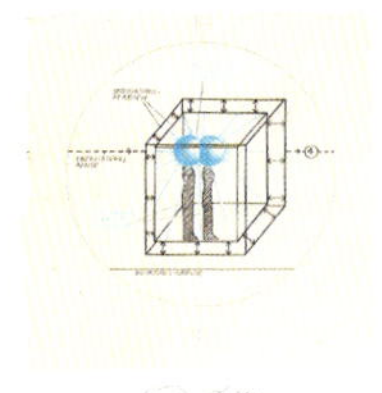

G 49-ZK *Pneumacosm*

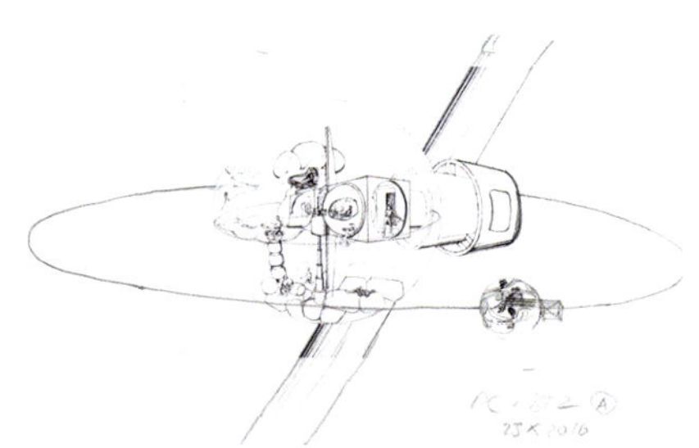

G 50-ZK *Pneumacosm*

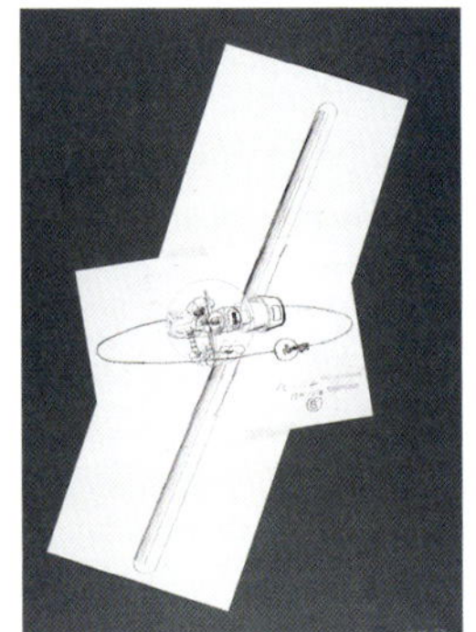

G 51-ZK *Pneumacosm*

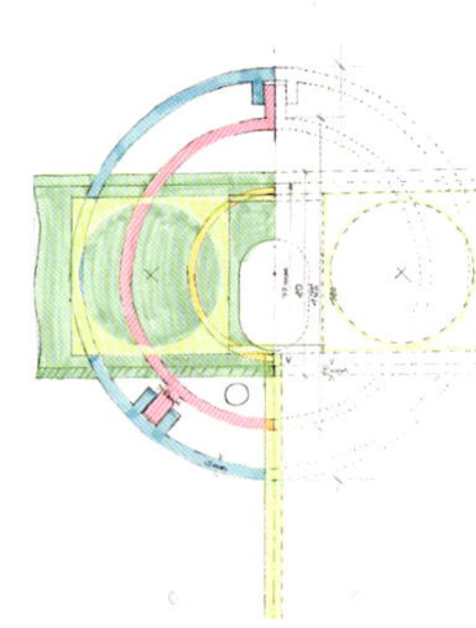

G 52-ZK *Pneumacosm*

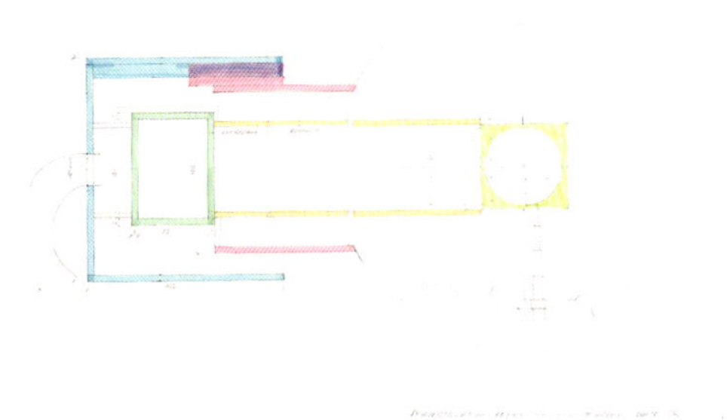

G 53-ZK *Pneumacosm*

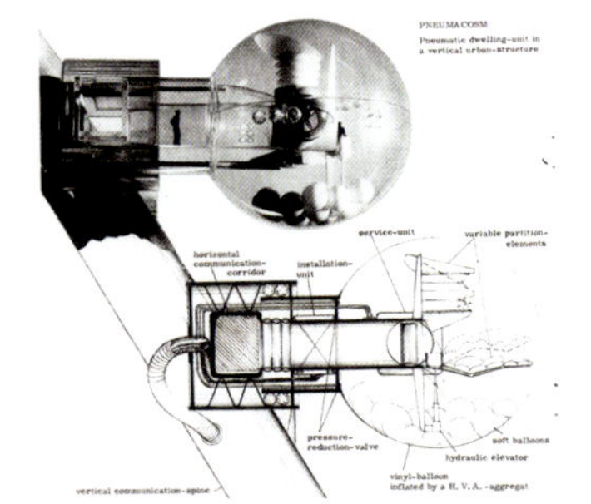

G 58-ZK *Pneumacosm*

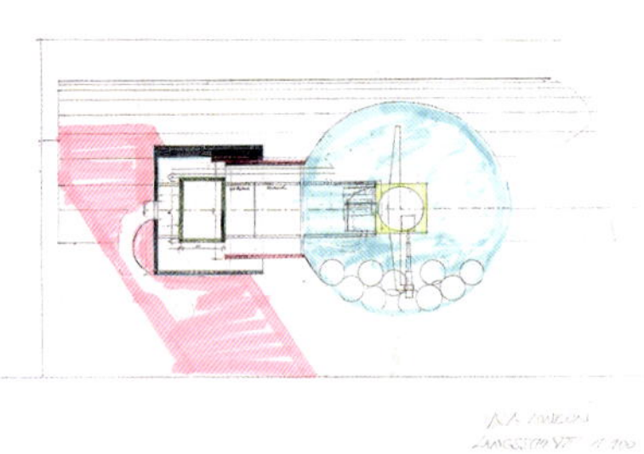

G 60-ZK *Pneumacosm*

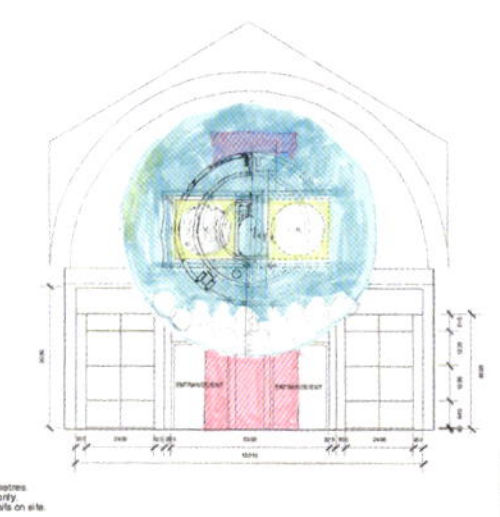

G 61-ZK *Pneumacosm*

G 59-ZK *Pneumacosm*

Pneumacosm, 1967

Haus-Rucker-Co (Laurids Ortner, Günter Zamp Kelp, Klaus Pinter)
in Kooperation mit Helmut Grasberger, Manfred Ortner

Pneumacosm ist der Entwurf für eine visionäre Megastadt, in der
radikal neue Formen des Wohnens in der Zukunft gelebt werden.
Das Projekt entstand anlässlich des deutschen Designwettbewerbs
Interdesign 2000, der nach zukunftsträchtigen Möbel- und Wohn-
konzepten fragte. Gemeinsam mit Helmut Grasberger und Manfred
Ortner entwickelte Günter Zamp Kelp das *Pneumacosm*: luftgetragene Wohneinheiten für zehn bis fünfzehn Personen, die ähnlich
wie Glühbirnen fertig produziert geliefert werden, um anschließend in
die vorgesehenen Halterungen einer vertikalen Stadtstruktur instal-
liert zu werden. Bestehend aus verschweißten Polyäthylensegmenten,
besitzt jeder der kugelförmigen Ballons einen Durchmesser von 15
Metern. In der Kugelsohle bietet der Innenraum Platz für Gemeinsam-
keit. Ausgehend von seinem Mittelpunkt erschließen sich Raum-
kapseln, die Gelegenheit bieten, sich zurückzuziehen.

Das Konzept entstand kurz vor dem offiziellen Zusammen-
schluss von Haus-Rucker-Co im Frühjahr 1967. Es kann als eines der
Gründungsprojekte gelesen werden, das neben dem *Mind-Expander*
von Laurids Ortner, Angela Hareiter, Edith Ortner, Herbert Schweiger
und Klaus Pinter ein wichtiger Teil des von Haus-Rucker-Co initiier-
ten *Mind-Expanding-Programs* wurde. Als Ziel des *MEP* definierten
Haus-Rucker-Co die Verbesserung der Lebensbedingungen in einer
zukünftigen Megawelt, indem künstlerische Objekte und räumliche
Installationen intensive psycho-physische Erlebnisse ermöglichen und
zwischenmenschliche Beziehungen vertiefen.

Pneumacosm, 1967

Haus-Rucker-Co (Laurids Ortner, Günter Zamp Kelp, Klaus Pinter)
in collaboration with Helmut Grasberger, Manfred Ortner

Pneumacosm is the design for a visionary megacity where radically
new forms of living will exist in the future. The project was developed
for the German design competition *Interdesign 2000*, which called for
future-oriented furniture and housing concepts. Together with Helmut Grasberger and Manfred Ortner, Günter Zamp Kelp developed
the *Pneumacosm*: airborne housing units for ten to fifteen people,
which are delivered ready-made, like light bulbs, to be inserted into the
designated holders within a vertical city structure. Consisting of welded
polyethylene segments, each of the spherical balloons has a diameter
of 15 metres. At the base of the sphere, the interior room offers a space
for communality. Space capsules lead off from its centre, providing the
opportunity to retreat.

The concept was created shortly before the official formation of
Haus-Rucker-Co in spring 1967. It can be seen as one of the founding
projects and became an important part of the *Mind-Expanding-
Program* initiated by Haus-Rucker-Co, along with *Mind-Expander* by
Laurids Ortner, Angela Hareiter, Edith Ortner, Herbert Schweiger and
Klaus Pinter. Haus-Rucker-Co defined the goal of the *MEP* as improving
living conditions in a future mega-world where artistic objects and spatial installations would provide intensive psycho-physical experiences
and deepen interpersonal relationships.

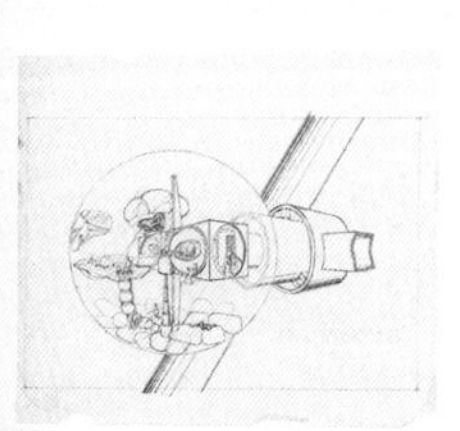
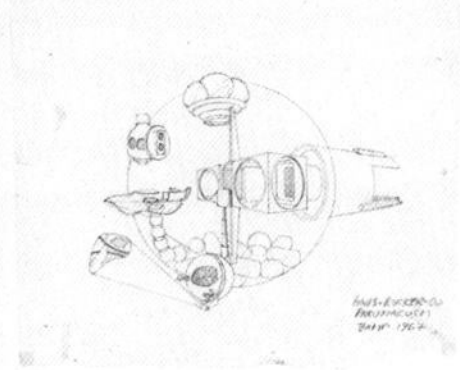
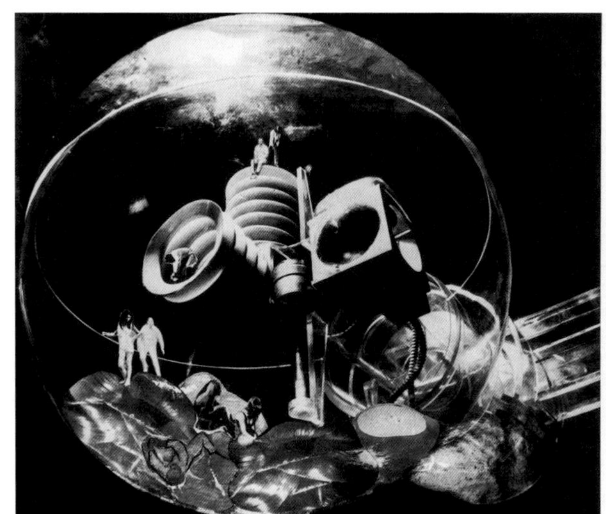

G 31-32-33-ZK   *Pneumacosm Triptychon 1 / Triptych 1*

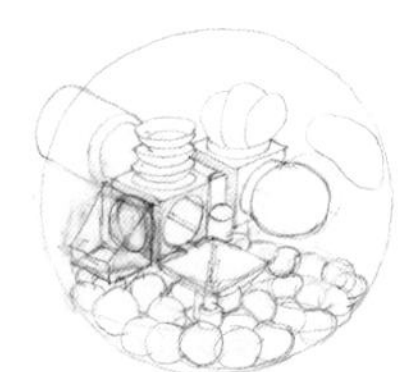
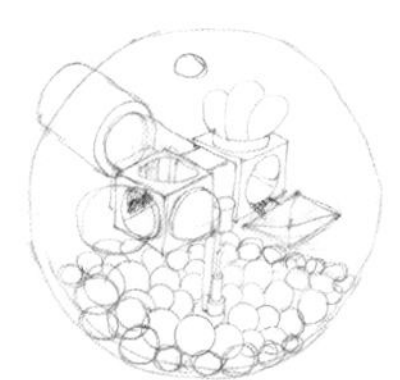
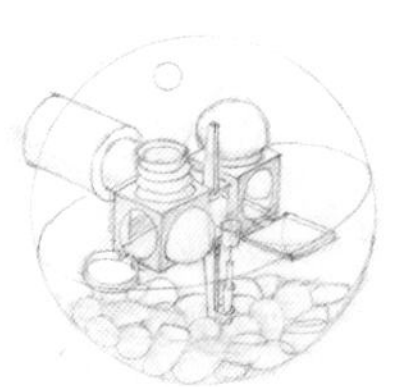

G 42-ZK   *Pneumacosm*

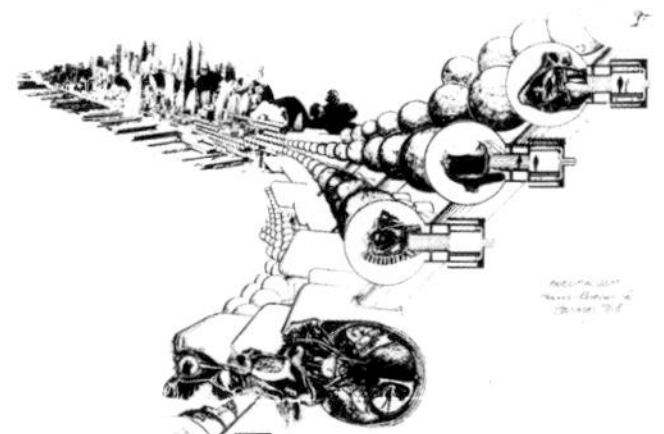

G 57-ZK   *Pneumacosm*

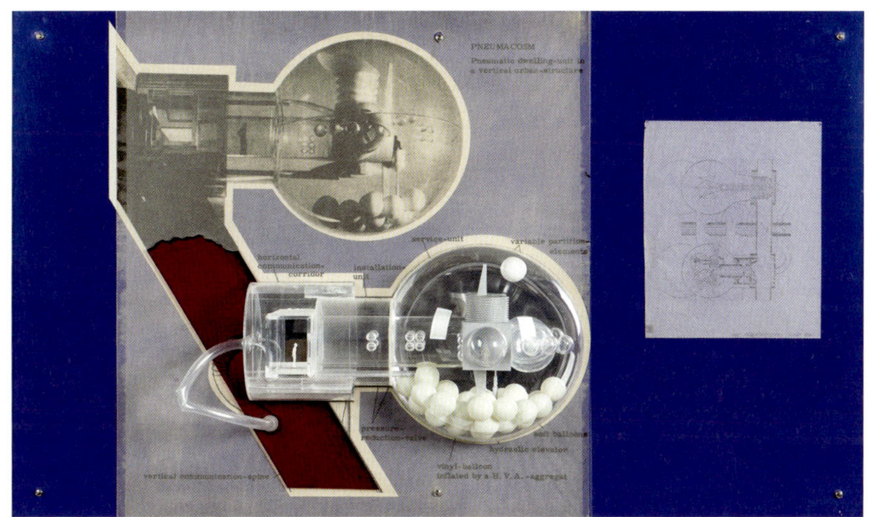

2-ZK   *Pneumacosm Triptychon 2 / Triptych 2*

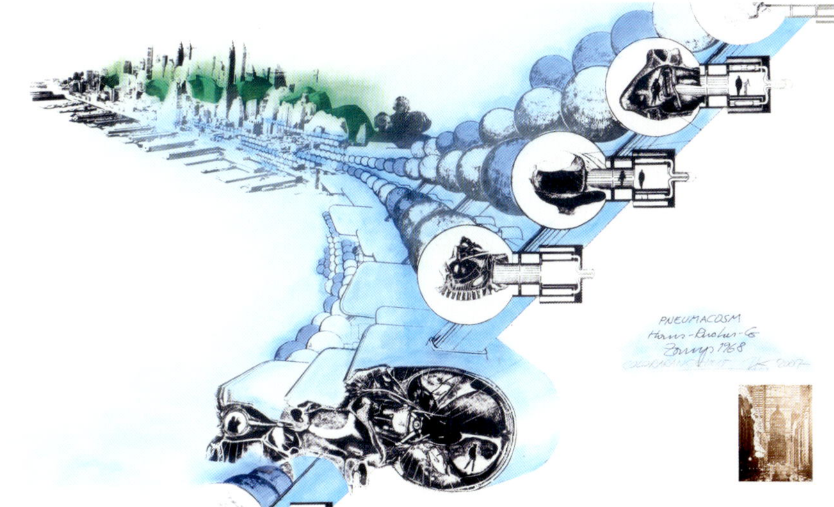

G 34-ZK   *Pneumacosm Triptychon 3 / Triptych 3*

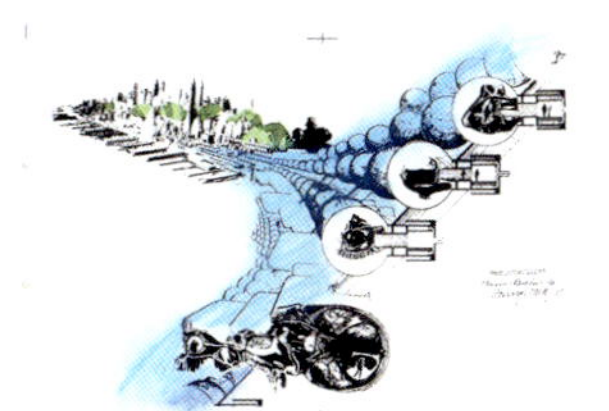

G 35a-ZK   *Pneumacosm*

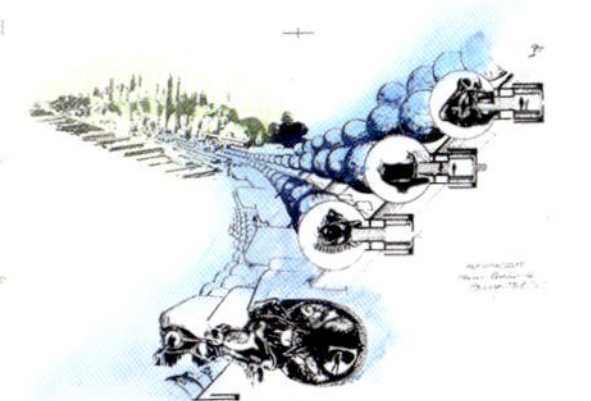

G 35b-ZK   *Pneumacosm*

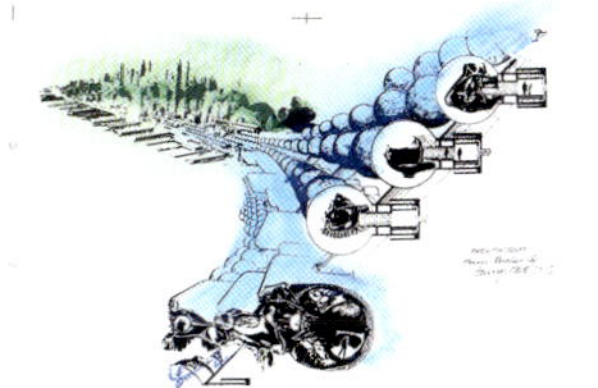

G 35c-ZK   *Pneumacosm*

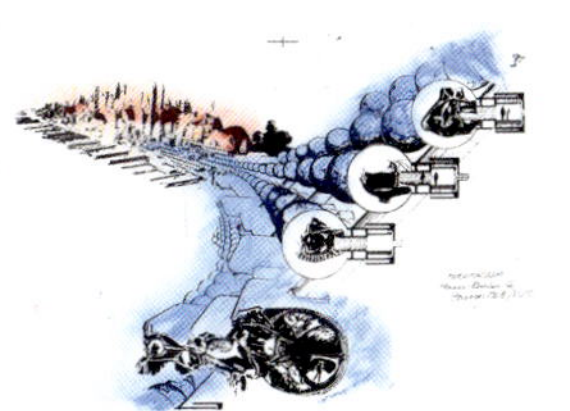

G 35d-ZK   *Pneumacosm*

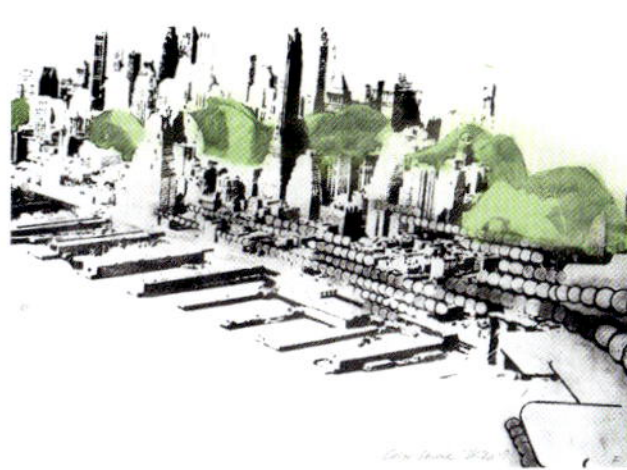

G 35f-ZK   *Pneumacosm*

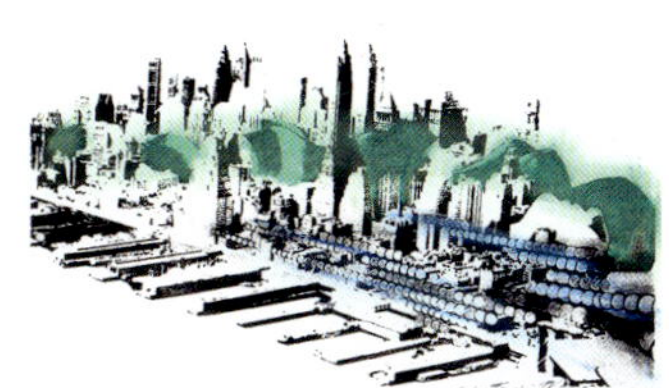

G 35g-ZK   *Pneumacosm*

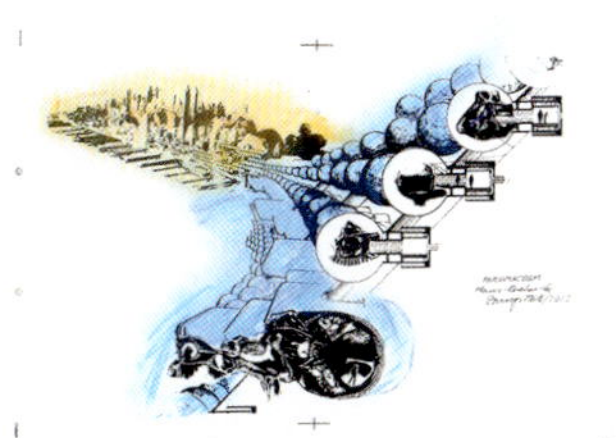

G 35e-ZK   *Pneumacosm*

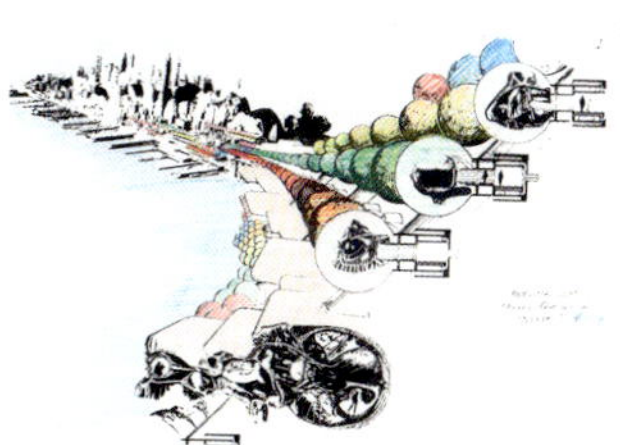

G 36-ZK   *Pneumacosm*

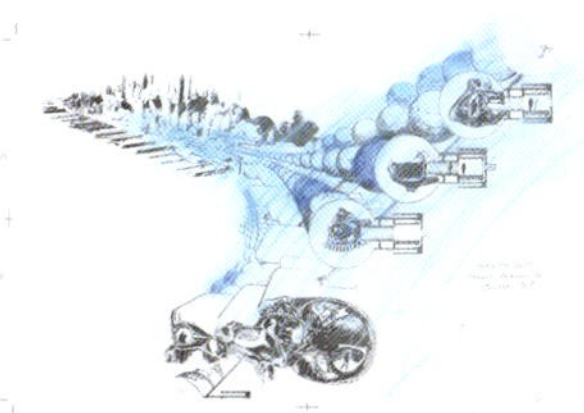

G 37-ZK   *Pneumacosm*

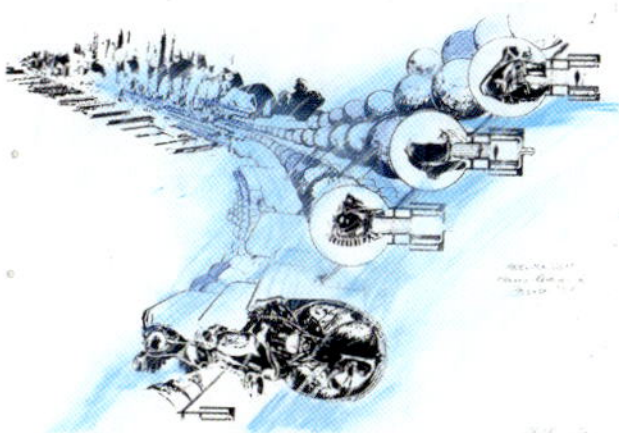

G 38-ZK   *Pneumacosm*

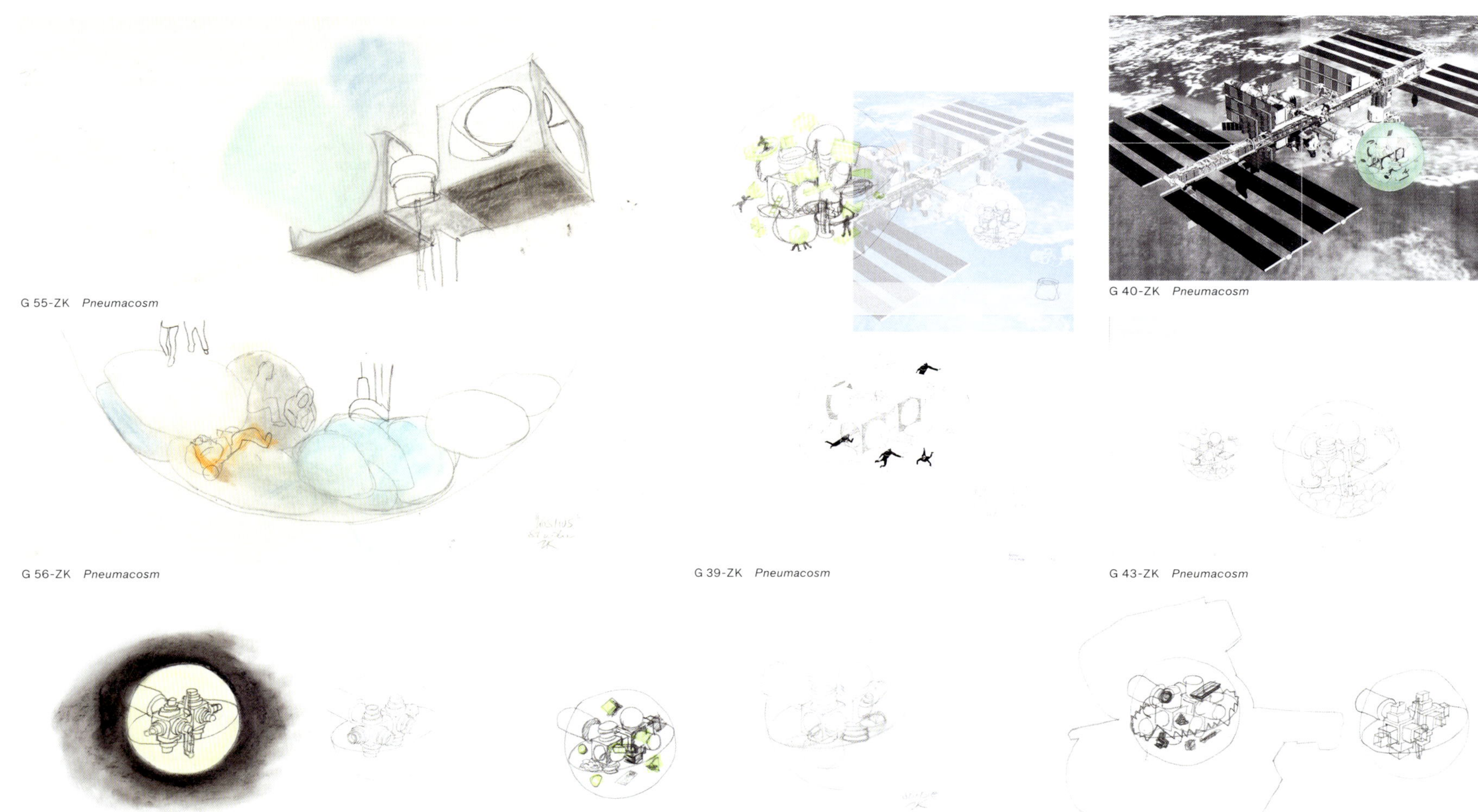

G 55-ZK *Pneumacosm*

G 40-ZK *Pneumacosm*

G 56-ZK *Pneumacosm*

G 39-ZK *Pneumacosm*

G 43-ZK *Pneumacosm*

G 41-ZK *Pneumacosm*

G 44-ZK *Pneumacosm*

G 45-ZK *Pneumacosm*

Ballon für 2, Connexionskin, 1967

Haus-Rucker-Co (Laurids Ortner, Günter Zamp Kelp, Klaus Pinter)

Mit ihrem *Ballon für 2* traten Haus-Rucker-Co kurz nach ihrer Gründung erstmals in die Öffentlichkeit. Im November 1967 ließen die drei Mitglieder eine pneumatische Blase an einem fahrbaren Stahlgerüst aus dem ersten Stock eines Wiener Zinshauses wachsen. Das speziell für die Fensteröffnung und den dahinterliegenden Wohnraum konzipierte Projekt bot in seinem Inneren Sitzgelegenheiten für zwei Personen. In luftiger Höhe zehn Meter über der Straße hatten die „Ballonfahrer·innen" im Zentrum der Kugel aus transparenter, mit Kraftlinien versehener PVC-Folie ein besonderes Erlebnis des umliegenden Stadtraums, zwischen Euphorie und Gefahr.

Die Aktion fand an einem Nachmittag in der Apollogasse im 7. Wiener Gemeindebezirk statt. Immer zur vollen Stunde fuhr der luftleere, zusammengefaltete Ballon mit den beiden Insass·innen aus dem Appartementfenster. Eine Pumpe füllte Luft in die PVC-Hülle des Ballons, der sich im Außenraum vor der Fassade des Hauses entfaltete. Nach drei bis fünf Minuten wurde die Kugel von innen geöffnet und mit Entweichen der Luft langsam wieder ins Innere zurückgezogen.

Als Teil ihres *Mind-Expanding-Programs* war der *Ballon für 2* darauf ausgelegt, auch die Passant·innen auf der Straße durch seine Erscheinung im positiven oder negativen Sinn zu irritieren und dadurch Impulse für ein neues urbanes Bewusstsein zu geben. Gleichzeitig schloss er konzeptuell an bereits entwickelte visionäre Wohnideen wie etwa den *Pneumacosm* an. Das Projekt kann als Vorläufer der *Oase Nr. 7* gelesen werden, mit der Haus-Rucker-Co 1972 an der *documenta 5* in Kassel teilnahmen.

Im Anschluss an diese erste Aktion wurde der *Ballon für 2* von Haus-Rucker-Co umgebaut und zu einem neuen Projekt erweitert. Durch einen zylindrisch geformten Anbau aus PVC-Folie, der über einen schmalen Kriechgang erreicht werden konnte, entstand die *Connexionskin:* eine pneumatische Wohnkugel, die in ihrem Inneren ebenfalls zwei Personen Raum bot und aktionistisch als Element der Irritation auf Zeit im öffentlichen Raum gezeigt wurde.

Balloon for 2, Connexionskin, 1967

Haus-Rucker-Co (Laurids Ortner, Günter Zamp Kelp, Klaus Pinter)

Haus-Rucker-Co first entered the public eye shortly after their formation, when they presented *Balloon for 2*. In November 1967, the three members created a pneumatic bubble on a mobile steel scaffold that extended from the first floor of a Vienna apartment building. The project was specially designed for the window opening and living room behind it, offering seating for two people inside. At a lofty height of ten metres above the street, the sphere made of transparent PVC film covered with lines of force offered the "balloonists" at its centre a special experience of the surrounding urban space, somewhere between euphoria and danger.

The action took place one afternoon on Apollogasse in the 7th district of Vienna. Every hour on the hour, the empty, folded balloon with two occupants came out of the apartment window. A pump filled the PVC shell of the balloon with air, so that it inflated on the façade of the house. After three to five minutes, the sphere was opened from the inside and slowly retracted back inside as the air escaped.

As part of their *Mind-Expanding-Program*, the *Balloon for 2* was also designed to serve as an irritation to passers-by on the street with its appearance, in a positive or negative sense, and so provide inspiration for a new urban awareness. At the same time, it was conceptually linked to their previous visionary housing ideas, such as the *Pneumacosm*. The project can be read as a precursor to *Oasis No. 7*, Haus-Rucker-Co's contribution to *documenta 5* in Kassel in 1972.

Following this first action, the *Balloon for 2* was rebuilt by Haus-Rucker-Co and expanded into a new project. A cylindrical extension made of PVC film, reached via a narrow crawlspace, formed the *Connexionskin*: a pneumatic living sphere, which also had room for two people inside and was shown for a time in the form of an action in public space, introducing an element of irritation.

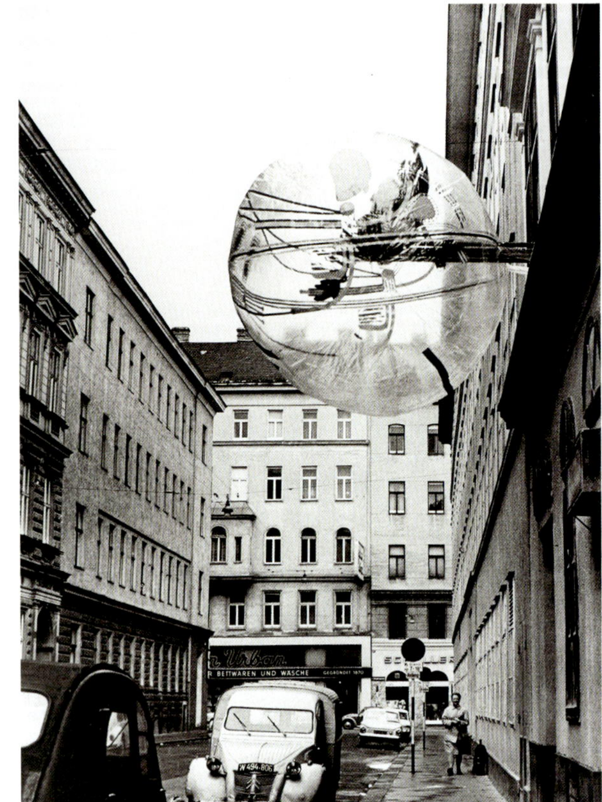

G 62-ZK   *Ballon für 2 / Balloon for 2*

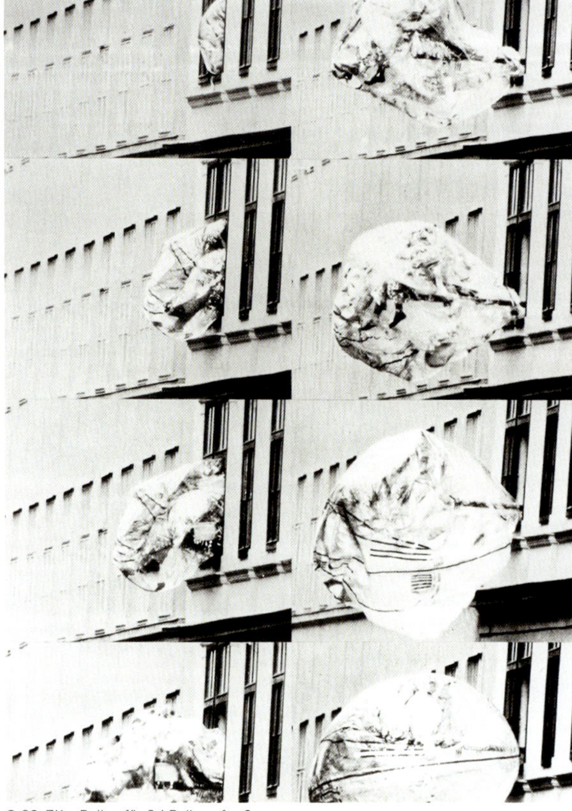

G 63-ZK   *Ballon für 2 / Balloon for 2*

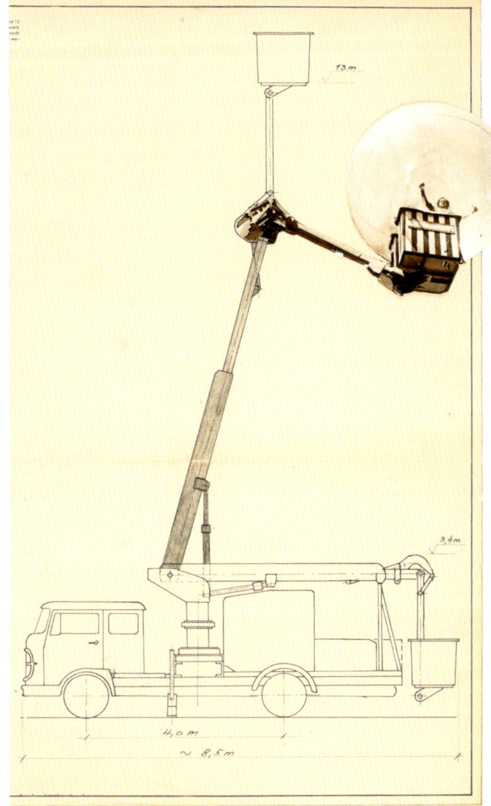

G 64-ZK   *Ballon für 2 / Balloon for 2*

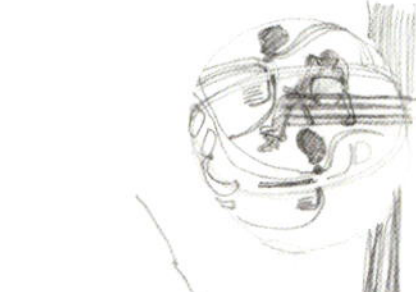
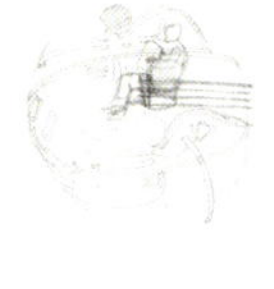

G 65-ZK   *Ballon für 2 / Balloon for 2*

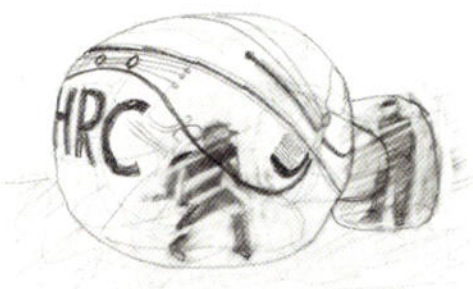

G 66-ZK   *Connexionskin*

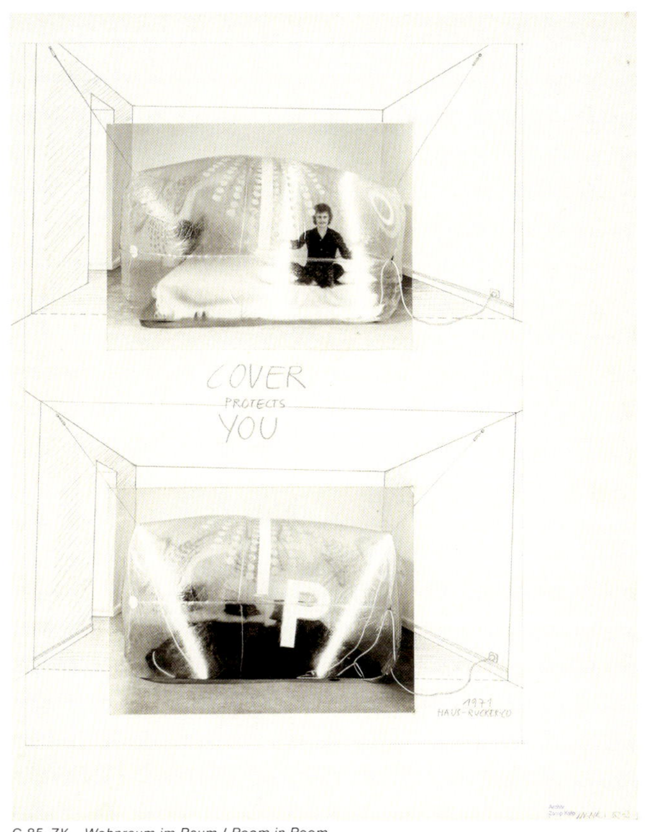

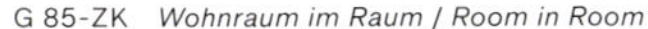

G 85-ZK   *Wohnraum im Raum / Room in Room*

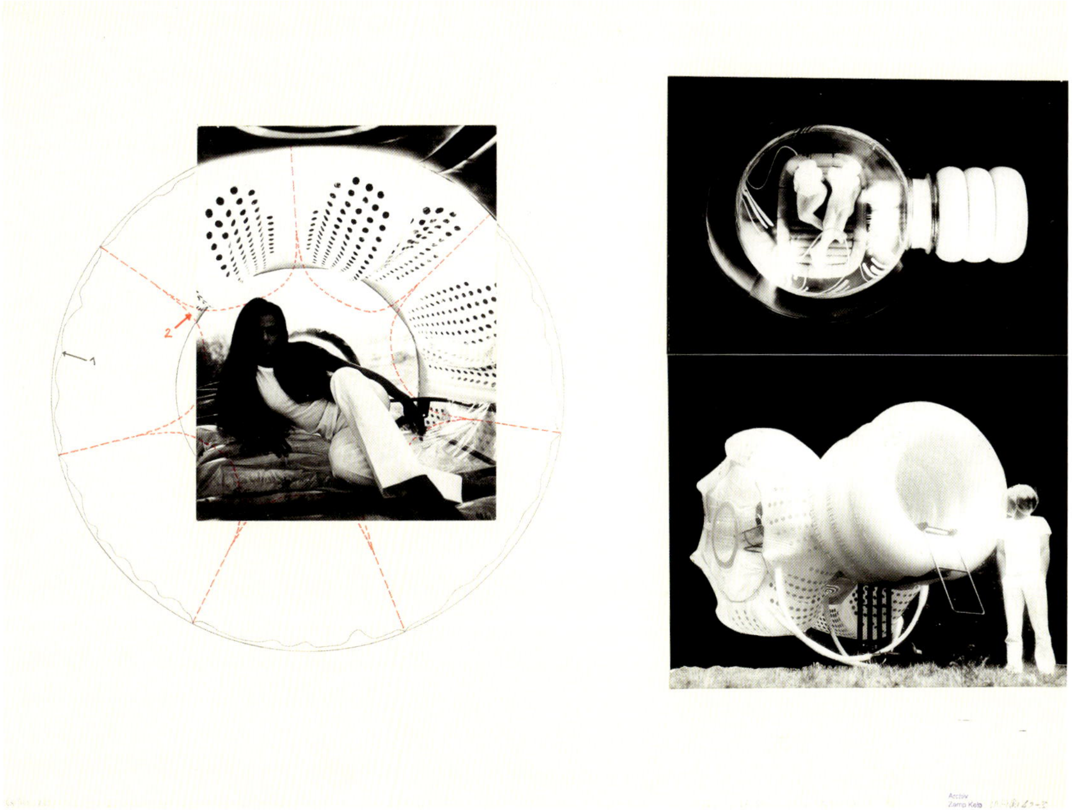

G70/G71/G72-ZK   *Gelbes Herz / Yellow Heart*

Gelbes Herz, 1968

Haus-Rucker-Co (Laurids Ortner, Günter Zamp Kelp, Klaus Pinter)

Yellow Heart, 1968

Haus-Rucker-Co (Laurids Ortner, Günter Zamp Kelp, Klaus Pinter)

Mit dem *Gelben Herz* führten Haus-Rucker-Co ihre konsequente Erweiterung des traditionellen Kunstbegriffes fort. Angelehnt an die Stilmittel der Pop Art erweckt das pneumatische Objekt Assoziationen an ein überdimensionales exotisches Gewächs, das ebenso wie der *Ballon für 2* aktiv genutzt werden kann. Den Nutzer·innen soll das Objekt durch optische und akustische Eindrücke in seinem Inneren dazu verhelfen, eine neue Art der Entspannung zu erfahren, um gelöst in den Alltag zurückzukehren.

Das *Gelbe Herz* ist ein Beispiel für die konzeptuelle Verbundenheit von Architektur und Kunst, die prägend für das Schaffen der Gruppe ist: Einerseits finden sich in ihm Überlegungen zu visionären, transportablen Wohneinheiten, andererseits zeigt es das Bestreben, die bewusstseinserweiternden, kommunikativen Ansätze, wie sie im *Mind-Expander* angelegt waren, weiterzuentwickeln. Das *Gelbe Herz* wurde 1968 – am selben Tag wie die Veranstaltung *Kunst und Revolution* der Wiener Aktionisten – in der Baugrube der Bundespolizeidirektion am Wiener Schottenring erstmals aufgestellt. Anders als die Wiener Aktionisten suchten Haus-Rucker-Co mit öffentlichen Aktionen weniger nach der grenzüberschreitenden Provokation als vielmehr nach neuen, unkonventionellen Möglichkeiten, den urbanen Raum erfahr- und benutzbar zu machen.

Im Vorfeld der Produktion des *Gelben Herzes* experimentierte die Gruppe mit der technischen Umsetzbarkeit großer pneumatischer Objekte und ihrer farbigen Gestaltung, wobei unter anderem der *Wohnraum im Raum* entstand, der sich in der Sammlung des Lentos befindet.

Haus-Rucker-Co's *Yellow Heart* continued their logical expansion of the traditional concept of art. Inspired by the stylistic devices of Pop Art, the pneumatic object conjures associations with a giant exotic plant and, like the *Balloon for 2*, can be actively used. The object is intended to bring about a new kind of relaxation through the visual and acoustic impressions users experience inside, so that they can return to everyday life in a state of calm.

The *Yellow Heart* is an example of the conceptual linking of architecture and art that is so characteristic of the group's work: it contains reflections on visionary, transportable housing units while at the same time demonstrating the desire to further develop the consciousness-expanding, communicative approaches established in the *Mind-Expander*. *Yellow Heart* was first installed in 1968 – on the same day as the Viennese Actionists' event *Art and Revolution* – in the excavated building site at the Federal Police Headquarters on the Schottenring in Vienna. Unlike the Viennese Actionists, Haus-Rucker-Co's public actions aimed less at boundary-breaking provocation and more at new, unconventional ways of opening up urban space so that it can be experienced and used.

In the run-up to the production of the *Yellow Heart*, the group experimented with the technical feasibility of large pneumatic objects and their colourful design. This led, among other things, to the creation of the *Room in Room*, which is part of the Lentos collection.

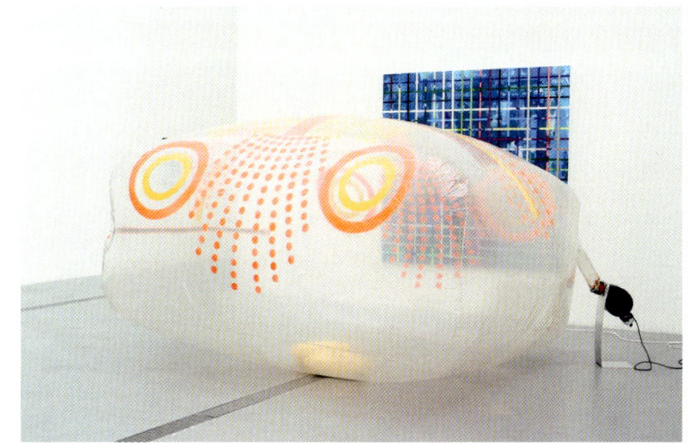

3-ZK   *Wohnraum im Raum / Room in Room*

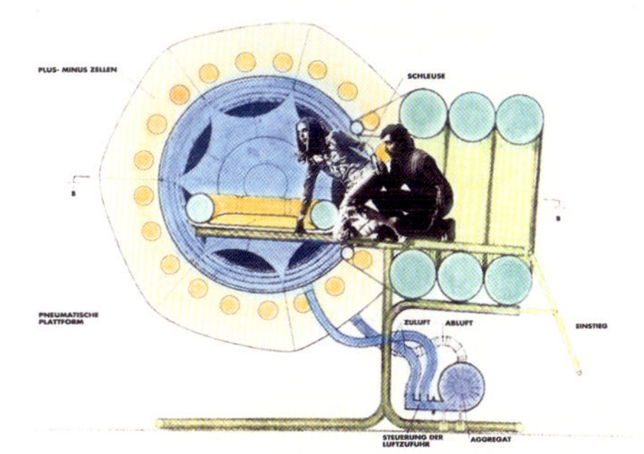

G 68-ZK   *Gelbes Herz / Yellow Heart*

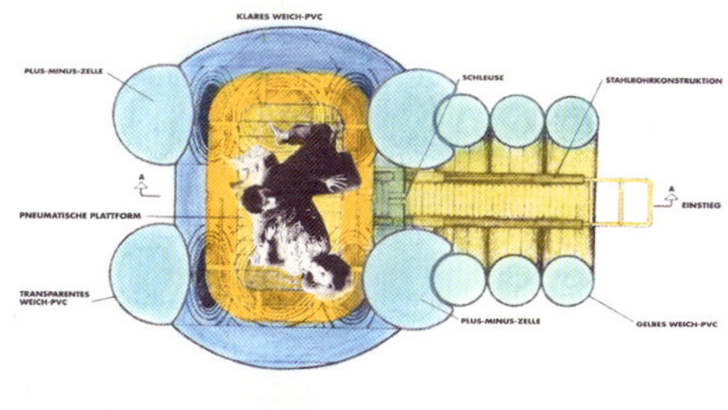

G 69-ZK   *Gelbes Herz / Yellow Heart*

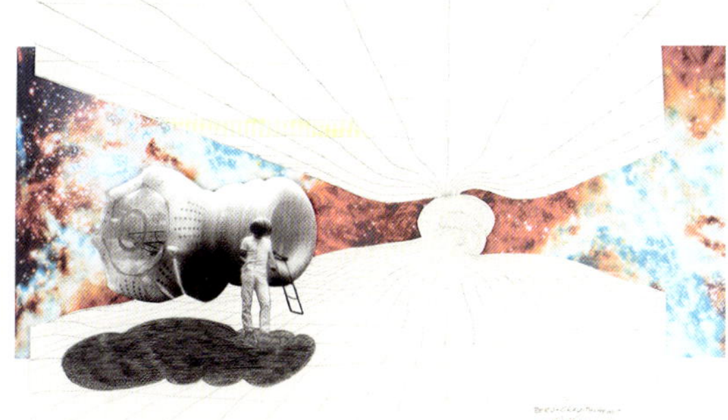

G 73-ZK   *Gelbes Herz / Yellow Heart*

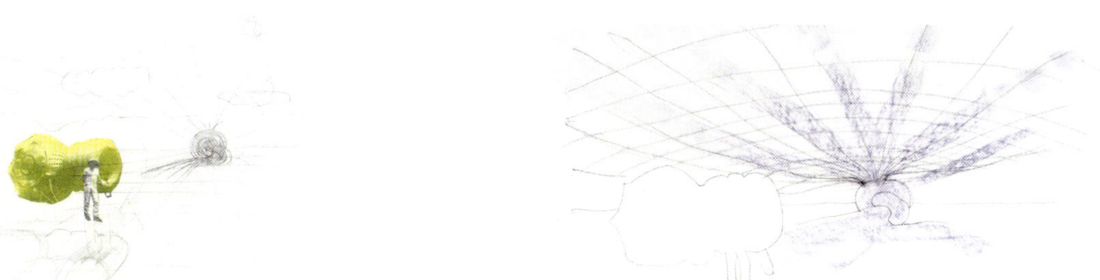

G 74-ZK   *Gelbes Herz / Yellow Heart*

G 75-ZK   *Gelbes Herz / Yellow Heart*

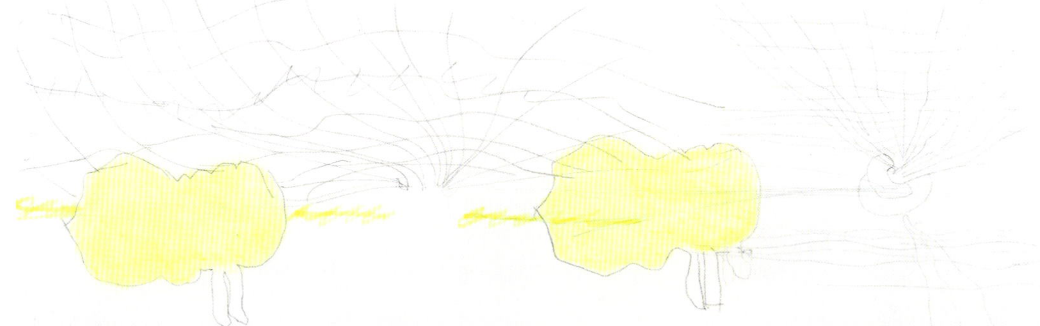

G 76-ZK   *Gelbes Herz / Yellow Heart*

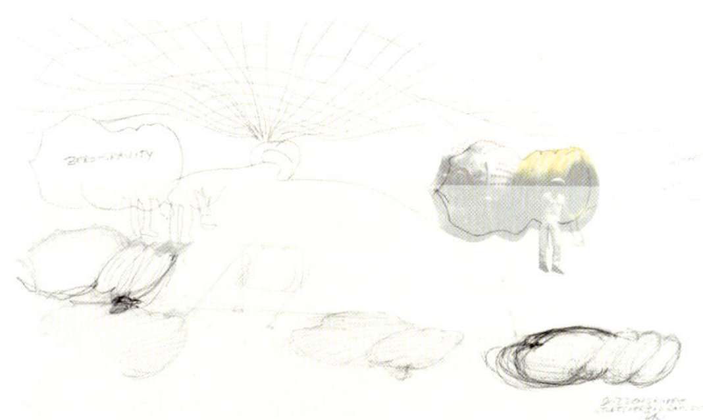

G77-ZK   *Gelbes Herz / Yellow Heart*

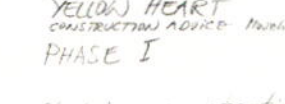
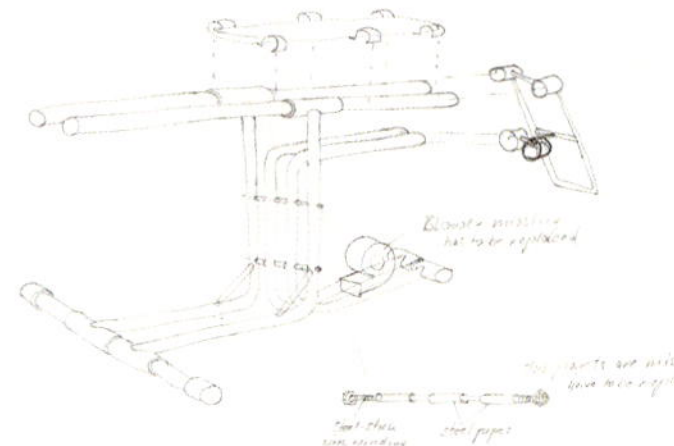

G 78-ZK *Gelbes Herz / Yellow Heart*

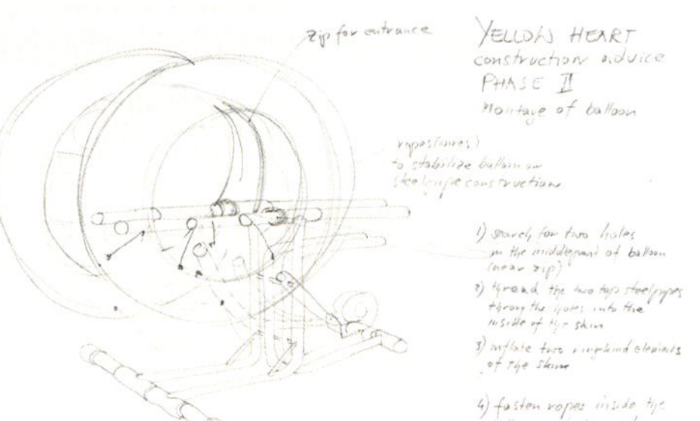

G 79-ZK *Gelbes Herz / Yellow Heart*

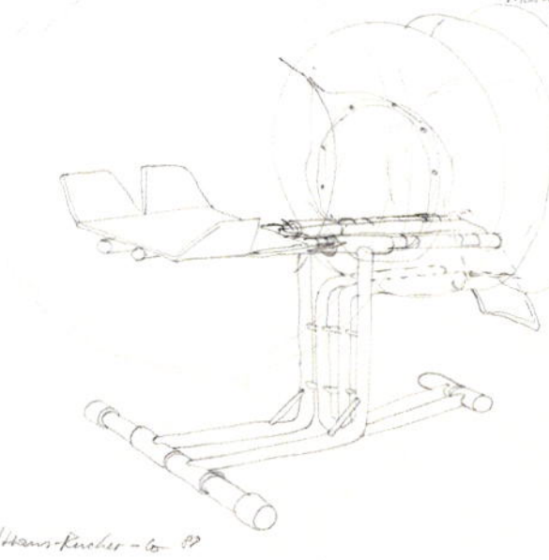

G 80-ZK *Gelbes Herz / Yellow Heart*

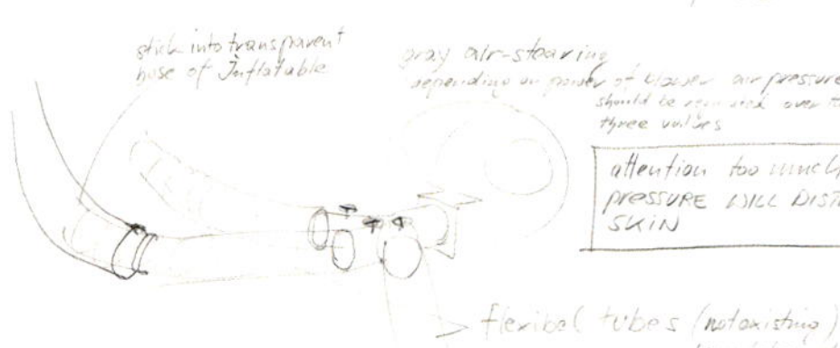

G 81-ZK *Gelbes Herz / Yellow Heart*

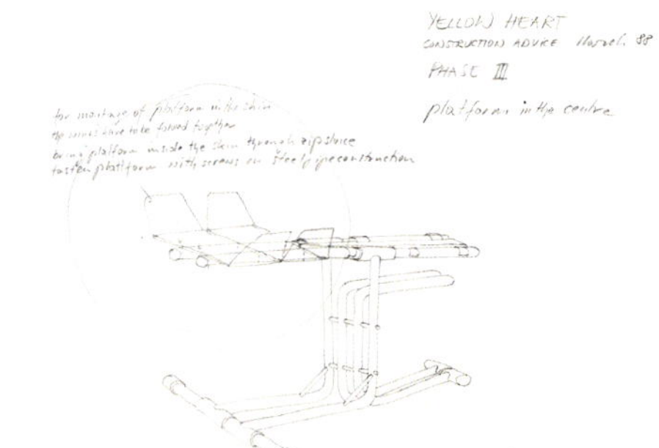

G 82-ZK *Gelbes Herz / Yellow Heart*

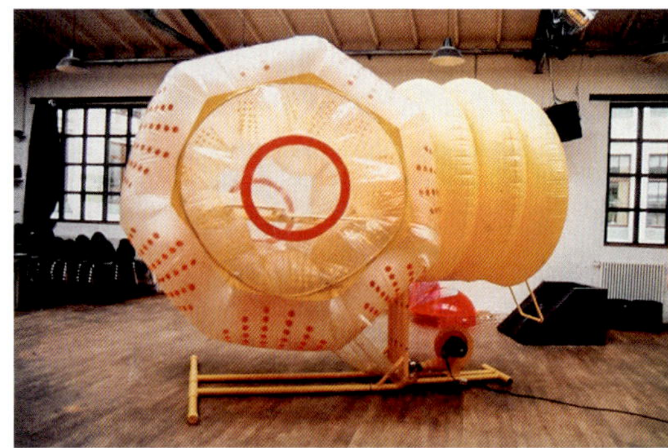

G 83-ZK *Gelbes Herz für / Yellow Heart for Centre Pompidou*

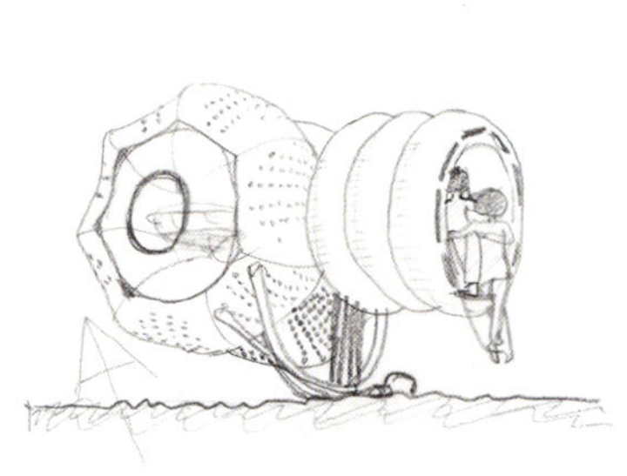

G 84-ZK *Gelbes Herz / Yellow Heart*

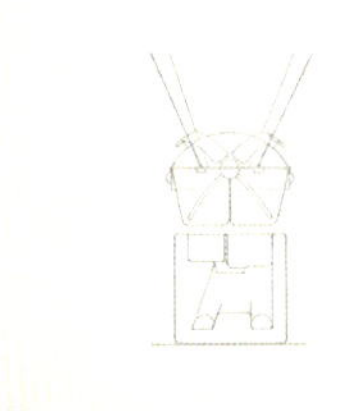
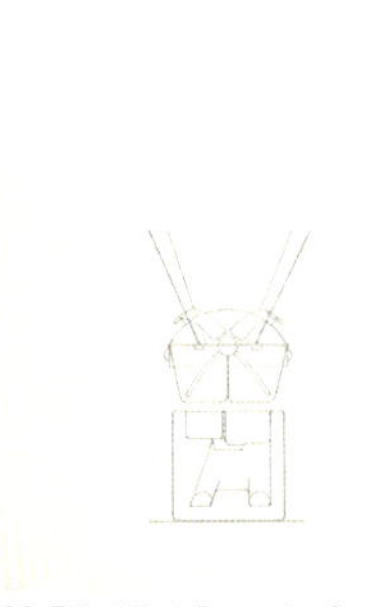

G 95-ZK *Bubbler*

G 86-ZK *Mind-Expander 2*

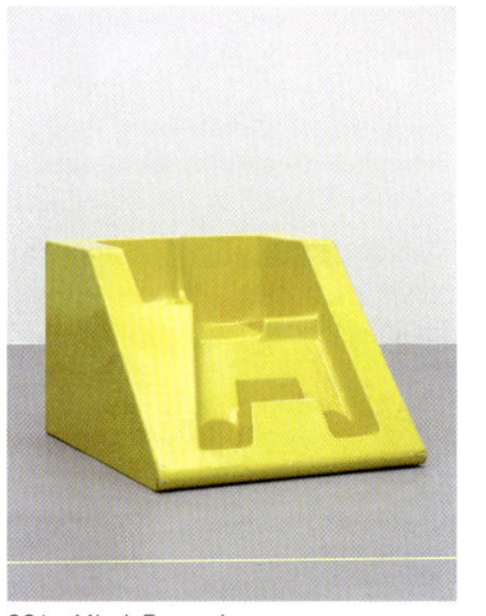

331 *Mind-Expander*

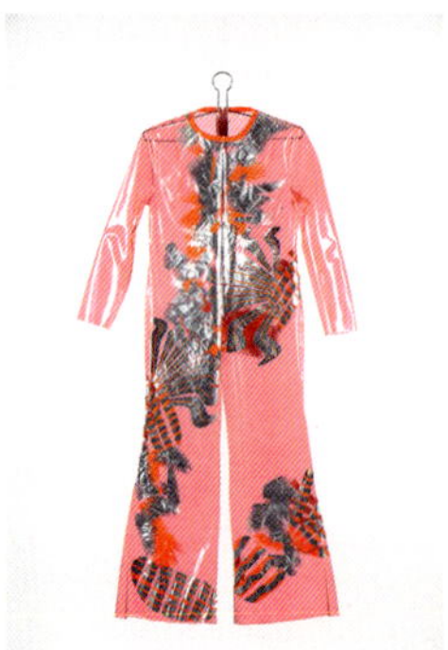

4-ZK *E-Skin 1*

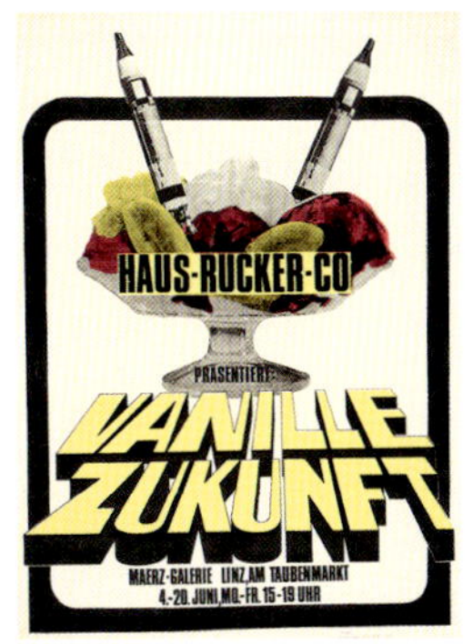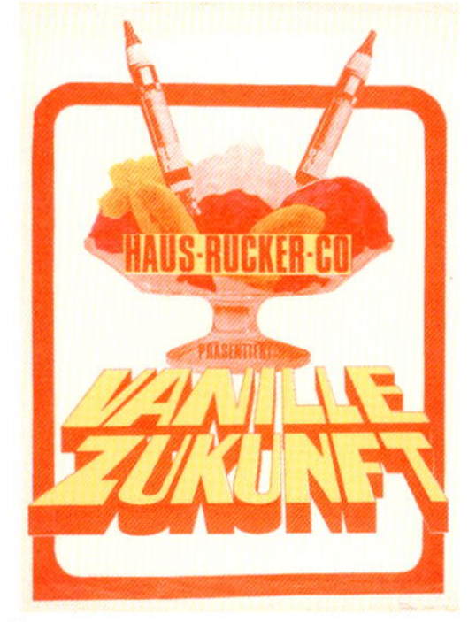

G 88/89-ZK *Vanille Zukunft / Vanilla Future*

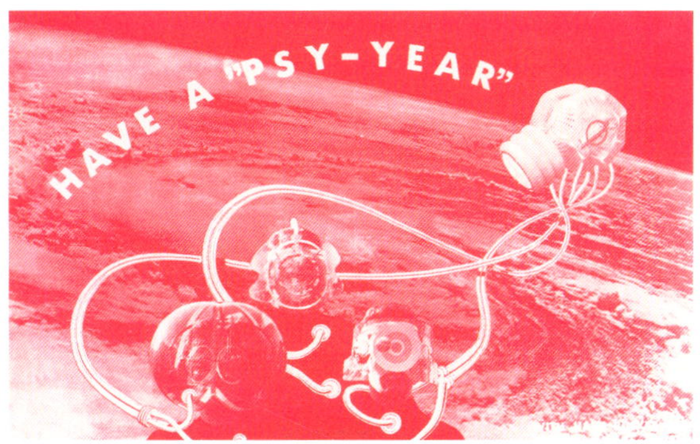

G 90-ZK *Have a 'Psy-Year'*

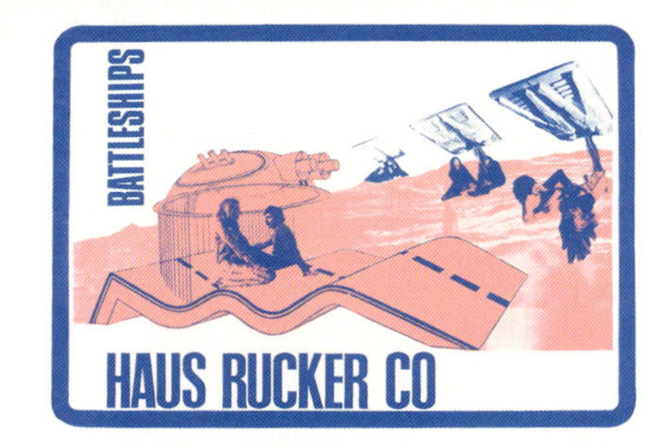

G 97-ZK *Battleships*

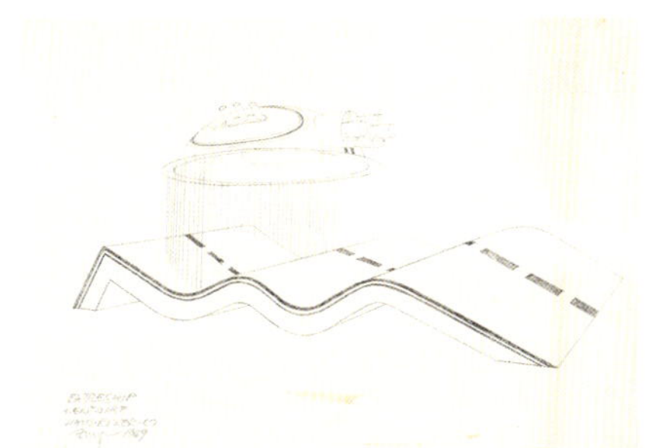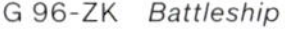

G 96-ZK *Battleship*

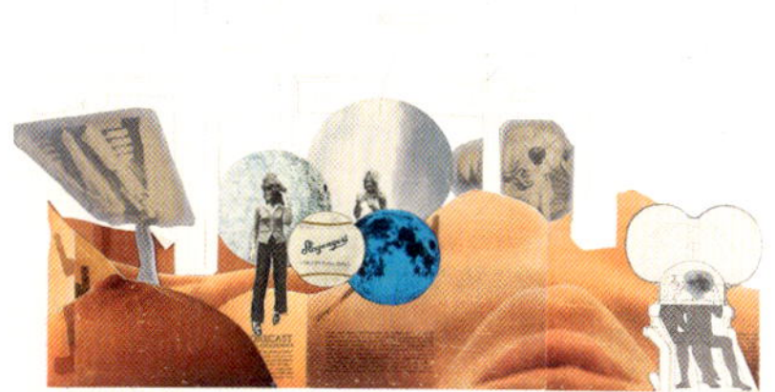

G 98-ZK *Live*

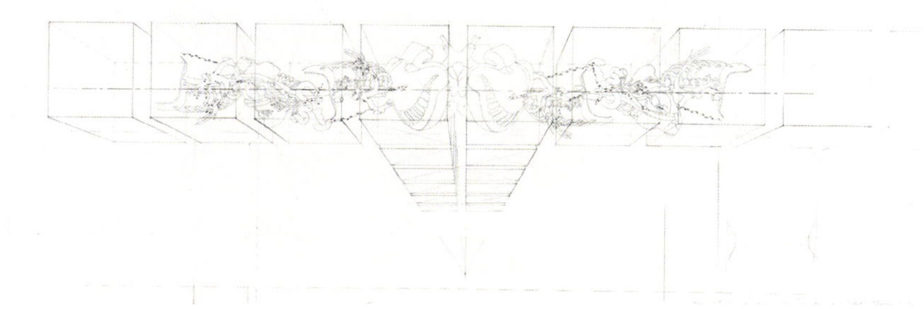

G 99-ZK *Live*

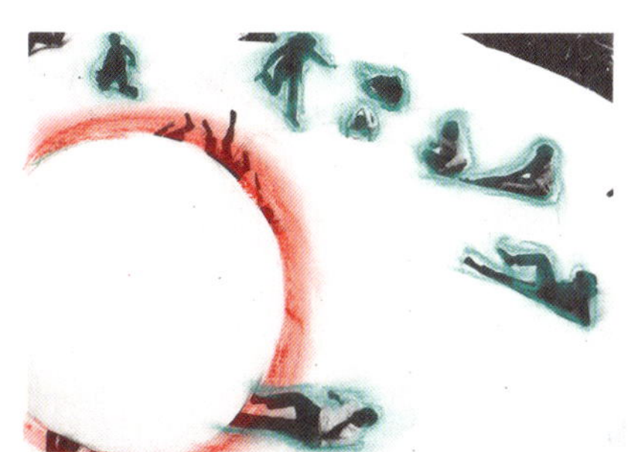

G 530-7K *Giant Billiard*

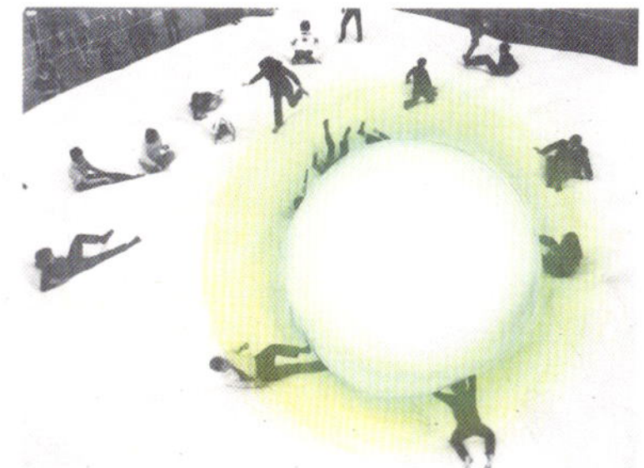

G 530-ZK *Giant Billiard*

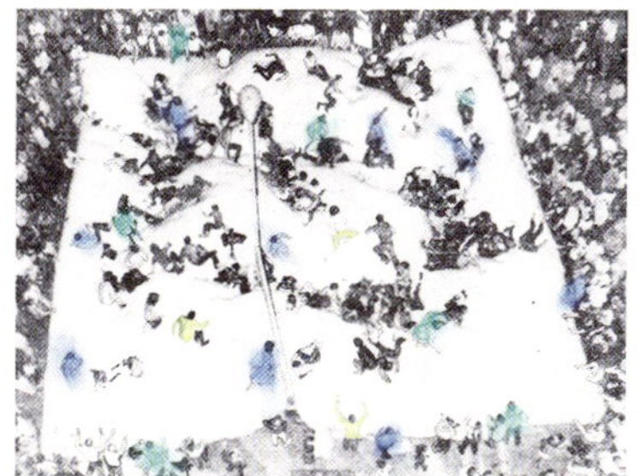

G 530-ZK *Giant Billiard*

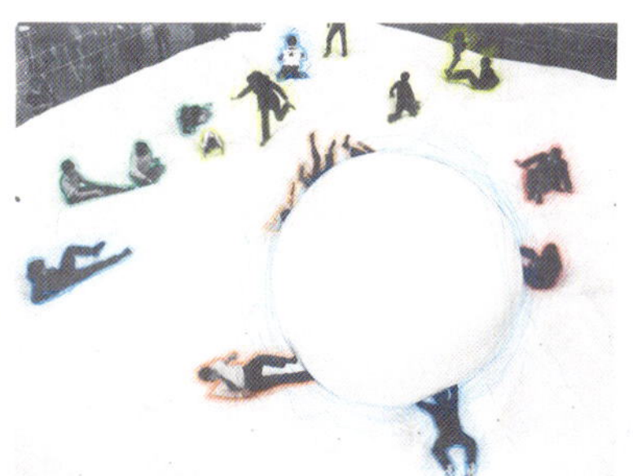

G 530-ZK *Giant Billiard*

Roomscraper, 1969

Haus-Rucker-Co (Laurids Ortner, Günter Zamp Kelp, Klaus Pinter)

Im Sommer 1969 erhielten Haus-Rucker-Co vom Österreichischen Institut für Formgebung den Auftrag zu Entwurf und Realisation eines Informationsstandes für die *Wiener Herbstmesse*. Der *Richtungsgeber* – ein pneumatisches Objekt in Gestalt eines überdimensionalen Zeigefingers, der sich in bestimmten Intervallen krümmte – fand nicht den Beifall der Auftraggebenden. Realisiert wurde mit *Design Post* ein ebenfalls pneumatisches, zeichenhaftes Konstrukt aus Säulen und Ringen mit integriertem Informationsangebot.

Das Fingerthema findet sich auch in weiteren Projekten von Haus-Rucker-Co wieder: Anders als der für den Außenraum gedachte *Richtungsgeber* wurde das mehrfach umgesetzte Objekt des *Roomscrapers* für den Innenraum konzipiert. Als Motiv diente ein überdimensionaler weiblicher Mittelfinger, der den Ausschlag für den Titel gab. Die spielerisch bunte und leicht schwankende pneumatische Lampe aus der Dose war Teil des *Mind-Expanding-Programs*. Der *Roomscraper* war ein wichtiger Bestandteil der Aktion und Schau *Vanille Zukunft. Spielzimmer für Erika Pluhar und André Miriflor*, die 1969 stattfand. Die Kraftsporthalle in der Wiener Schleifmühlgasse diente als unkonventioneller Präsentationsort neu entwickelter Arbeiten, die nicht vorrangig als Kunstwerke, sondern vielmehr als Gebrauchsgegenstände mit spezifischen Funktionen gedacht waren. Das „Spielzeug für Erwachsene" – wie Haus-Rucker-Co die Arbeiten nannten – wurde während einer fünfstündigen Aktion mit Erika Pluhar und André Heller (alias André Miriflor) genutzt und bespielt. Teil der Ausstellung war neben mehreren Exemplaren des *Roomscrapers* auch der heute in der Lentos-Sammlung befindliche *Schalensitz* sowie das *Battleship,* der *Mind-Expander 2* und der *Shake Belt*. Für die neu entstandene Freizeitgesellschaft entwickelt, sollten die Raumobjekte mit ihrer Pop-Art-Ästhetik im Alltag Kontrapunkte des Staunens und durch ihre Benutzbarkeit interaktive Momente setzen.

1971 griffen Haus-Rucker-Co das Fingerthema erneut auf. Ein Wegweiser als überdimensionaler Finger von sieben Meter Höhe, der den Weg vom Flughafen in die Stadt Nürnberg zeigte, musste jedoch 1979 nach mehrfachem Vandalismus abgebaut werden.

Roomscraper, 1969

Haus-Rucker-Co (Laurids Ortner, Günter Zamp Kelp, Klaus Pinter)

In the summer of 1969, Haus-Rucker-Co was commissioned by the Austrian Institute of Design to plan and realise an information stand for the *Vienna Autumn Fair*. The *Direction Giver* – a pneumatic object in the shape of an oversized index finger that bent at set intervals – did not meet with the approval of the client. Another pneumatic form was realised instead: *Design Post,* an emblematic construct made of columns and rings with integrated information.

The finger theme can also be found in other projects by Haus-Rucker-Co: in contrast to the *Direction Giver,* which was intended for outdoor use, the *Roomscraper* object was designed for indoors, and was implemented several times. The motif was a huge female middle finger, hence the object's title. Part of the *Mind-Expanding-Program,* the playful, colourful pneumatic lamp in a can swayed gently. The *Roomscraper* was a key part of the action and show *Vanilla Future. Playroom for Erika Pluhar and André Miriflor*, which was staged in 1969. The power sports hall on Schleifmühlgasse in Vienna served as an unconventional presentation venue for newly designed works that were not primarily meant as artworks but rather as everyday objects with specific functions. The "toys for adults" – as Haus-Rucker-Co called the works – were used and played with during a five-hour action with Erika Pluhar and André Heller (alias André Miriflor). In addition to several copies of the *Roomscraper*, the exhibition also included the *Shell Chair*, which is now part of the Lentos collection, as well as the *Battleship*, *Mind-Expander 2* and *Shake Belt*. Developed for the newly emerging leisure society, the room objects with their Pop Art aesthetics were intended to create counterpoints of wonder in everyday life and interactive moments through their usability.

In 1971, Haus-Rucker-Co took up the theme of the finger again. However, due to repeated vandalism, their seven-metre-high finger signpost pointing the way from the airport to the city of Nuremberg had to be taken down in 1979.

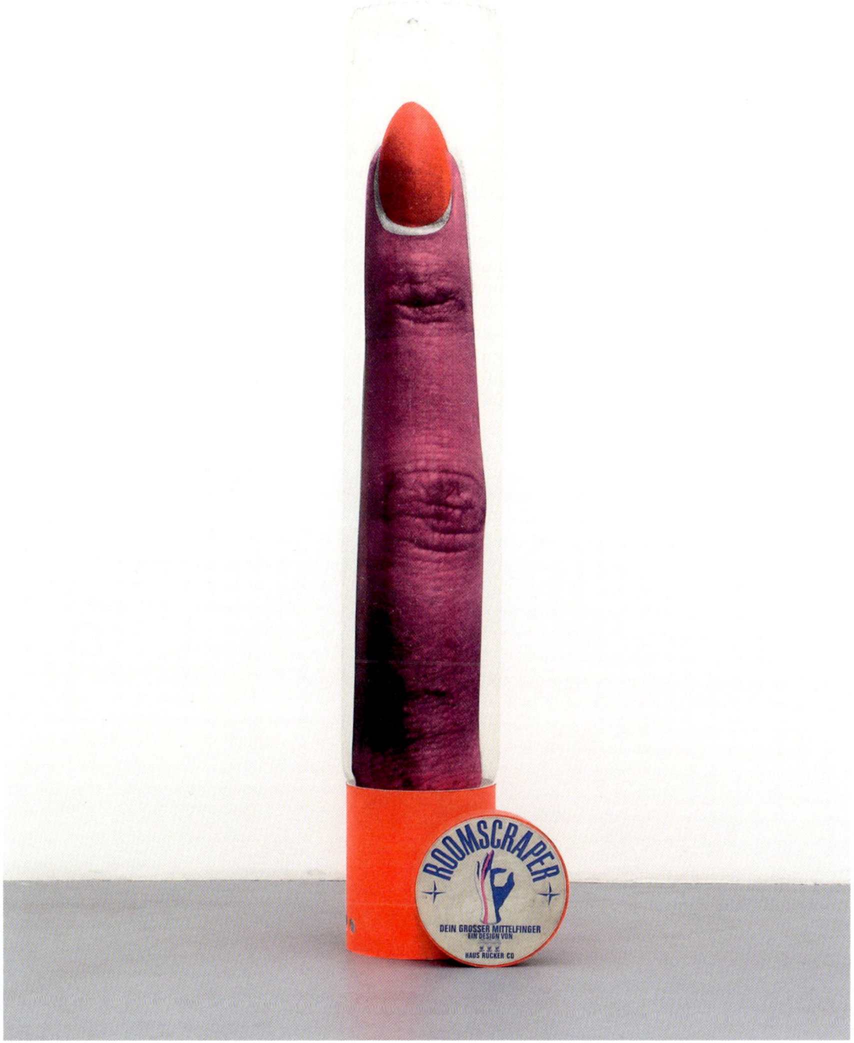

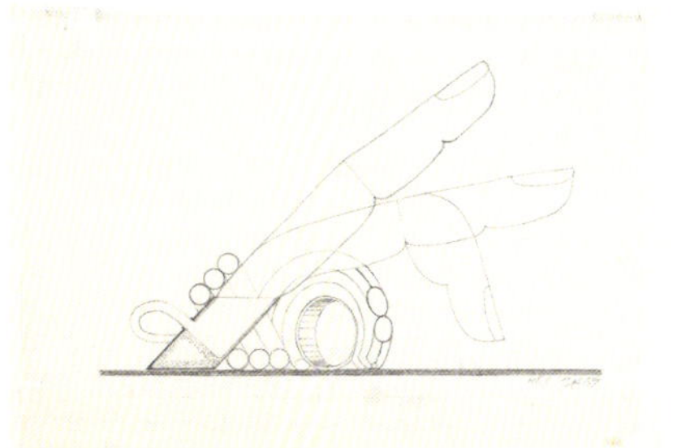

G 100-ZK   *Richtungsgeber / Direction Giver*

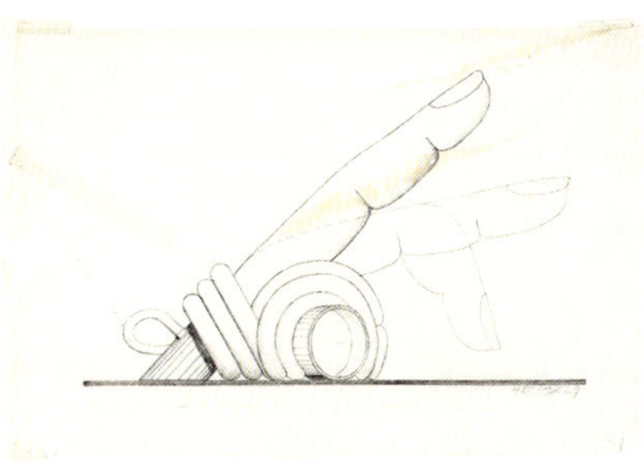

G 101-ZK   *Richtungsgeber / Direction Giver*

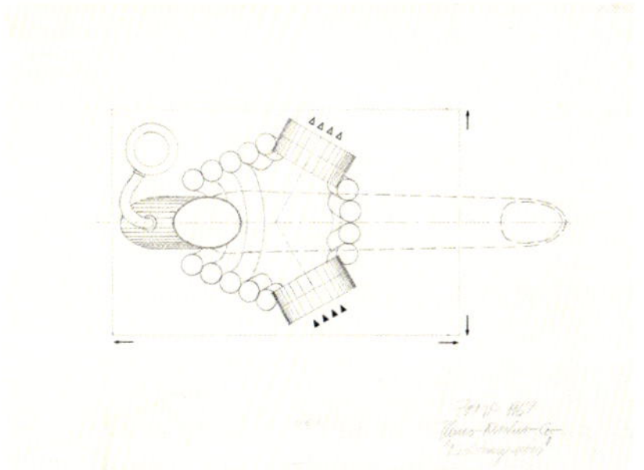

G 102-ZK   *Richtungsgeber / Direction Giver*

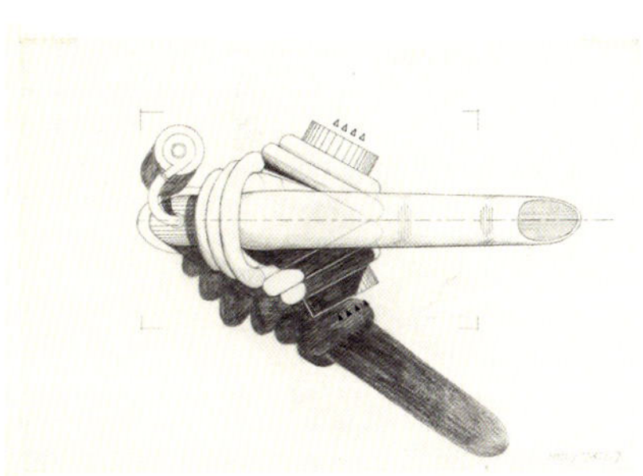

G 103-ZK   *Richtungsgeber / Direction Giver*

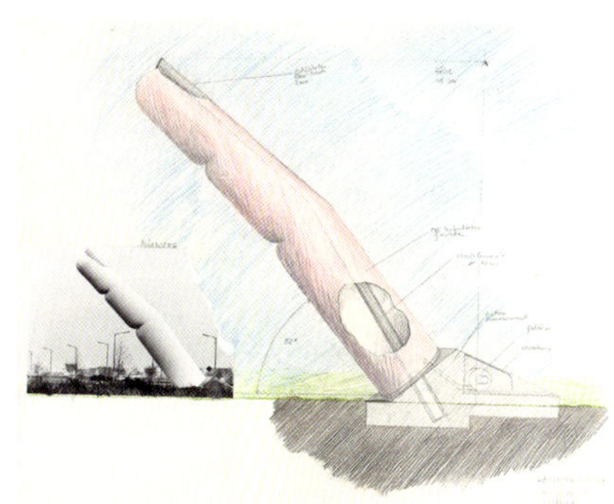

G 110-ZK   *Wegweiser / Direction Giver*

330   *Roomscraper*

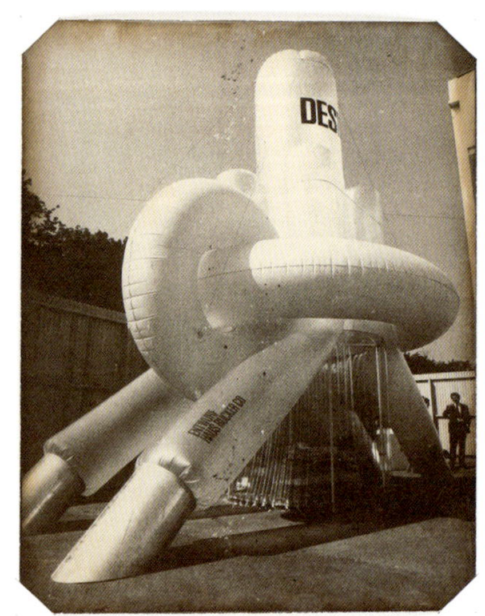

G 104-ZK   ÖIF Pavillon / ÖIF Pavilion

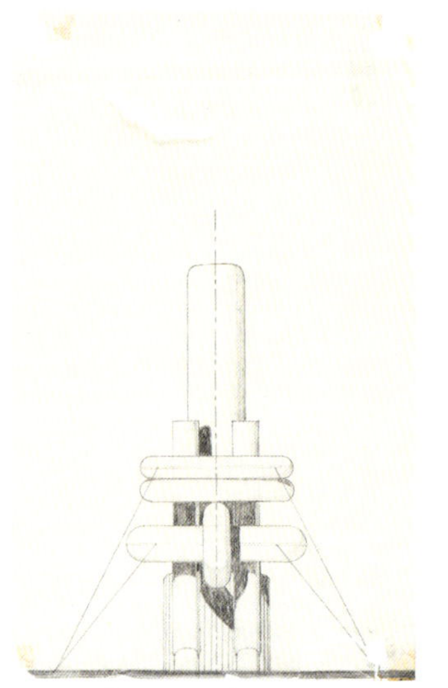

G 105-ZK   ÖIF Pavillon / ÖIF Pavilion

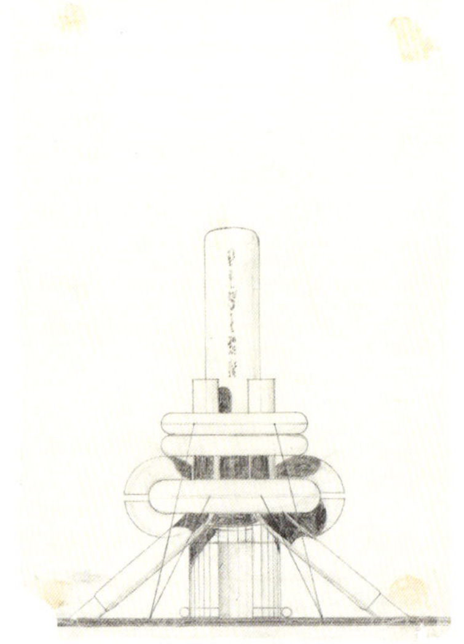

G 107-ZK   ÖIF Pavillon / ÖIF Pavilion

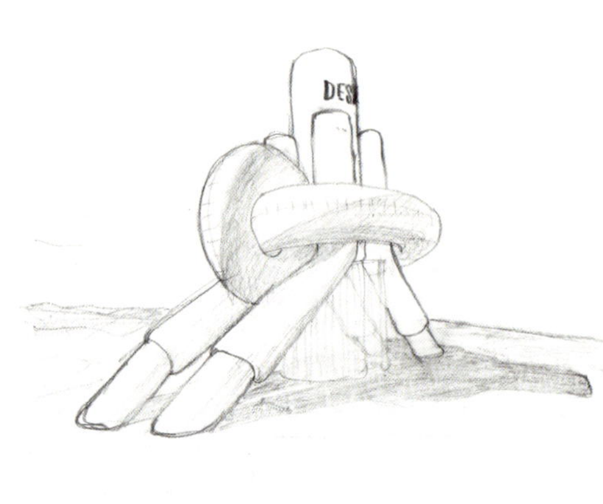

G 109-ZK   ÖIF Pavillon / ÖIF Pavilion

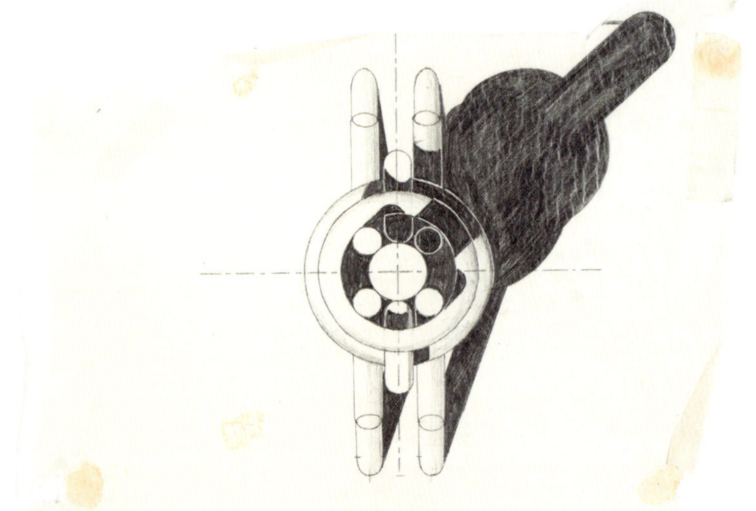

G 106-ZK   ÖIF Pavillon / ÖIF Pavilion

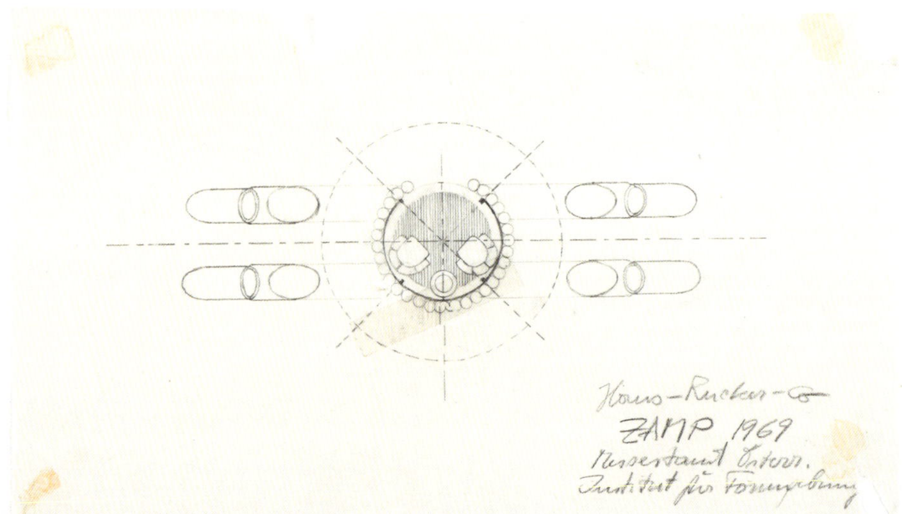

G 108-ZK   ÖIF Pavillon / ÖIF Pavilion

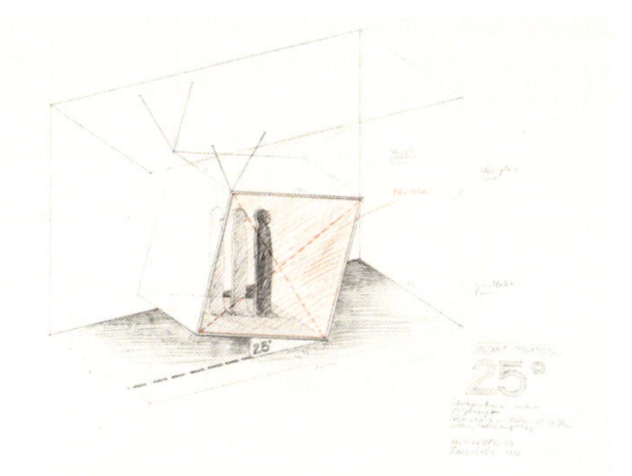

G 8406   *Instant Situation 25°*

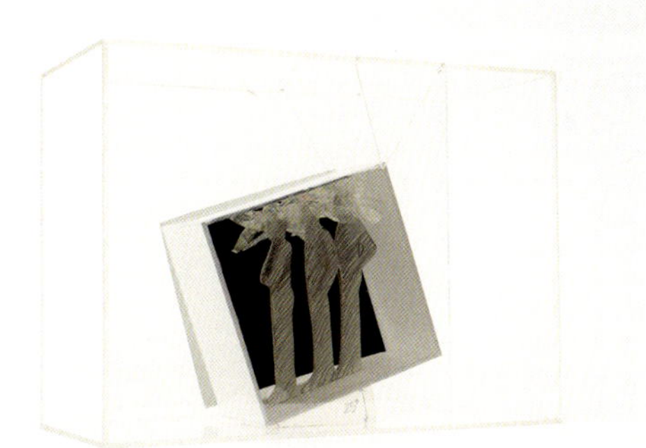

1555   *Instant Situation 25°, Oxer*

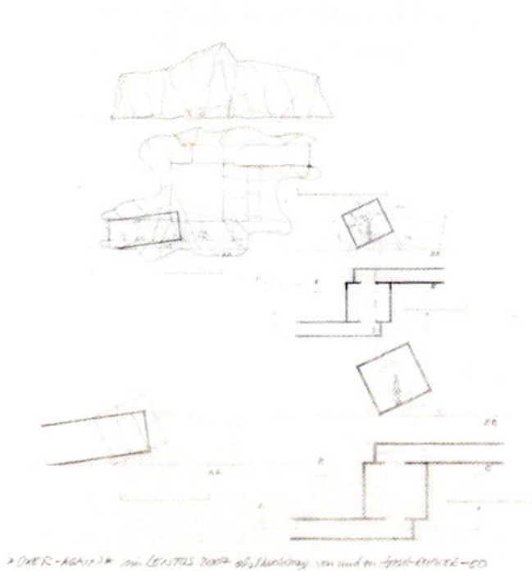

G 8407   *Oxer Again*

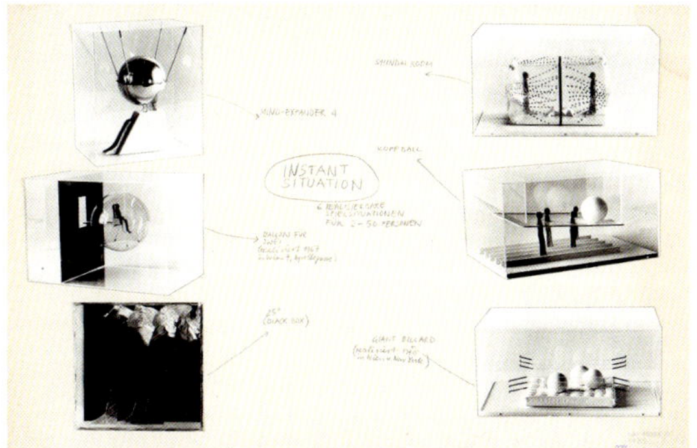

G 111-ZK   *Instant Situations*

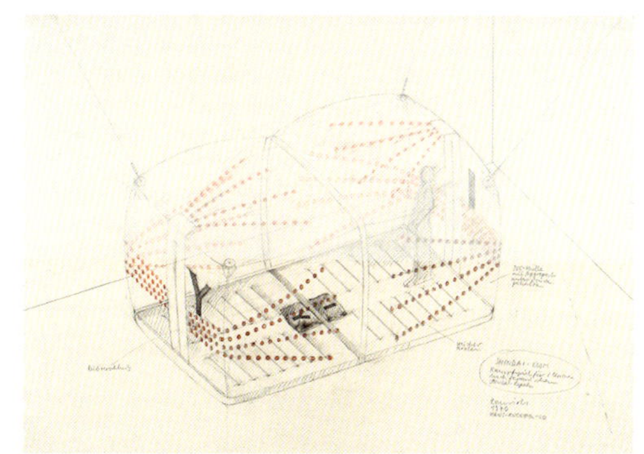

G 112-ZK   *Instant Situations*

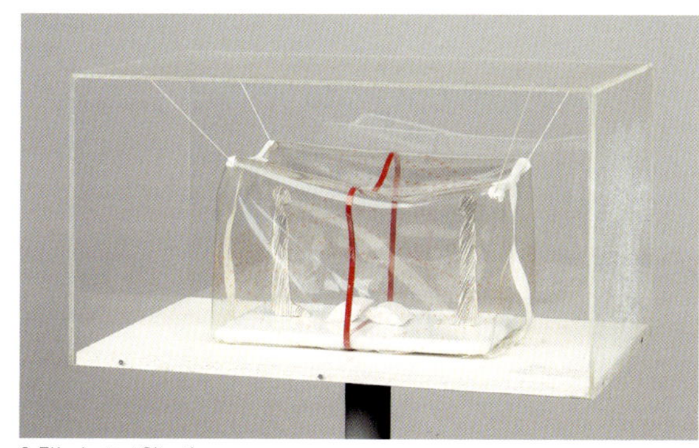

6-ZK   *Instant Situations*

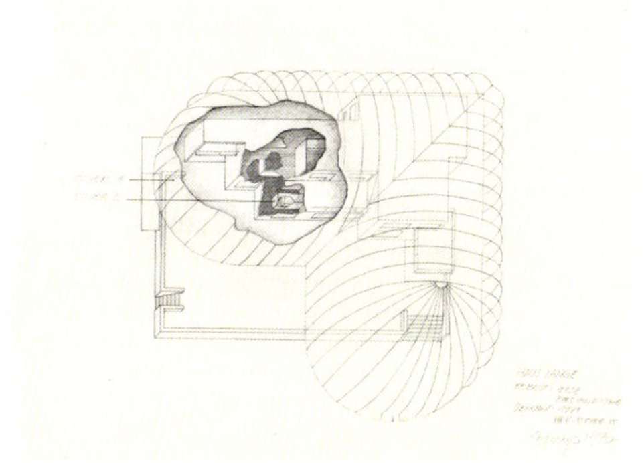

G 113-ZK   *Cover*

G 114-ZK   *Cover*

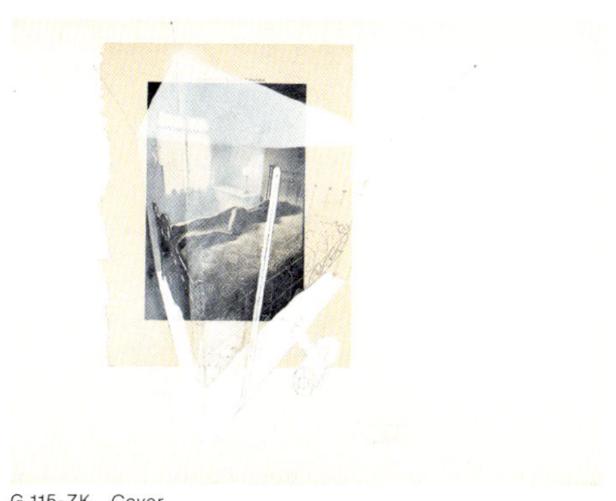

G 115-ZK   *Cover*

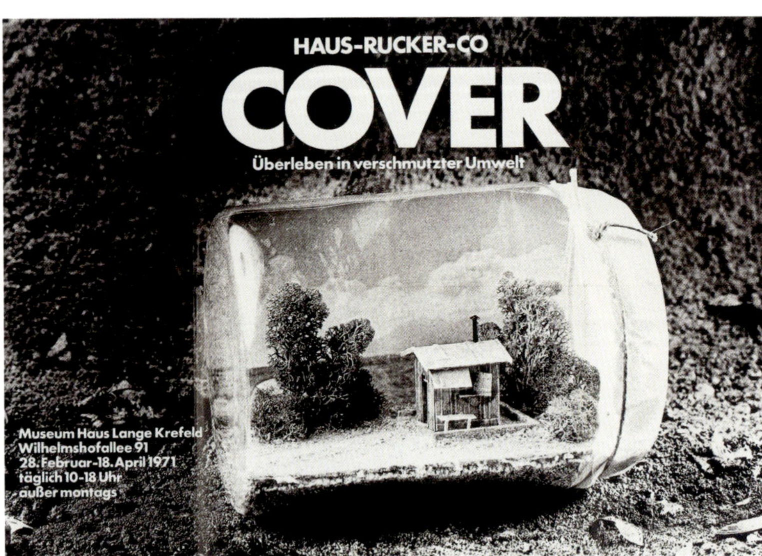

G 8333   *Cover*

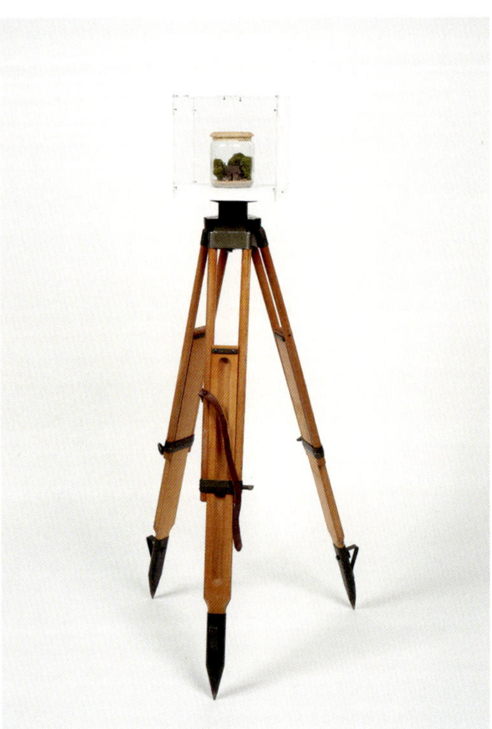

8-ZK   *Stück Natur / Piece of Nature*

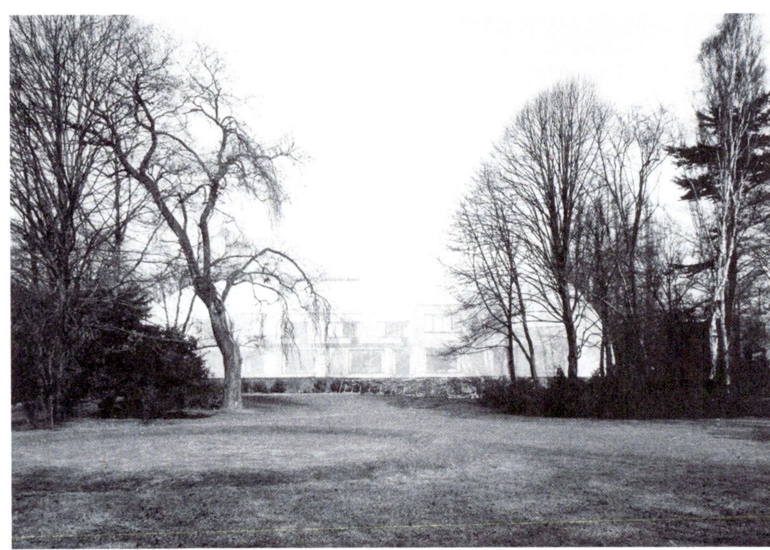

G 116-ZK   *Cover*

COVER. Überleben in verschmutzter Umwelt,
Museum Haus Lange Krefeld, 1971
Haus-Rucker-Co (Laurids Ortner, Günter Zamp Kelp, Klaus Pinter)

Im Rahmen einer ab den 1970er-Jahren verstärkt geführten Ökologie-debatte innerhalb der Gesellschaft entwickelten Haus-Rucker-Co eine Reihe kritischer Arbeiten, die die radikale Industrialisierung und die damit einhergehende Zerstörung des Naturraums thematisieren. Eines ihrer wohl aufsehenerregendsten Projekte wurde 1971 in der deutschen Stadt Krefeld umgesetzt. Die Ausstellungseinladung für das Museum Haus Lange – ein von Mies van der Rohe 1927 als Ein-familienhaus konzipiertes Gebäude – bot die Gelegenheit zur Schaf-fung eines dystopischen Zukunftsszenarios. Als Perspektive einer möglichen Entwicklung erzählte dieses vom erzwungenen Rückzug des Menschen aus einem toxisch gewordenen Lebensraum. Haus-Rucker-Co errichteten um das ehemalige Wohngebäude mit musea-ler Funktion eine luftgetragene Kunststoffhülle als synthetisches Reservat und klimakontrollierter Schutzraum, in dem Leben trotz verschmutzter Umwelt möglich ist. Die pneumatischen Hüllen der utopischen Architekturkonzepte ihrer Anfangszeit, wie sie sich etwa im *Pneumacosm* wiederfinden, avancieren hier zum Mahnmal einer negativen Entwicklung unseres Gesellschaftsraumes.

Das Plakat der Ausstellung zeigt ein liegendes Einmachglas, dessen Inhalt an eine verlorengegangene Naturidylle erinnert und als Einzelstück realisiert wurde. Dieses Motiv aufgreifend, kreier-ten Haus-Rucker-Co 1973 eine Edition aus 50 senkrecht stehen-den Einweckgläsern mit dem Titel *Stück Natur*. Ein Stück Natur als Erinnerung an die Zeiten, in der die Umwelt noch nicht von den expansiven zivilisatorischen Entwicklungen bedroht war. 2017, als Post-Haus-Rucker, ergänzte Günter Zamp Kelp zwei Multiples mit Dreifüßen, die als Untersatz für Instrumente der Landvermessung gedient hatten.

COVER. Survival in a Polluted Environment,
Museum Haus Lange Krefeld, 1971
Haus-Rucker-Co (Laurids Ortner, Günter Zamp Kelp, Klaus Pinter)

In the context of the intensifying debate on ecology within society from the 1970s onwards, Haus-Rucker-Co developed a series of critical works that explore radical industrialisation and the resulting destruction of natural space. One of their most sensational projects was realised in the German city of Krefeld in 1971. The exhibition invitation for the Museum Haus Lange – a building designed as a detached home by Mies van der Rohe in 1927 – provided the opportunity to create a dystopian future scenario. As a perspective of potential development, this told of humans' forced withdrawal from a living space that had become toxic. Haus-Rucker-Co constructed an airborne plastic shell around the former residential building converted to a museum function. The shell enclosed a synthetic reserve and climate-controlled refuge in which life is possible despite a polluted environment. The pneumatic shells of the utopian architectural concepts of their early days, as reflected in *Pneumacosm*, for example, evolve here to become a portent of the negative development of our social space.

The poster for the exhibition shows a horizontal pickling jar, its con-tents recalling a lost natural idyll. This was realised as a unique piece. Picking up on this motif, in 1973 Haus-Rucker-Co produced an edition of 50 vertical pickling jars with the title *Piece of Nature*. A piece of nature as a reminder of the times when the environment was not yet endangered by expansive civilisational developments. In 2017, as Post-Haus-Rucker, Günter Zamp Kelp added two multiples with tripods that had served as stands for land surveying instruments.

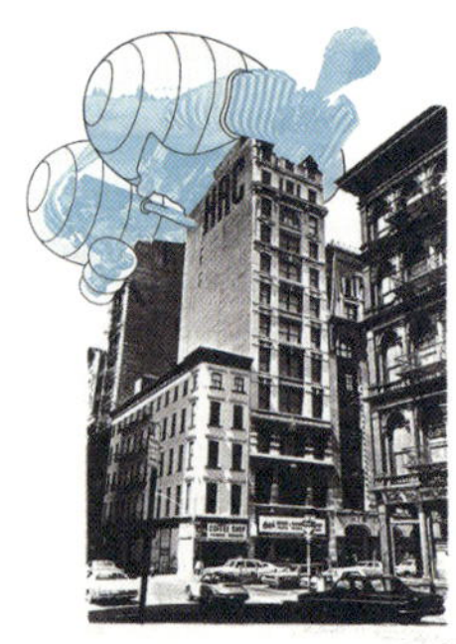

G 2284   *HRC-Studio, 491 Broadway*

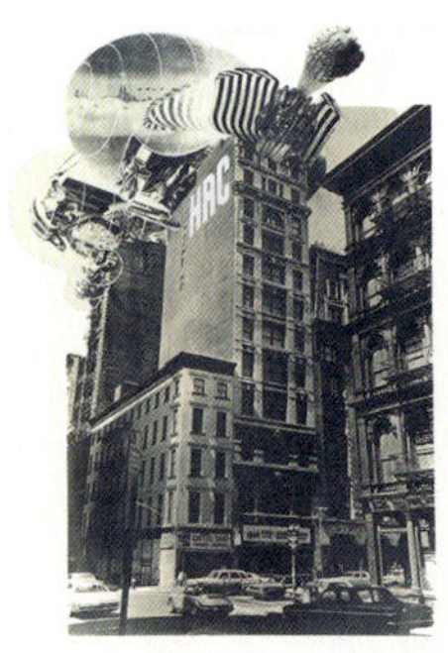

G 139-ZK   *Stadtnatur / City Nature*

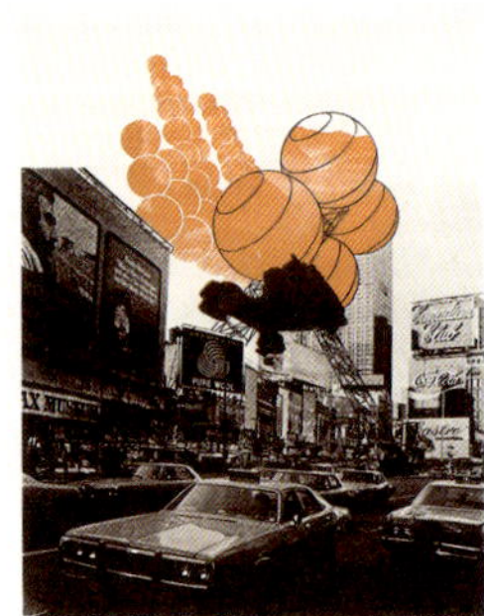

G 2285   *Four Seasons Hotel, Times Square*

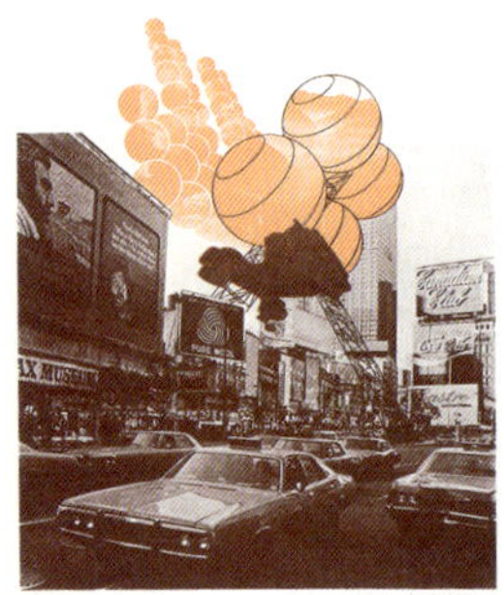

G 141-ZK   *Stadtnatur / City Nature*

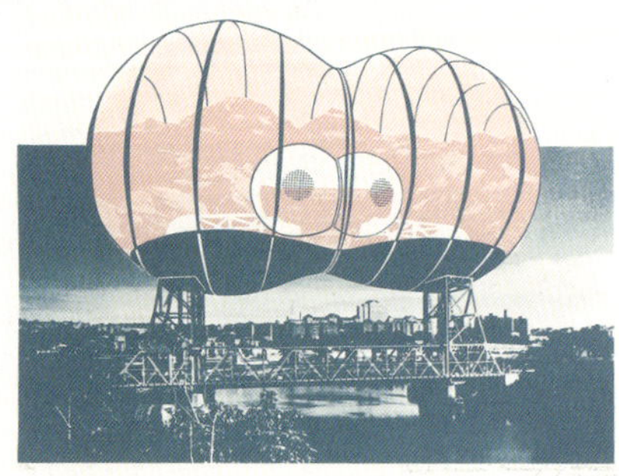

G 2287   *Fresh Air Reservation, Broadway Bridge*

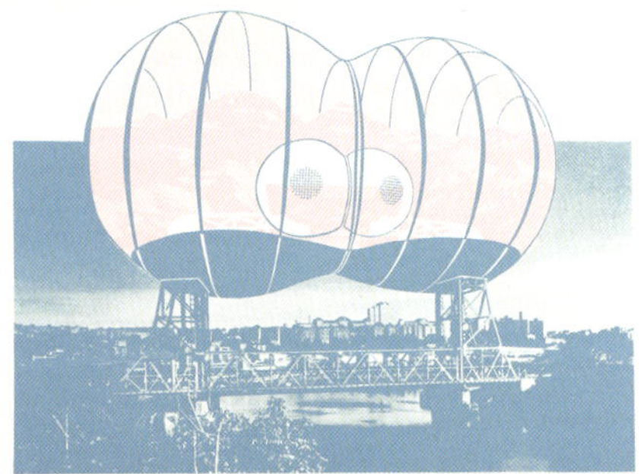

G 140-ZK   *Stadtnatur / City Nature*

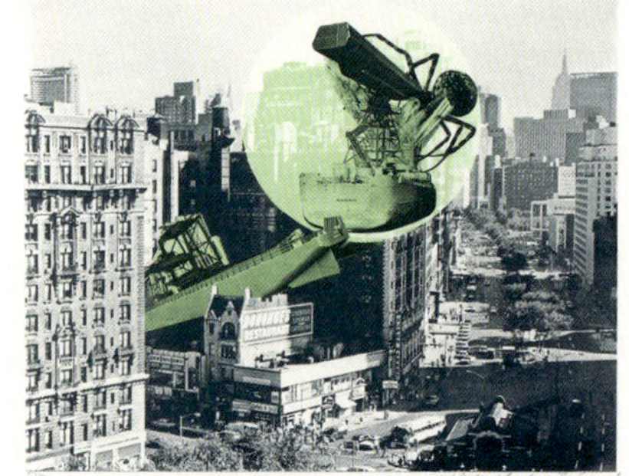

G 2288   *72nd Street and Broadway, The Cocoon*

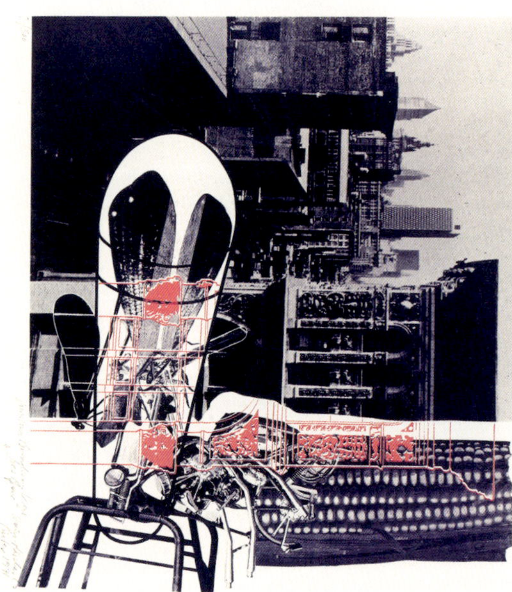

G 2286   *Downtown Broadway View, Joe's Bar*

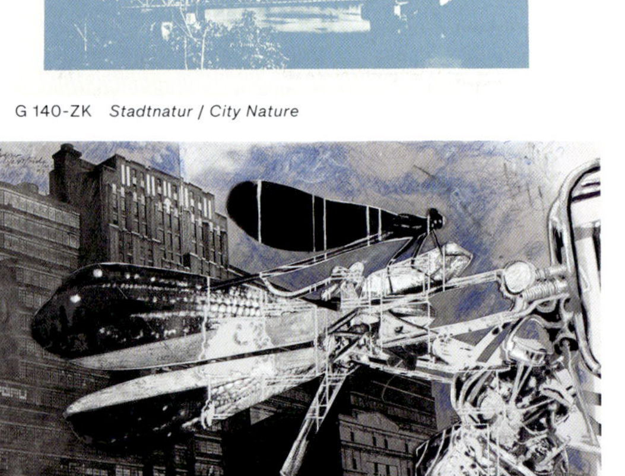

G 8346   *Cover N.Y.C.*

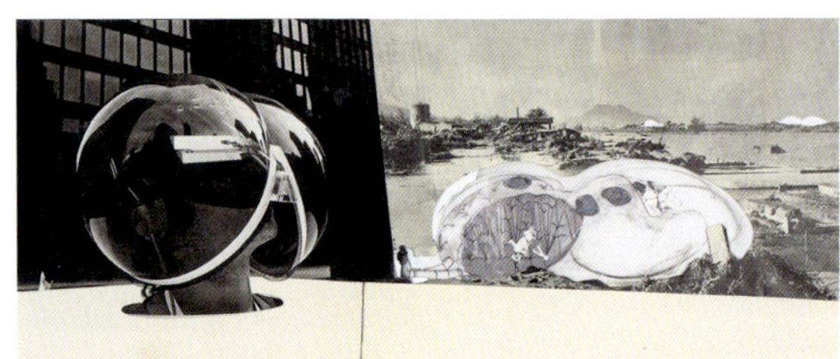

G 8347   *Joe's Bar on the West Side*

Rooftop Garden / Planet of Vienna, 1971
Broadway Serie, 1972

Haus-Rucker-Co (Laurids Ortner, Günter Zamp Kelp, Klaus Pinter, Caroll Michels)

In ihrem New Yorker Studio widmeten sich Haus-Rucker-Co ab 1971 verstärkt Konzepten utopischer Architektur, wie sie im *Pneumacosm* angelegt und in der Ausstellung *COVER* weiterentwickelt wurden. Als erste gemeinsame Aktivität begannen Günter Zamp Kelp und Klaus Pinter sich mit den Möglichkeiten einer Kultivierung von Manhattans Dachlandschaften zu beschäftigen. Der Siebdruck, mit dem die Eröffnung des New Yorker Haus-Rucker-Studios publik gemacht wurde, zeigte das Bauwerk Ecke Broadway und Broom Street, das dieses im 11. Stock beherbergte. Das Siebdruckplakat *Rooftop Garden / Planet of Vienna*, welches als Motiv das Dach des Gebäudes mit einem pneumatischen, klimakontrollierten Frischereservat zeigt, wurde in einer Auflage von 125 Stück produziert und in den USA verschickt. Die Metropole New York war durch ihre hohe Bebauungsdichte und die sich daraus ergebenden klimatischen Probleme besonders gut geeignet, um die konzeptionellen Überlegungen der städtischen „Frischezellen" voranzutreiben. Die zahlreichen Flachdächer und Industriekamine erwiesen sich zudem als ideale Andockflächen für architektonische Megastrukturen.

Ausgehend von *Rooftop Garden* entstand 1971 auf Basis von Schwarz-Weiß-Fotografien des Broadways die Siebdruckserie *Haus-Rucker-Co on Broadway*: fünf Blätter, auf denen mittels Fotomontagen die Projektion klimakontrollierter architektonischer Implantate auf ungenützten Dachflächen und Freiräumen visualisiert wurde. Nach Günter Zamp Kelps Rückkehr nach Düsseldorf (1972) setzten Klaus Pinter und Caroll Michels die Erforschung der New Yorker Dachlandschaft als Haus-Rucker-Inc eigenständig bis 1977 fort.

Rooftop Garden / Planet of Vienna, 1971
Broadway Series, 1972

Haus-Rucker-Co (Laurids Ortner, Günter Zamp Kelp, Klaus Pinter, Caroll Michels)

At their New York studio, from 1971 Haus-Rucker-Co focused increasingly on concepts of utopian architecture, as devised in *Pneumacosm* and further evolved in the exhibition *COVER*. As their first joint activity, Günter Zamp Kelp and Klaus Pinter began to explore the possibilities of cultivation of the rooftops of Manhattan. The screen print publicising the opening of the New York Haus-Rucker studio showed the building on the corner of Broadway and Broom Street, which housed the Haus-Rucker studio on the 11th floor. The silkscreen poster *Rooftop Garden / Planet of Vienna* had as its motif the roof of the building topped with a pneumatic, climate-controlled fresh air reservation. This was produced in an edition of 125 and mailed out in the USA. Due to its high building density and resulting climatic problems, the metropolis of New York was especially well suited for promoting conceptual ideas on urban "fresh air cells". The many flat roofs and industrial chimneys also turned out to be ideal docking surfaces for architectural megastructures.

Expanding on *Rooftop Garden*, the silkscreen series *Haus-Rucker-Co on Broadway* was created in 1971 using black-and-white photographs of Broadway. The projection of climate-controlled architectural implants on unused rooftops and open spaces of Manhattan was visualised on five sheets with photomontage technology. After Günter Zamp Kelp's return to Düsseldorf (1972), Klaus Pinter and Caroll Michels continued to explore the New York rooftop landscape independently as Haus-Rucker-Inc until 1977.

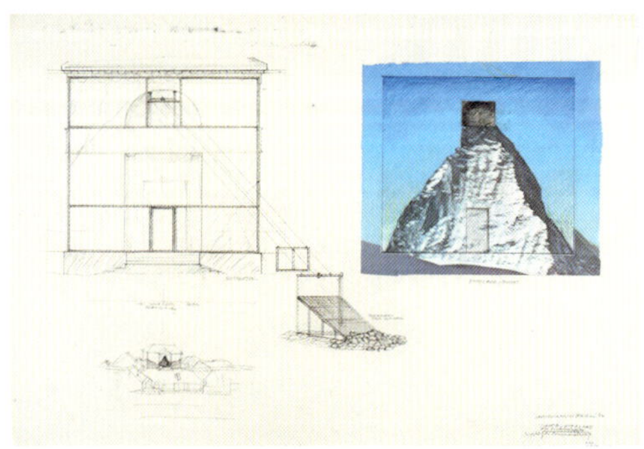

G 117-ZK   *Matterhorn*

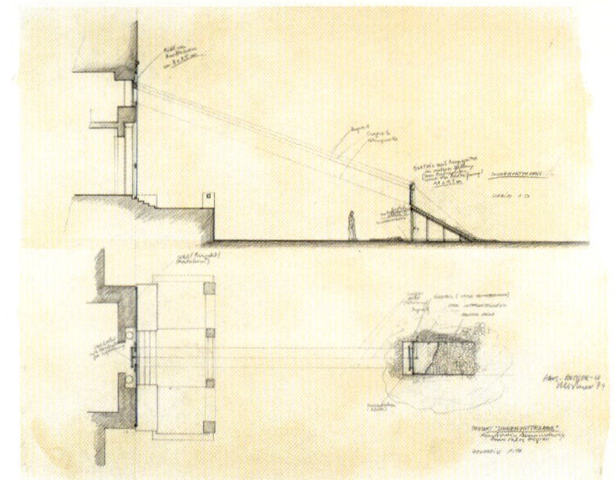

G 118-ZK   *Matterhorn*

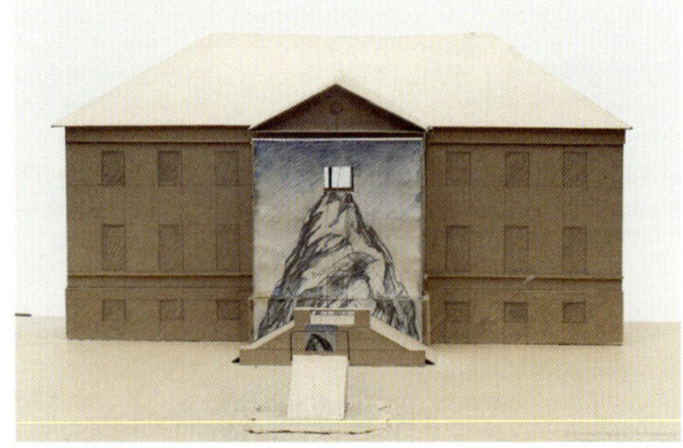

7-ZK   *Matterhorn*

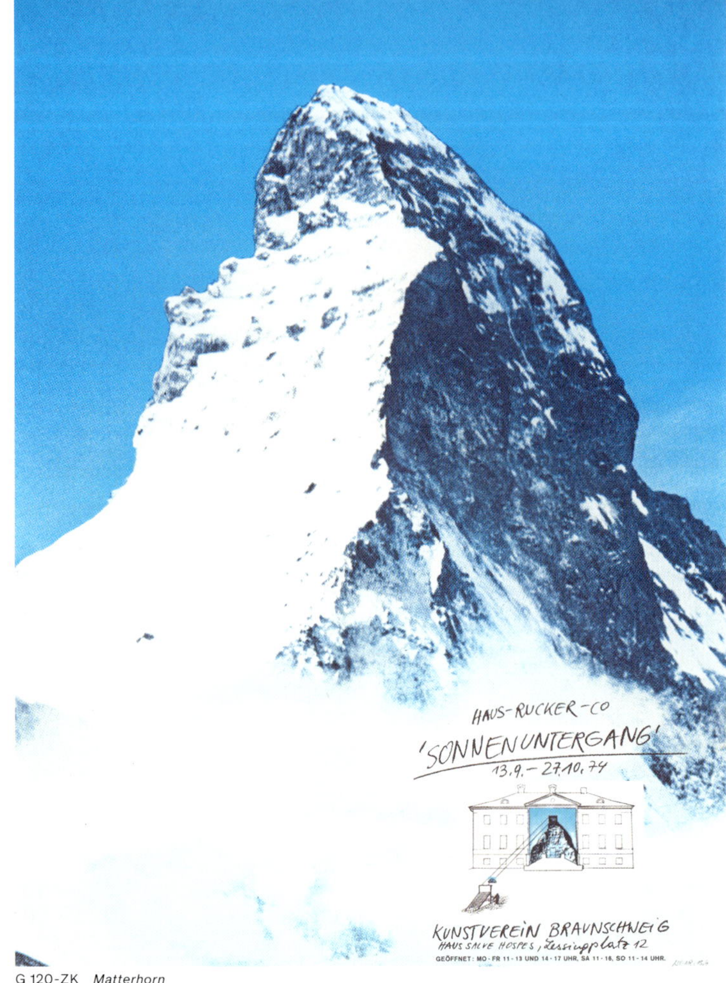

G 120-ZK   *Matterhorn*

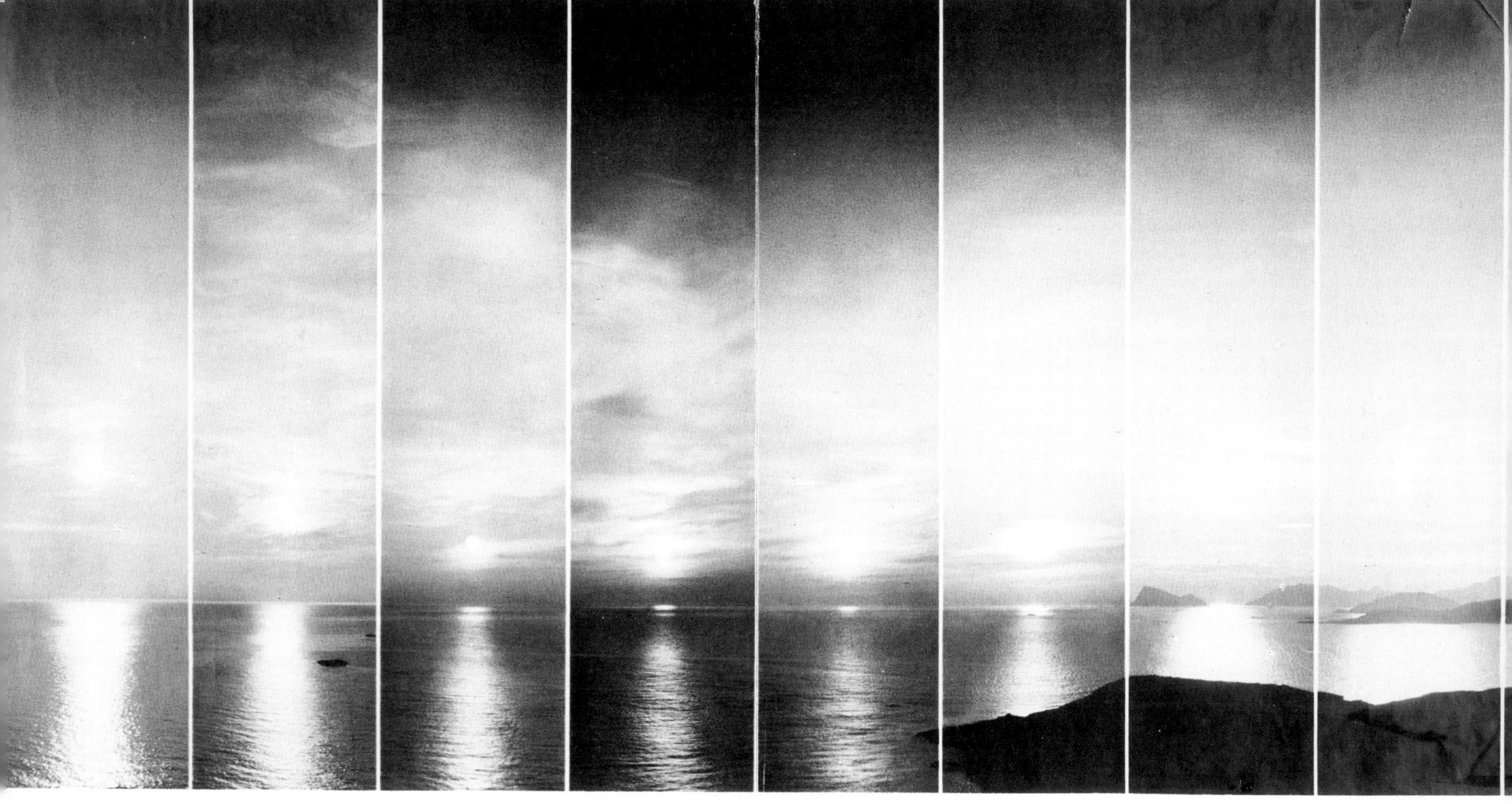

G 119-ZK   *Matterhorn*

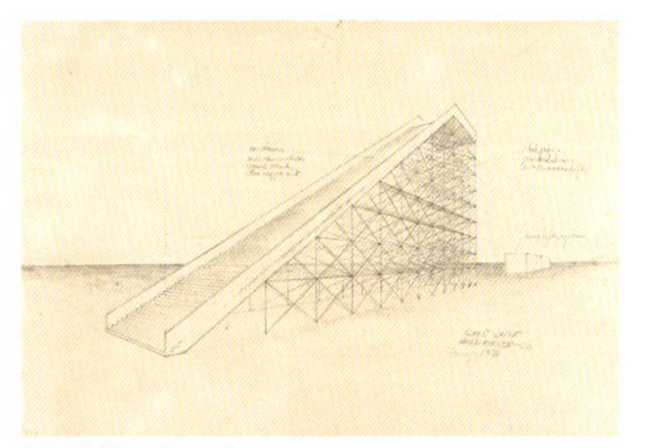

G 267-ZK *Giant Gamut*

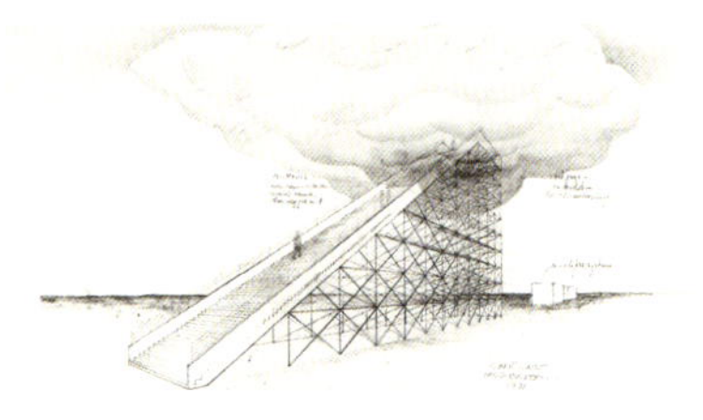

G 268-ZK *Giant Gamut*

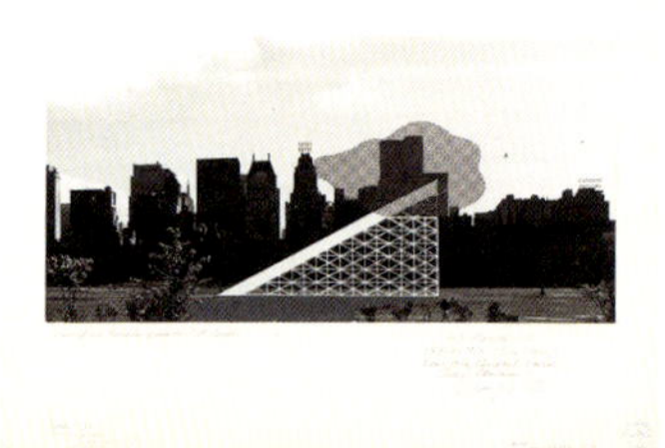

G 269-ZK *Giant Gamut*

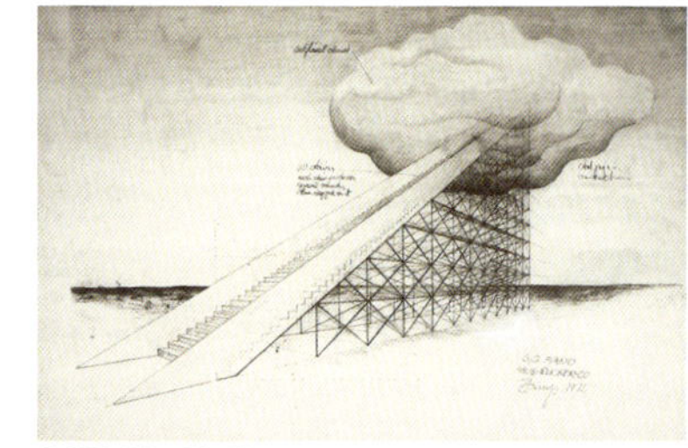

G 270-ZK *Big Piano*

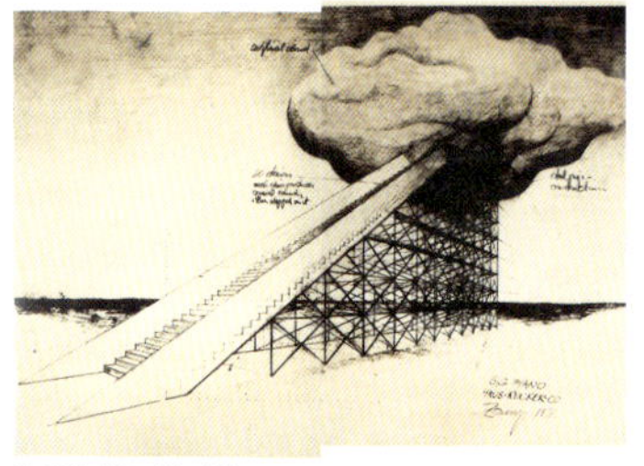

G 271-ZK *Big Piano*

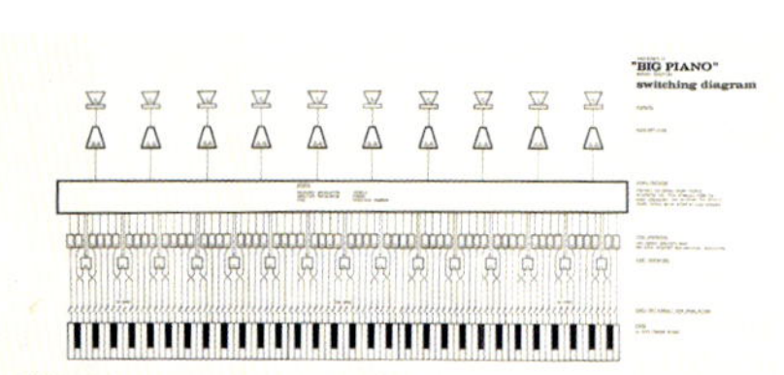

G 272-ZK *Giant Gamut, Big Piano*

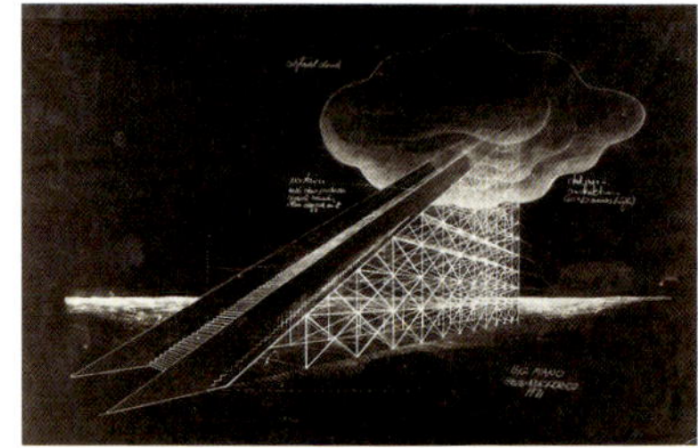

G 273-ZK *Big Piano*

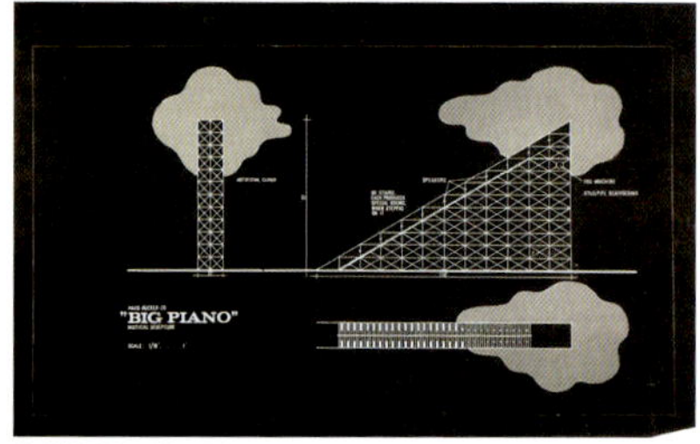

G 274-ZK *Big Piano*

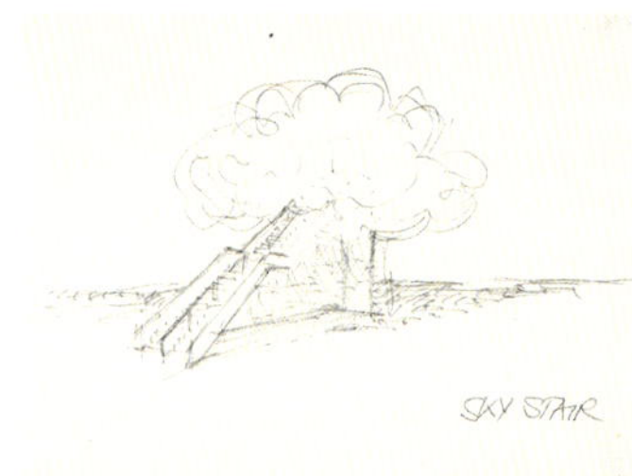

G 275-ZK *Sky Stair*

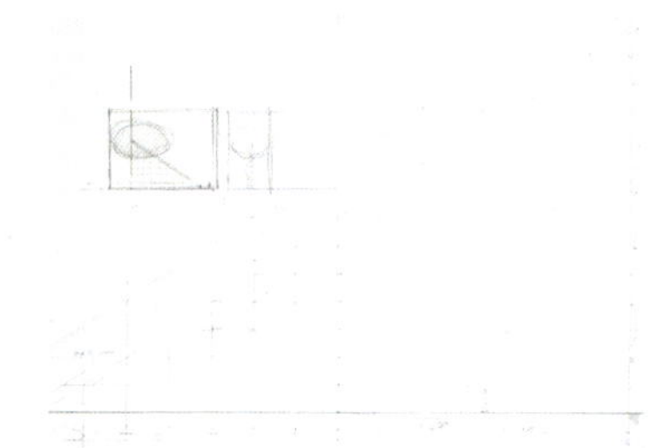

G 276-ZK *Sky Stair*

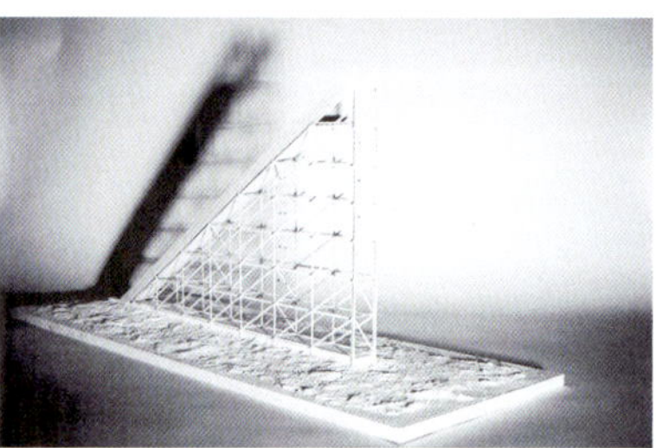

G 277-ZK *Giant Gamut*

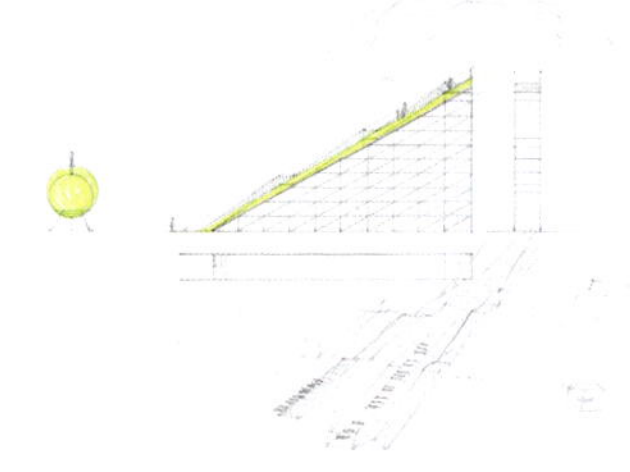

G 278-ZK *Giant Gamut*

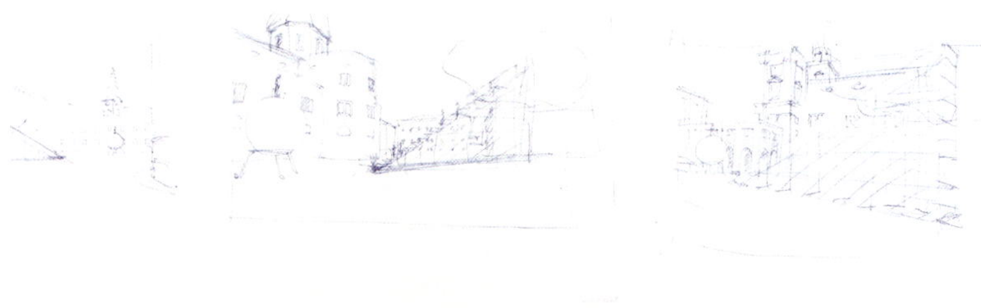

G 279-ZK *Giant Gamut*

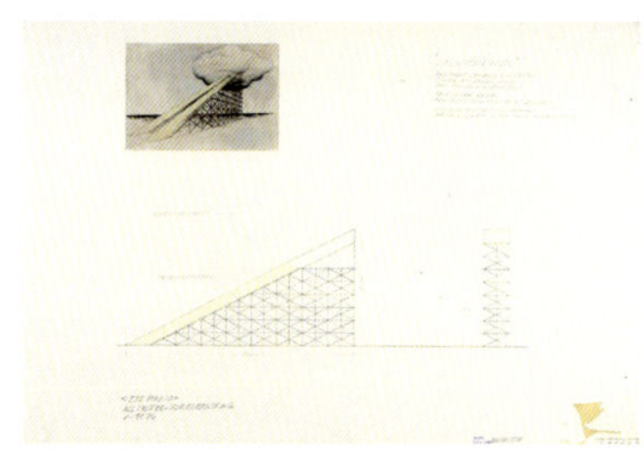

G 287-ZK *Big Piano*

Giant Gamut, Big Piano, 1972

Haus-Rucker-Co (Laurids Ortner, Günter Zamp Kelp, Klaus Pinter, Caroll Michels)

1970 kam es zur Gründung eines Studios in New York durch Klaus Pinter und Caroll Michels, das in den kommenden Jahren parallel zum Standort in Düsseldorf arbeitete. Inspiriert durch Bilder der Zikkurat Etemenanki – ein babylonisches Heiligtum, das in christlichen Kulturkreisen als Turm von Babel gilt – entwickelte Günter Zamp Kelp, der 1971/72 in New York arbeitete, die *Giant Gamut.* Als eine Riesentonleiter, die hoch in den Himmel ragt, erzeugt diese beim Betreten ihrer Stufen unterschiedliche Tonfolgen. Im selben Jahr luden Harald Szeemann und Christoph Amann Haus-Rucker-Co zur Teilnahme an der *documenta 5* in Kassel ein. Während die Mitglieder in Düsseldorf an der *Oase Nr. 7* arbeiteten, entwickelte das New Yorker Studio die Idee der *Giant Gamut* konzeptionell weiter: *Big Piano* fungiert als Musikinstrument, dessen 100 Töne produzierende Stufen zu einer Plattform in rund 20 Meter Höhe führen. Immer zur vollen Stunde sollte diese von einer künstlichen Wolke aus Wasserdunst umhüllt werden. Beim Auf- und Abwärtsschreiten würden ihre Benützer·innen Tonfolgen produzieren, die mittels Funk an unterschiedliche Punkte im öffentlichen Raum der *documenta*-Stadt Kassel übertragen werden sollten. Durch seinen partizipativen Charakter schafft das *Big Piano* für seine Nutzer·innen ein besonderes akustisches Erlebnis mit interaktiven Anteilen. Das Projekt wurde als *Urban Toy* auch für die Sheep Meadow im Central Park New York vorgeschlagen, bis heute jedoch noch nicht realisiert.

Giant Gamut, Big Piano, 1972

Haus-Rucker-Co (Laurids Ortner, Günter Zamp Kelp, Klaus Pinter, Caroll Michels)

In 1970, Klaus Pinter and Caroll Michels founded a studio in New York, which was to work in parallel to the Düsseldorf studio in the years to come. Günter Zamp Kelp – who in 1971/72 was working in New York – was inspired by images of the Etemenanki ziggurat, a Babylonian temple regarded in Christian cultures as being the Tower of Babel. As a result, he created the *Giant Gamut*: a huge musical ladder rising up into the sky, which produces different sequences of notes as you step on it. In the same year, Harald Szeemann and Christoph Amann invited Haus-Rucker-Co to participate in *documenta 5* in Kassel. While the members in Düsseldorf worked on *Oasis No. 7*, the New York studio were taking the conceptual idea of the *Giant Gamut* further: the *Big Piano* acts as a musical instrument whose steps, producing 100 notes, lead to a platform at a height of around 20 metres. Every hour on the hour, this was to be enveloped by an artificial cloud of water vapour. As they walked up and down the steps, users would generate sequences of sounds which were then to be transmitted by radio to various points in public space across the *documenta* city of Kassel. Thanks to its participatory approach, the *Big Piano* would create a special acoustic experience for its users involving interactive elements. The project was also proposed as an *Urban Toy* for the Sheep Meadow in Central Park, New York, but to date remains unrealised.

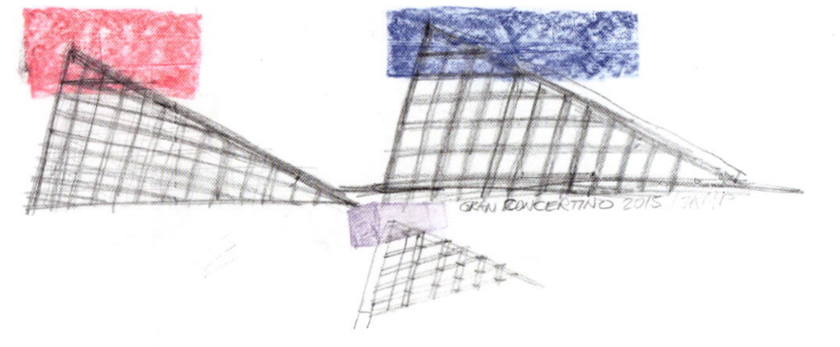

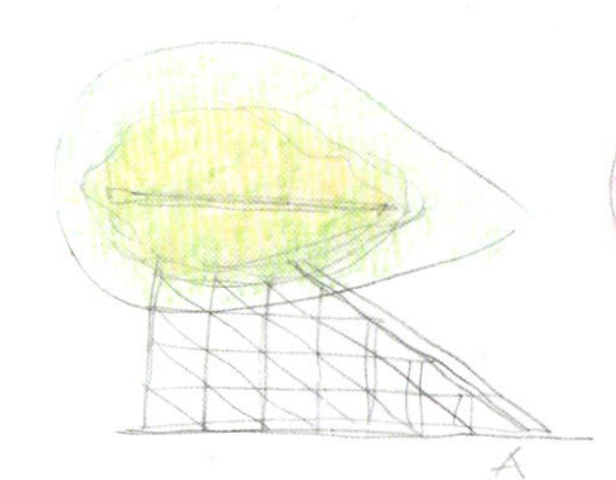

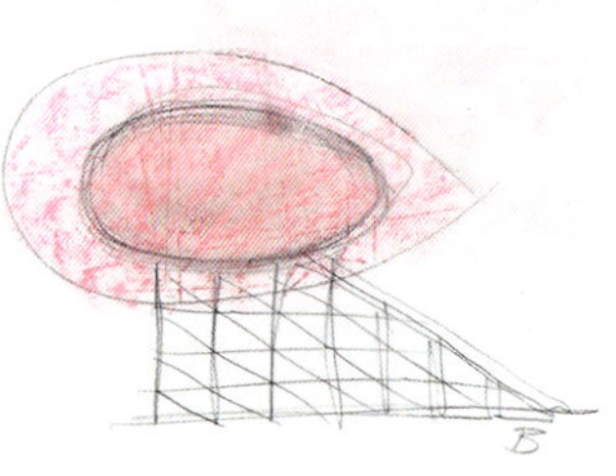

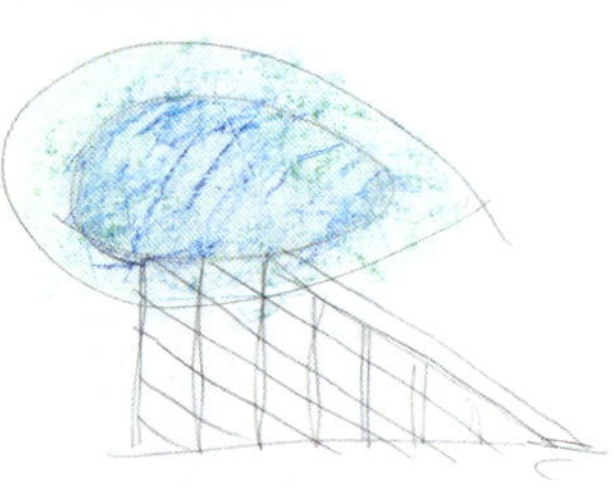

G 280-ZK *Giant Gamut*

G 281-ZK *Giant Gamut*

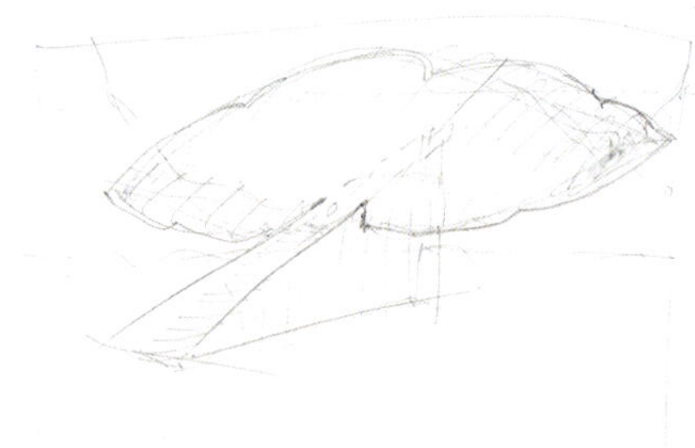

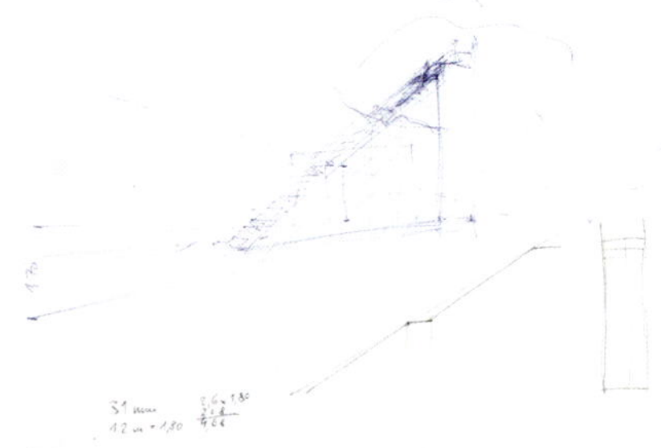

G 282-ZK *Giant Gamut*

G 283-ZK *Giant Gamut*

G 284-ZK *Giant Gamut*

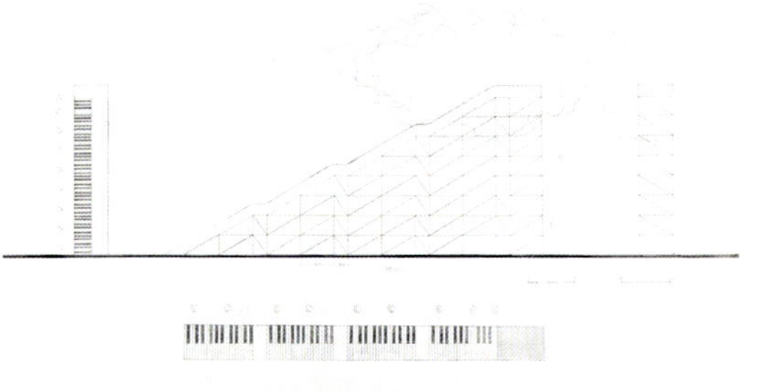

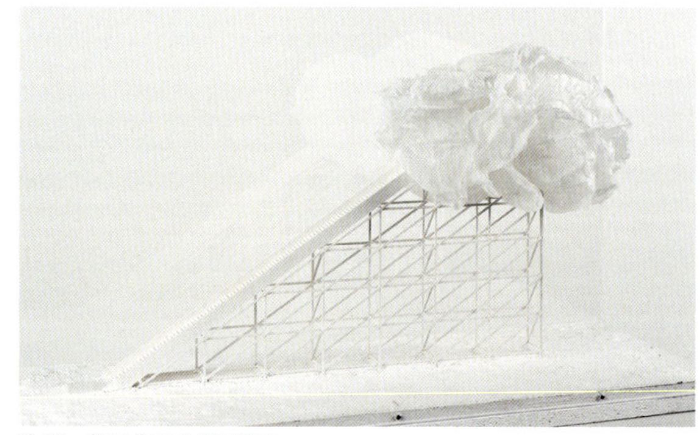

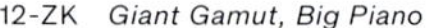

G 285-ZK *Giant Gamut*

G 286-ZK *Big Piano*

12-ZK *Giant Gamut, Big Piano*

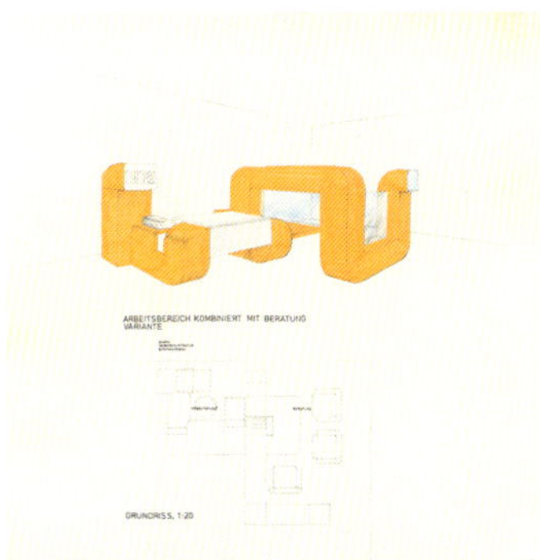

G 435-ZK   *Beratungsstellen / Advice Centres LBS*

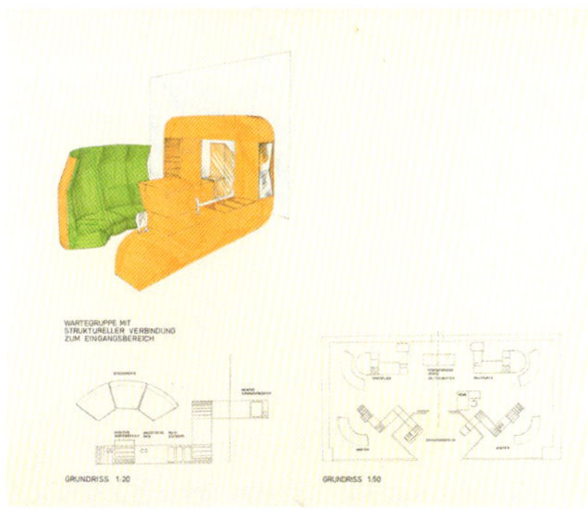

G 437-ZK   *Beratungsstellen / Advice Centres LBS*

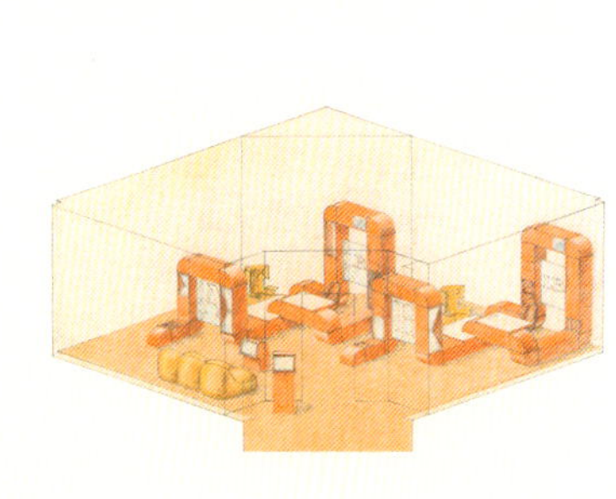

G 438-ZK   *Beratungsstellen / Advice Centres LBS*

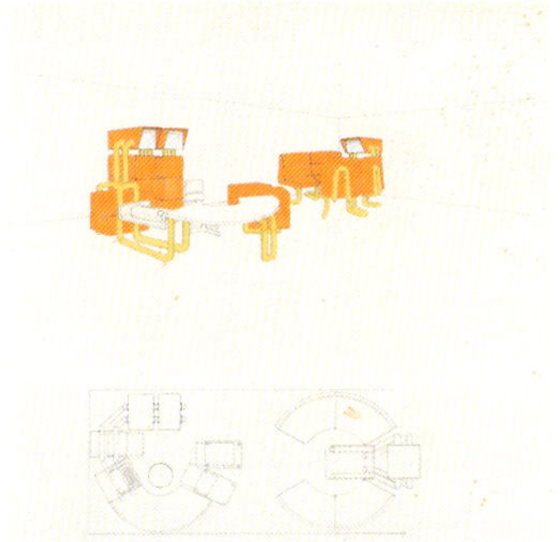

G 436-ZK   *Beratungsstellen / Advice Centres LBS*

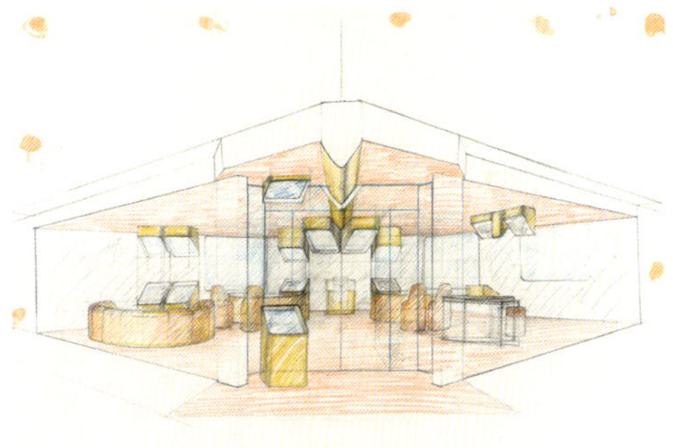

G 439-ZK   *Beratungsstellen / Advice Centres LBS*

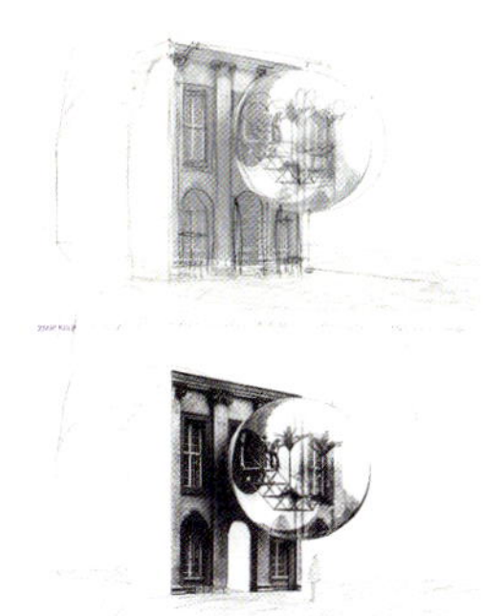

G 153-ZK   *Oase Nr. 7 / Oasis No. 7*

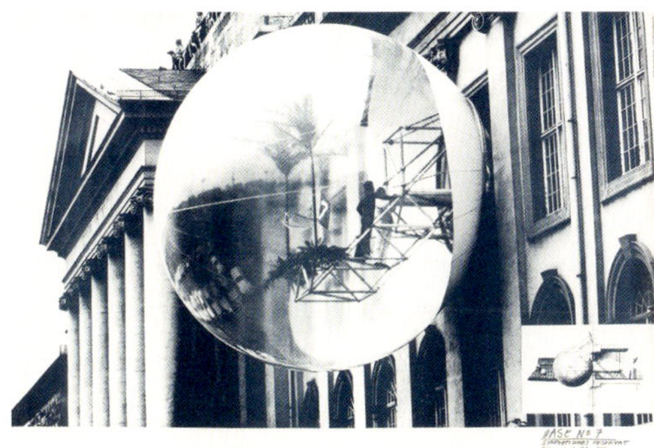

G 8121   *Oase Nr. 7 / Oasis No. 7*

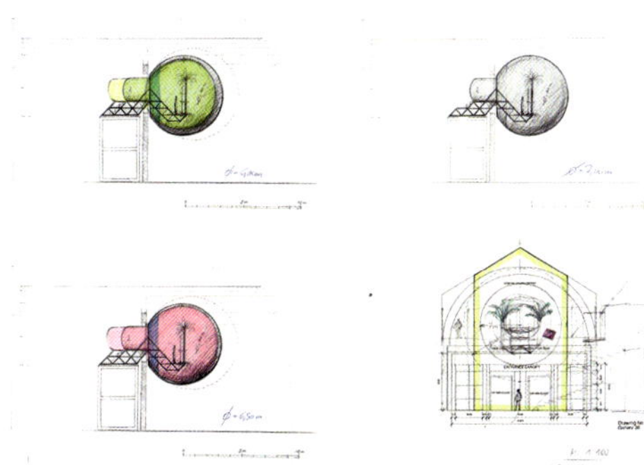

G 154-ZK   *Oase Nr. 7 / Oasis No. 7*

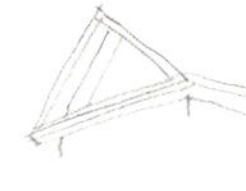

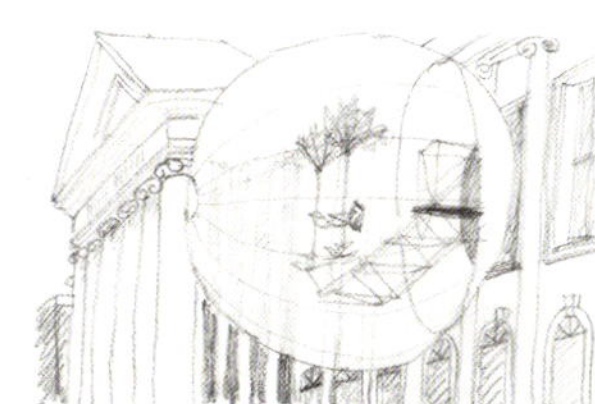

G 155-ZK   *Oase Nr. 7 / Oasis No. 7*

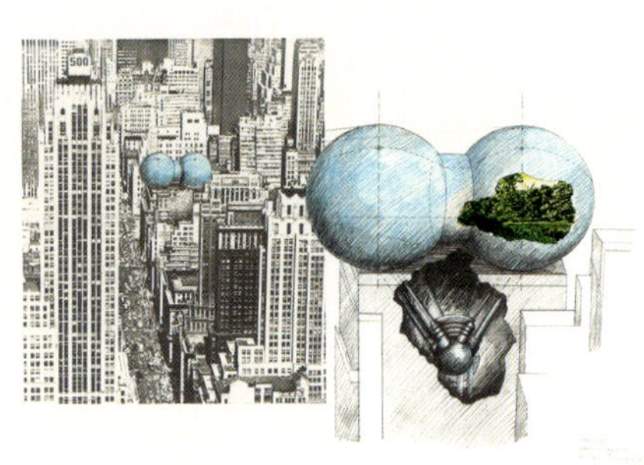

G 8229a   *Changer*

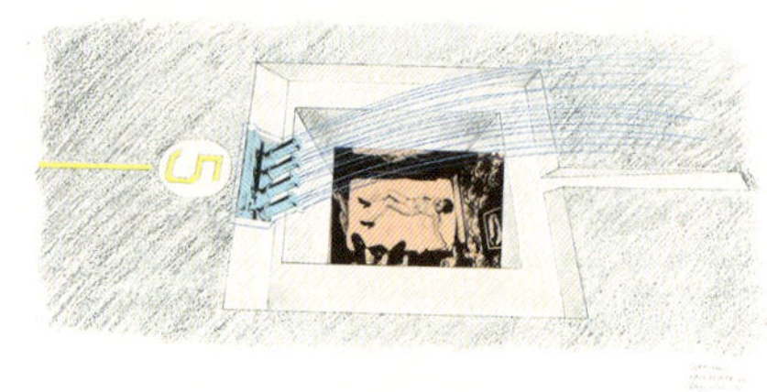

G 8229b   *Luft-Haus / Air House*

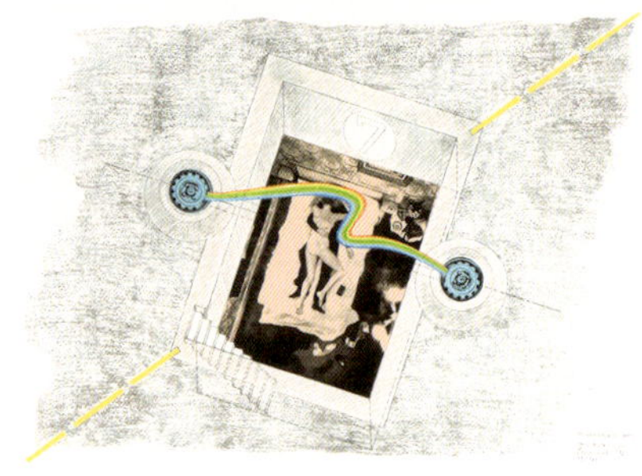

G 8229c   *Regenbogen-Haus / Rainbow House*

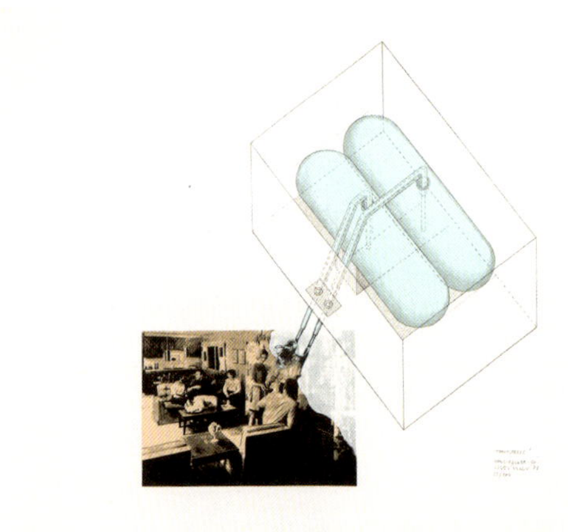

G 8229d   *Tankstelle / Petrol Station*

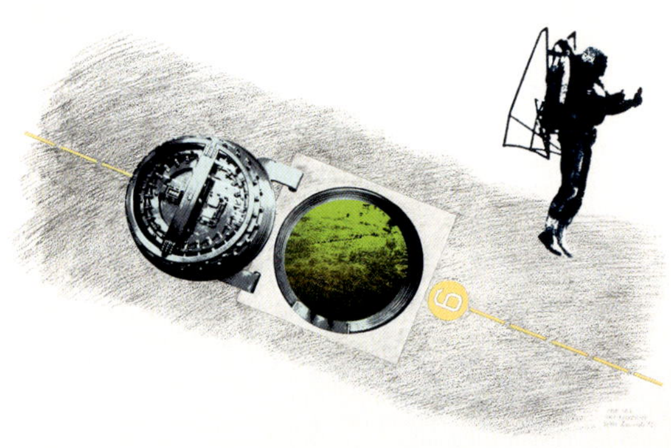

G 8229e   *Oase Nr. 6 / Oasis No. 6*

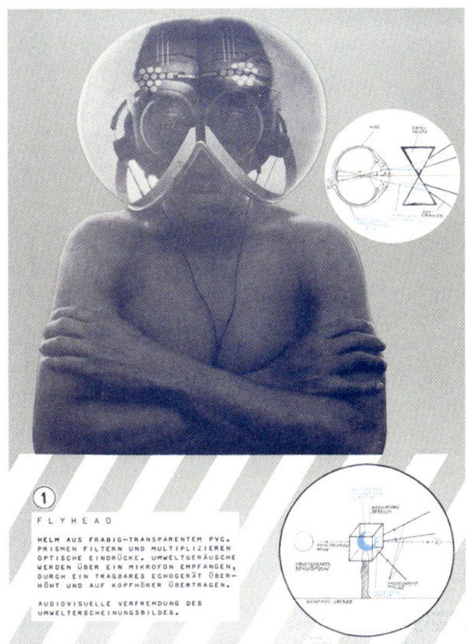

G 91-ZK   *Mind-Expanding-Program*

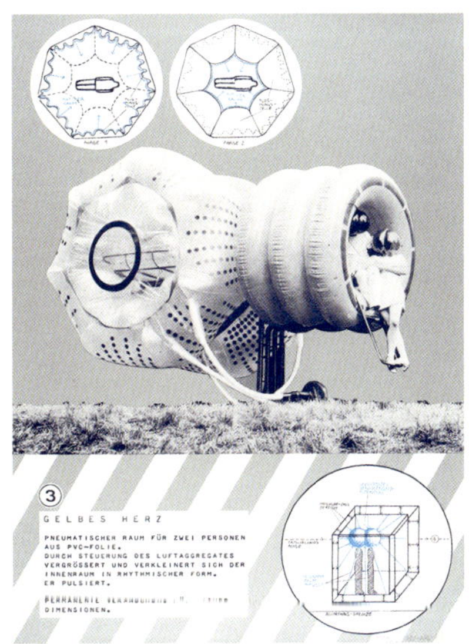

G 92-ZK   *Mind-Expanding-Program*

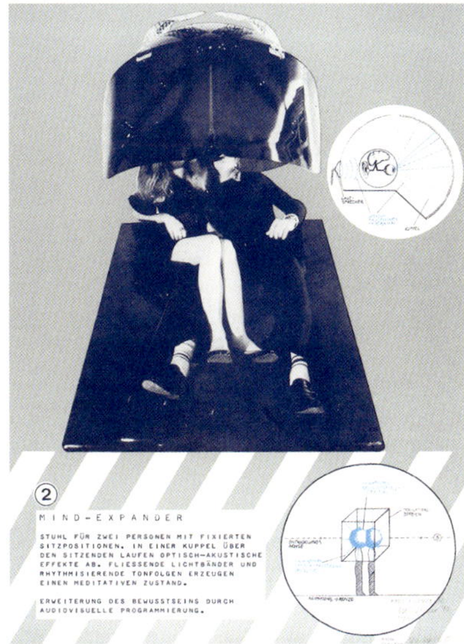

G 93-ZK   *Mind-Expanding-Program*

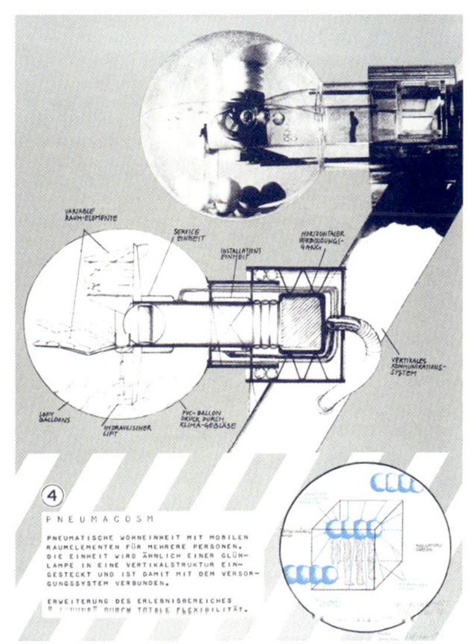

G 94-ZK   *Mind-Expanding-Program*

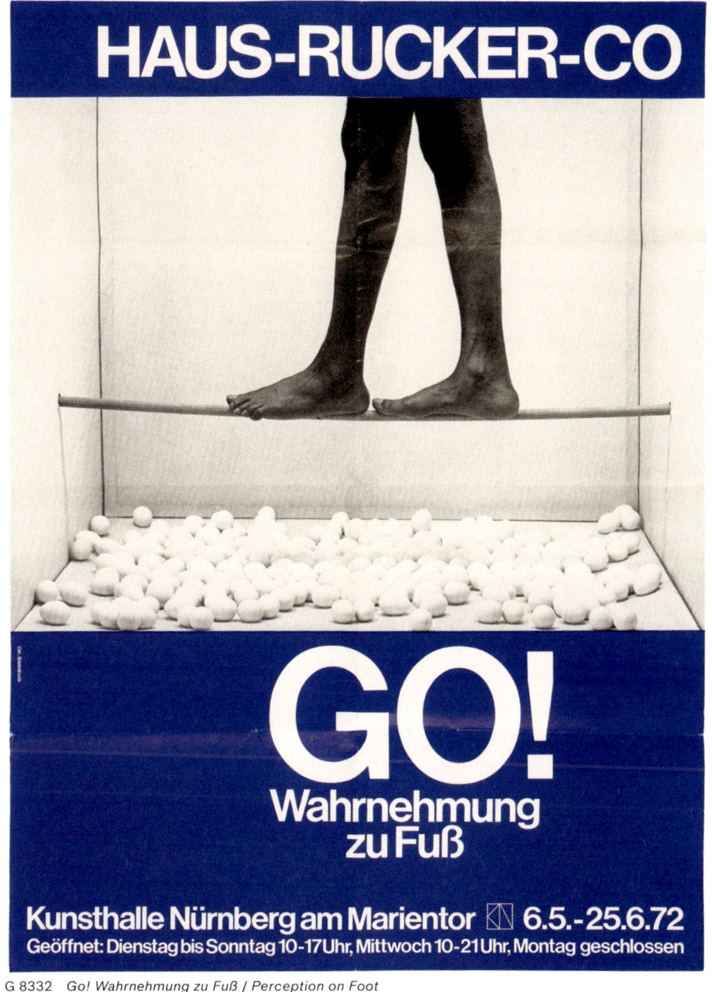

G 8332   *Go! Wahrnehmung zu Fuß / Perception on Foot*

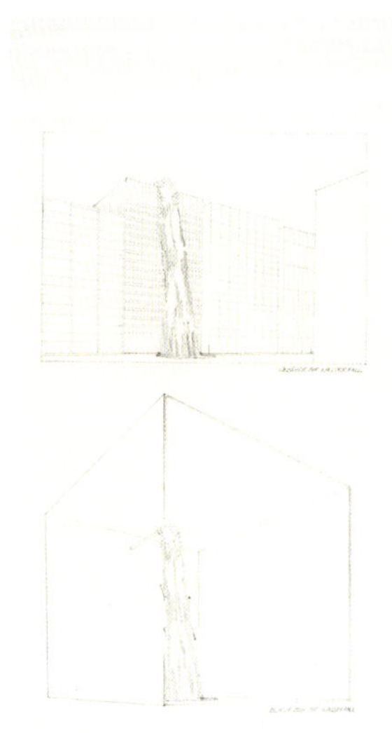

G 125-ZK   *Stadtnatur / City Nature*

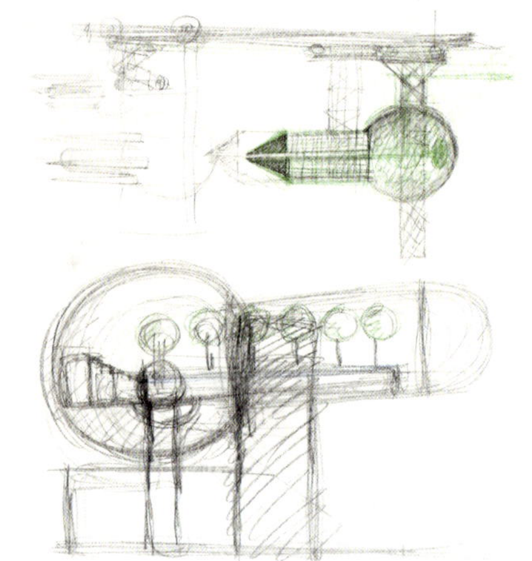

G 128-ZK   *Stadtnatur / City Nature*

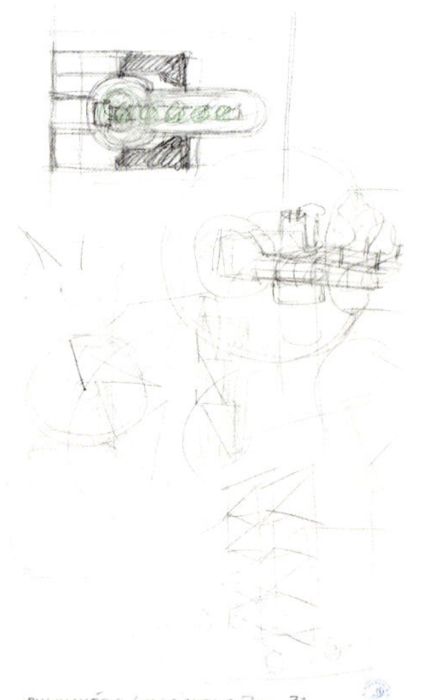

G 129-ZK   *Stadtnatur / City Nature*

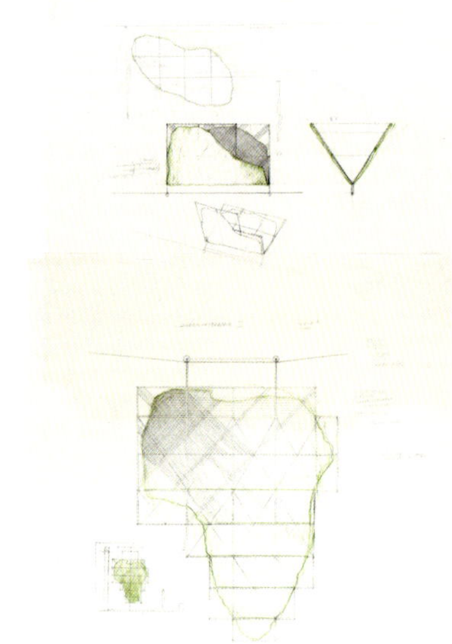

G 130-ZK   *Stadtnatur / City Nature*

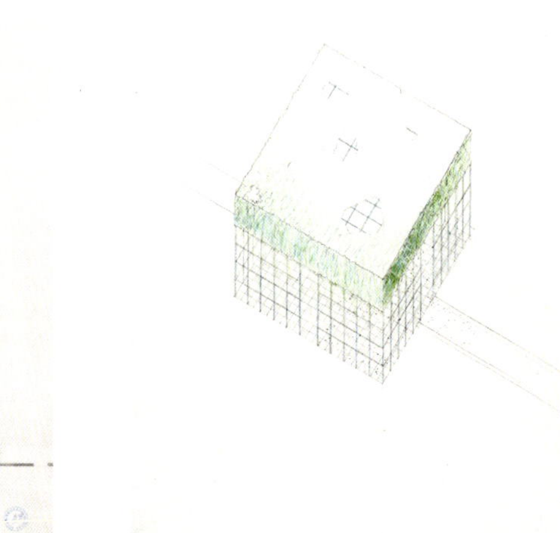

G 132-ZK   *Stadtnatur / City Nature*

G 138-ZK   *Stadtnatur / City Nature*

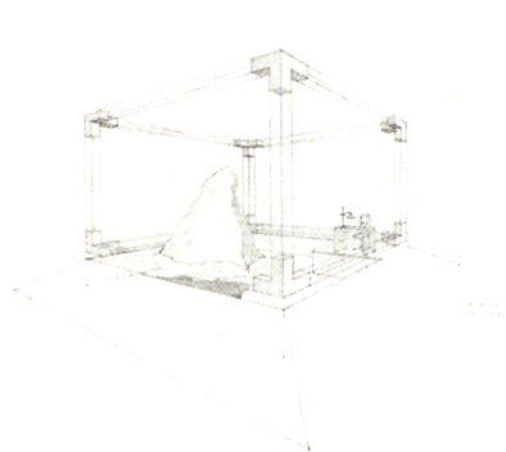

G 126-ZK   *Stadtnatur / City Nature*

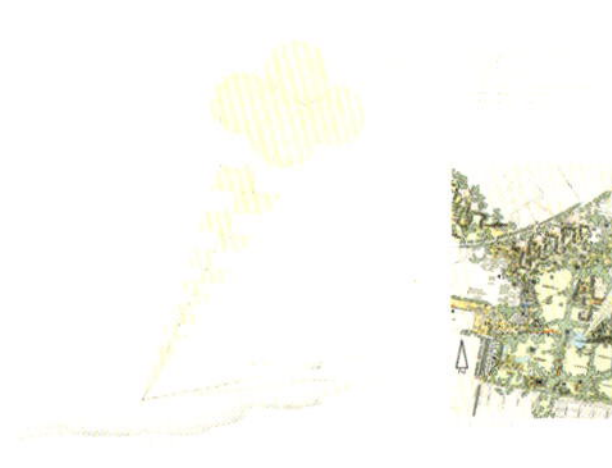

G 134-ZK   *Stadtnatur / City Nature*

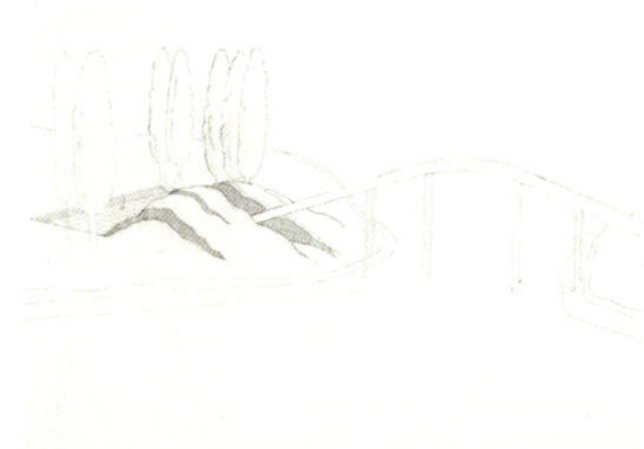

G 137-ZK   *Stadtnatur / City Nature*

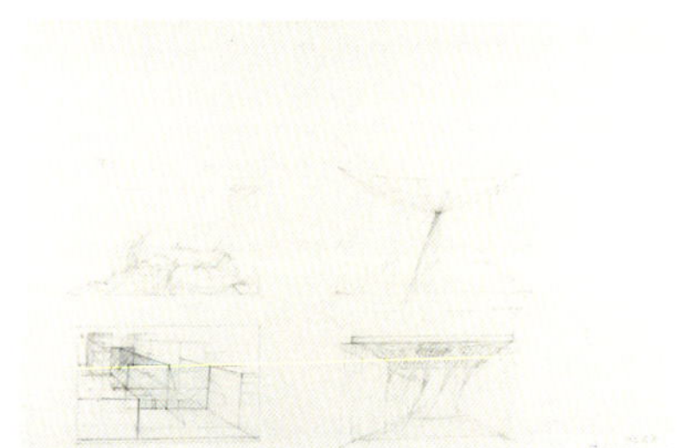

G 136-ZK   *Stadtnatur / City Nature*

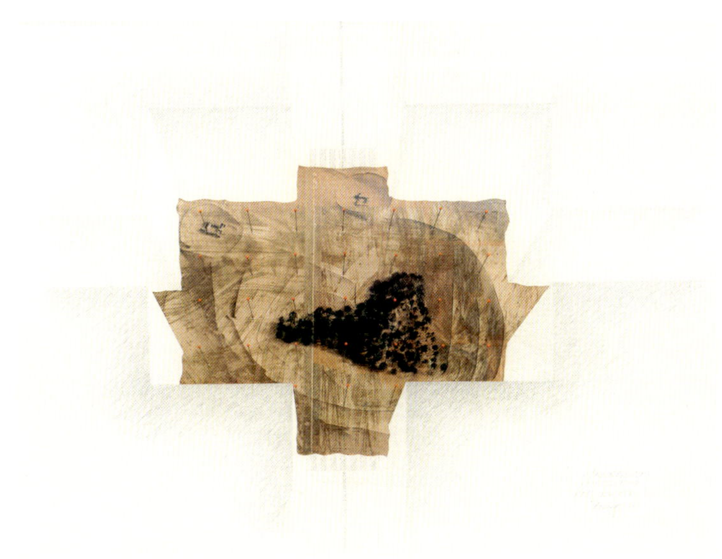

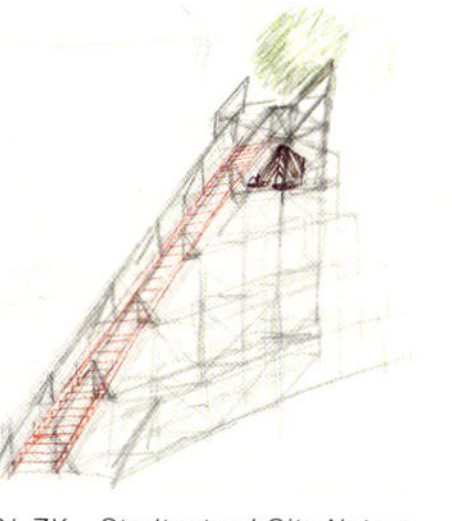

G 121-ZK   *Stadtnatur / City Nature*

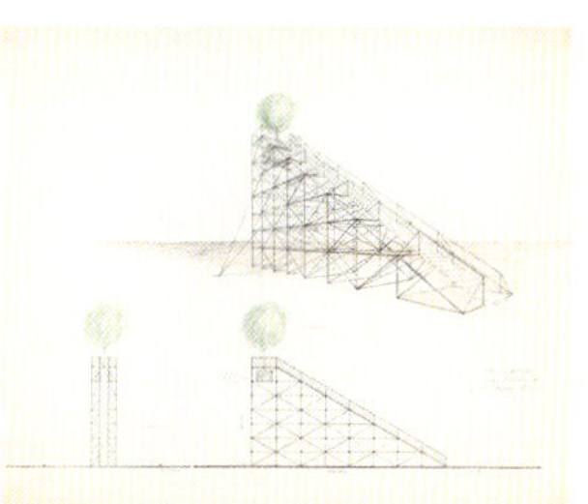

G 122-ZK   *Stadtnatur / City Nature*

G 131-ZK   *Stadtnatur / City Nature*

G 124-ZK   *Stadtnatur / City Nature*

G 123-ZK   *Stadtnatur / City Nature*

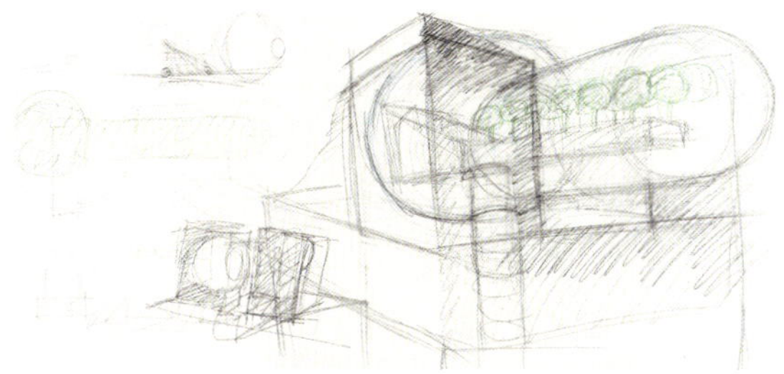

G 127-ZK   *Stadtnatur / City Nature*

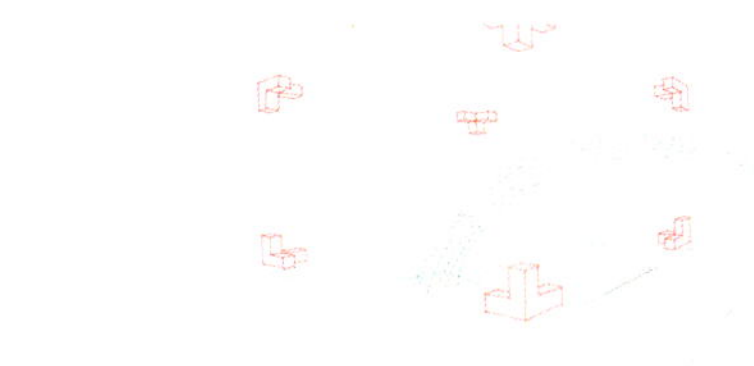

G 143-ZK   *Stadtnatur / City Nature*

G 144-ZK   *Stadtnatur / City Nature*

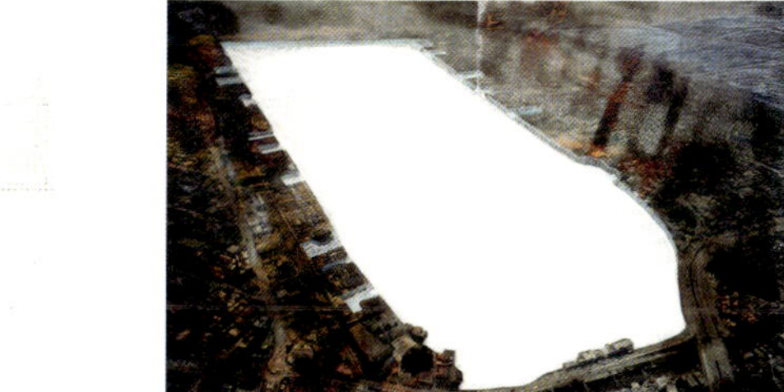

G 145-ZK   *Stadtnatur / City Nature*

G 149-ZK   *Stadtnatur / City Nature*

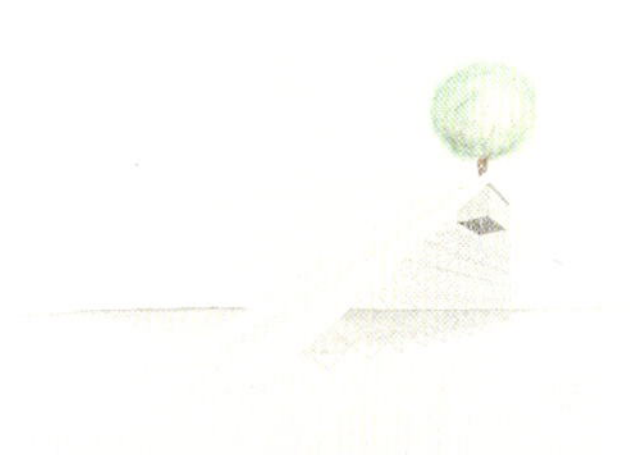

G 133-ZK   *Stadtnatur / City Nature*

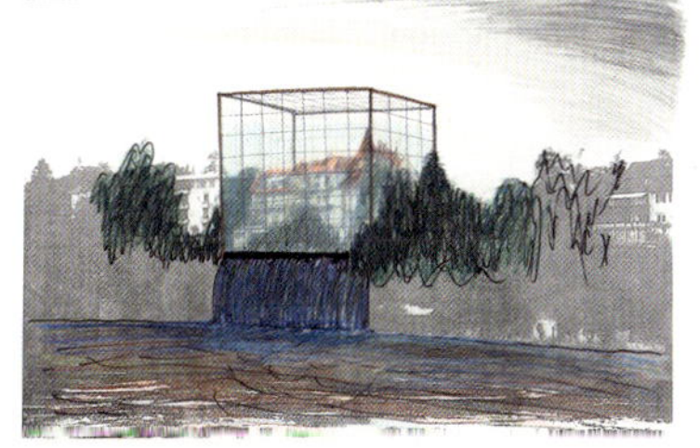

G 147-ZK   *Stadtnatur / City Nature*

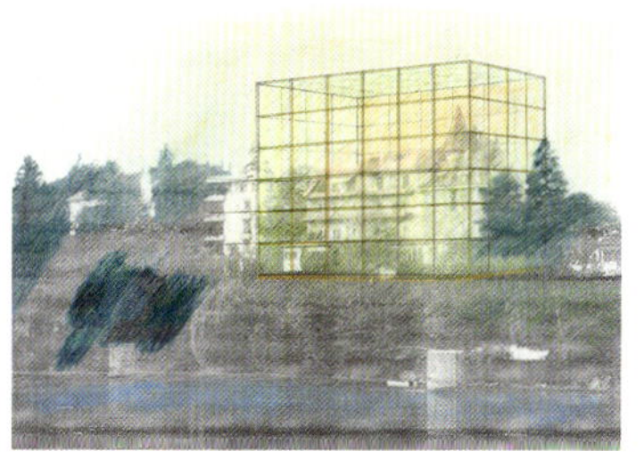

G 148-ZK   *Stadtnatur / City Nature*

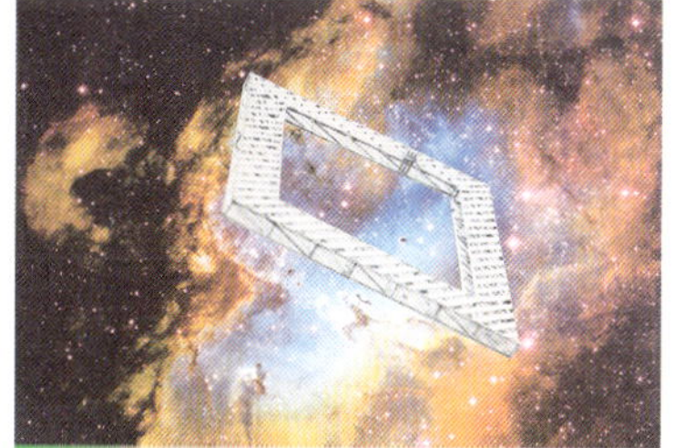

G 146-ZK   *Stadtnatur / City Nature*

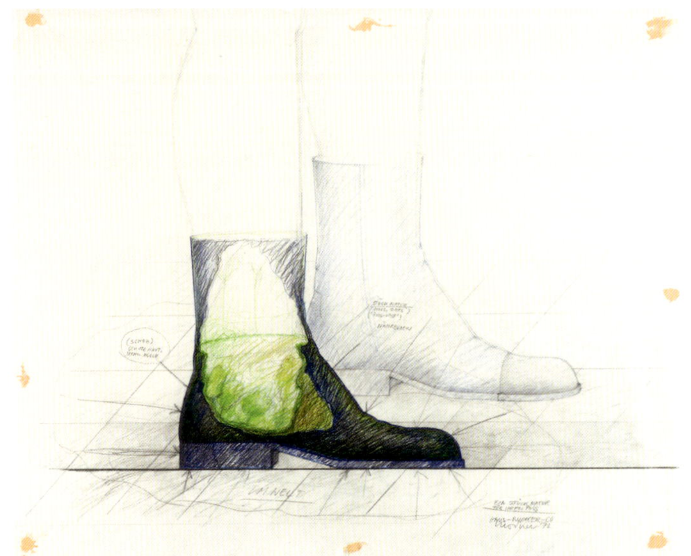

G 152-ZK   *Stück Natur / Piece of Nature*

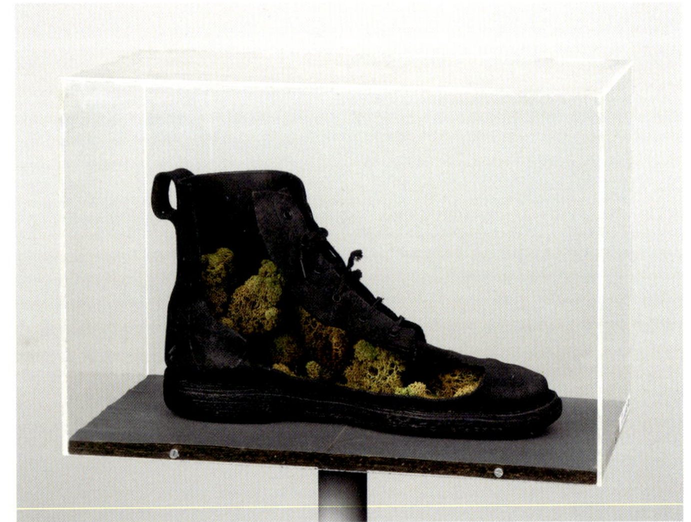

10-ZK   *Stück Natur / Piece of Nature*

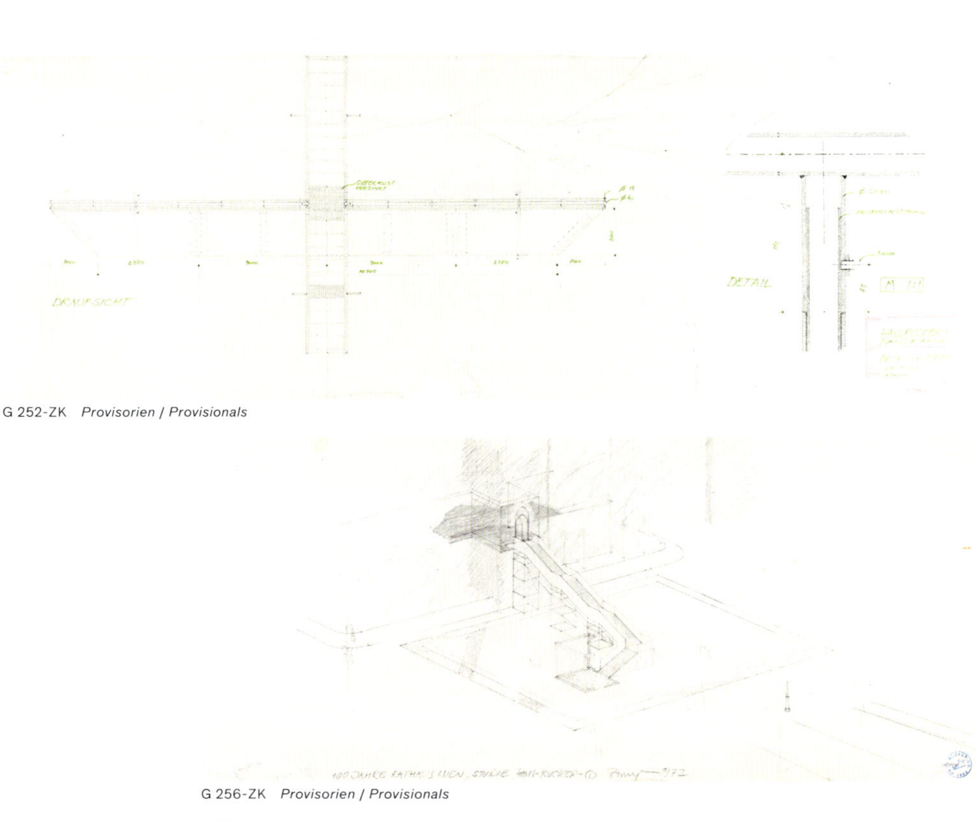

G 252-ZK   *Provisorien / Provisionals*

G 256-ZK   *Provisorien / Provisionals*

G 262/263/264/265-ZK   *Provisorien / Provisionals*

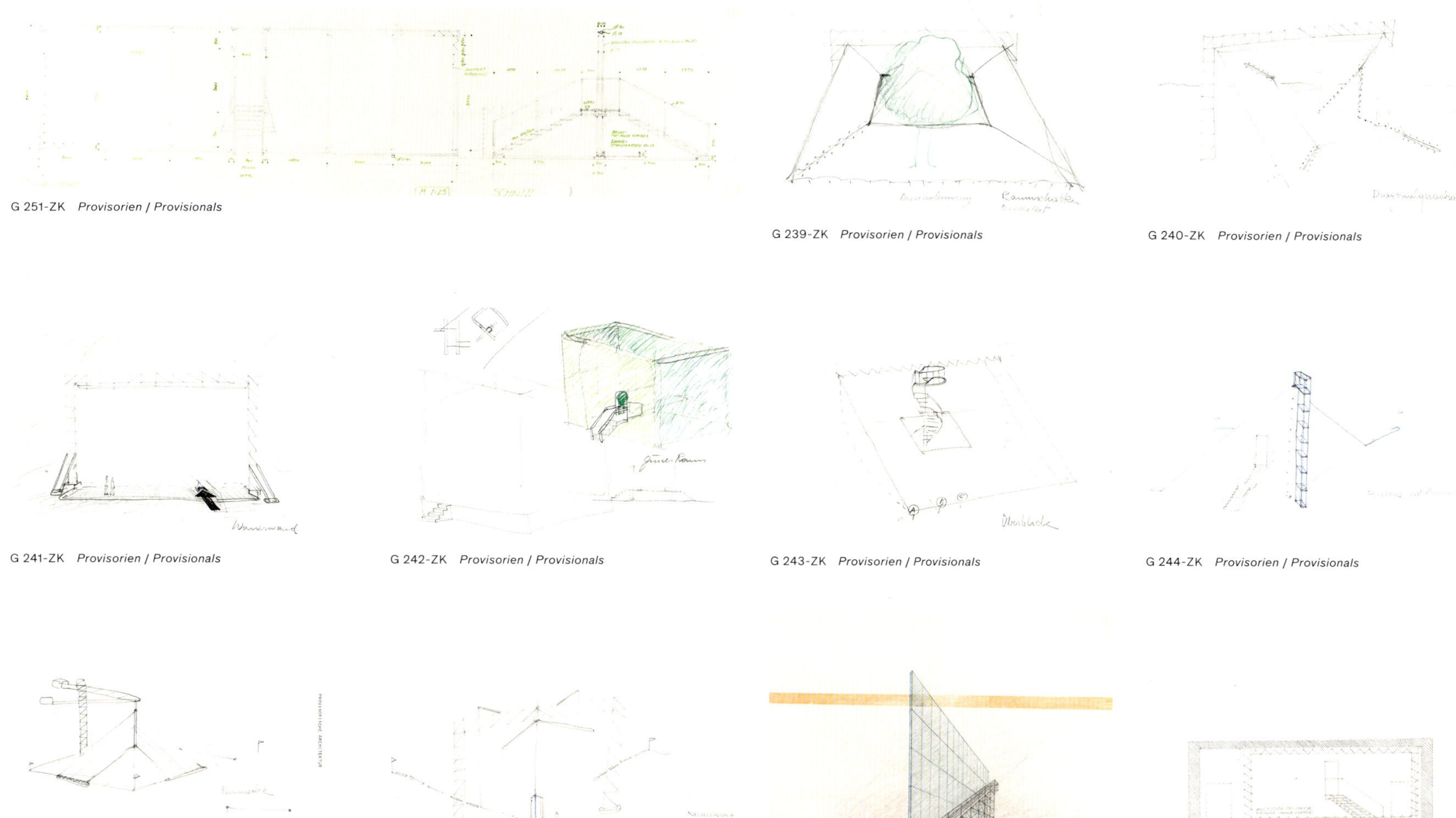

G 251-ZK   *Provisorien / Provisionals*

G 239-ZK   *Provisorien / Provisionals*

G 240-ZK   *Provisorien / Provisionals*

G 241-ZK   *Provisorien / Provisionals*

G 242-ZK   *Provisorien / Provisionals*

G 243-ZK   *Provisorien / Provisionals*

G 244-ZK   *Provisorien / Provisionals*

G 245-ZK   *Provisorien / Provisionals*

G 246-ZK   *Provisorien / Provisionals*

G 247-ZK   *Provisorien / Provisionals*

G 248-ZK   *Provisorien / Provisionals*

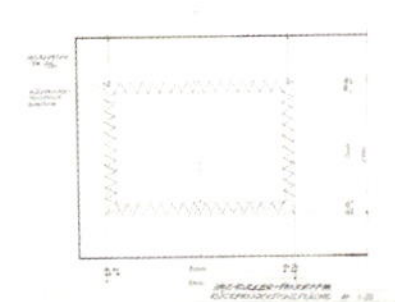

G 253-ZK   *Provisorien / Provisionals*

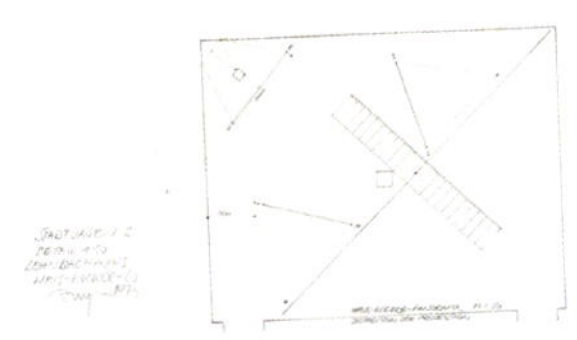

G 254-ZK   *Provisorien / Provisionals*

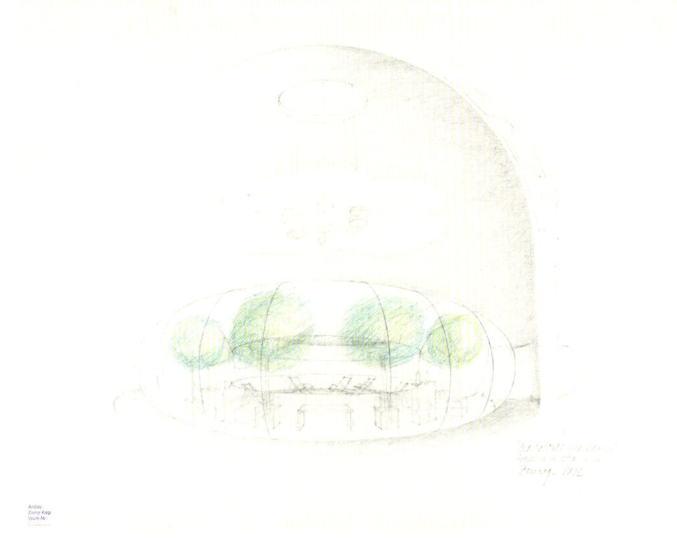

G 405-ZK   *Aerarium*

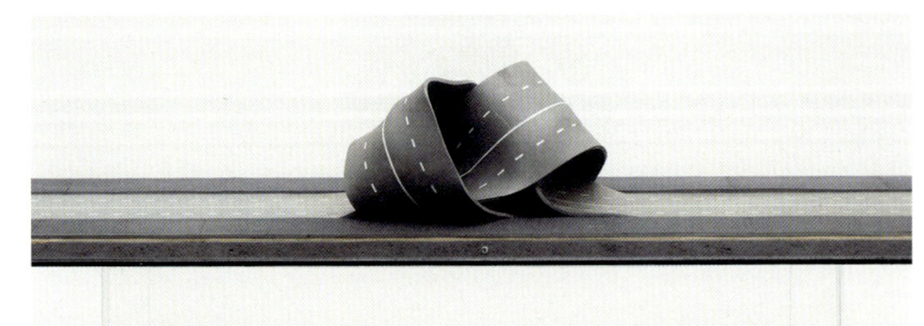

9-ZK   *Straßenknoten / Intersections*

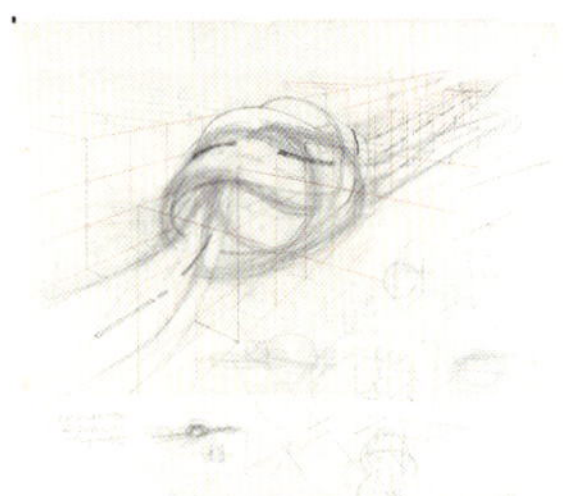

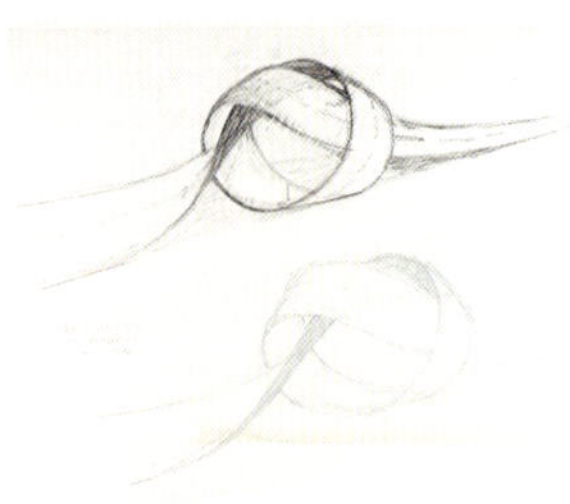

G 150-ZK   *Straßenknoten / Intersection*

G 151-ZK   *Straßenknoten / Intersection*

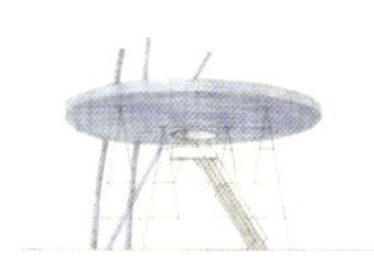

G 257-ZK   *Provisorien / Provisionals*

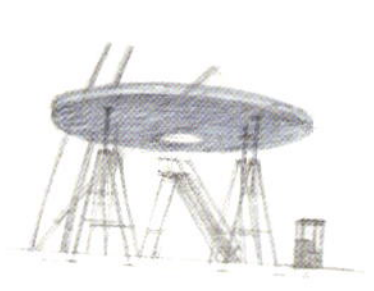

G 258-ZK   *Provisorien / Provisionals*

G 259-ZK   *Provisorien / Provisionals*

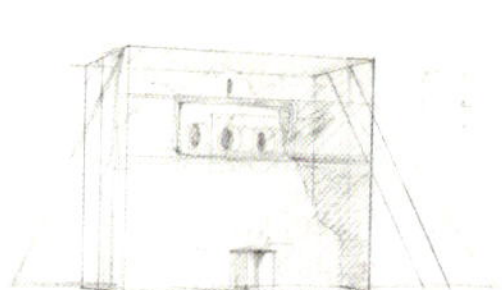

G 406-ZK   *Ruine mit Ergänzung / Ruin with Extension*

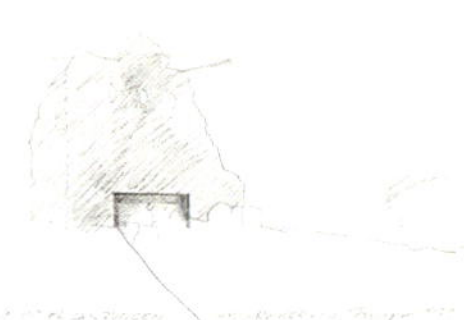

G 407-ZK   *Ruine mit Ergänzung / Ruin with Extension*

G 260-ZK   *Provisorien / Provisionals*

G 261-ZK   *Provisorien / Provisionals*

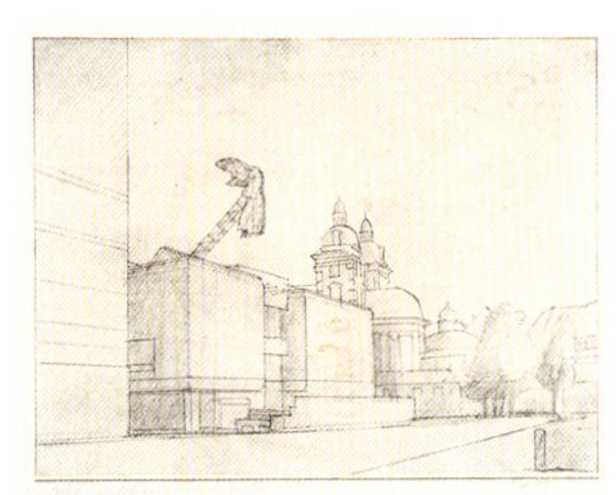

G 266-ZK   *Provisorien / Provisionals*

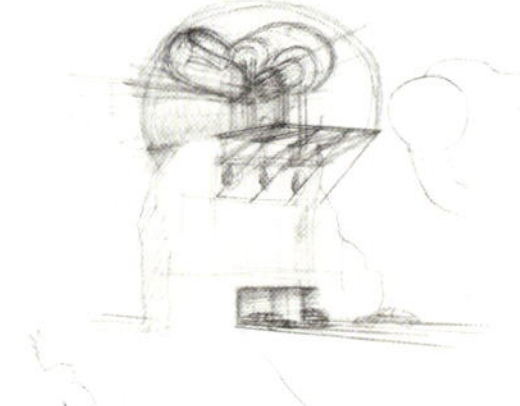

G 408-ZK   *Ruine mit Ergänzung / Ruin with Extension*

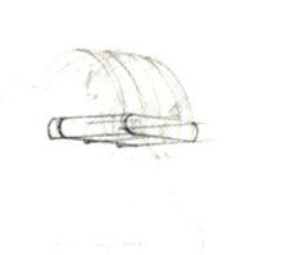

G 409-ZK   *Ruine mit Ergänzung / Ruin with Extension*

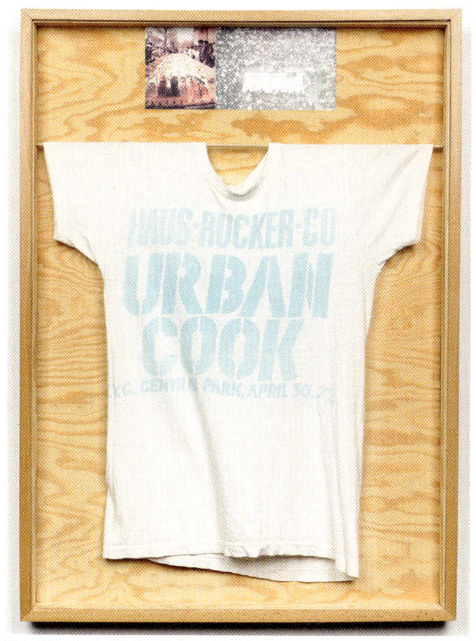

24-ZK   *Food City, Urban Cook*

G 415-ZK   *Meinungsanalysator / Opinion Analyser*

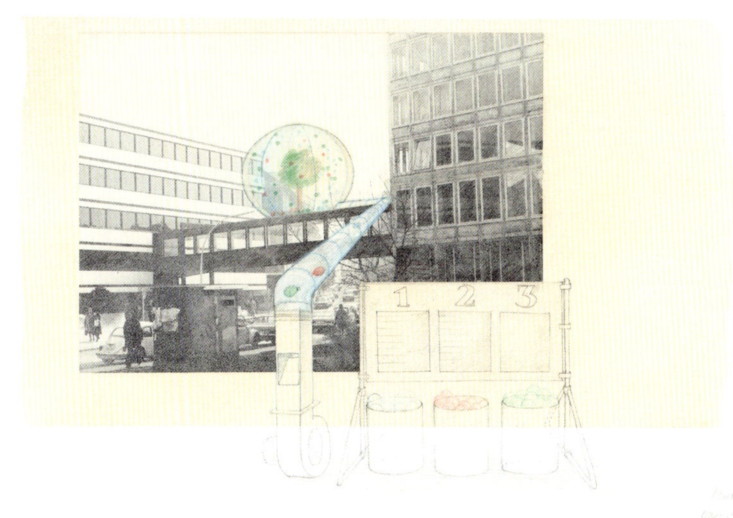

G 417-ZK   *Meinungsanzeiger / Opinion Indicator*

G 416-ZK   *Meinungsanalysator / Opinion Analyser*

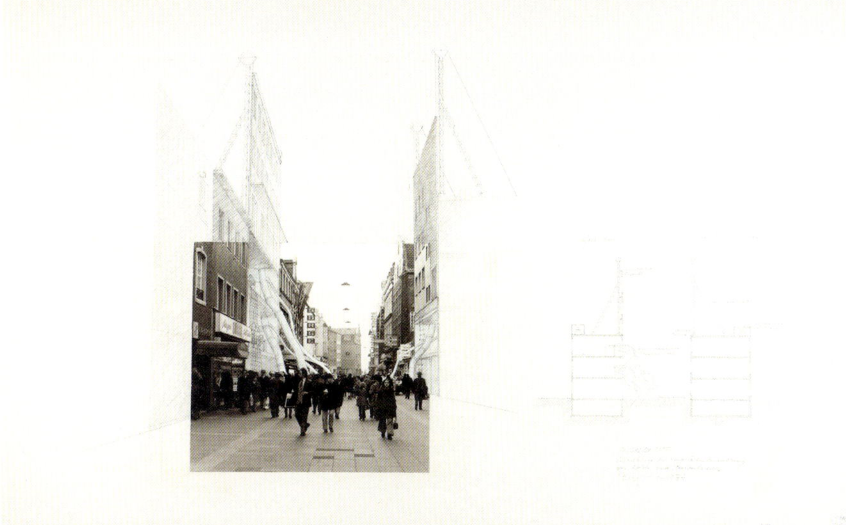

G 404-ZK   *Fassadenlift / Façade lift*

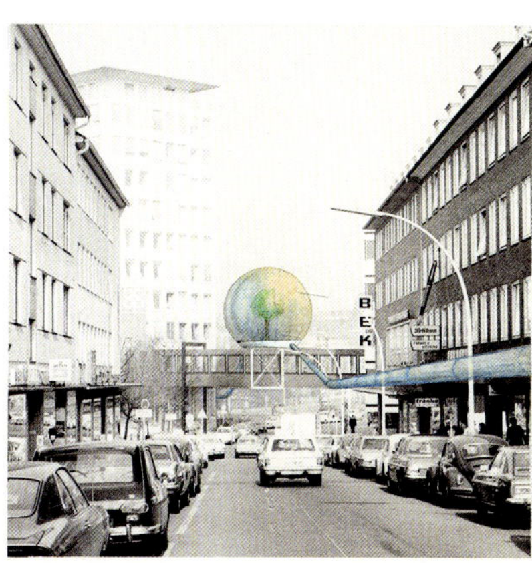

G 414-ZK   *Meinungsanalysator / Opinion Analyser*

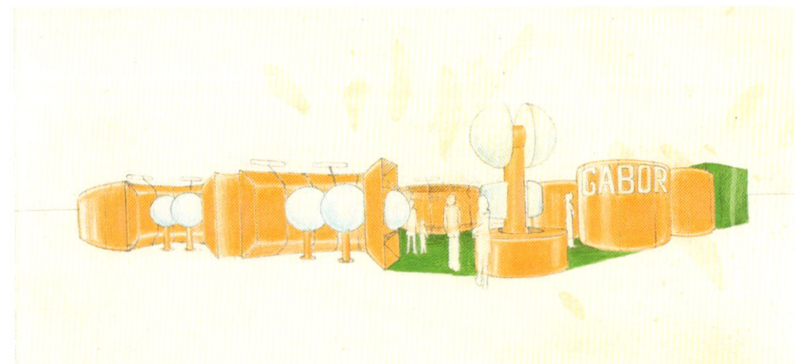

G 431-ZK   *Gabor Schuhe Messestand / Exhibition stand*

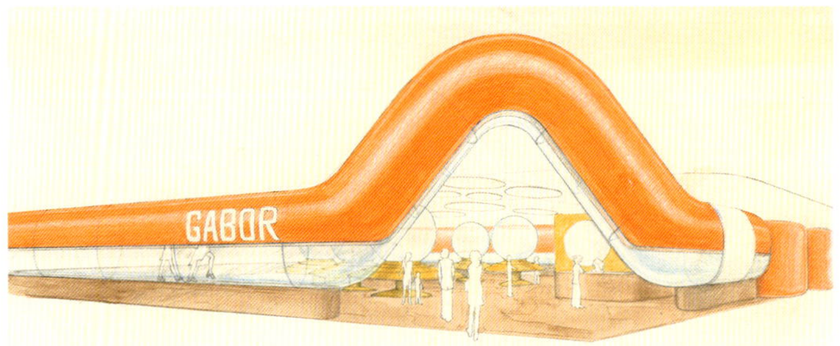

G 432-ZK   *Gabor Schuhe Messestand / Exhibition stand*

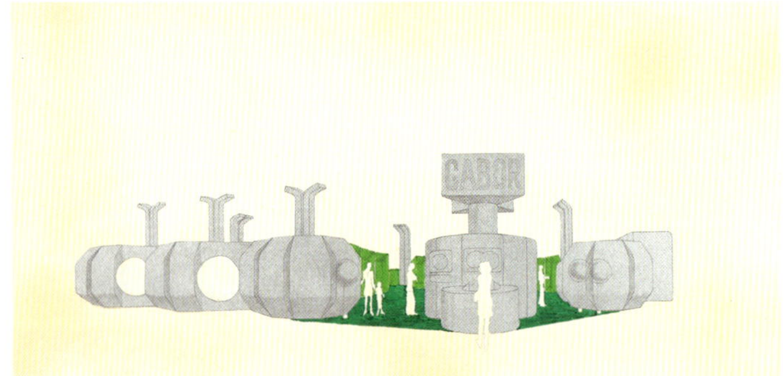

G 433-ZK   *Gabor Schuhe Messestand / Exhibition stand*

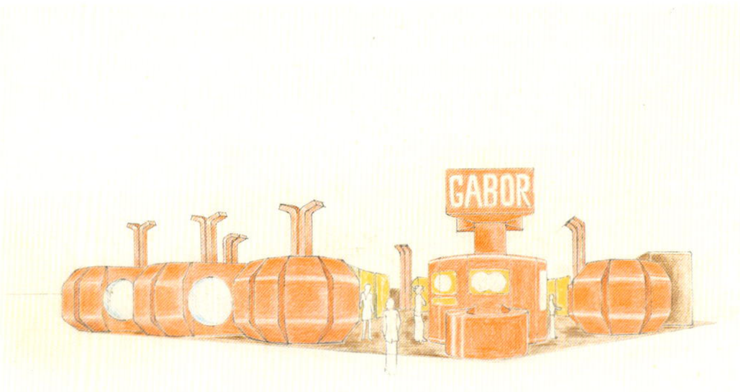

G 434-ZK   *Gabor Schuhe Messestand / Exhibition stand*

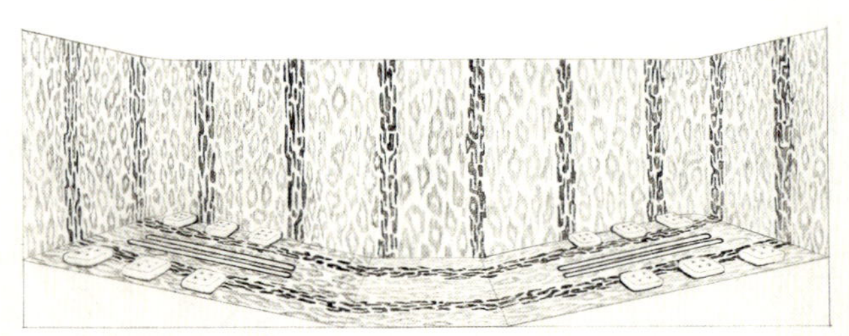

G 440-ZK   *Tarzan Messestand / Exhibition stand*

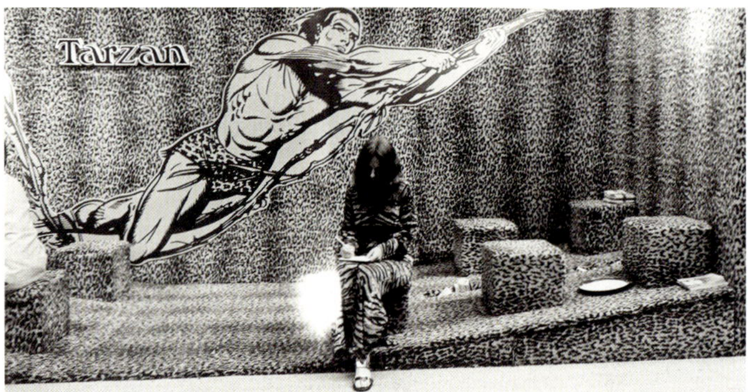

G 441-ZK   *Tarzan Messestand / Exhibition stand*

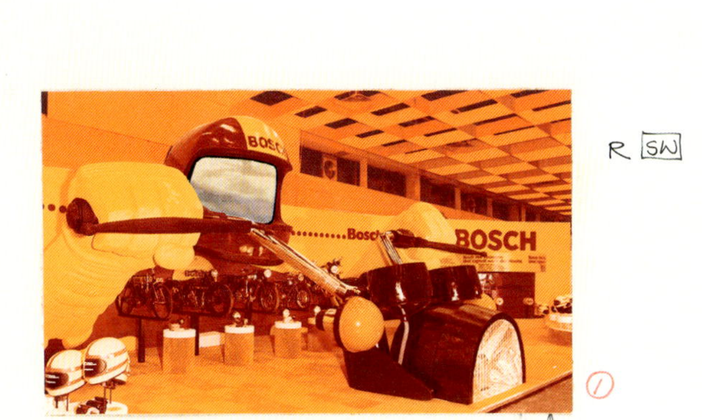

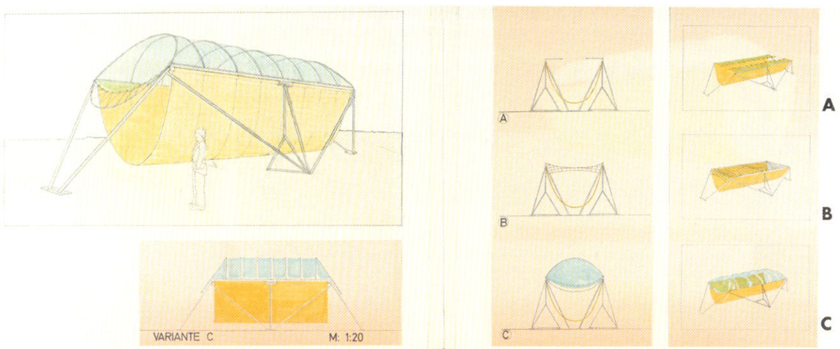

G 402-ZK   *Tal Berlin Marienfelde*

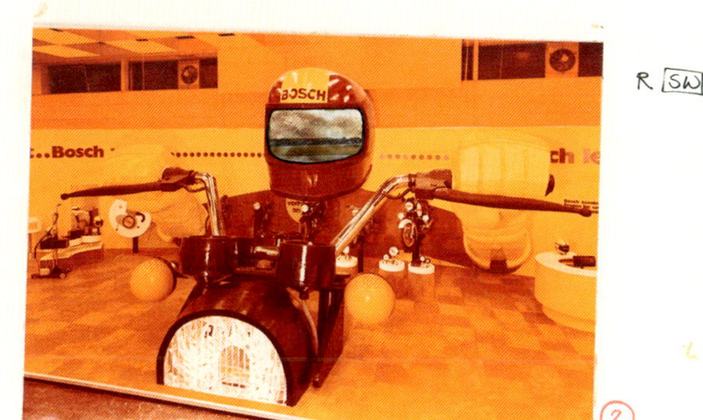

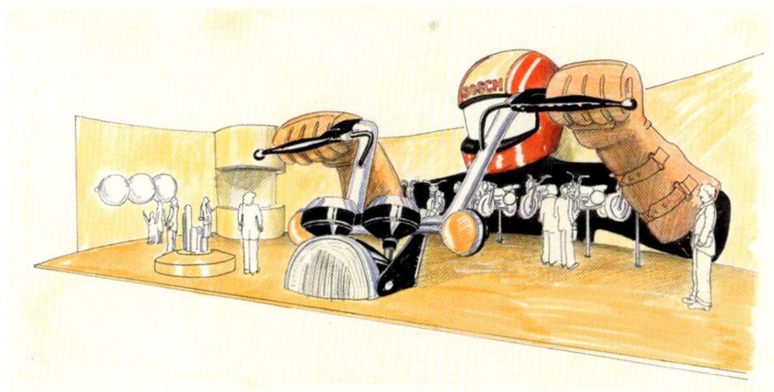

G 418-ZK   *Bosch Messestand / Exhibition stand*

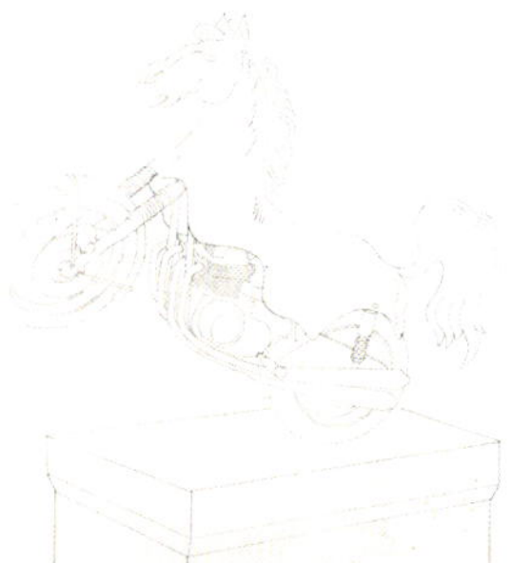

G 422-ZK   *Bosch Messestand / Exhibition stand*

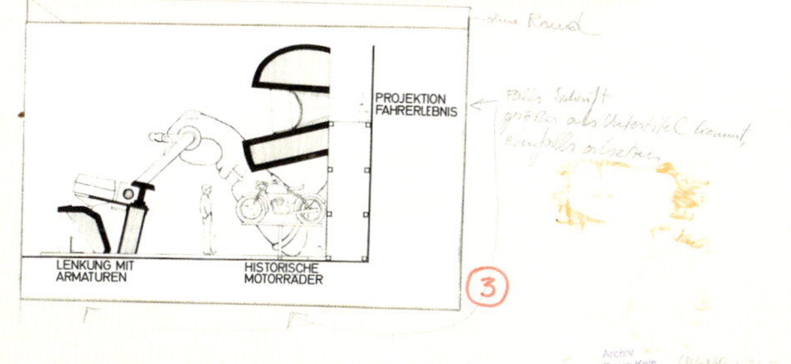

G 420-ZK   *Bosch Messestand / Exhibition stand*

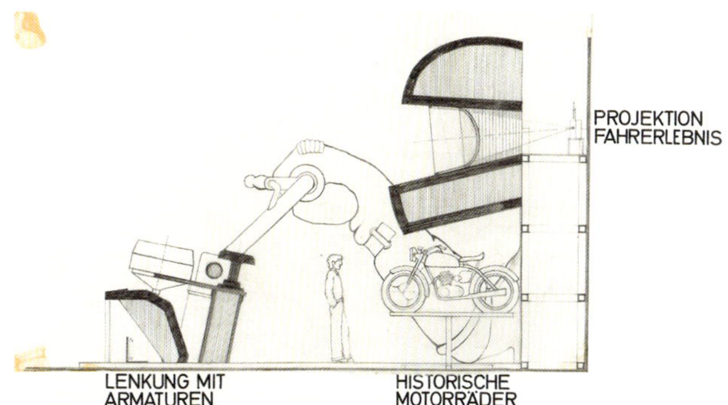

G 419-ZK   *Bosch Messestand / Exhibition stand*

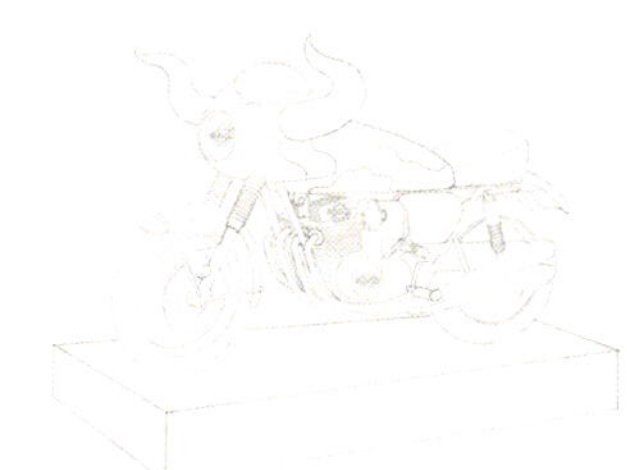

G 421-ZK   *Bosch Messestand / Exhibition stand*

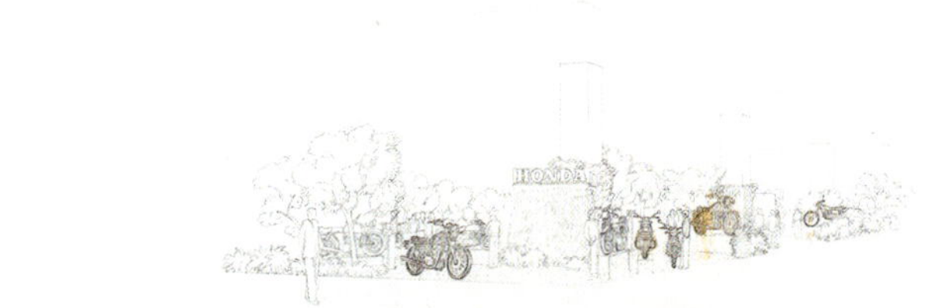

G 427-ZK   *Honda Messestand / Exhibition stand*

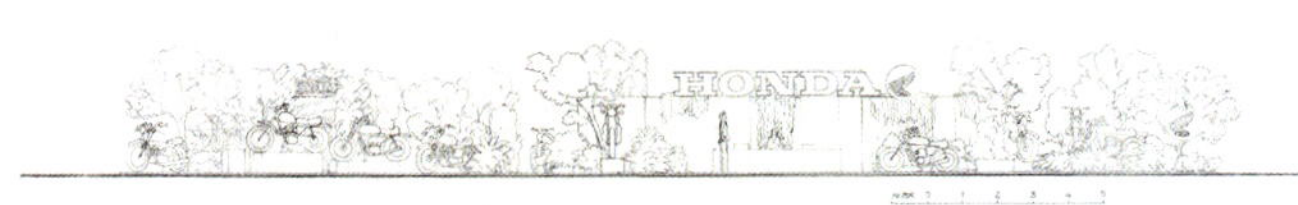

G 428-ZK   *Honda Messestand / Exhibition stand*

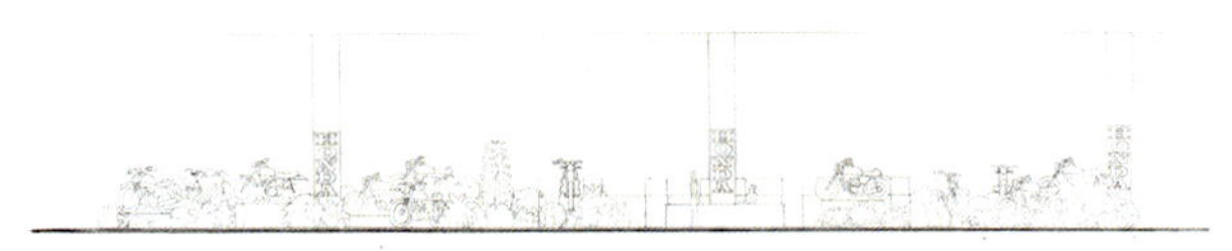

G 429-ZK   *Honda Messestand / Exhibition stand*

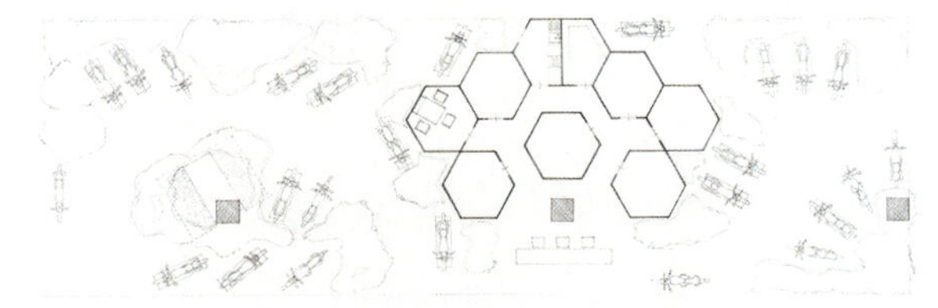

G 430-ZK   *Honda Messestand / Exhibition stand*

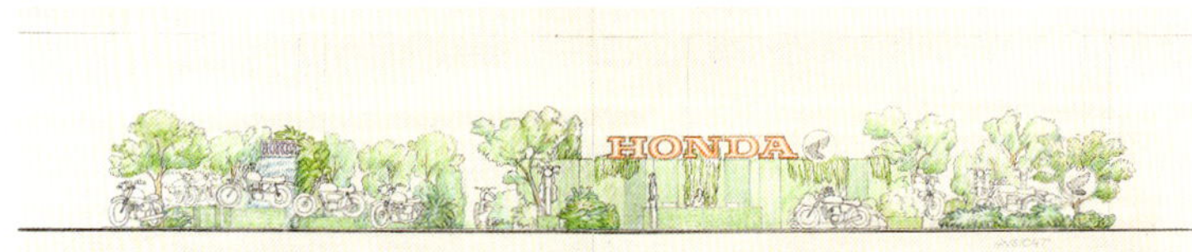

G 423-ZK   *Honda Messestand / Exhibition stand*

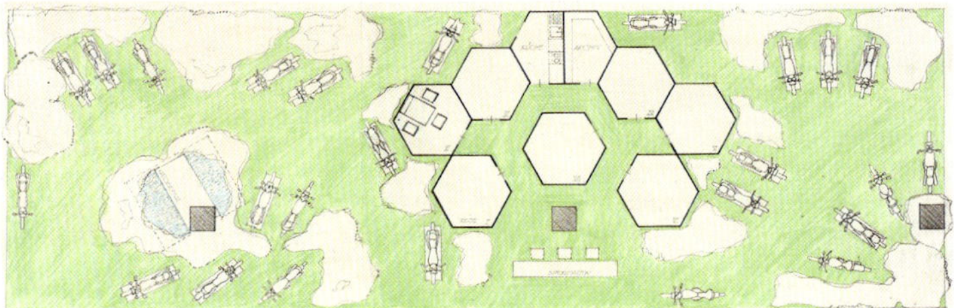

G 424-ZK   *Honda Messestand / Exhibition stand*

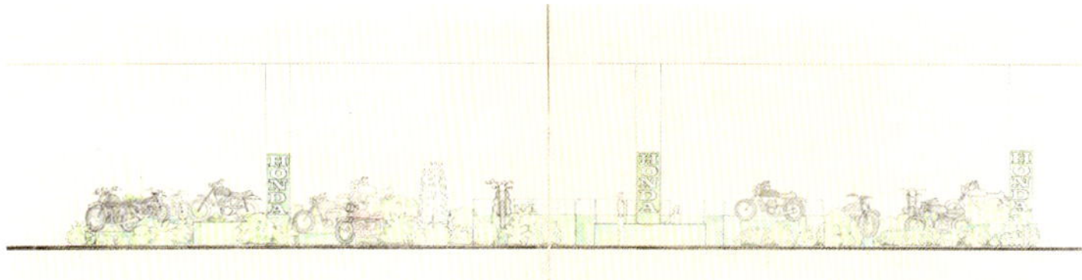

G 425-ZK   *Honda Messestand / Exhibition stand*

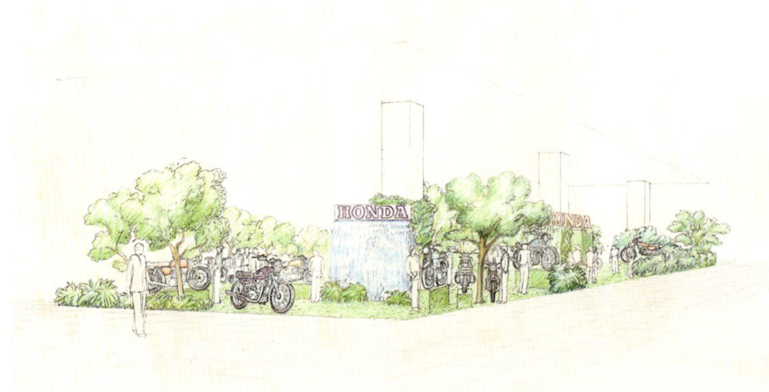

G 426-ZK   *Honda Messestand / Exhibition stand*

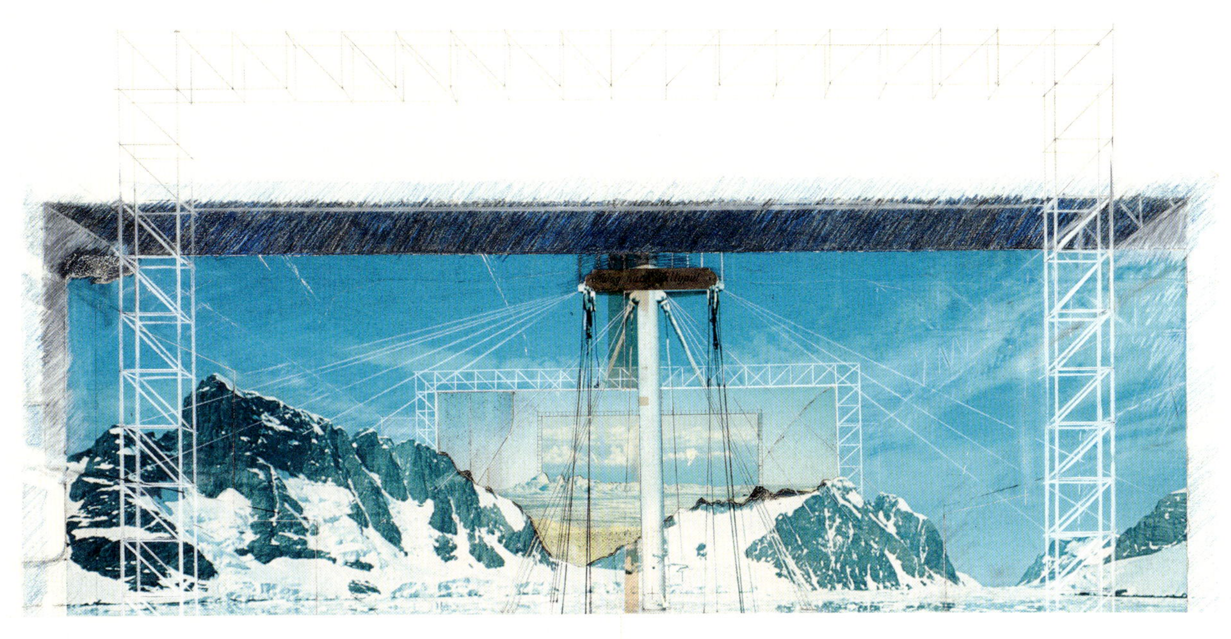

G 531-ZK   *Weg nach Lillyput / Way to Lillyput*

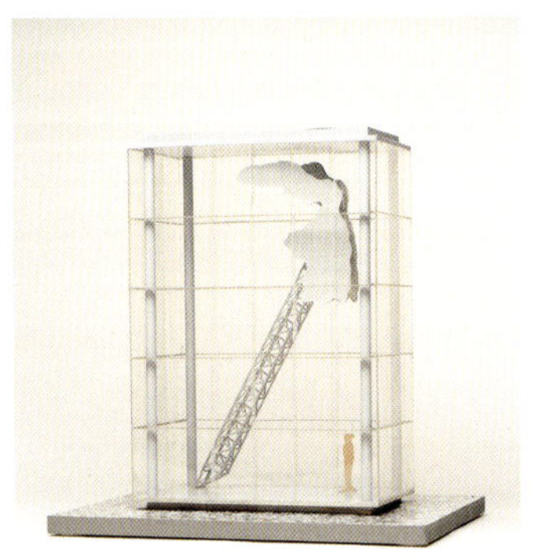

1550   *Nike*

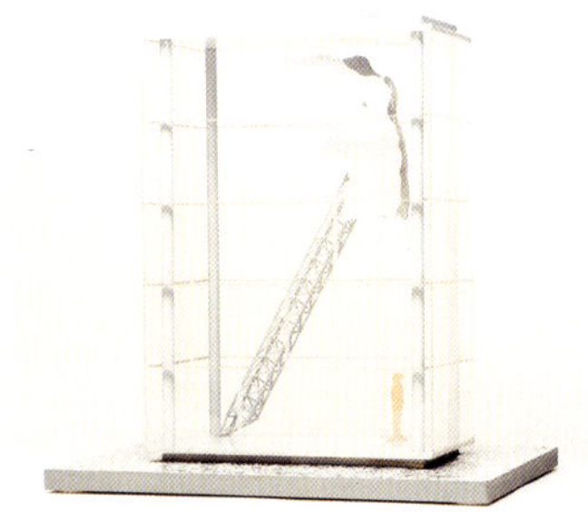

G 8697a   *Nike*

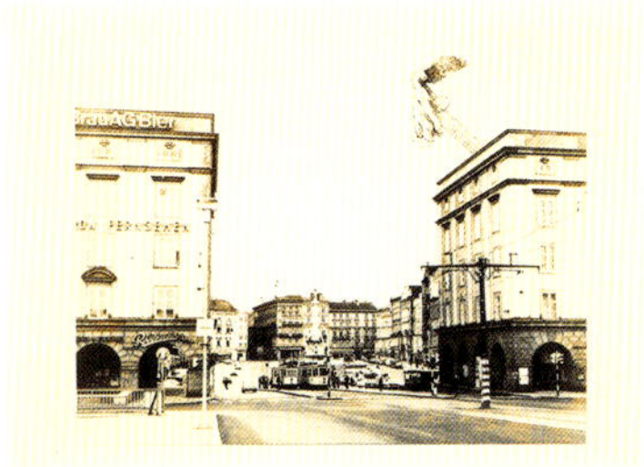

G 8697b   *Nike*

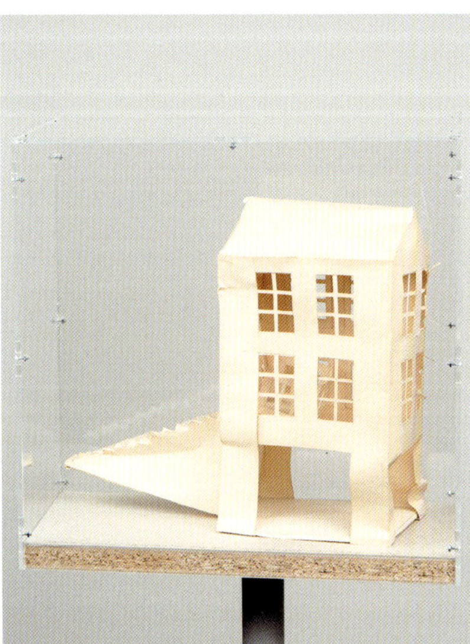

16-ZK   *Papierhaus / Paper House*

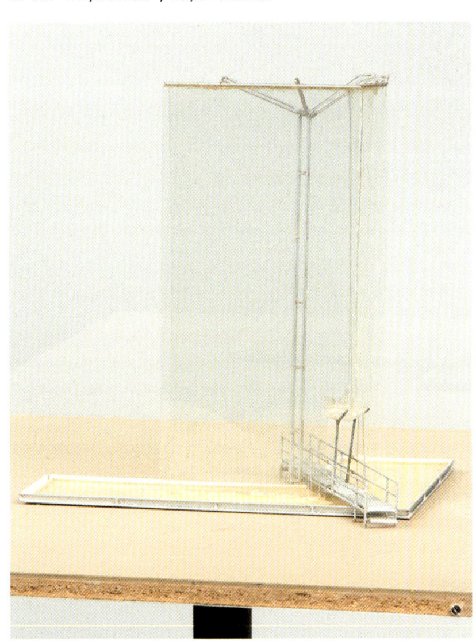

17-ZK   *Wassereck / Water Corner*

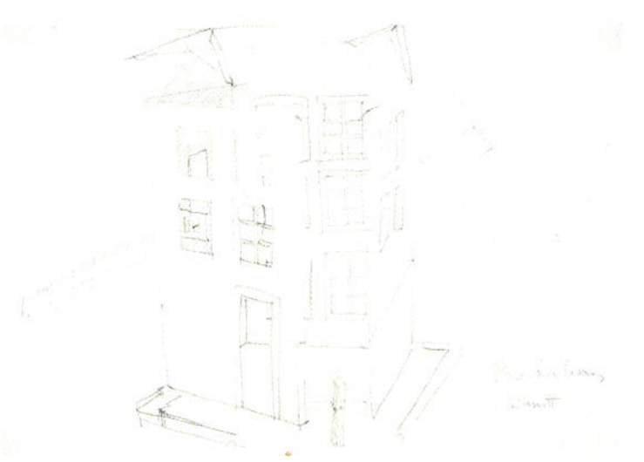

G 410-ZK   *Papierhaus / Paper House*

G 412-ZK   *Papierhaus / Paper House*

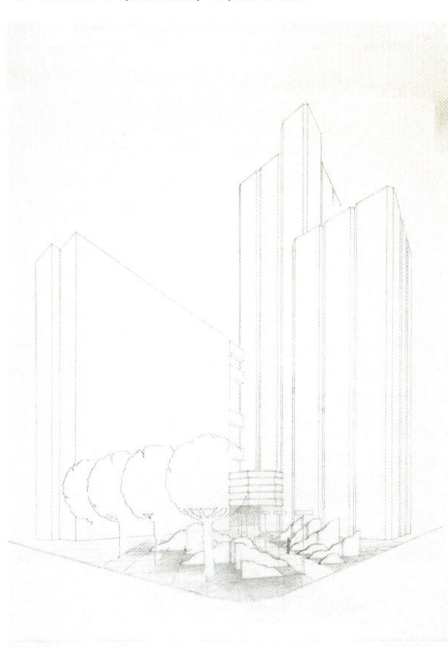

G 165-ZK   *Straßen und Plätze / Streets and Squares*

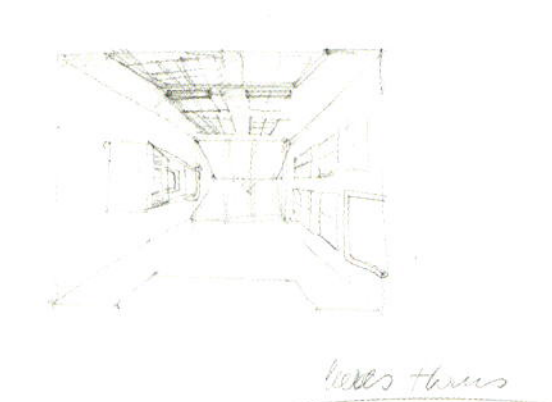

G 411-ZK   *Papierhaus / Paper House*

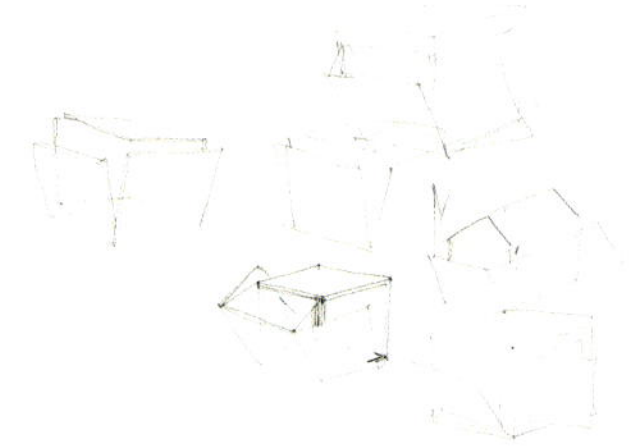

G 413-ZK   *Papierhaus / Paper House*

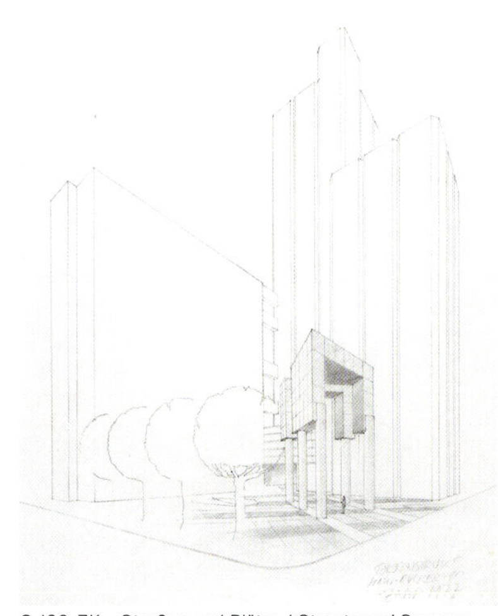

G 166-ZK   *Straßen und Plätze / Streets and Squares*

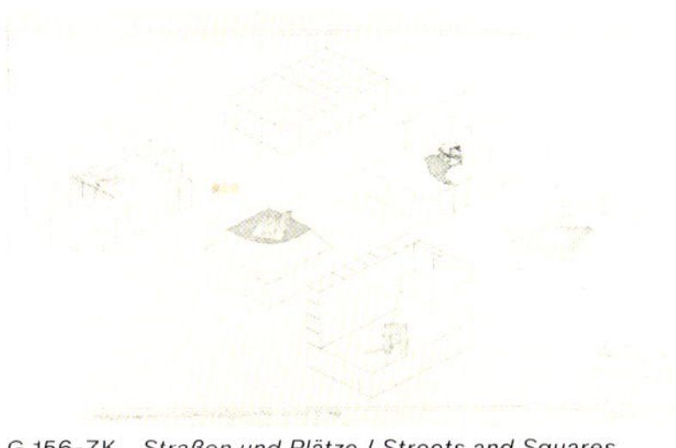

G 156-ZK   *Straßen und Plätze / Streets and Squares*

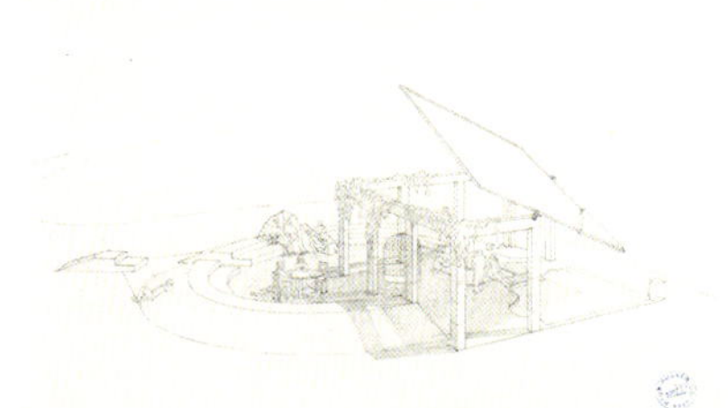

G 157-ZK   *Straßen und Plätze / Streets and Squares*

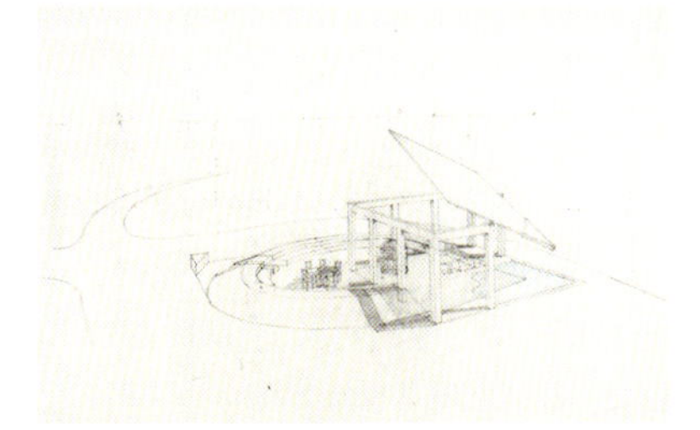

G 158-ZK   *Straßen und Plätze / Streets and Squares*

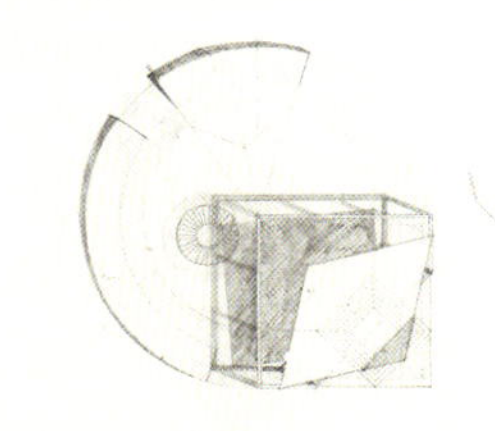

G 159-ZK   *Straßen und Plätze / Streets and Squares*

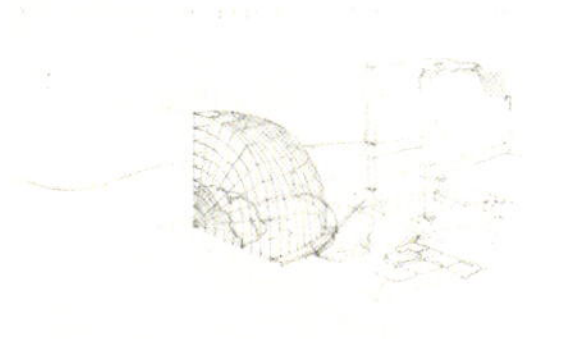

G 160-ZK   *Straßen und Plätze / Streets and Squares*

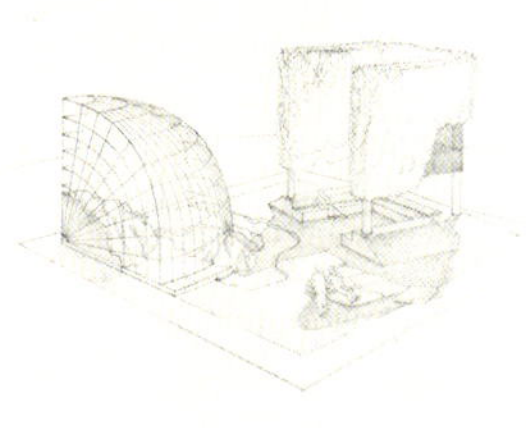

G 161-ZK   *Straßen und Plätze / Streets and Squares*

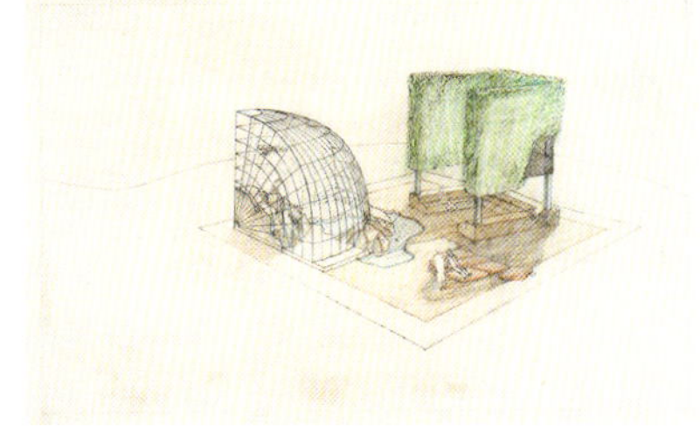

G 162-ZK   *Straßen und Plätze / Streets and Squares*

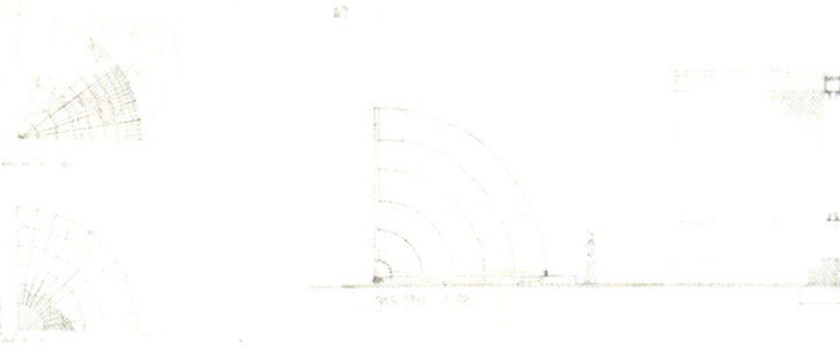

G 163/164-ZK   *Straßen und Plätze / Streets and Squares*

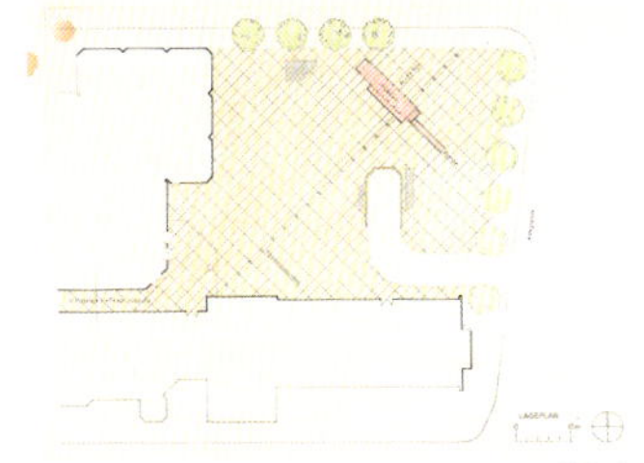

G 167-ZK   *Straßen und Plätze / Streets and Squares*

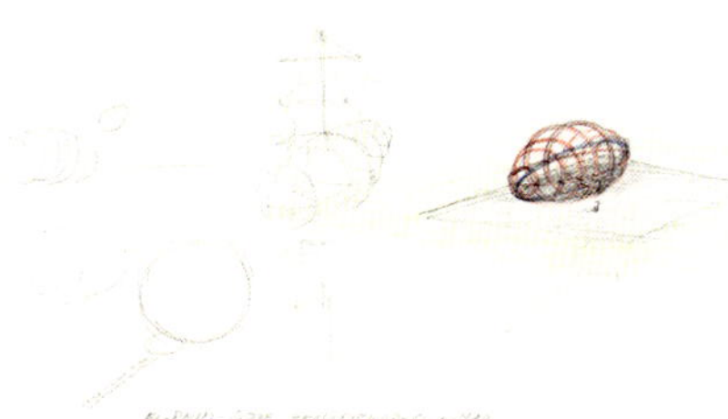

G 168-ZK   *Straßen und Plätze / Streets and Squares*

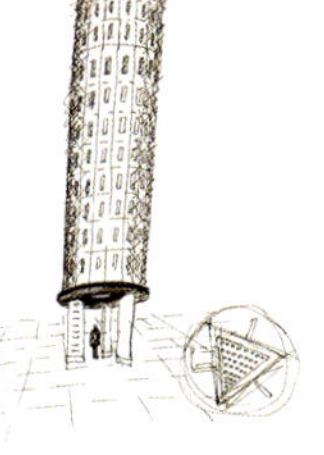

G 177/178/179-ZK   *Straßen und Plätze / Streets and Squares*

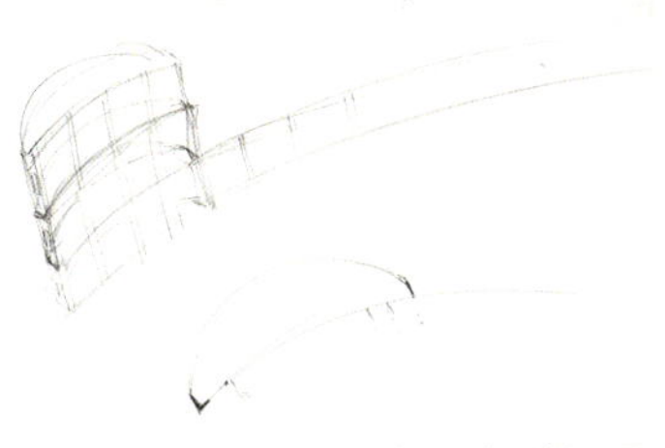

G 169-ZK   *Straßen und Plätze / Streets and Squares*

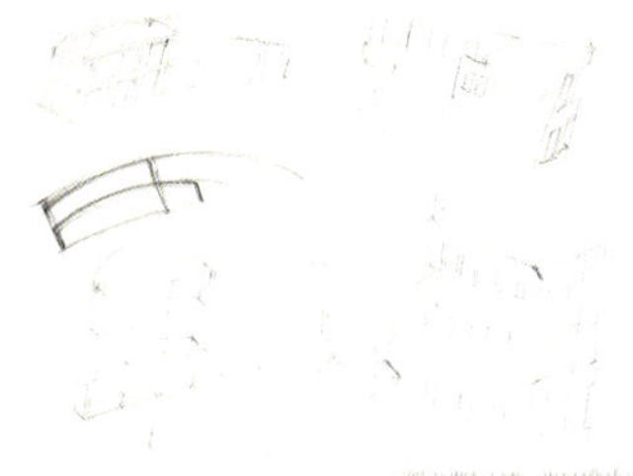

G 170-ZK   *Straßen und Plätze / Streets and Squares*

G 171-ZK   *Straßen und Plätze / Streets and Squares*

G 172-ZK   *Straßen und Plätze / Streets and Squares*

G 173-ZK   *Straßen und Plätze / Streets and Squares*

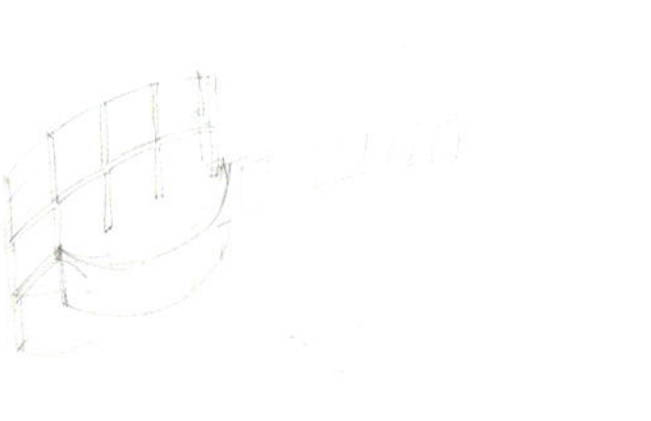

G 174-ZK   *Straßen und Plätze / Streets and Squares*

G 175/176-ZK   *Straßen und Plätze / Streets and Squares*

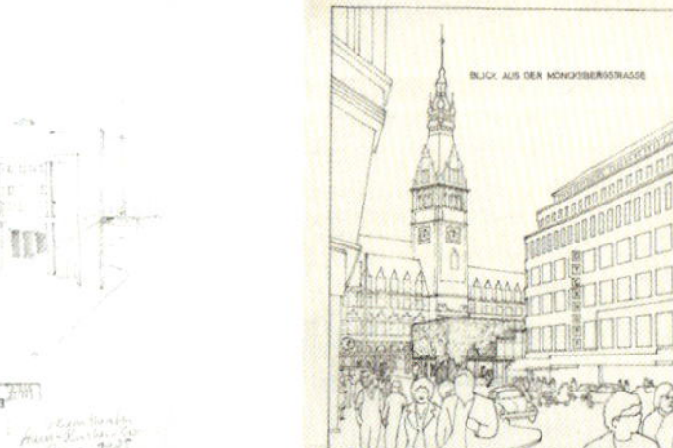

G 193-ZK   *Rathausmarkt Hamburg*

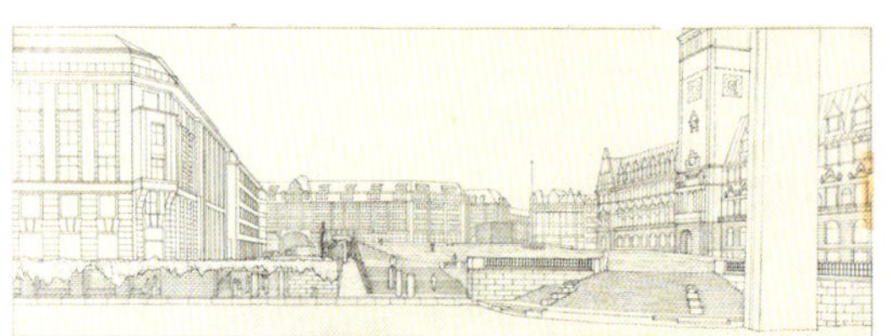

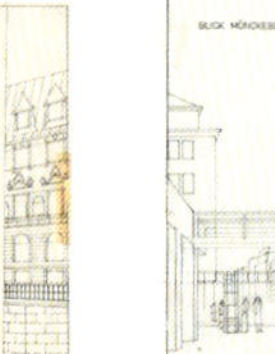

G 194-ZK   *Rathausmarkt Hamburg*

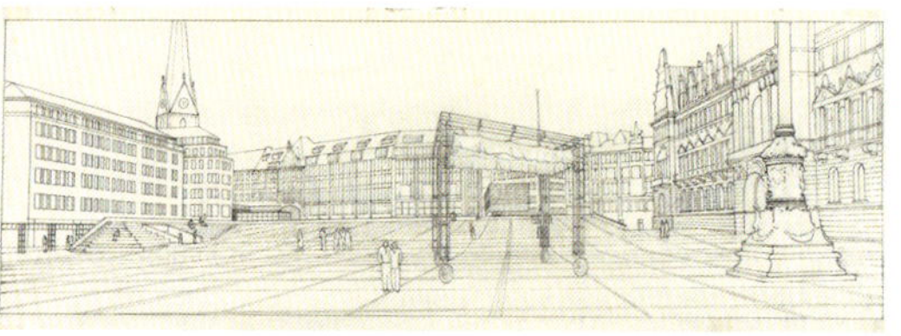

G 195-ZK   *Rathausmarkt Hamburg*

G 196-ZK   *Rathausmarkt Hamburg*

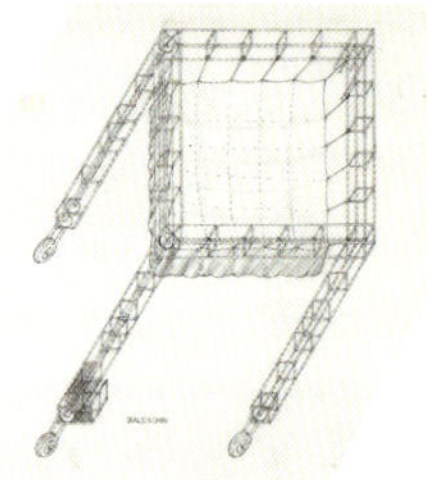

G 197-ZK   *Rathausmarkt Hamburg*

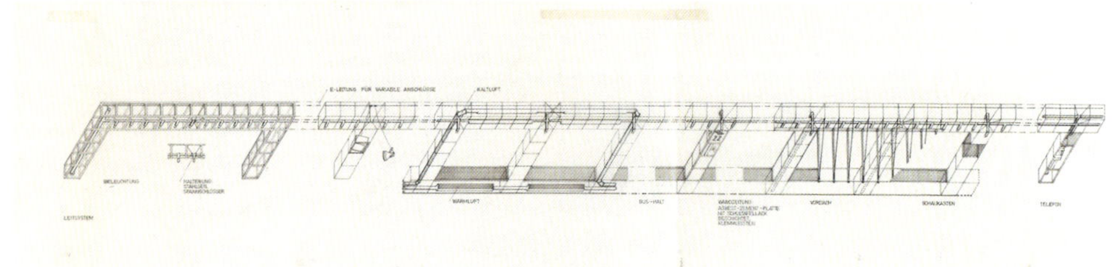
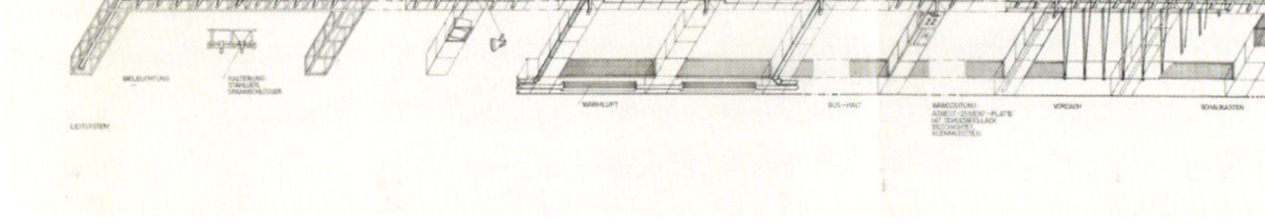

G 198-ZK   *Rathausmarkt Hamburg*

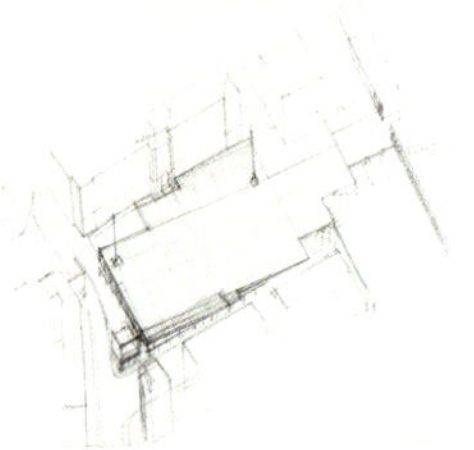
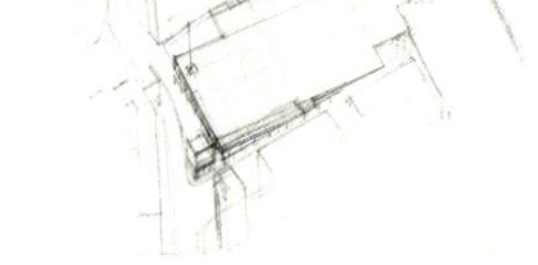

G 199-ZK   *Rathausmarkt Hamburg*

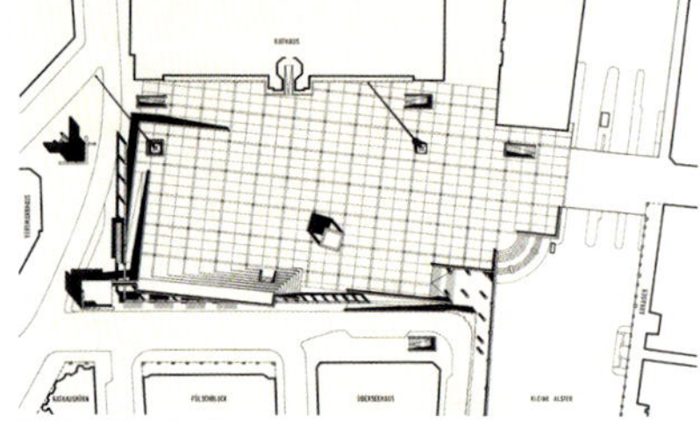

G 200-ZK   *Rathausmarkt Hamburg*

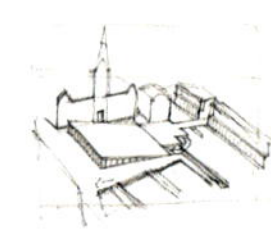
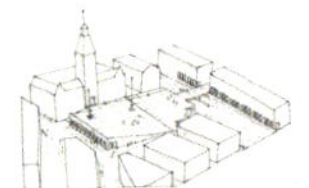

G 201/202-ZK   *Rathausmarkt Hamburg*

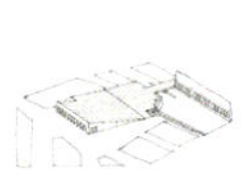
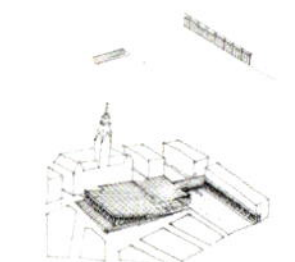

G 203/204-ZK   *Rathausmarkt Hamburg*

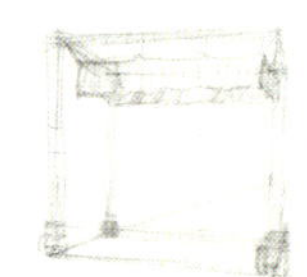

G 205-ZK   *Rathausmarkt Hamburg*

G 207-ZK   *Rathausmarkt Hamburg*

G 206-ZK   *Rathausmarkt Hamburg*

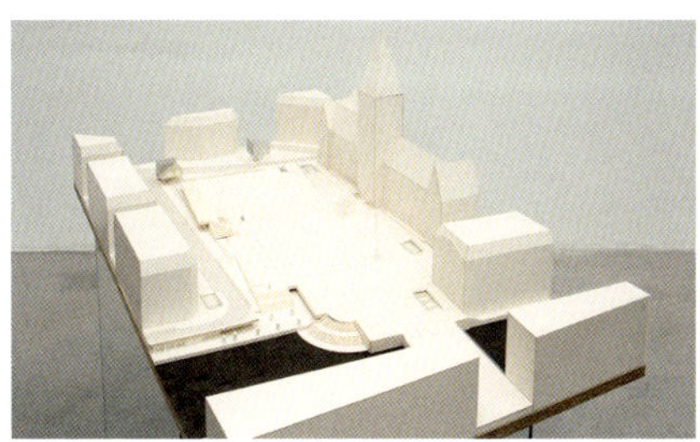

11-ZK   *Rathausmarkt Hamburg*

G 449/450-ZK   *Prinzip der Bekleidung / Principle of Cladding*

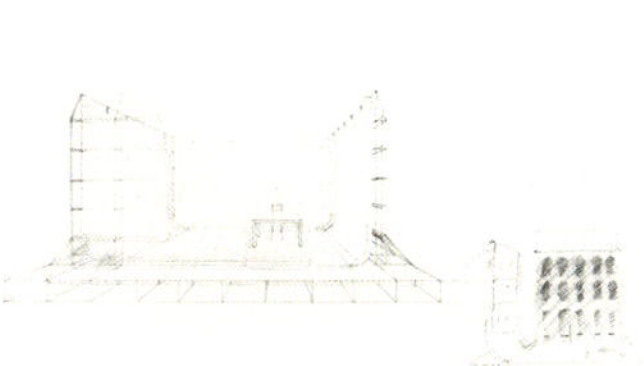

G 451-ZK   *Prinzip der Bekleidung / Principle of Cladding*

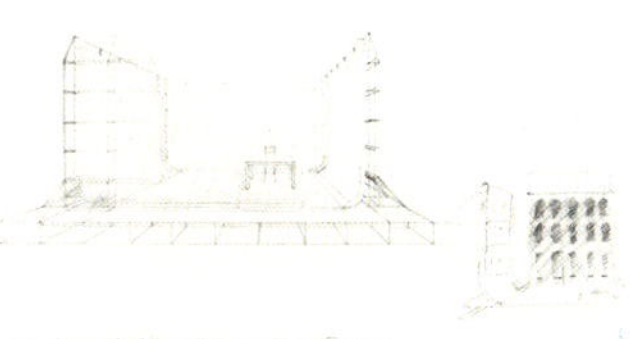

G 452-ZK   *Prinzip der Bekleidung / Principle of Cladding*

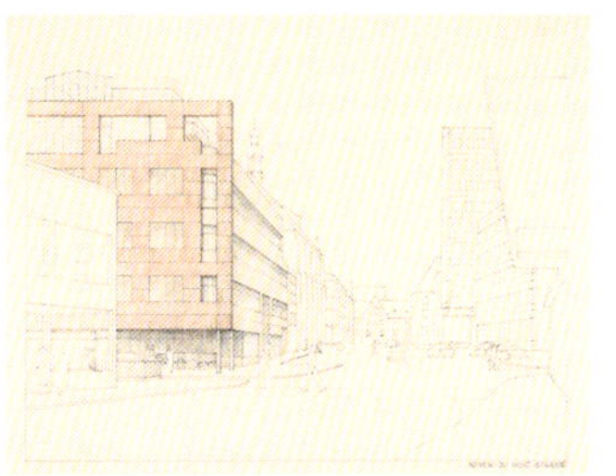

G 500-ZK   *Verlagshaus / Publishing House*

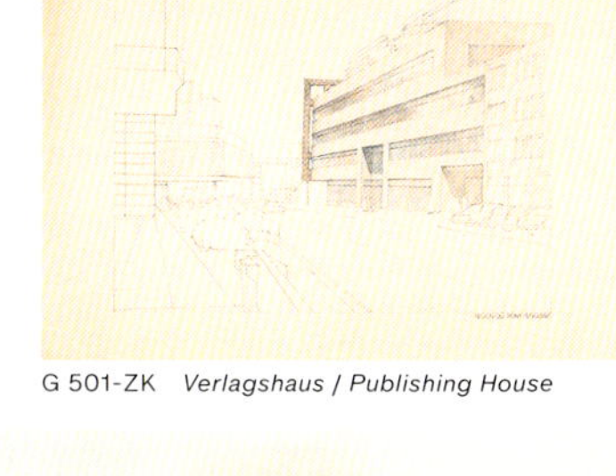

G 501-ZK   *Verlagshaus / Publishing House*

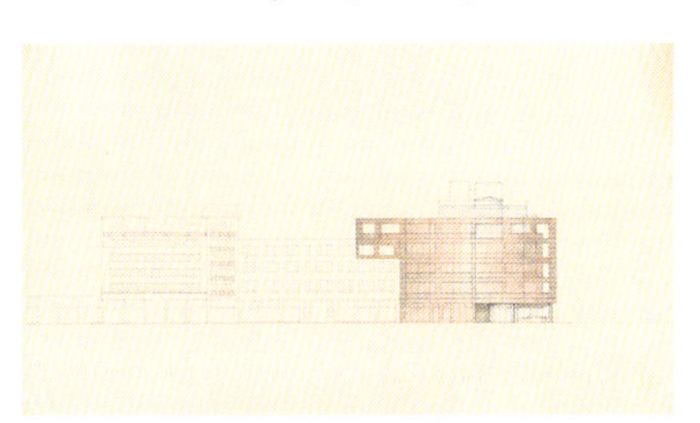

G 502-ZK   *Verlagshaus / Publishing House*

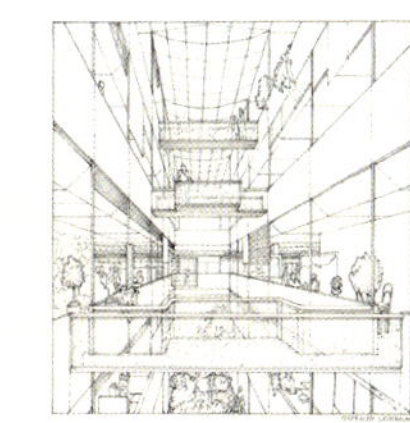

G 503-ZK   *Verlagshaus / Publishing House*

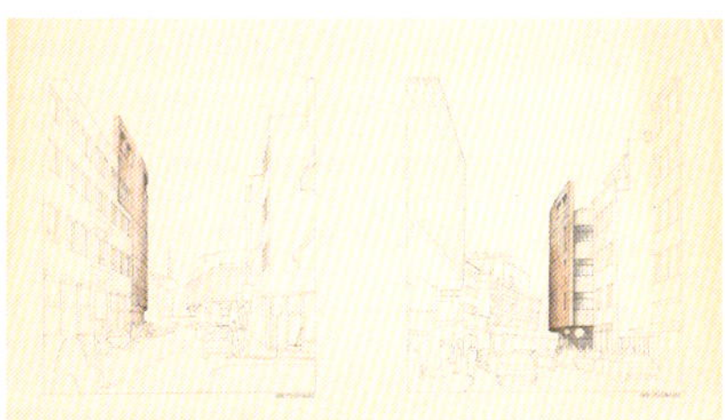

G 504-ZK   *Verlagshaus / Publishing House*

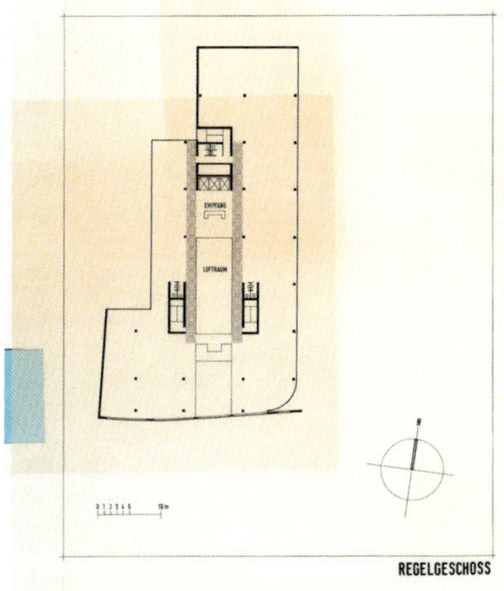

G 505-ZK   *Verlagshaus / Publishing House*

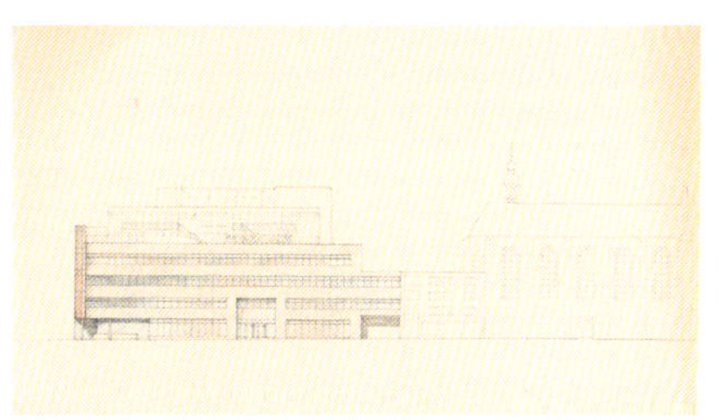

G 506-ZK   *Verlagshaus / Publishing House*

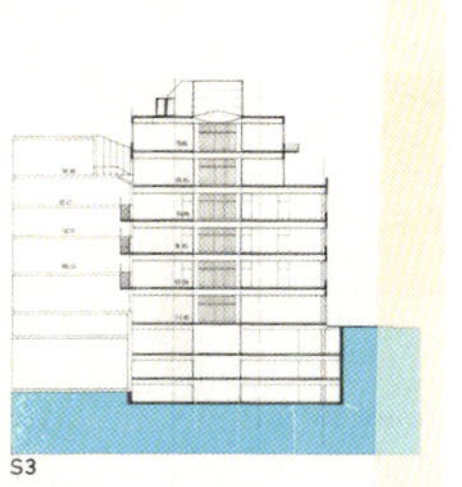

G 507-ZK   *Verlagshaus / Publishing House*

G 508-ZK   *Verlagshaus / Publishing House*

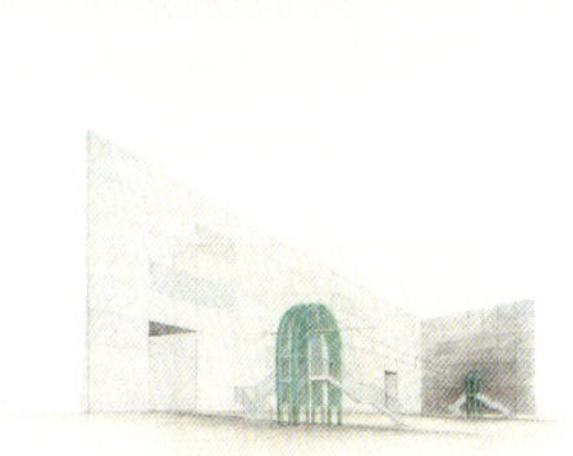

G 327-ZK   *Laubentore / Bowery Gates*

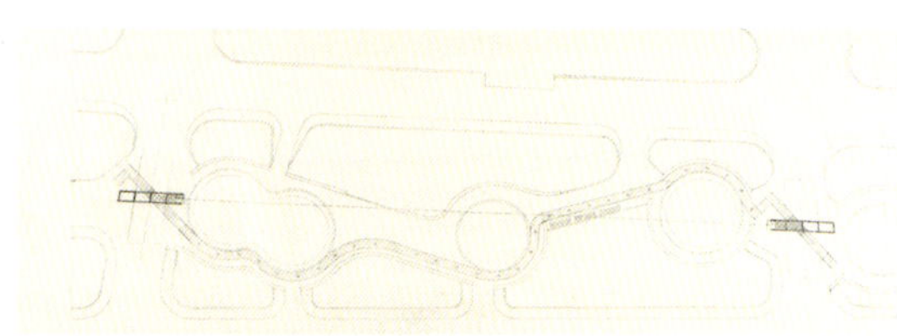

G 328-ZK   *Laubentore / Bowery Gates*

G 329-ZK   *Laubentore / Bowery Gates*

G 330-ZK   *Laubentore / Bowery Gates*

G 331-ZK   *Laubentore / Bowery Gates*

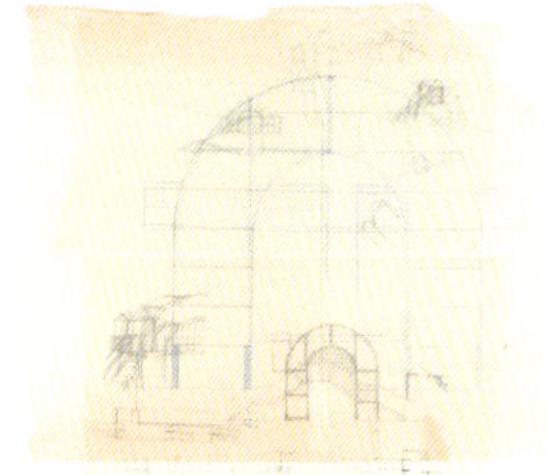

G 332-ZK   *Laubentore / Bowery Gates*

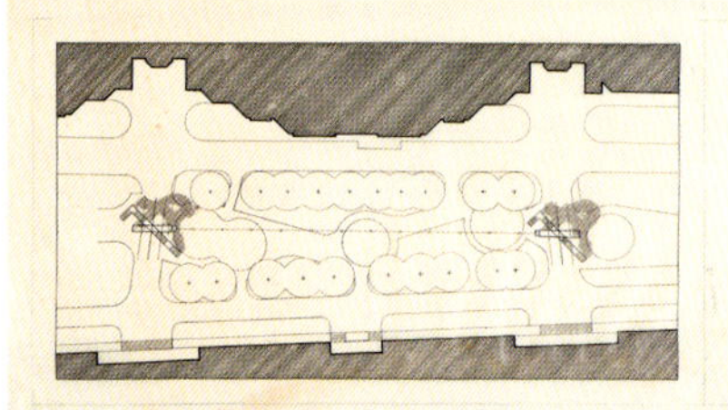

G 333-ZK   *Laubentore / Bowery Gates*

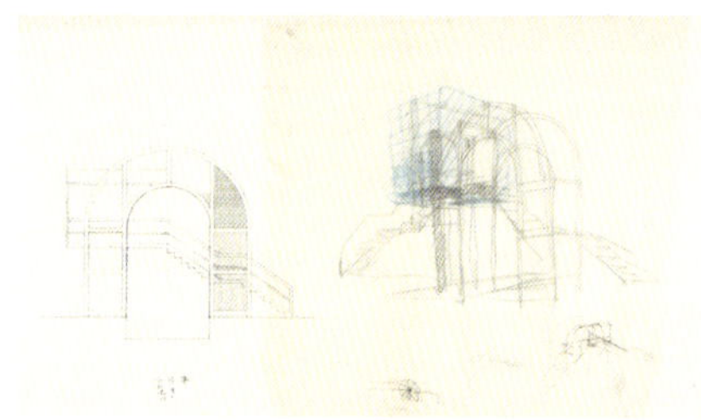

G 334-ZK   *Laubentore / Bowery Gates*

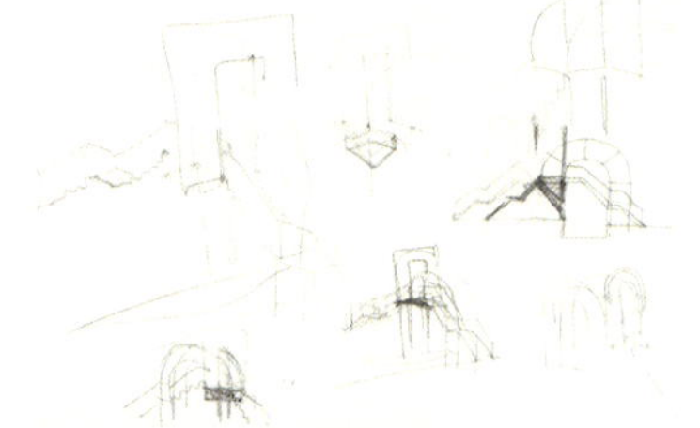

G 335-ZK   *Laubentore / Bowery Gates*

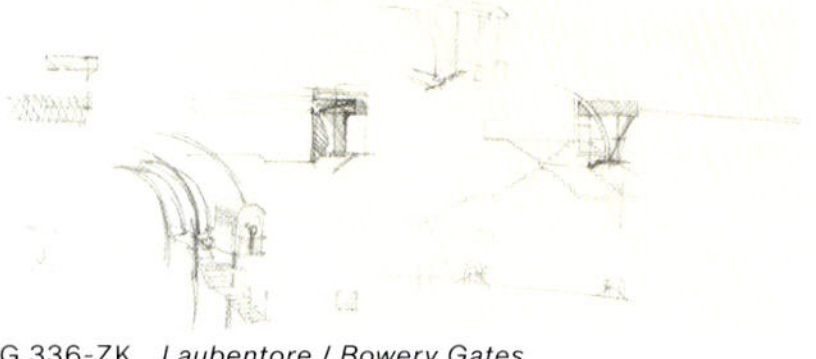

G 336-ZK   *Laubentore / Bowery Gates*

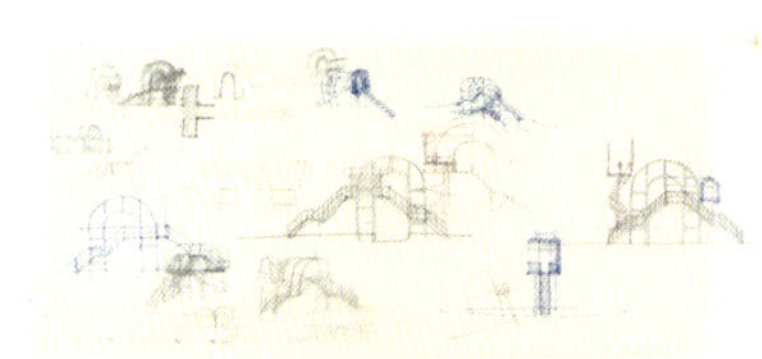

G 337-ZK   *Laubentore / Bowery Gates*

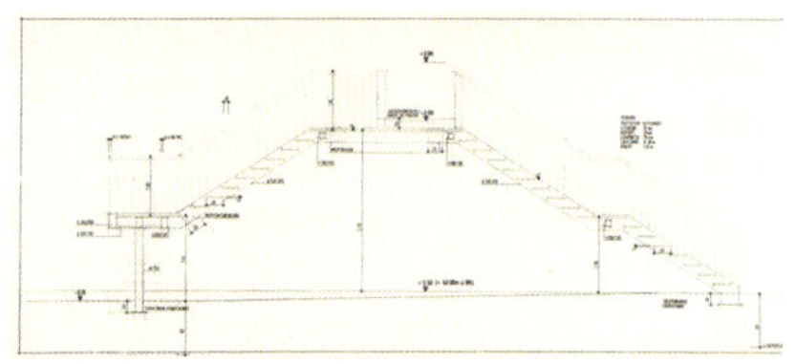

G 338-ZK   *Laubentore / Bowery Gates*

G 339-ZK   *Laubentore / Bowery Gates*

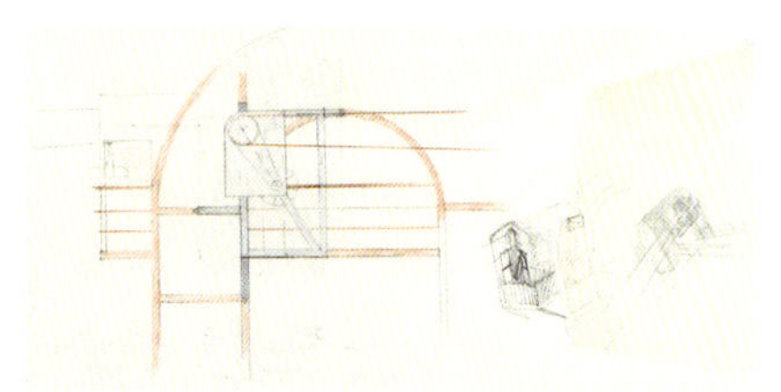

G 340-ZK   *Laubentore / Bowery Gates*

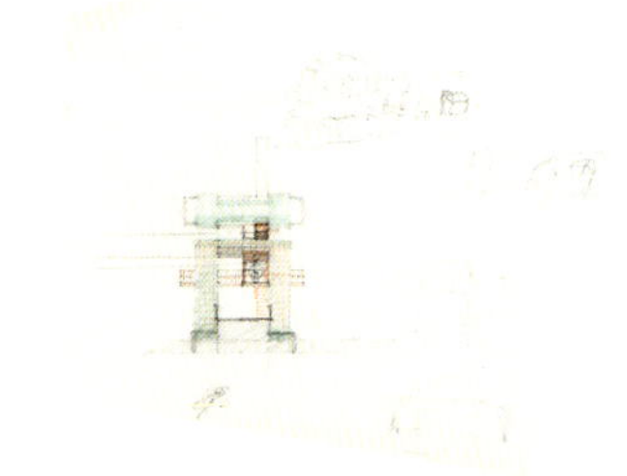

G 341-ZK   *Laubentore / Bowery Gates*

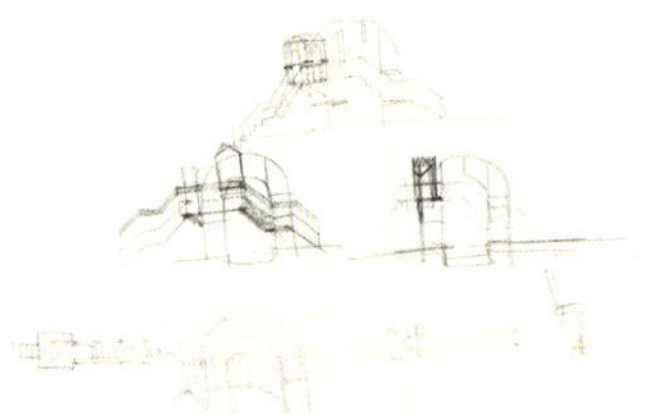

G 342-ZK   *Laubentore / Bowery Gates*

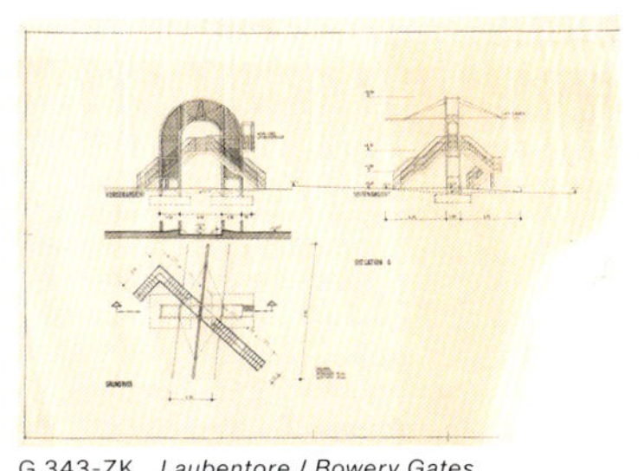

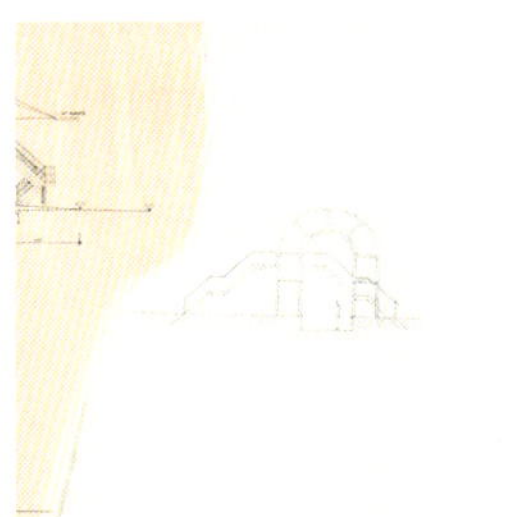

G 343-ZK   *Laubentore / Bowery Gates*

G 344-ZK   *Laubentore / Bowery Gates*

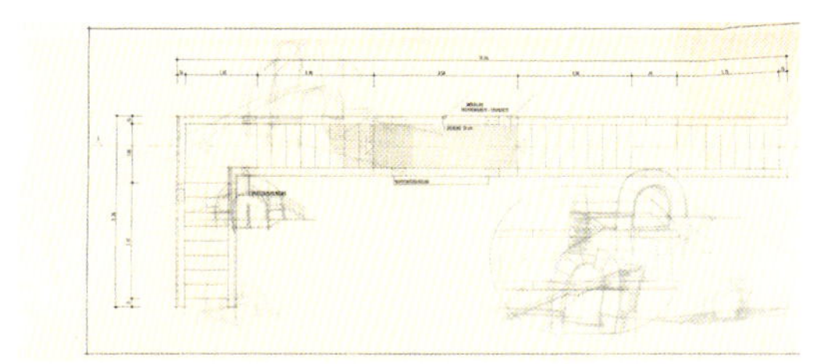

G 345-ZK   *Laubentore / Bowery Gates*

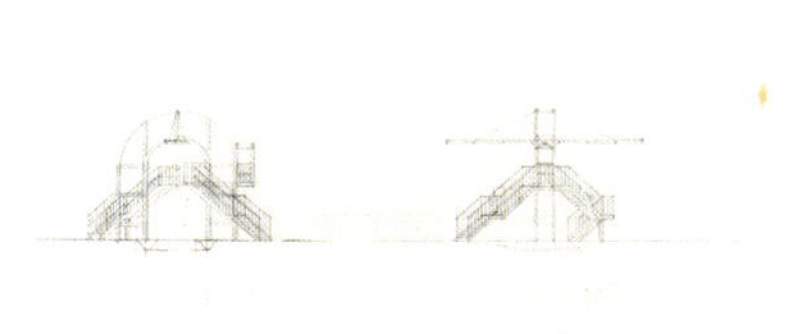

G 346-ZK   *Laubentore / Bowery Gates*

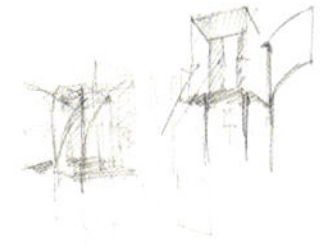

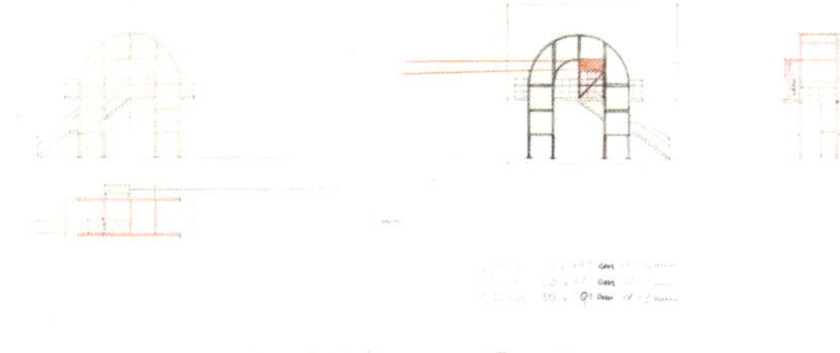

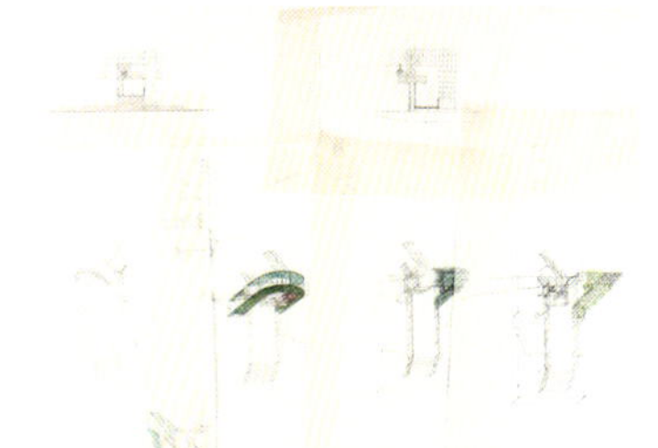

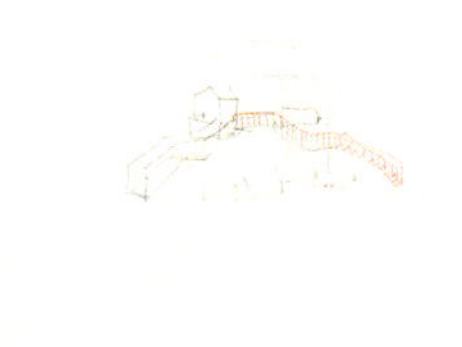

G 347-ZK   *Laubentore /
Bowery Gates*

G 348-ZK   *Laubentore / Bowery Gates*

G 349-ZK   *Laubentore / Bowery Gates*

G 350-ZK   *Laubentore / Bowery Gates*

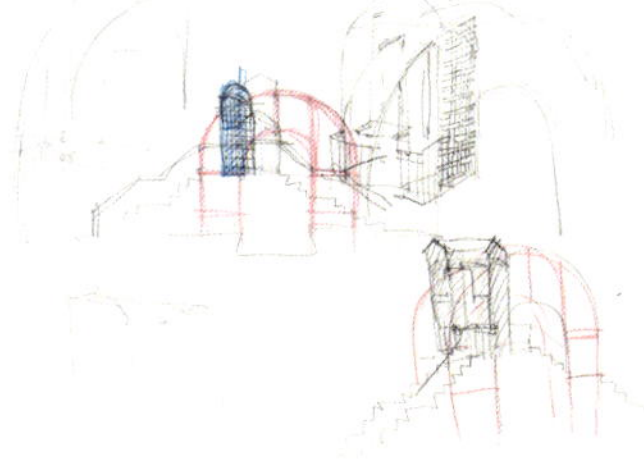

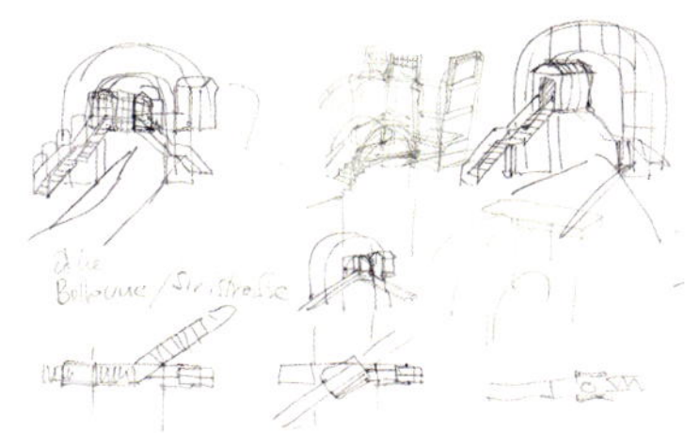

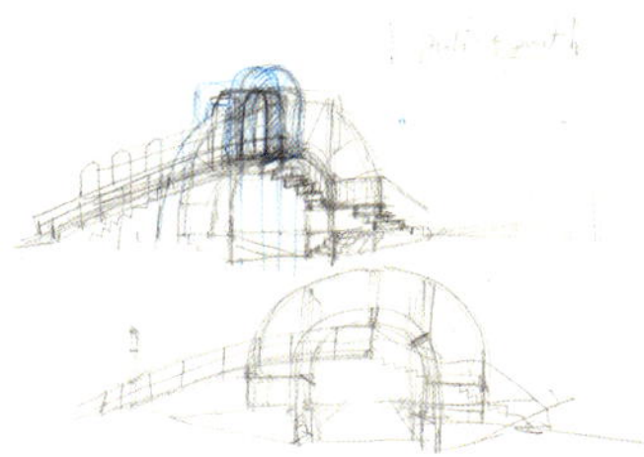

G 351-ZK   *Laubentore / Bowery Gates*

G 352-ZK   *Laubentore / Bowery Gates*

G 353-ZK   *Laubentore / Bowery Gates*

G 354-ZK   *Laubentore / Bowery Gates*

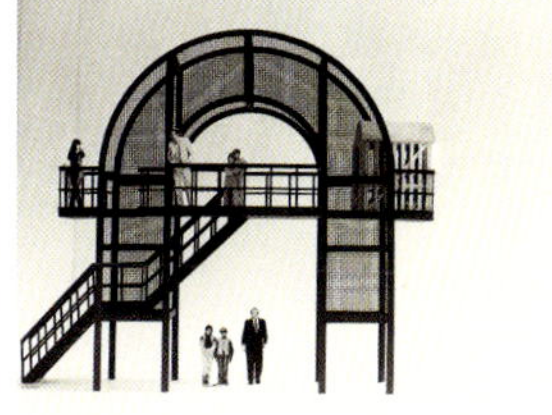

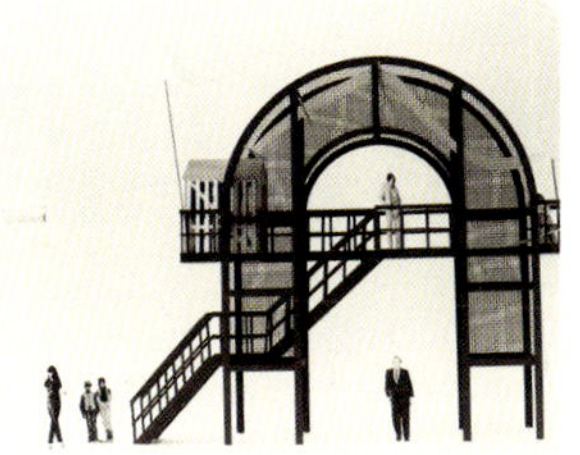

G 355-ZK   *Laubentore / Bowery Gates*

G 356-ZK   *Laubentore / Bowery Gates*

G 357-ZK   *Laubentore / Bowery Gates*

G 358-ZK   *Laubentore / Bowery Gates*

G 359-ZK   *Laubentore / Bowery Gates*

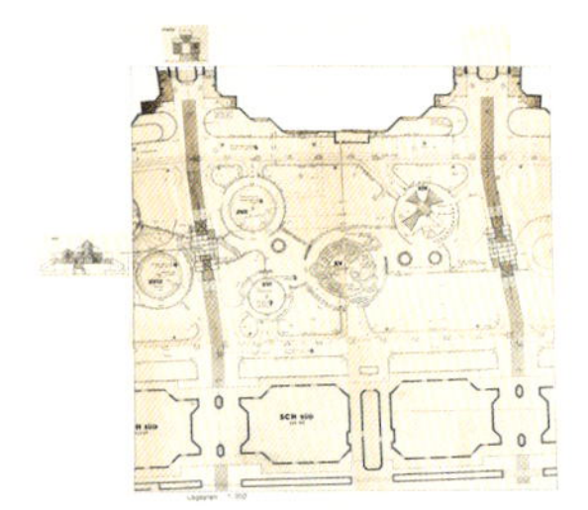

G 360-ZK   *Laubentore / Bowery Gates*

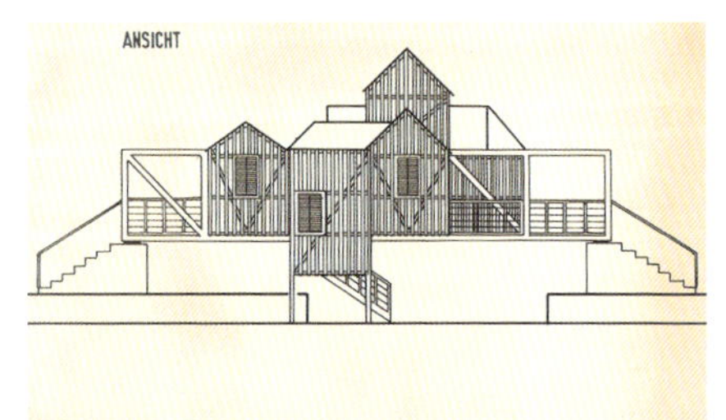

G 361-ZK   *Laubentore / Bowery Gates*

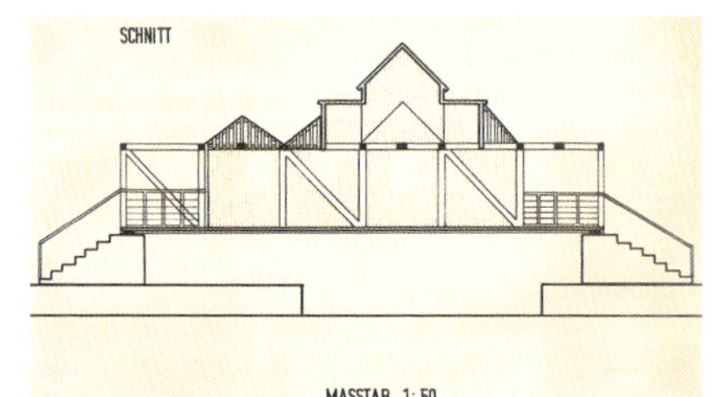

G 362-ZK   *Laubentore / Bowery Gate*

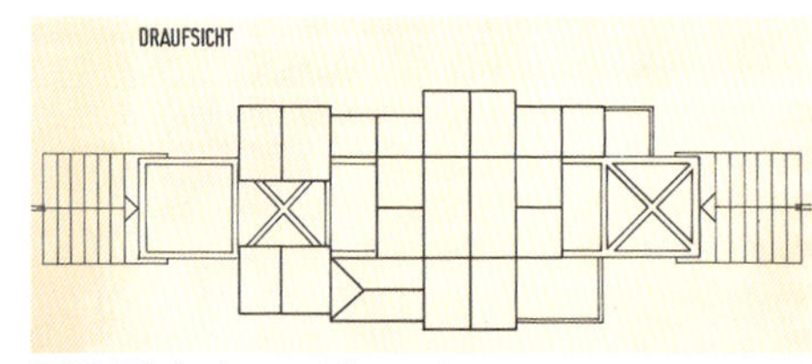

G 363-ZK   *Laubentore / Bowery Gates*

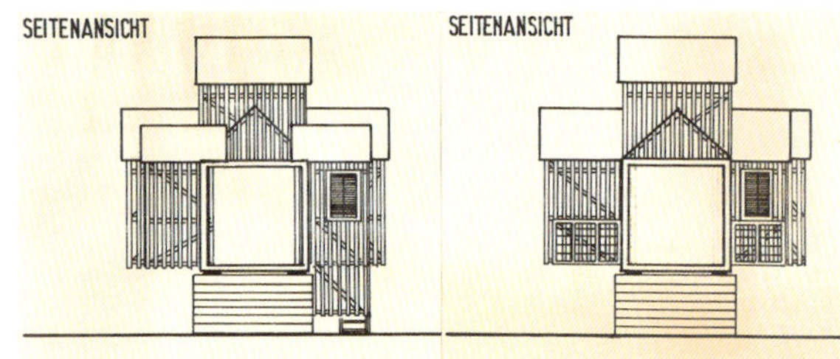

G 364/365-ZK   *Laubentore / Bowery Gates*

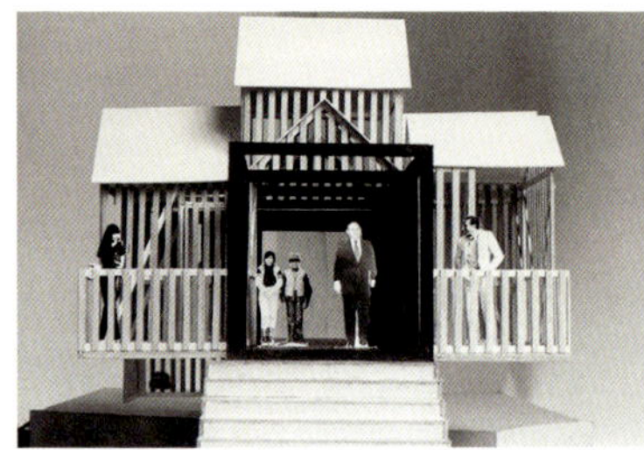

G 366-ZK   *Laubentore / Bowery Gates*

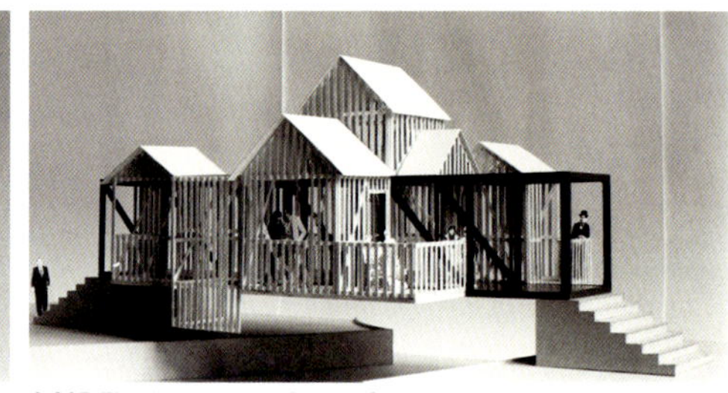

G 367-ZK   *Laubentore / Bowery Gates*

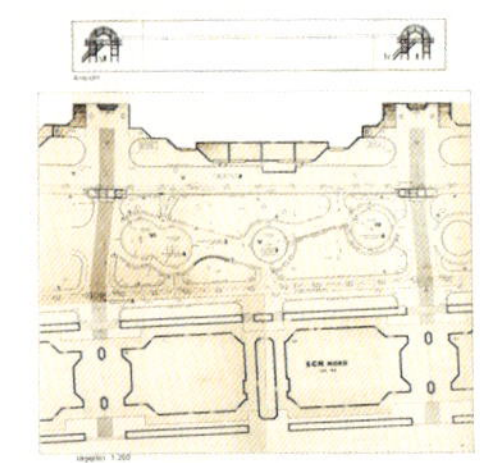

G 368-ZK   *Laubentore / Bowery Gates*

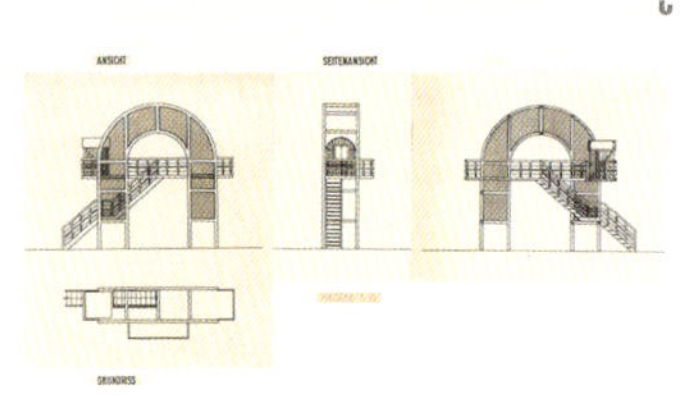

G 369-ZK   *Laubentore / Bowery Gates*

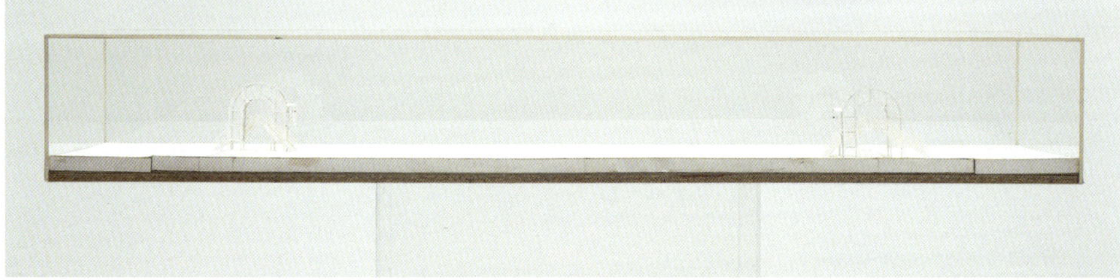

15-ZK   *Laubentore / Bowery Gates*

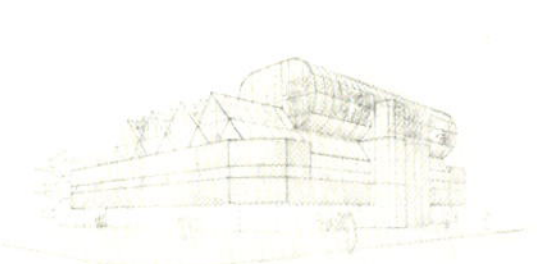

G 485-ZK   *Palmenhaus / Palm House*

G 486-ZK   *Palmenhaus / Palm House*

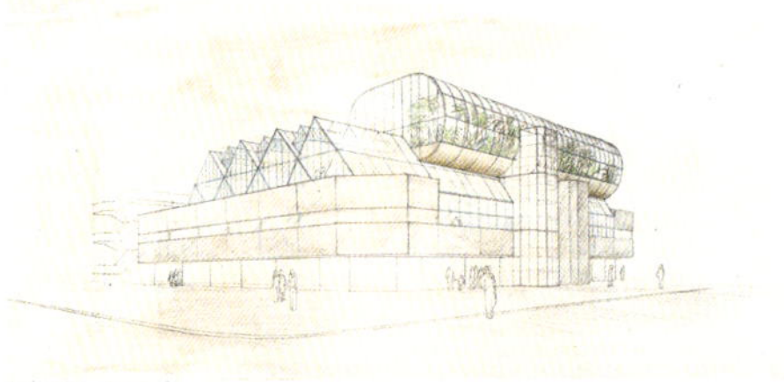

G 487-ZK   *Palmenhaus / Palm House*

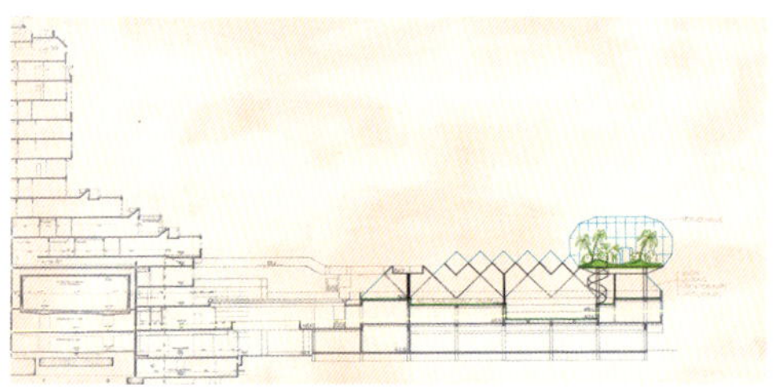

G 488-ZK   *Palmenhaus / Palm House*

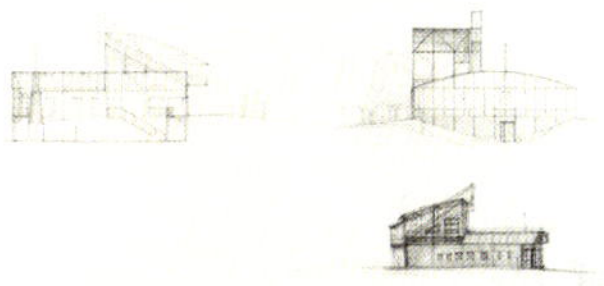

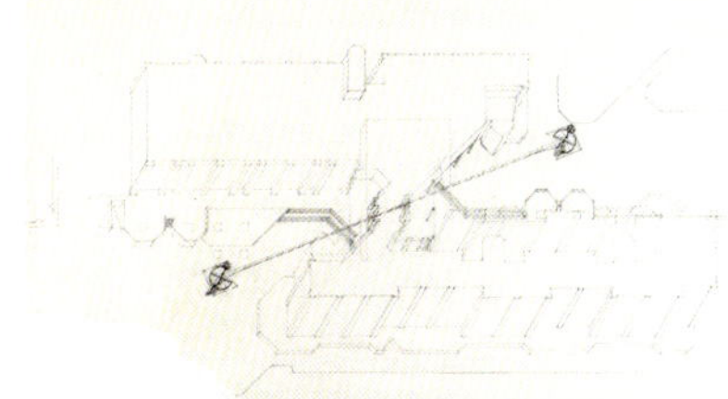

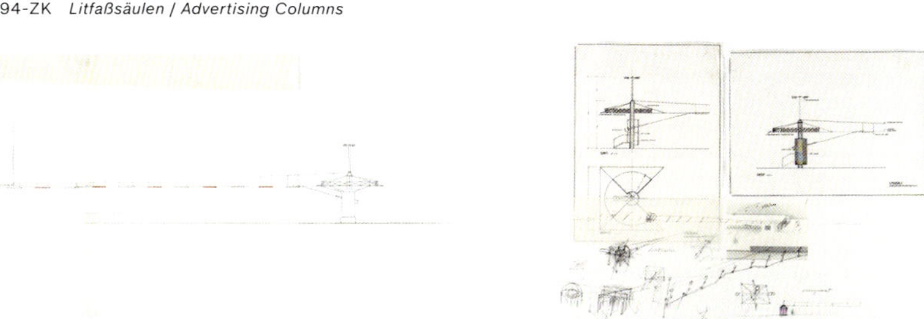

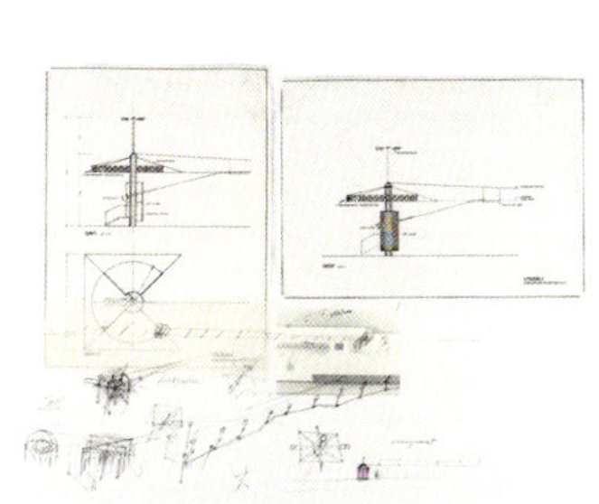

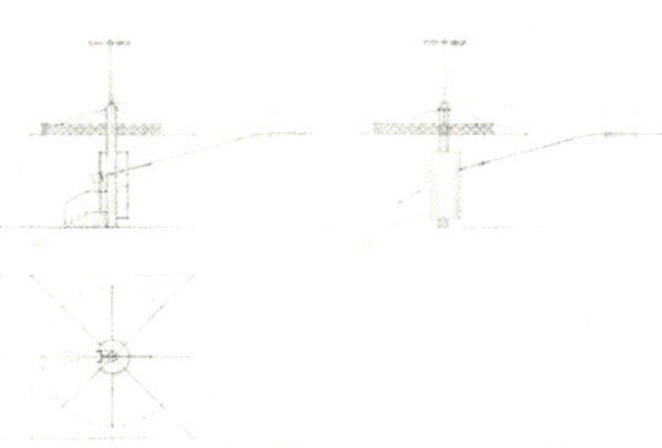

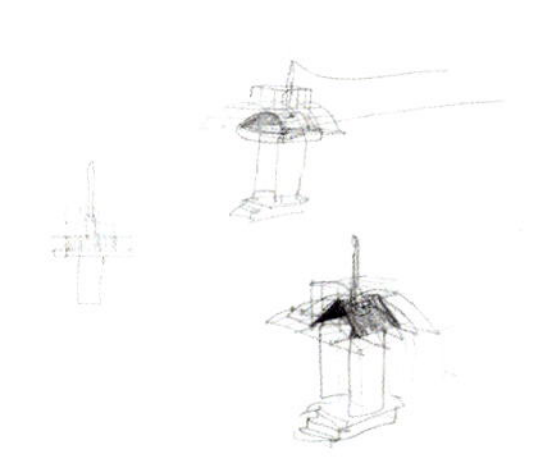

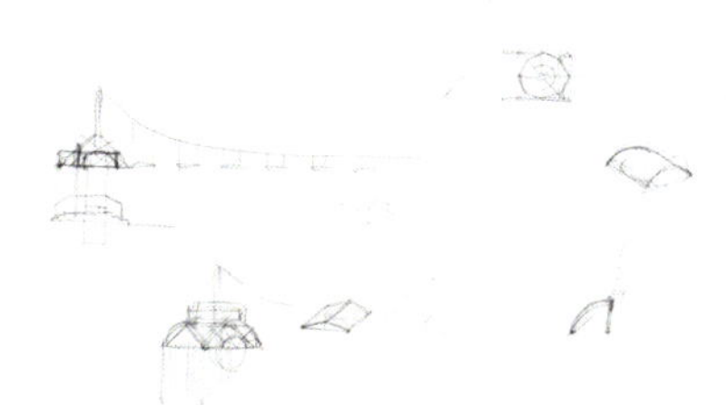

G 288-ZK   *Lineares Haus / Linear House*

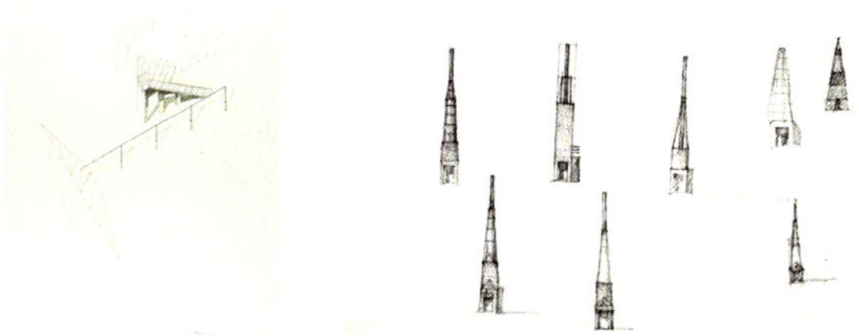

G 289/290-ZK   *Lineares Haus / Linear House*

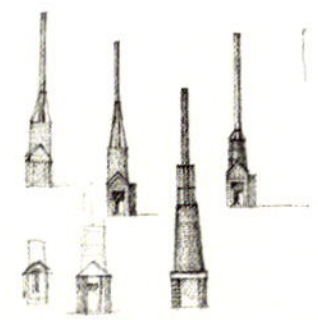

G 291-ZK   *Lineares Haus / Linear House*

G 292-ZK   *Lineares Haus / Linear House*

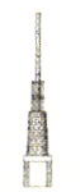

G 293-ZK   *Lineares Haus / Linear House*

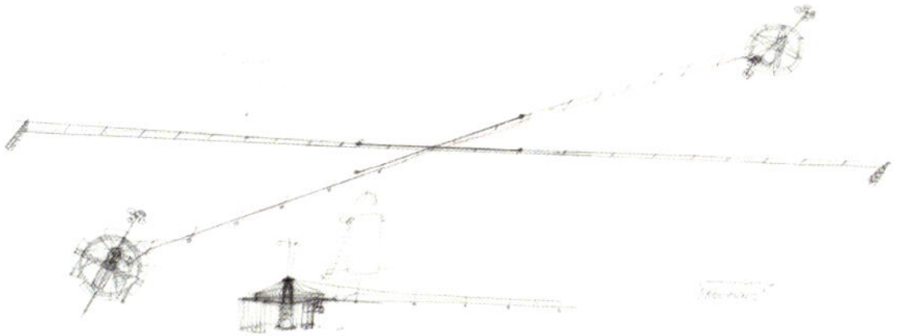

G 295-ZK   *Litfaßsäulen / Advertising Columns*

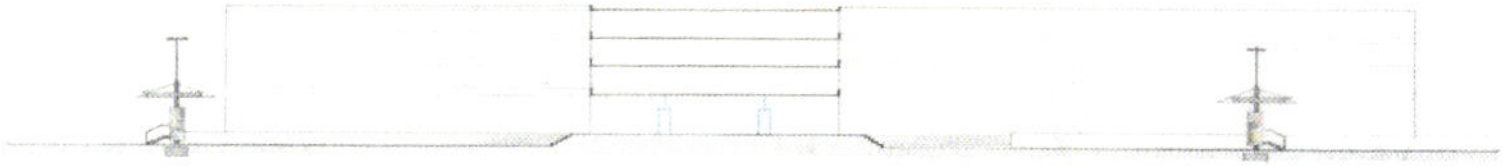

G 296-ZK   *Litfaßsäulen / Advertising Columns*

G 294-ZK   *Litfaßsäulen / Advertising Columns*

G 297-ZK   *Litfaßsäulen / Advertising Columns*

G 298-ZK   *Litfaßsäulen / Advertising Columns*

G 299-ZK   *Litfaßsäulen / Advertising Columns*

G 300-ZK   *Litfaßsäulen / Advertising Columns*

G 301-ZK   *Litfaßsäulen / Advertising Columns*

G 302-ZK   *Litfaßsäulen / Advertising Columns*

G 303-ZK   *Litfaßsäulen / Advertising Columns*

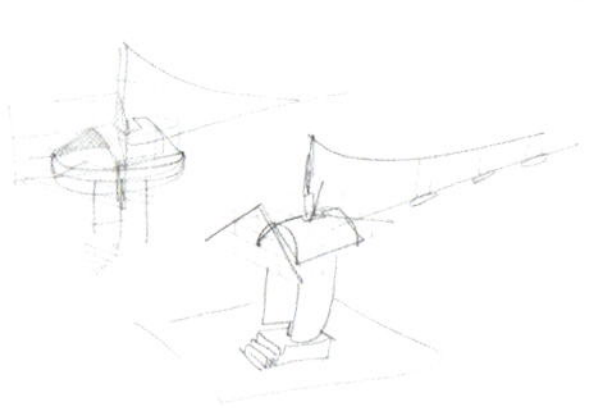

G 304-ZK *Litfaßsäulen / Advertising Columns*

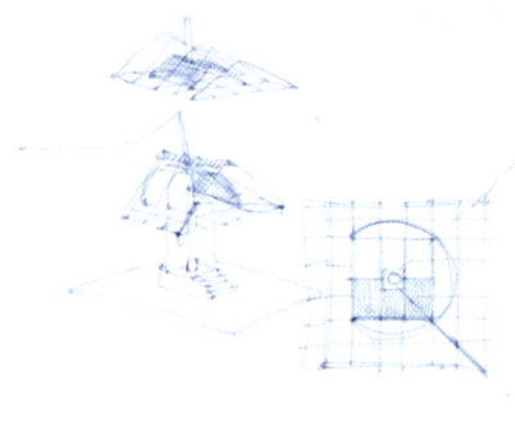

G 305-ZK *Litfaßsäulen / Advertising Columns*

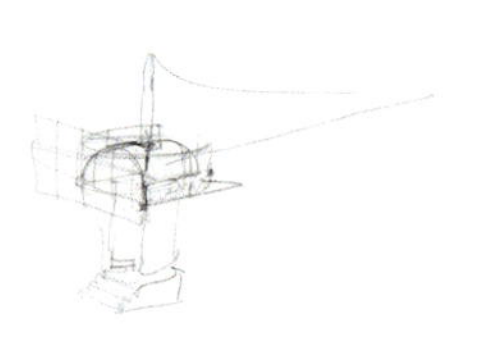

G 306-ZK *Litfaßsäulen / Advertising Columns*

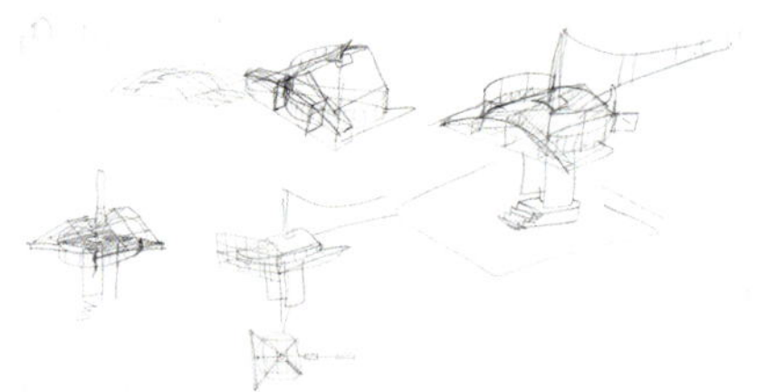

G 307-ZK *Litfaßsäulen / Advertising Columns*

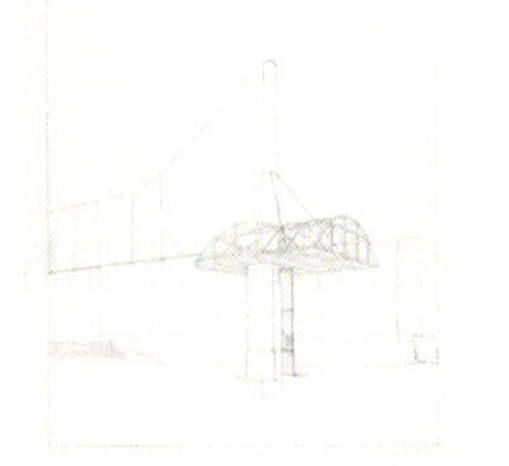

G 308-ZK *Litfaßsäulen / Advertising Columns*

G 309-ZK *Litfaßsäulen / Advertising Columns*

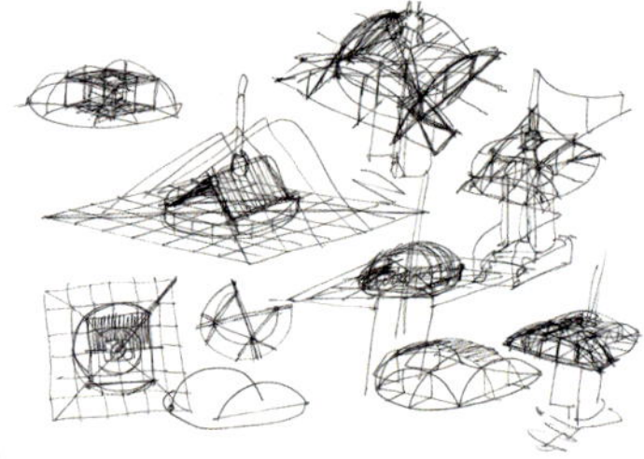

G 310-ZK *Litfaßsäulen / Advertising Columns*

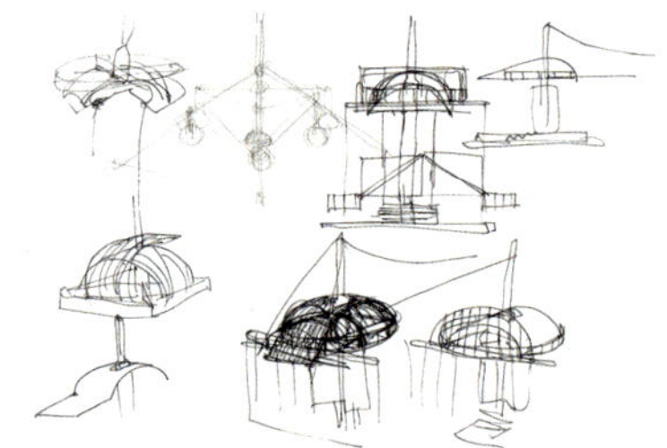

G 311-ZK *Litfaßsäulen / Advertising Columns*

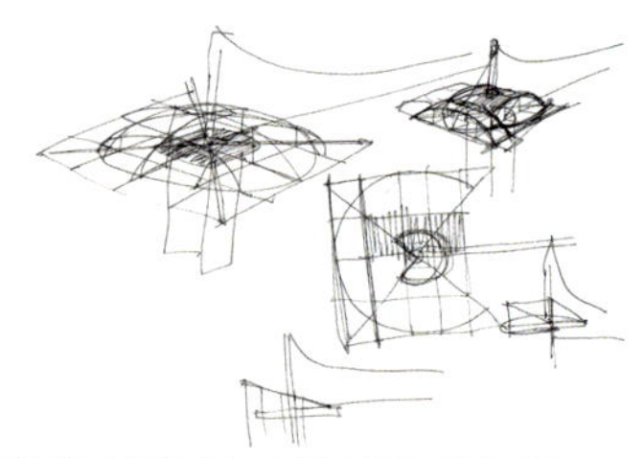

G 312-ZK *Litfaßsäulen / Advertising Columns*

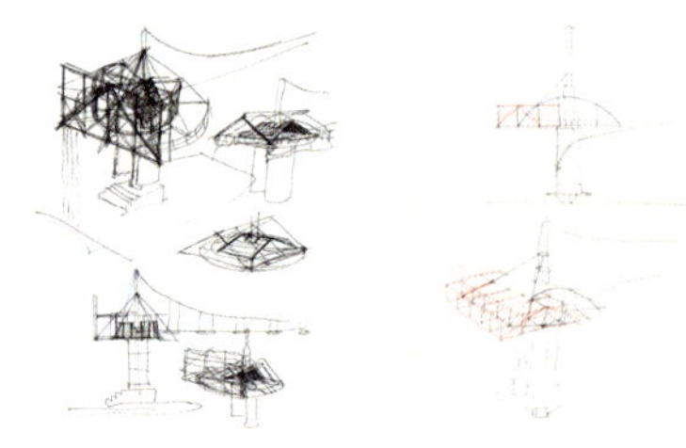

G 313/314-ZK *Litfaßsäulen / Advertising Columns*

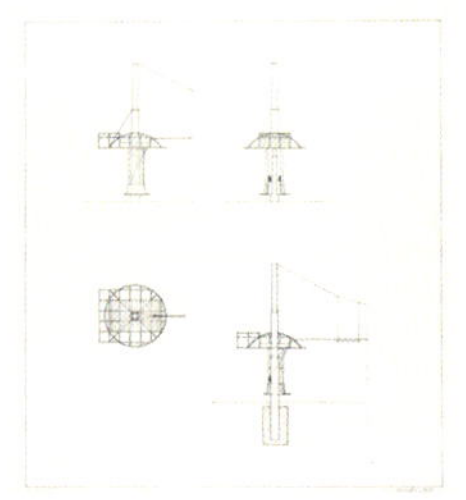

G 315-ZK *Litfaßsäulen / Advertising Columns*

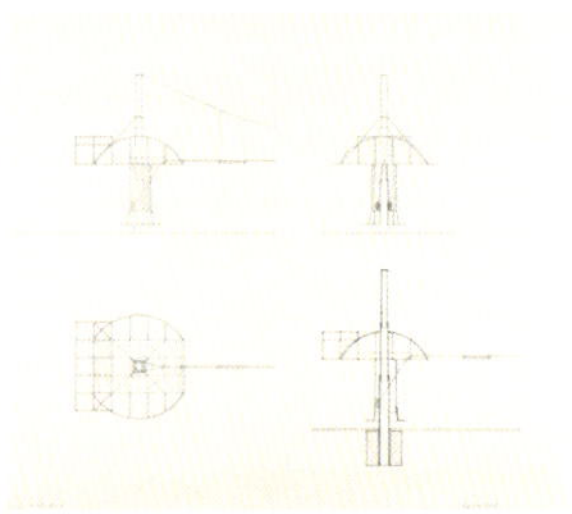

G 316-ZK *Litfaßsäulen / Advertising Columns*

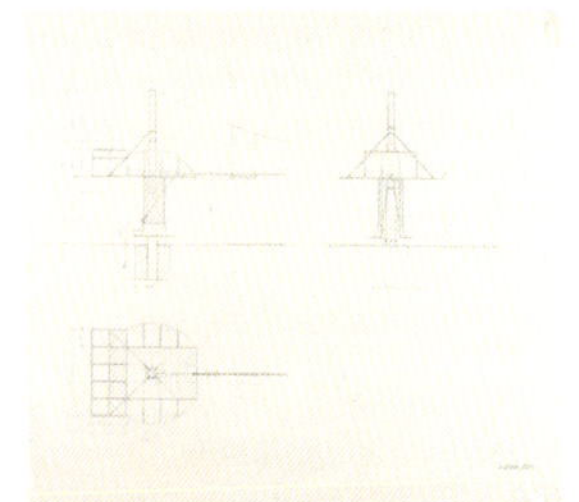

G 317-ZK *Litfaßsäulen / Advertising Columns*

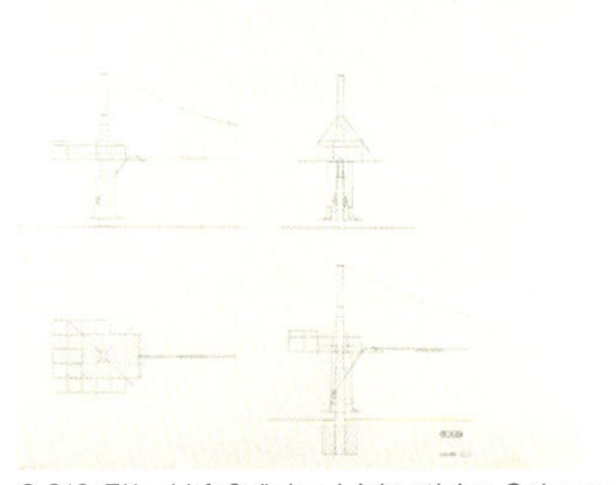

G 318-ZK *Litfaßsäulen / Advertising Columns*

G 319-ZK *Litfaßsäulen / Advertising Columns*

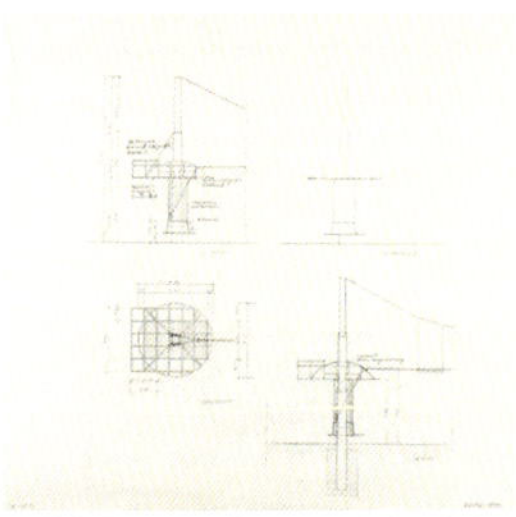

G 320-ZK *Litfaßsäulen / Advertising Columns*

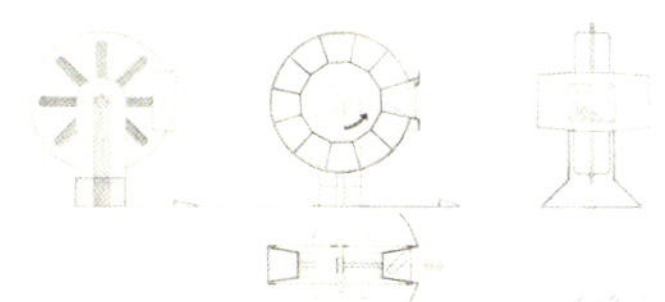

G 321-ZK   *Litfaßsäulen / Advertising Columns*

G 322-ZK   *Litfaßsäulen / Advertising Columns*

G 323-ZK   *Litfaßsäulen / Advertising Columns*

G 324-ZK   *Litfaßsäulen / Advertising Columns*

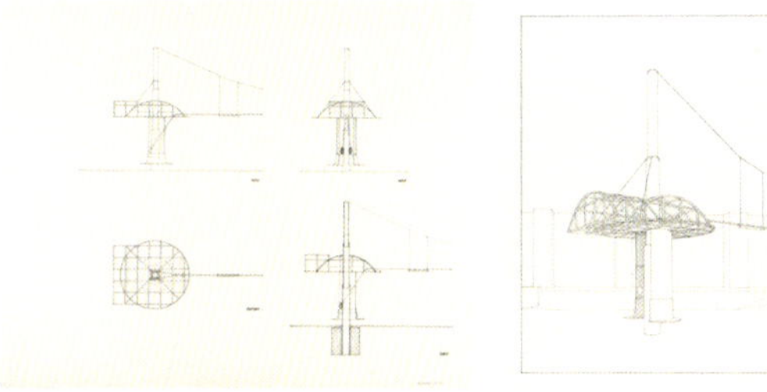

G 325/356-ZK   *Litfaßsäulen / Advertising Columns*

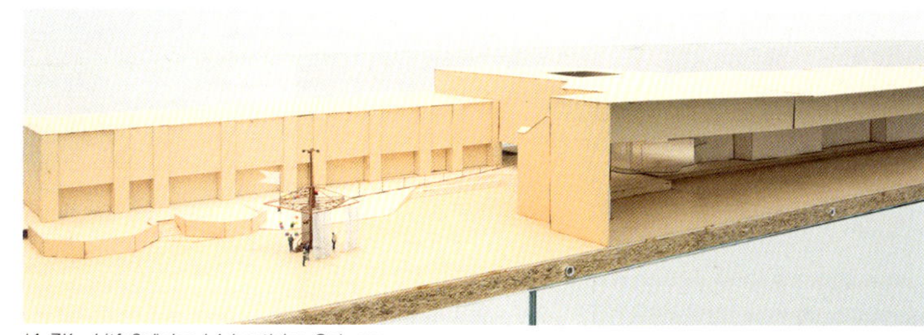

14-ZK   *Litfaßsäulen / Advertising Columns*

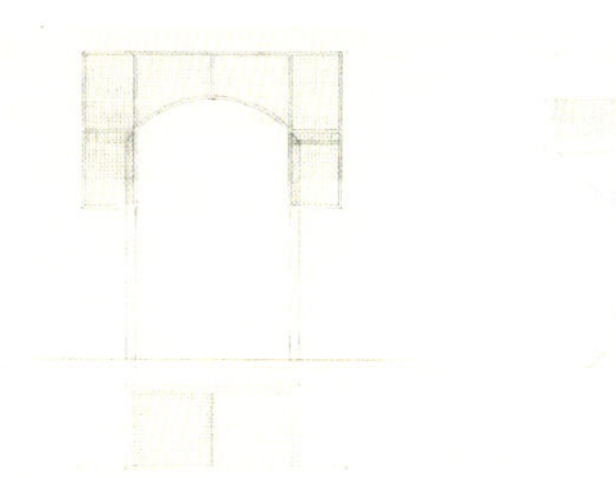

G 381-ZK   *Torstudien / Arch Studies*

G 380-ZK   *Torstudien / Arch Studies*

G 379-ZK   *Torstudien / Arch Studies*

G 378-ZK   *Torstudien / Arch Studies*

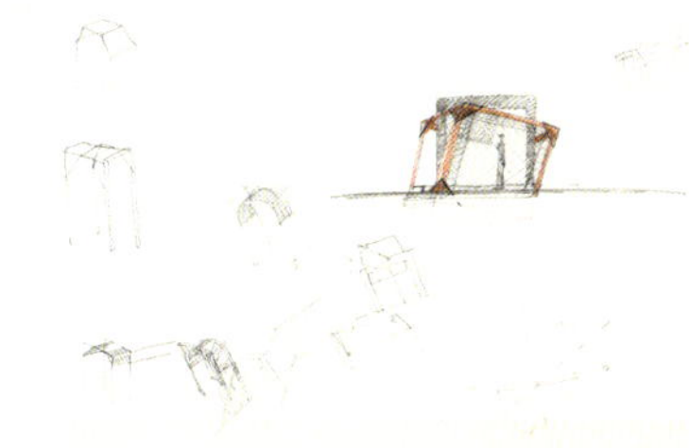

G 377-ZK   *Torstudien / Arch Studies*

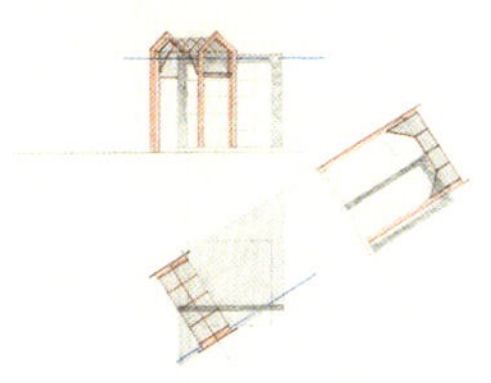

G 376-ZK   *Torstudien / Arch Studies*

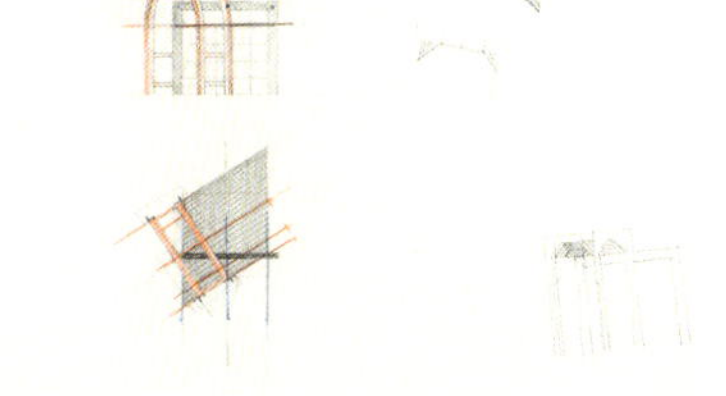

G 375-ZK   *Torstudien / Arch Studies*

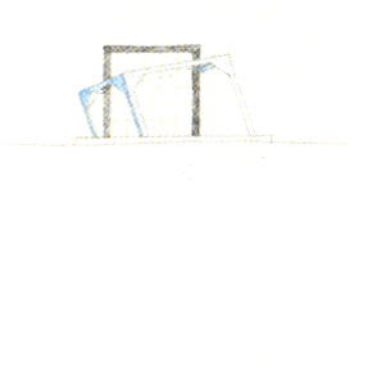

G 374-ZK   *Torstudien / Arch Studies*

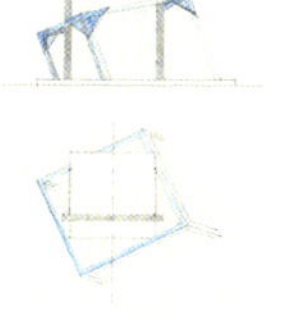

G 373-ZK   *Torstudien / Arch Studies*

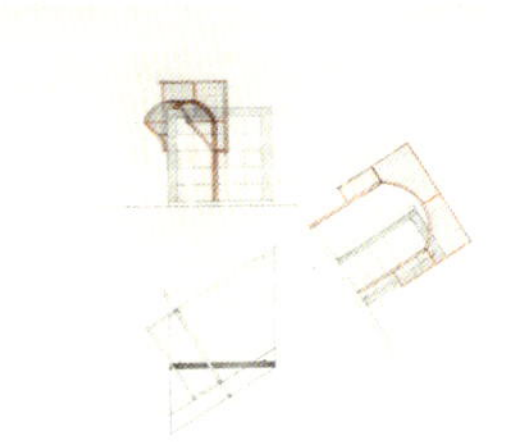

G 372-ZK   *Torstudien / Arch Studies*

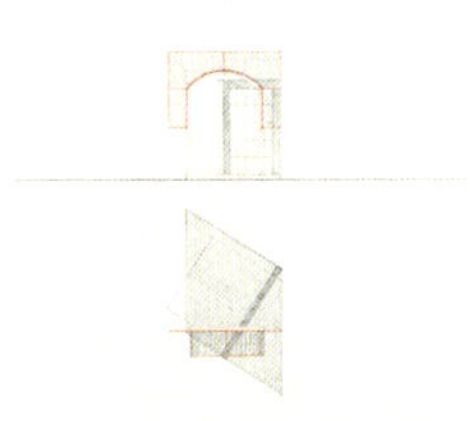
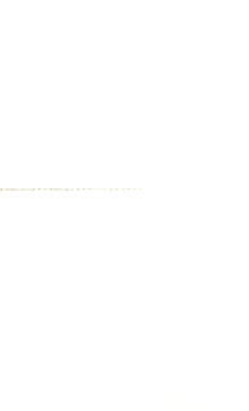

G 371-ZK   *Torstudien / Arch Studies*

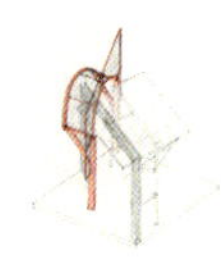

G 370-ZK   *Torstudien / Arch Studies*

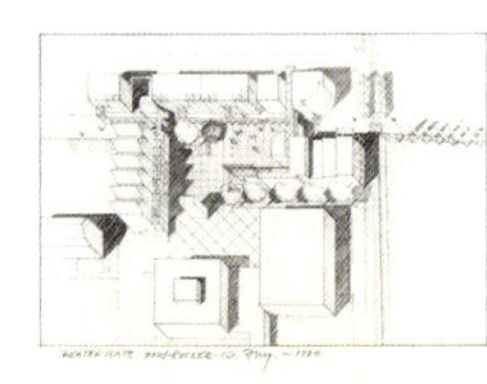

G 483-ZK   *Theaterplatz*

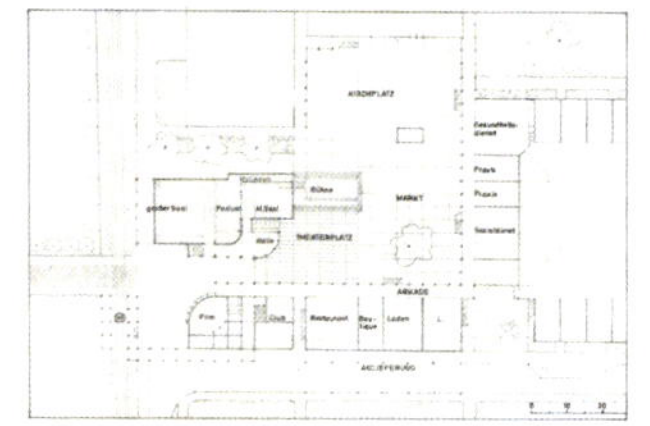

G 484-ZK   *Theaterplatz*

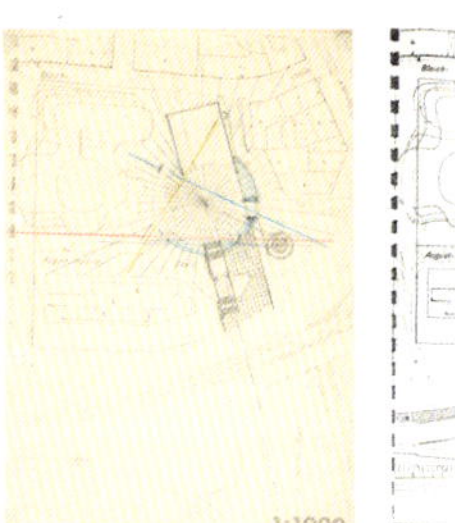
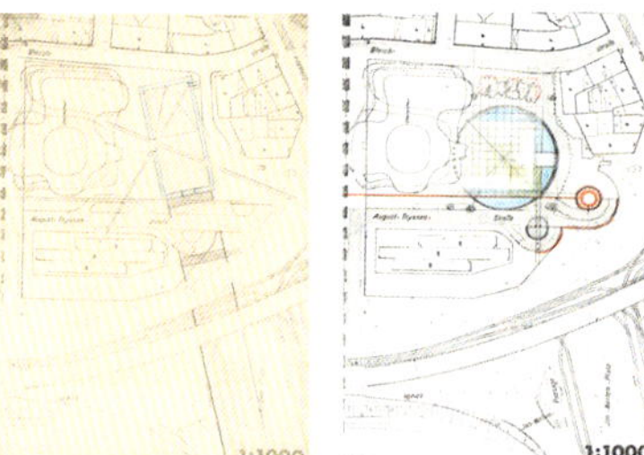
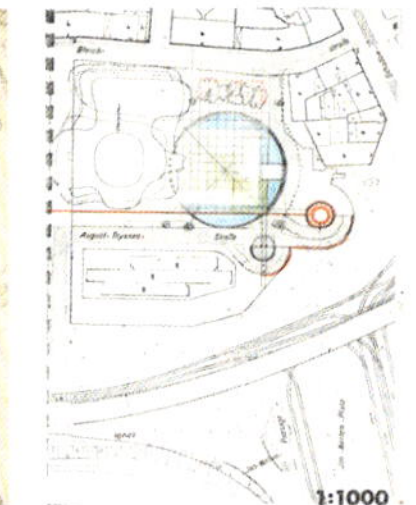

G 221/222/223/224-ZK   *Gründgensplatz*

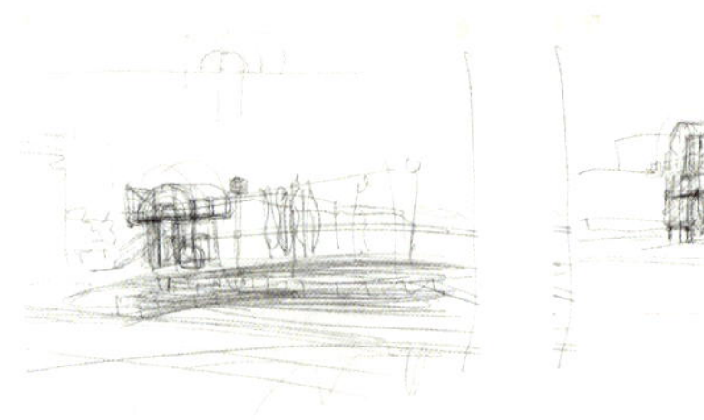

G 225-ZK   *Gründgensplatz*

G 226-ZK   *Gründgensplatz*

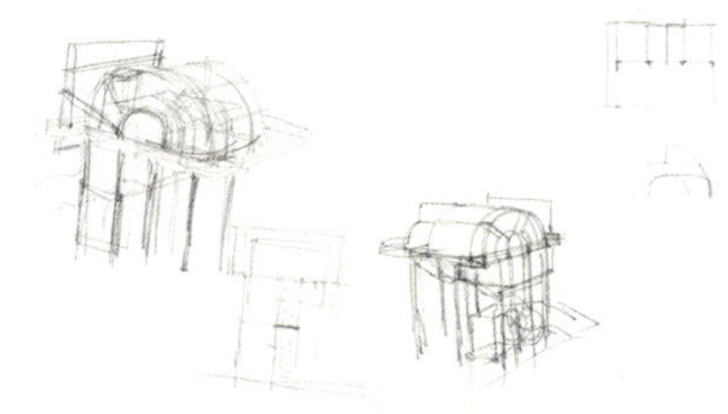

G 227/228-ZK   *Gründgensplatz*

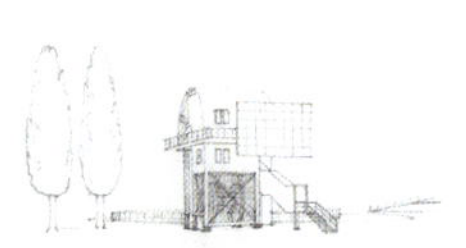

G 229-ZK   *Gründgensplatz*

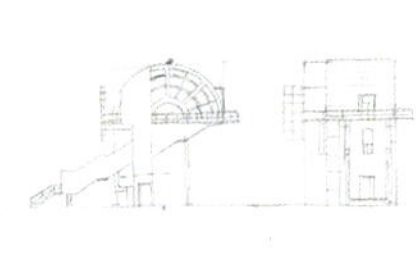

G 230-ZK   *Gründgensplatz*

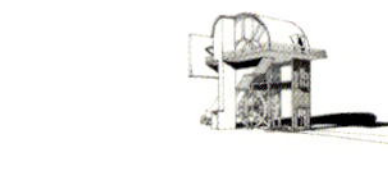

G 231-ZK   *Gründgensplatz*

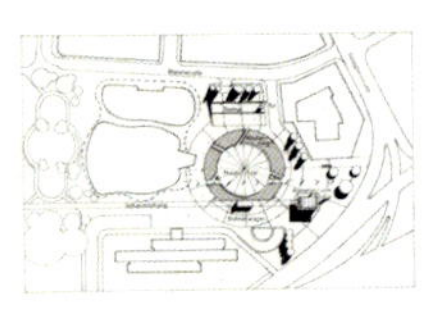

G 232-ZK   *Gründgensplatz*

G 233-ZK   *Gründgensplatz*

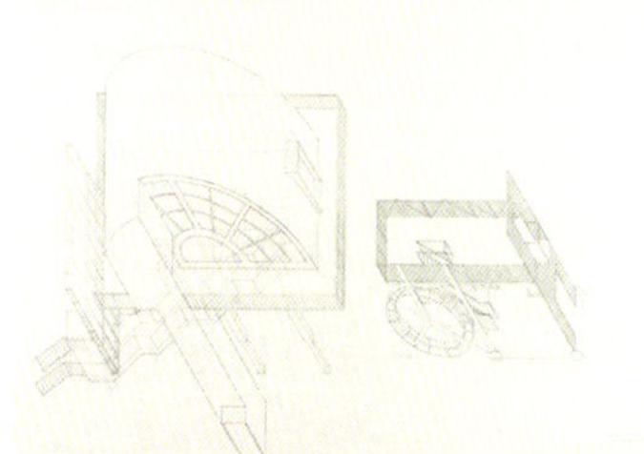

G 234-ZK   *Gründgensplatz*

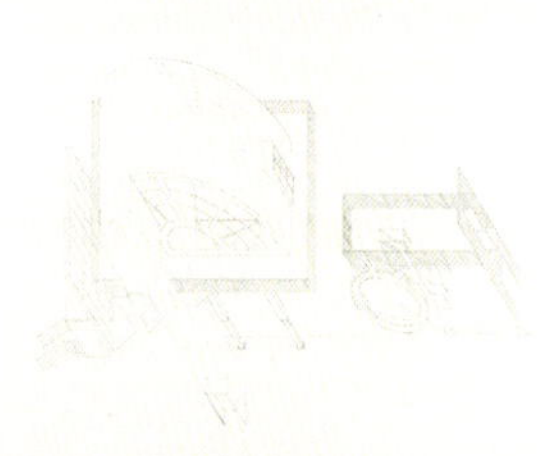

G 235-ZK   *Gründgensplatz*

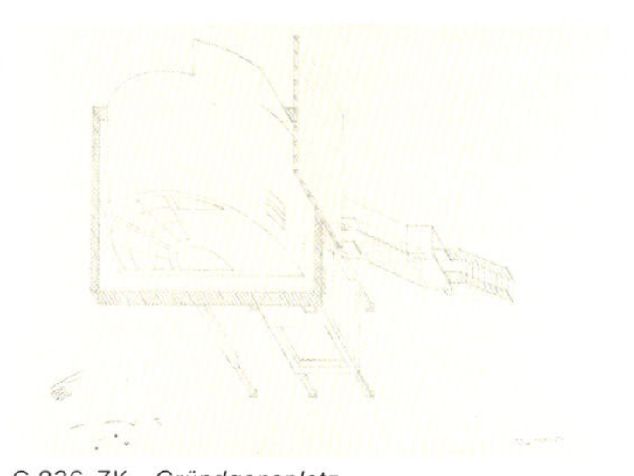

G 236-ZK   *Gründgensplatz*

G 237-ZK   *Gründgensplatz*

G 238-ZK   *Gründgensplatz*

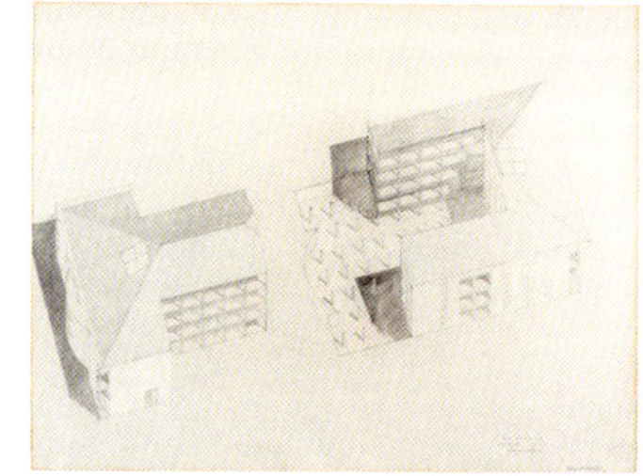

G 453-ZK   *Geteiltes Haus / Divided House*

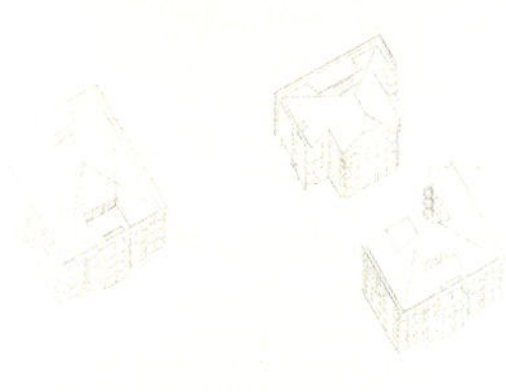

G 454-ZK   *Geteiltes Haus / Divided House*

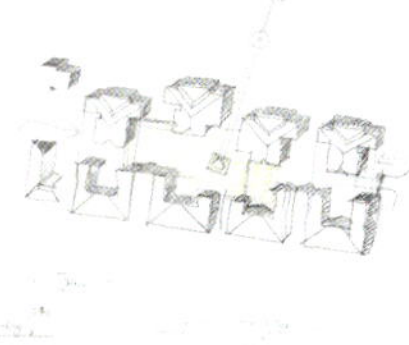

G 455-ZK   *Geteiltes Haus / Divided House*

G 456-ZK   *Geteiltes Haus / Divided House*

G 457-ZK   *Geteiltes Haus / Divided House*

G 458-ZK   *Geteiltes Haus / Divided House*

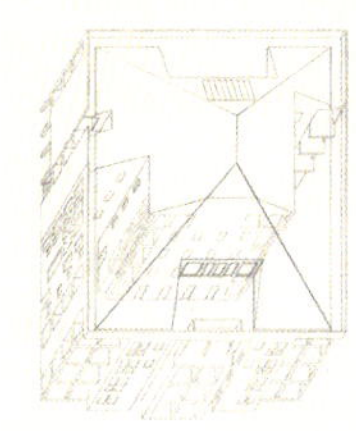

G 459/460-ZK   *Geteiltes Haus / Divided House*

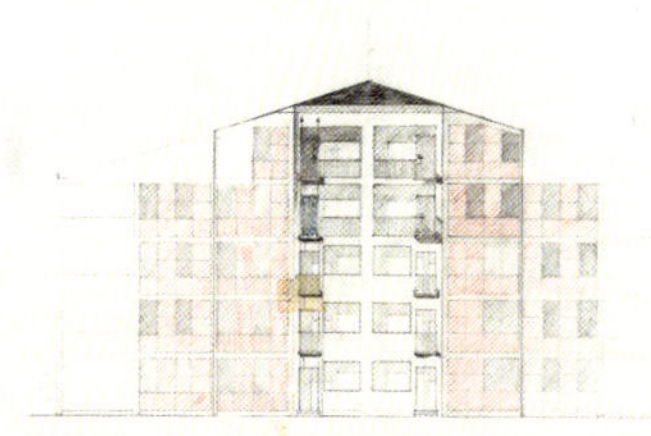

G 461-ZK   *Geteiltes Haus / Divided House*

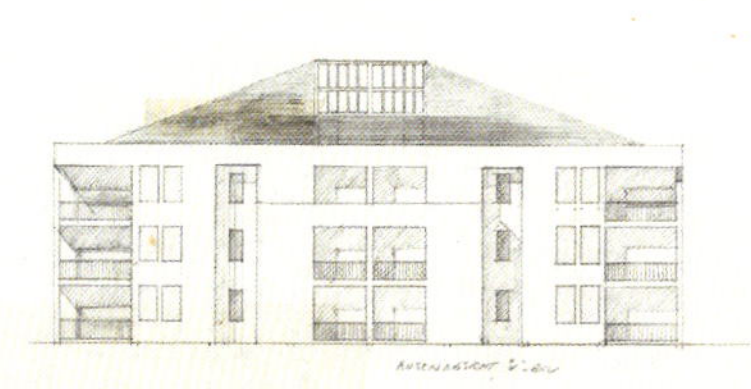

G 462-ZK   *Geteiltes Haus / Divided House*

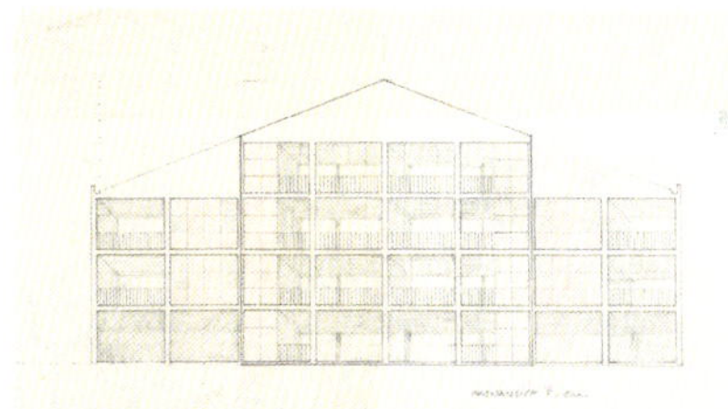

G 463-ZK   *Geteiltes Haus / Divided House*

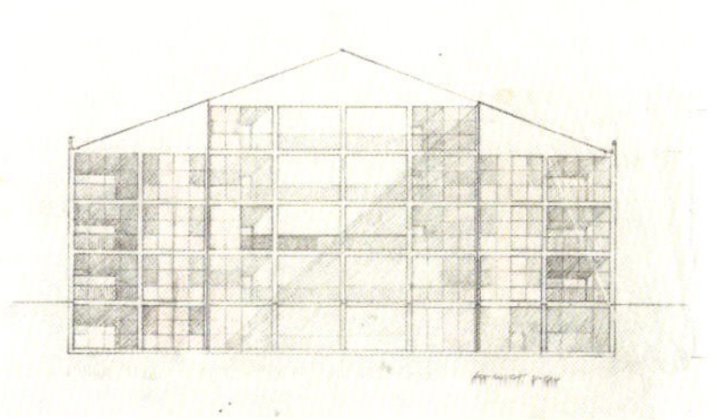

G 464-ZK   *Geteiltes Haus / Divided House*

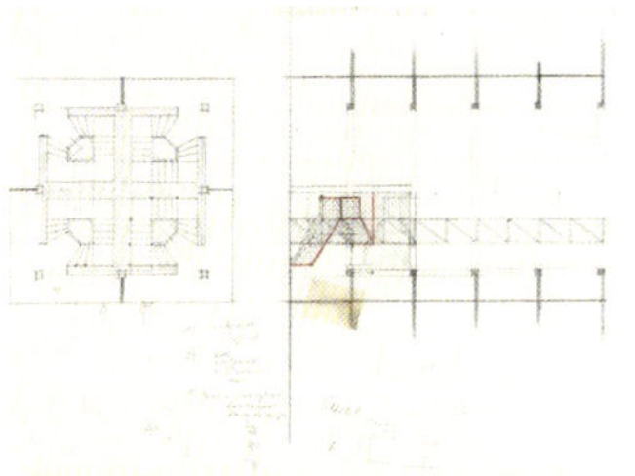

G 465-ZK   *Geteiltes Haus / Divided House*

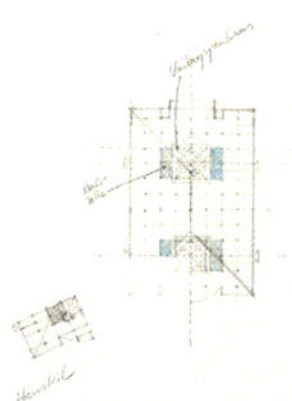

G 466-ZK   *Geteiltes Haus / Divided House*

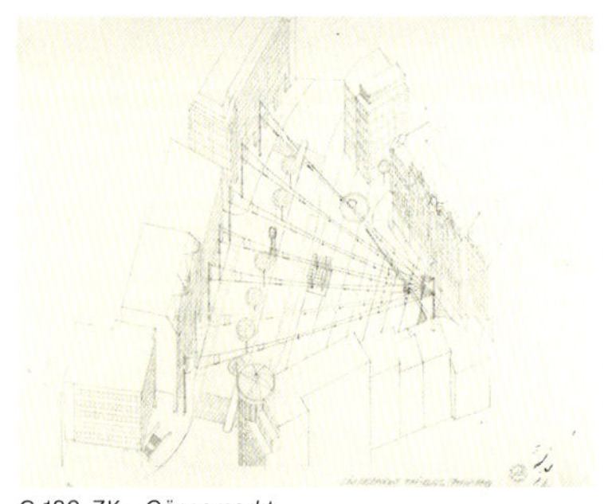

G 180-ZK *Gänsemarkt*

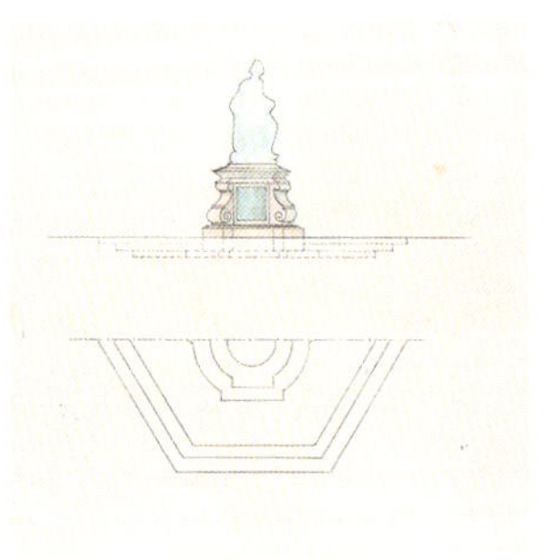

G 181-ZK *Gänsemarkt*

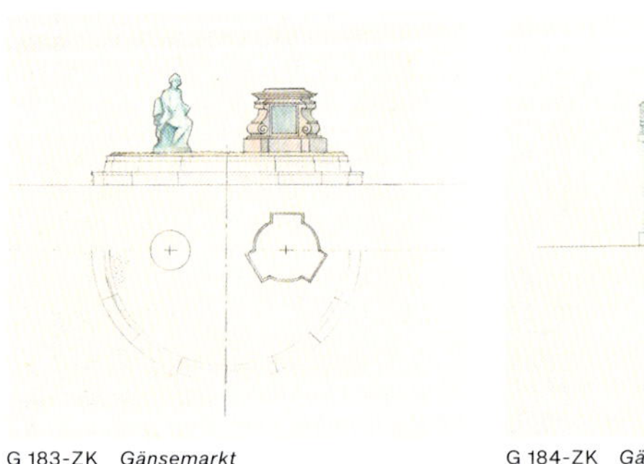

G 182-ZK *Gänsemarkt*

G 183-ZK *Gänsemarkt*

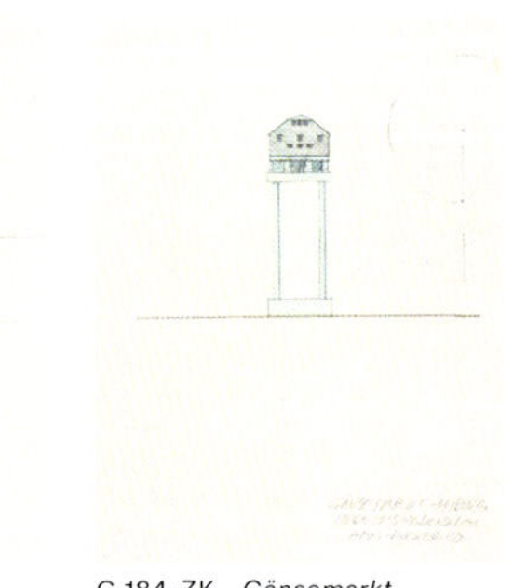

G 184-ZK *Gänsemarkt*

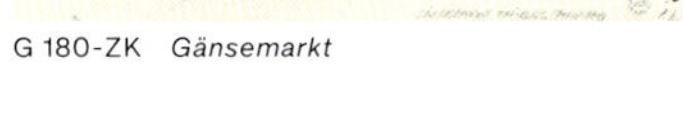

G 185-ZK *Gänsemarkt*

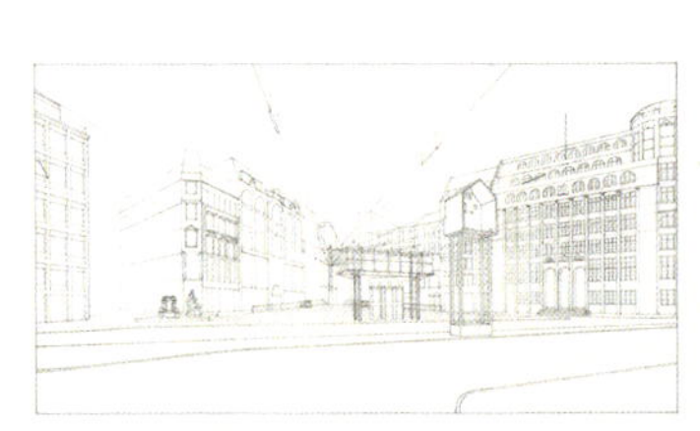

G 186-ZK *Gänsemarkt*

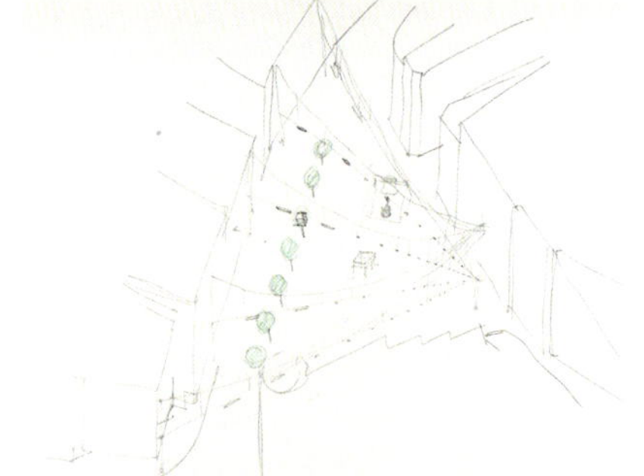

G 187-ZK *Gänsemarkt*

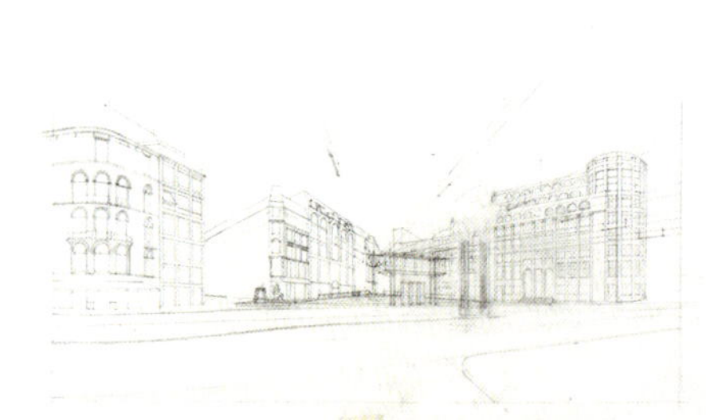

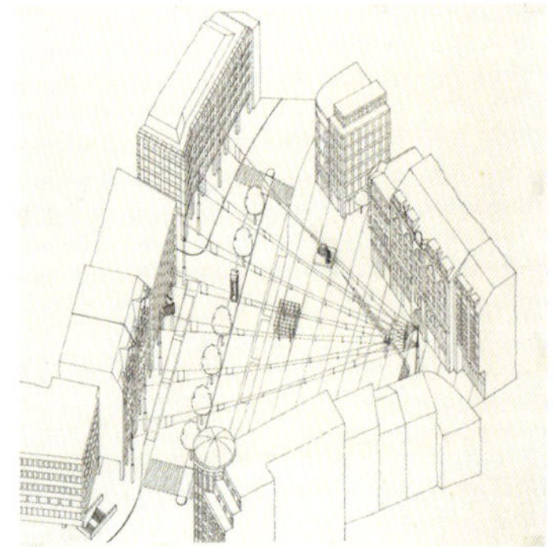

G 188-ZK *Gänsemarkt*

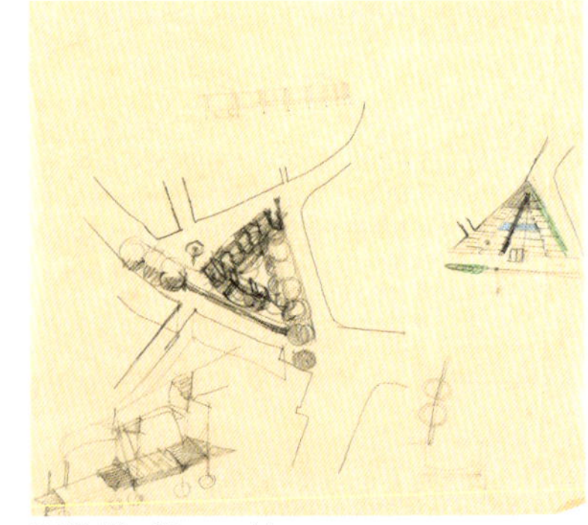

G 189-ZK *Gänsemarkt*

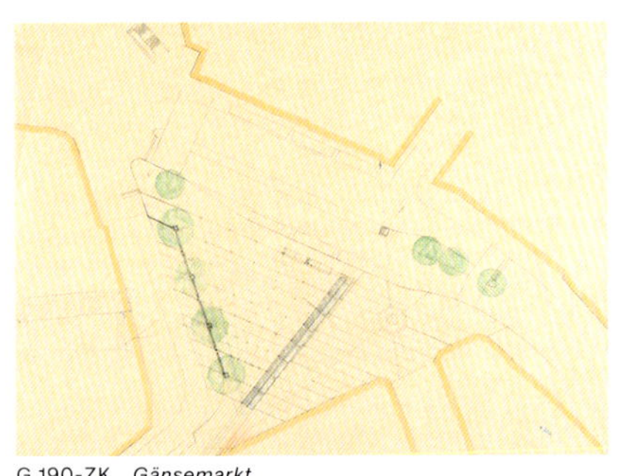

G 190-ZK *Gänsemarkt*

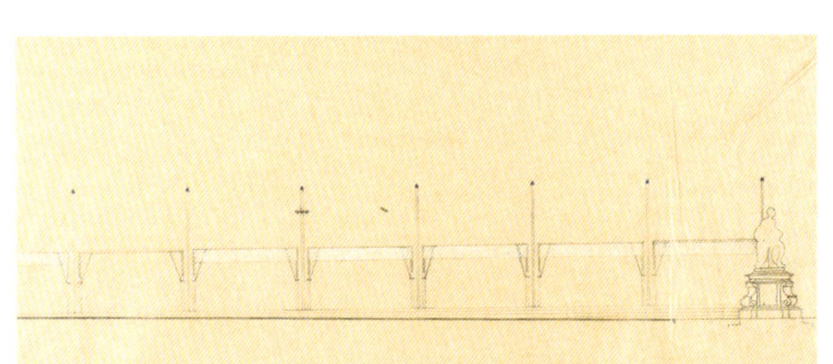

G 191-ZK *Gänsemarkt*

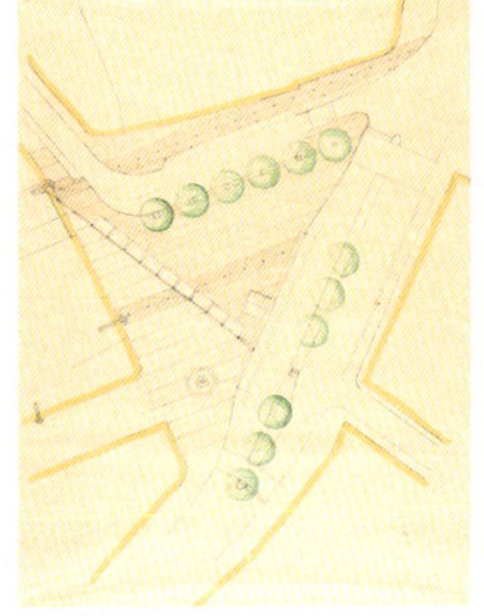

G 192-ZK *Gänsemarkt*

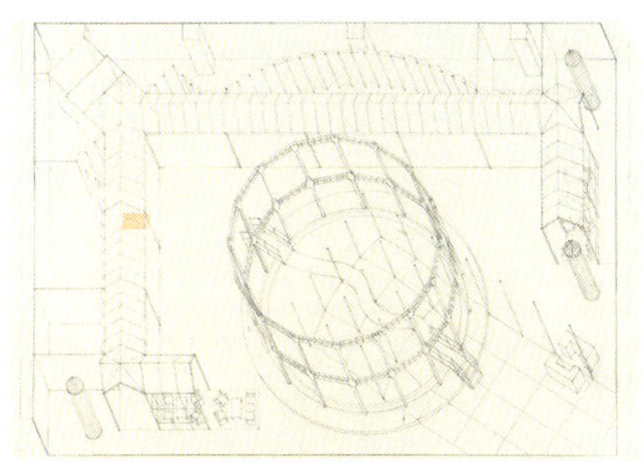

G 443-ZK   *Grüner Gasometer / Green Gasometer*

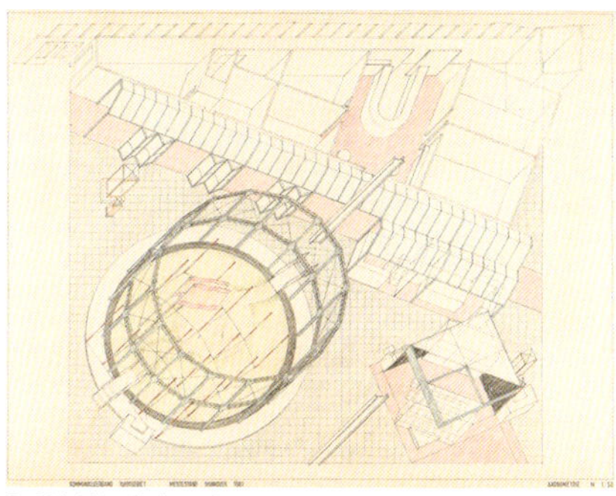

G 444-ZK   *Grüner Gasometer / Green Gasometer*

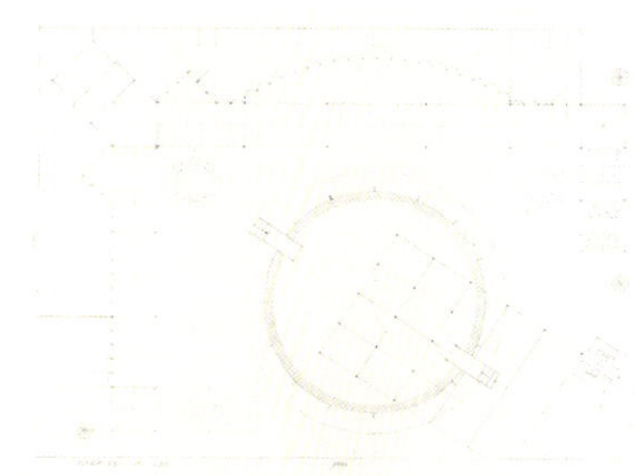

G 445-ZK   *Grüner Gasometer / Green Gasometer*

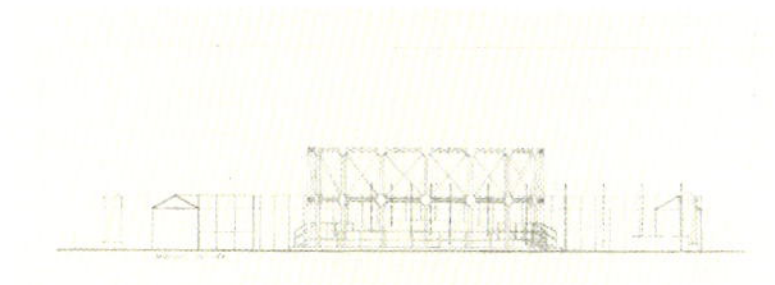

G 446-ZK   *Grüner Gasometer / Green Gasometer*

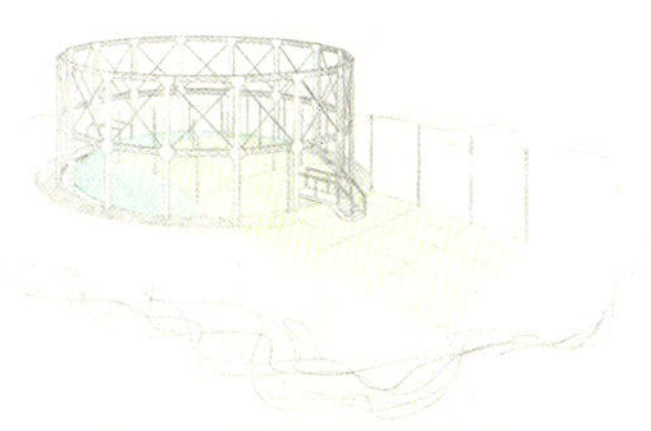

G 442-ZK   *Grüner Gasometer / Green Gasometer*

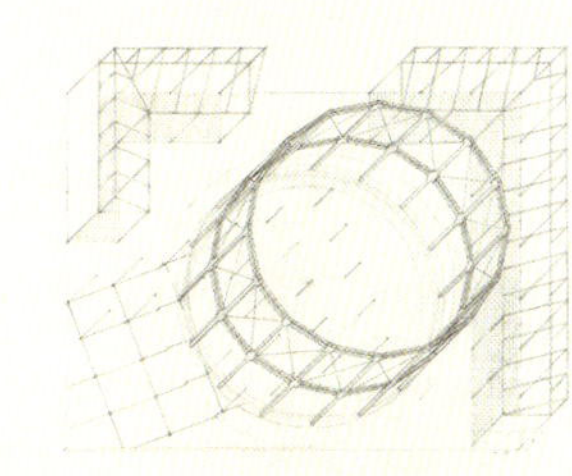

G 447-ZK   *Grüner Gasometer / Green Gasometer*

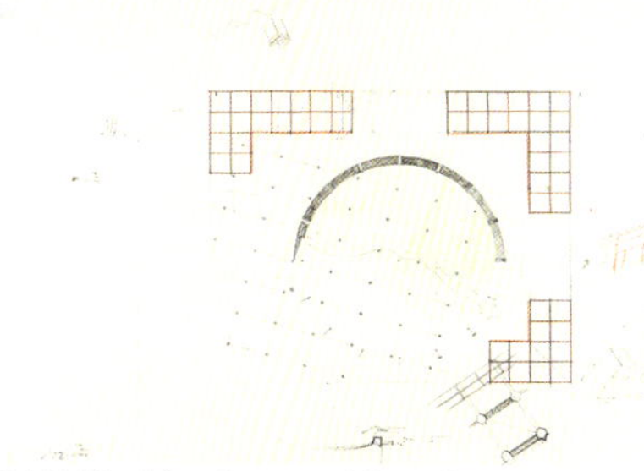

G 448-ZK   *Grüner Gasometer / Green Gasometer*

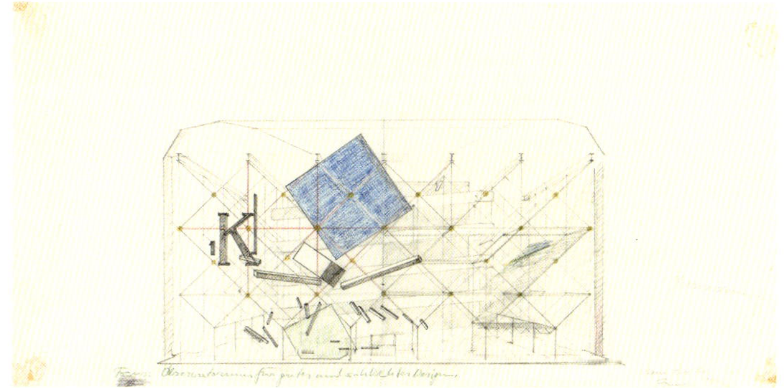

G 481-ZK   *Observatorium / Observatory*

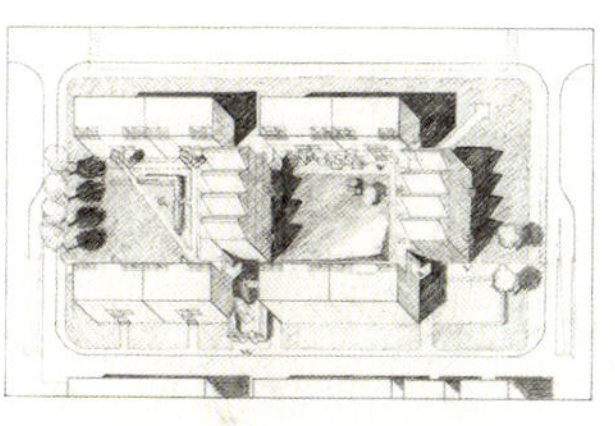

G 482-ZK   *Wohnbauanlage / Residential Complex*

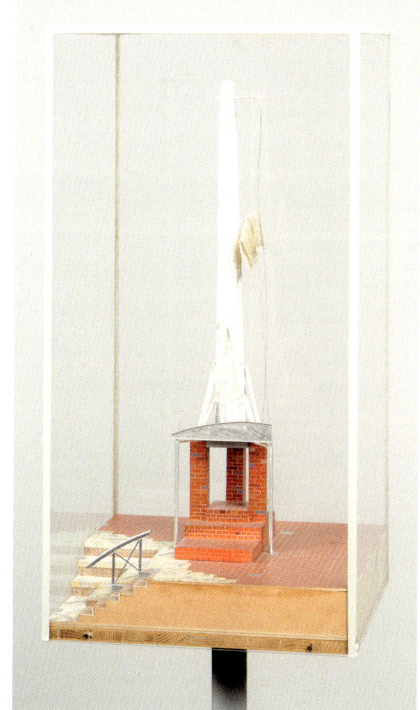

13-ZK   *Offenes Haus / Open House*

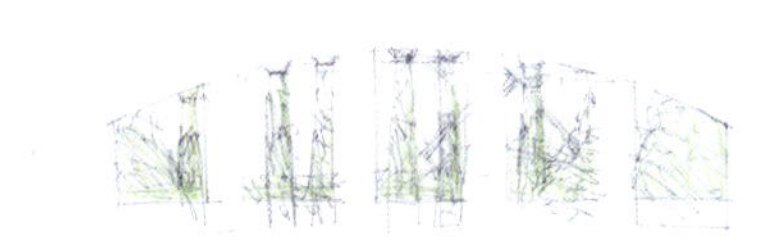

G 526-ZK   *Fassadengalerie*

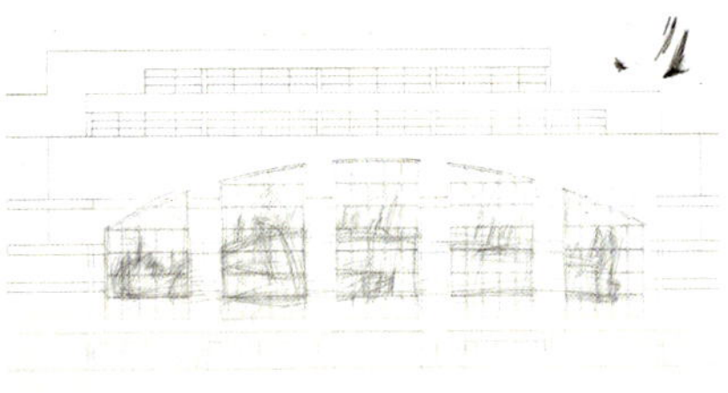

G 527-ZK   *Fassadengalerie*

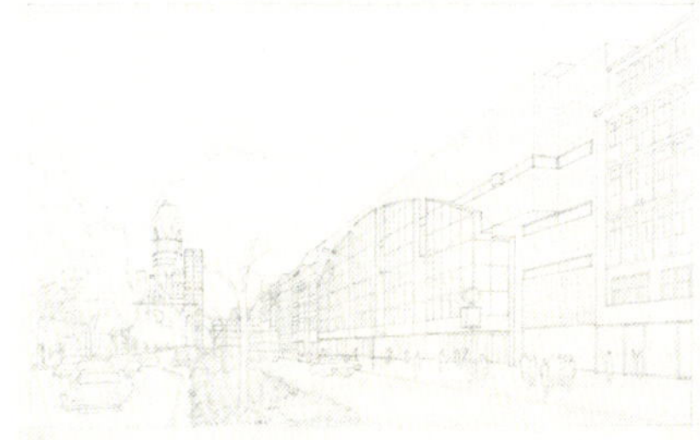

G 528-ZK   *Fassadengalerie*

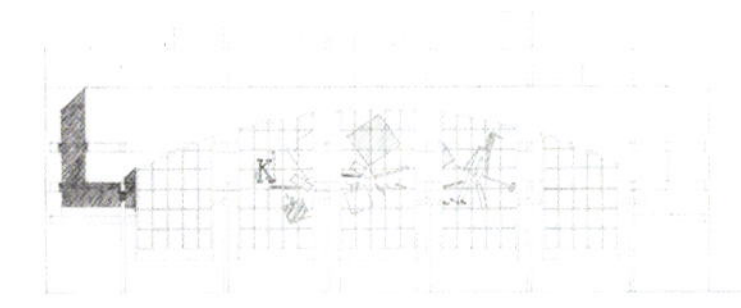

G 529-ZK   *Fassadengalerie*

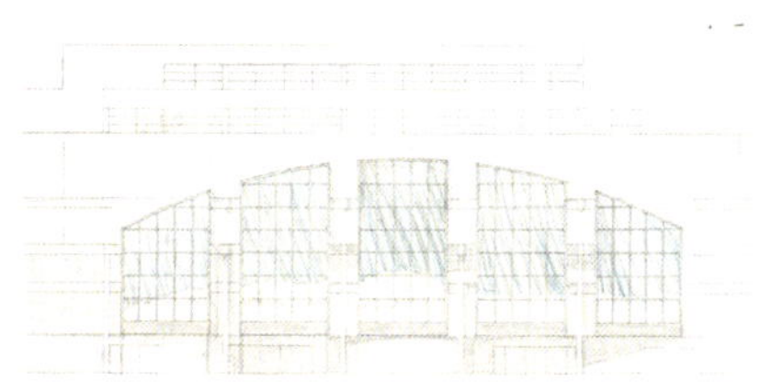

G 532-ZK   *Fassadengalerie*

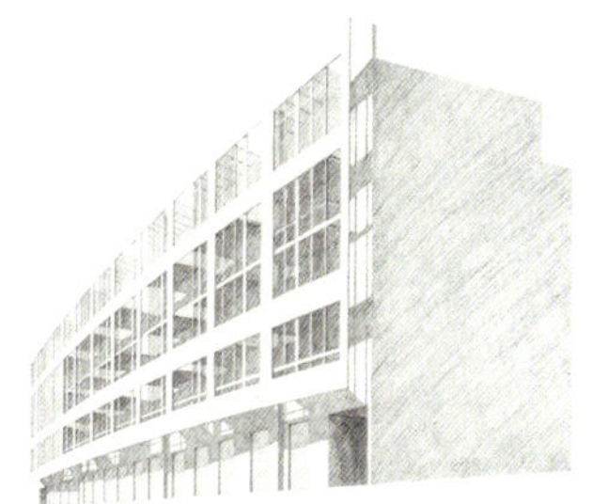

G 472-ZK   *IBA Block 7*

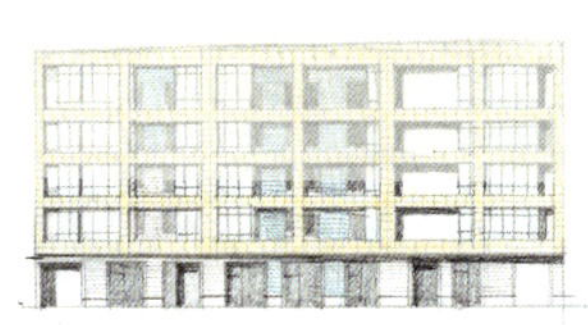

G 475-ZK   *IBA Block 7*

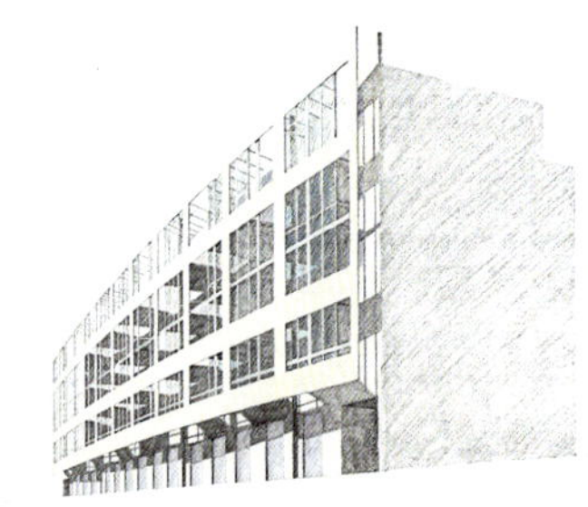

G 473-ZK   *IBA Block 7*

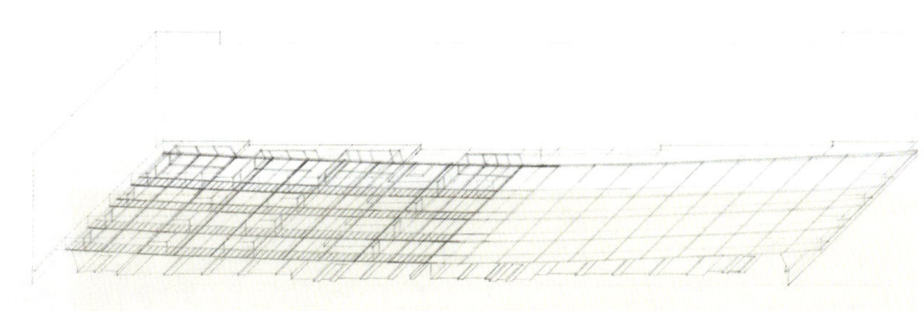

G 474-ZK   *IBA Block 7*

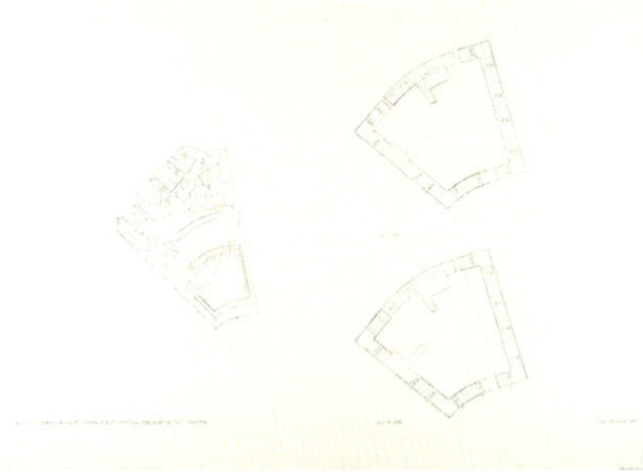

G 471-ZK   *IBA Block 7*

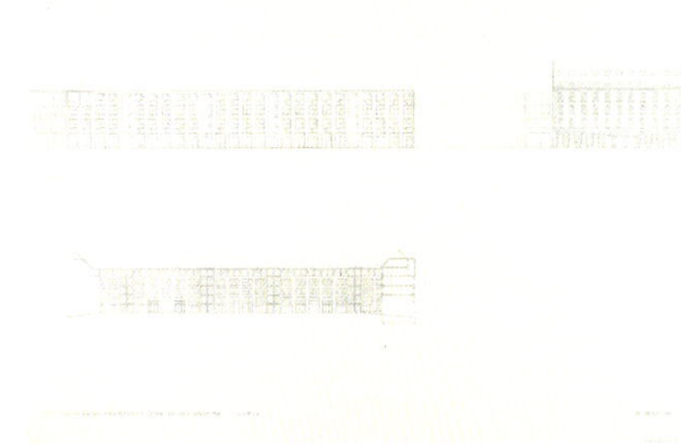

G 468-ZK   *IBA Block 7*

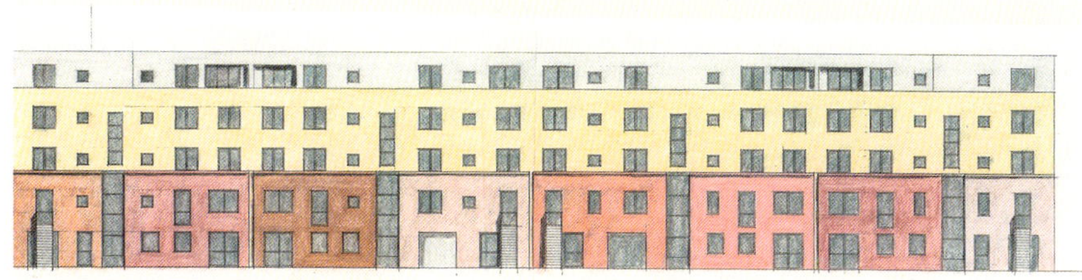

G 478-ZK   *IBA Block 7*

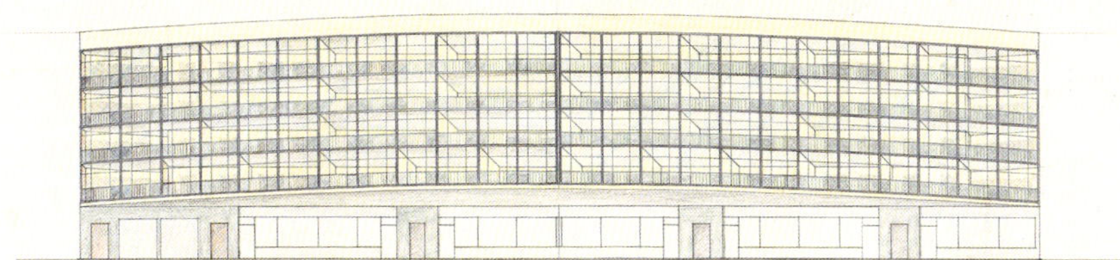

G 479-ZK   *IBA Block 7*

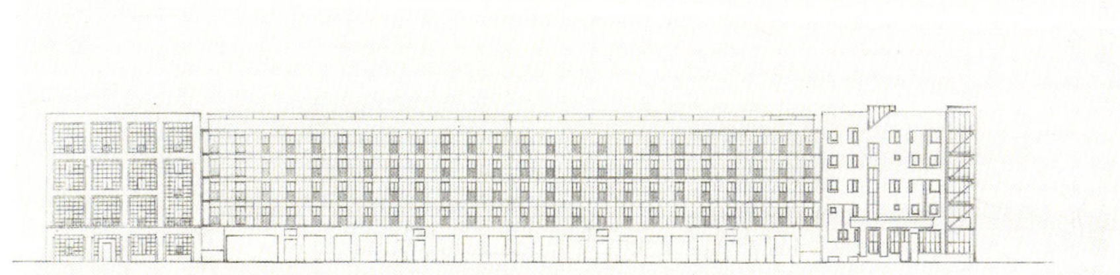

G 477-ZK   *IBA Block 7*

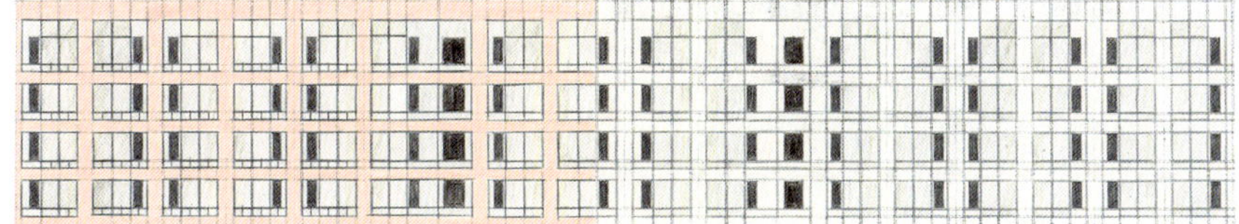

G 476-ZK   *IBA Block 7*

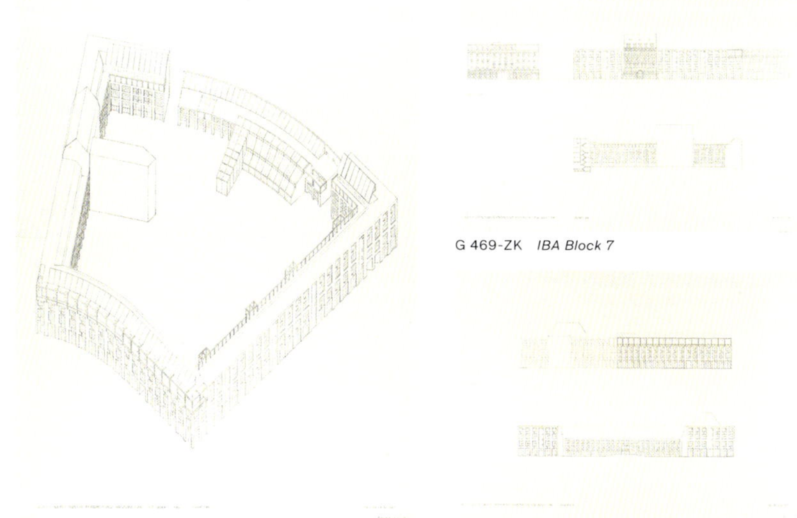

G 469-ZK   *IBA Block 7*

G 467-ZK   *IBA Block 7*

G 470-ZK   *IBA Block 7*

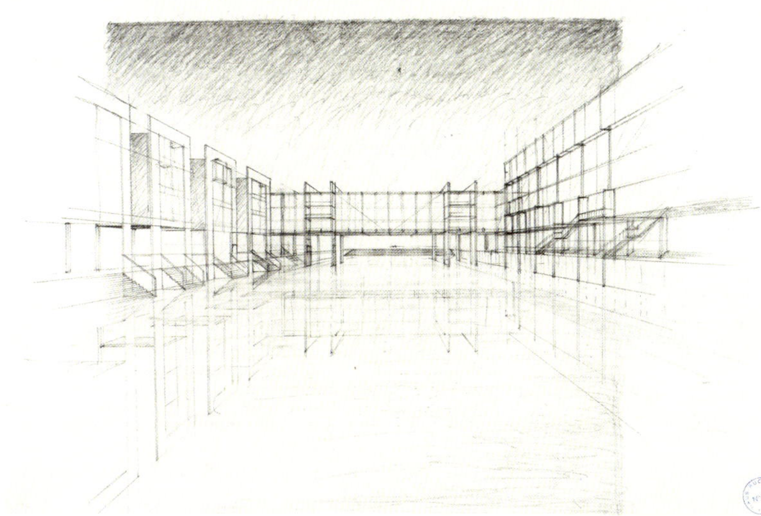

G 403-ZK   *Workshop Bremerhaven*

63

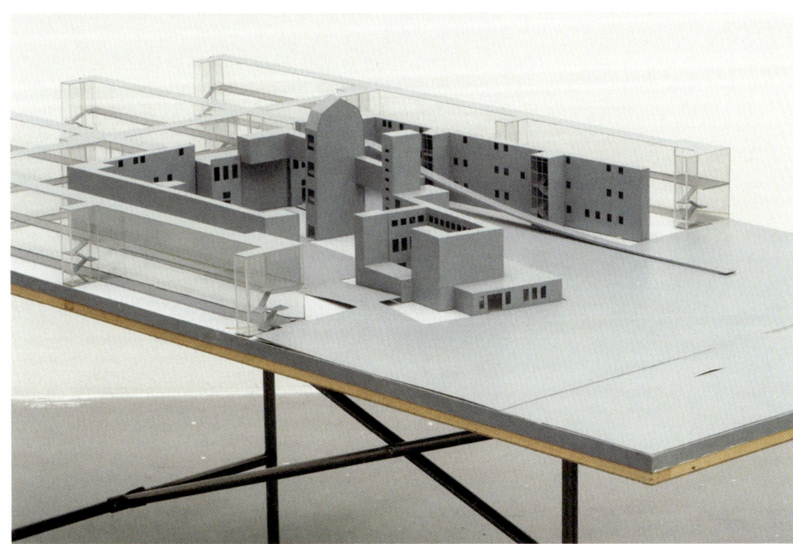

19-ZK *Kulturstift*

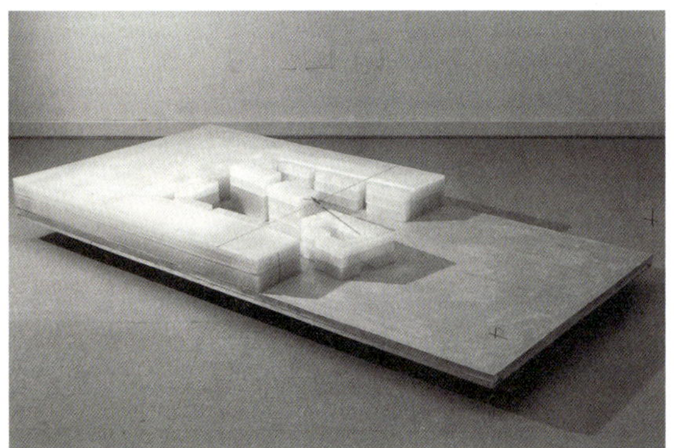

21-ZK *Kulturstift*

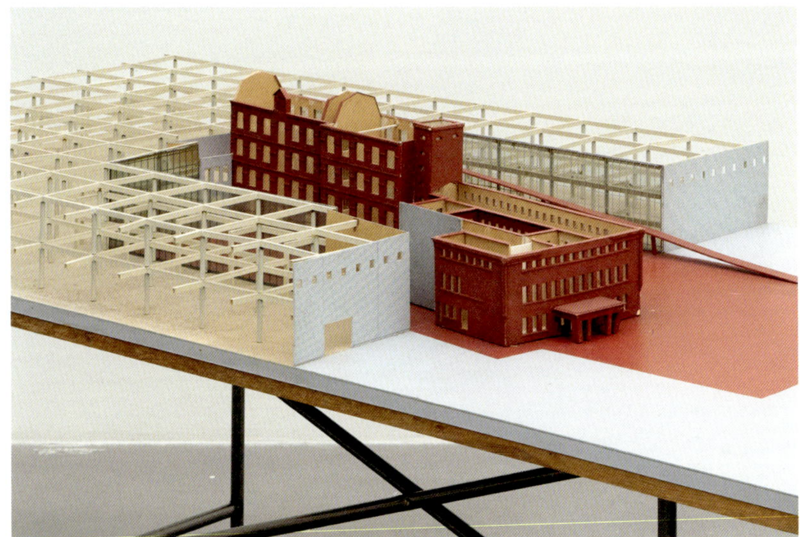

20-ZK *Kulturstift*

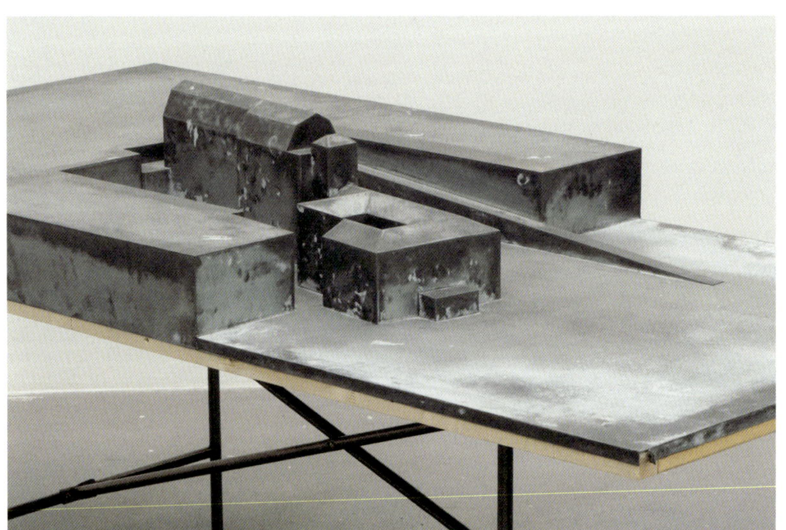

18-ZK *Kulturstift*

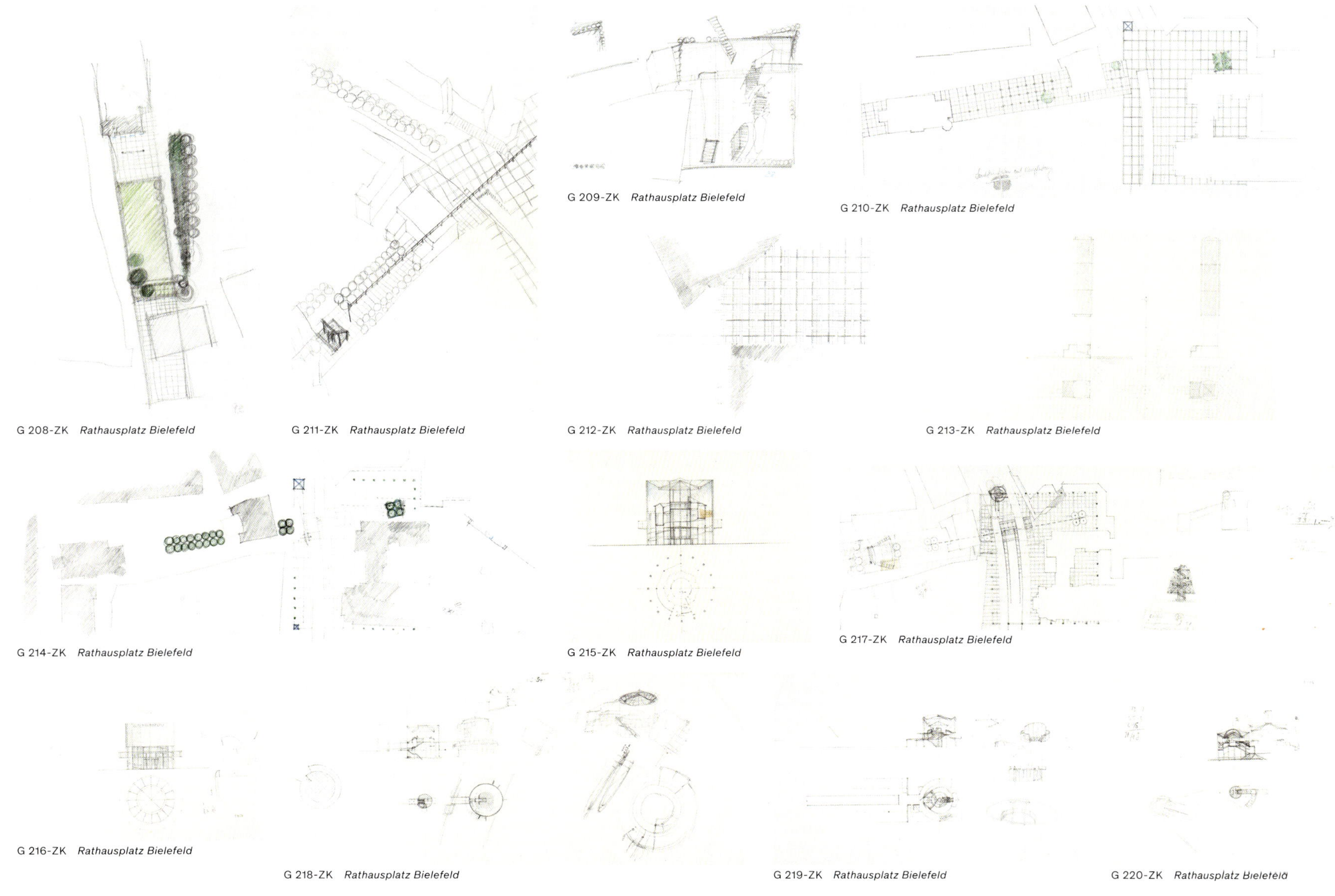

G 209-ZK   *Rathausplatz Bielefeld*

G 210-ZK   *Rathausplatz Bielefeld*

G 208-ZK   *Rathausplatz Bielefeld*

G 211-ZK   *Rathausplatz Bielefeld*

G 212-ZK   *Rathausplatz Bielefeld*

G 213-ZK   *Rathausplatz Bielefeld*

G 214-ZK   *Rathausplatz Bielefeld*

G 215-ZK   *Rathausplatz Bielefeld*

G 217-ZK   *Rathausplatz Bielefeld*

G 216-ZK   *Rathausplatz Bielefeld*

G 218-ZK   *Rathausplatz Bielefeld*

G 219-ZK   *Rathausplatz Bielefeld*

G 220-ZK   *Rathausplatz Bielefeld*

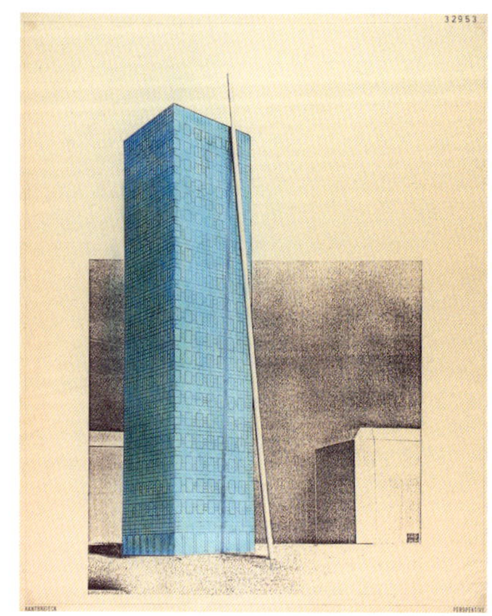

G 489-ZK *Turm Kantdreieck / Tower Kantdreieck*

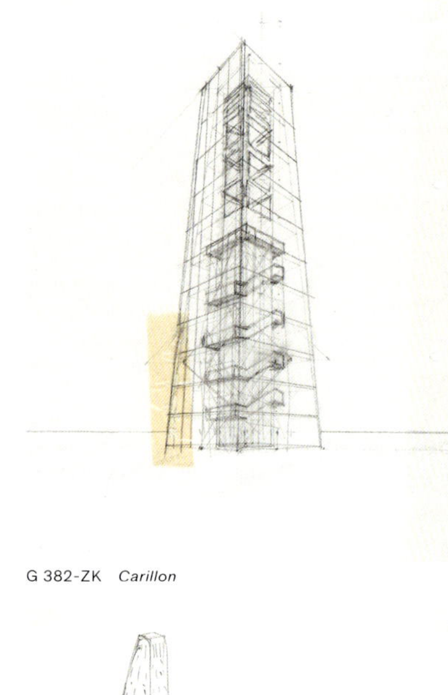

G 382-ZK *Carillon*

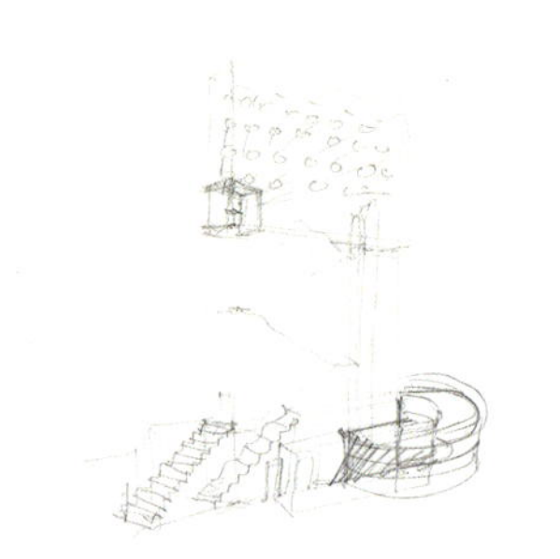

G 383-ZK *Carillon*

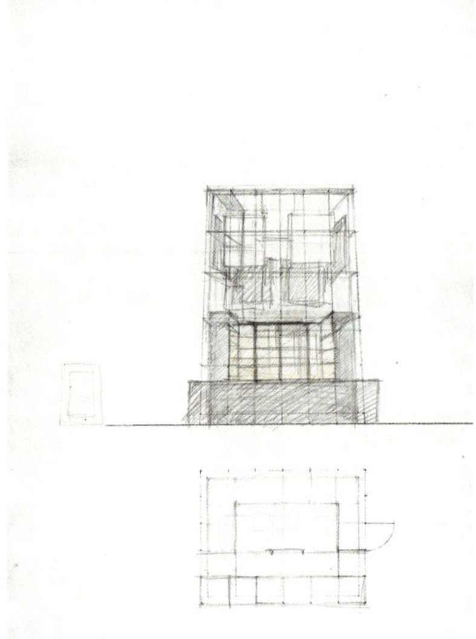

G 384-ZK *Carillon*

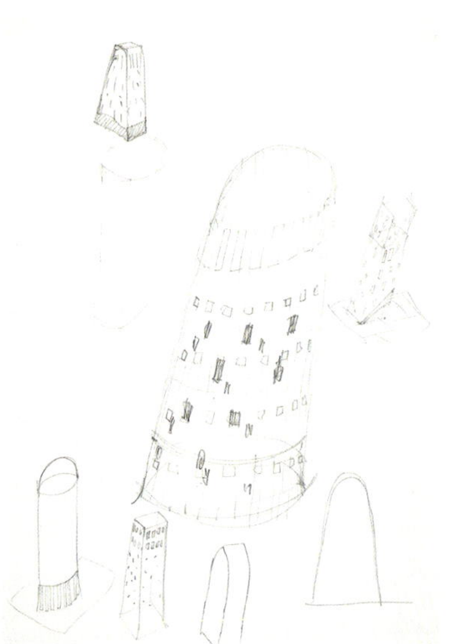

G 385-ZK *Carillon*

G 386-ZK *Carillon*

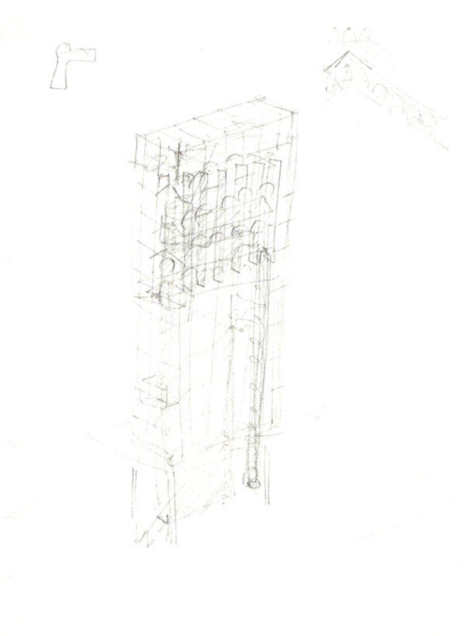

G 387-ZK *Carillon*

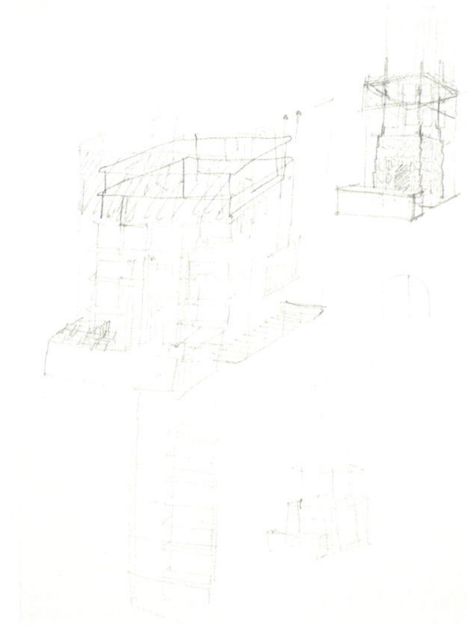

G 388-ZK *Carillon*

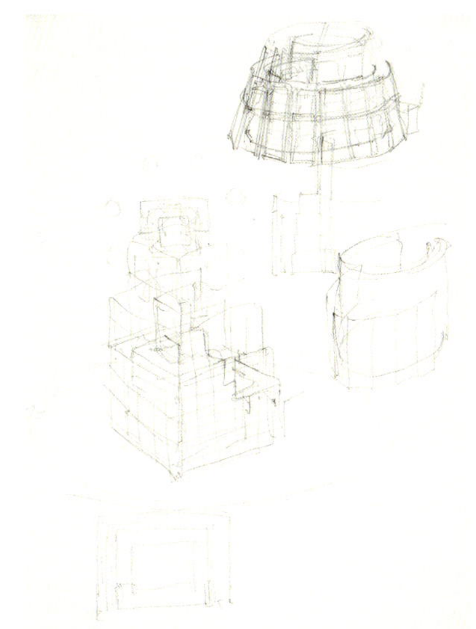

G 389-ZK *Carillon*

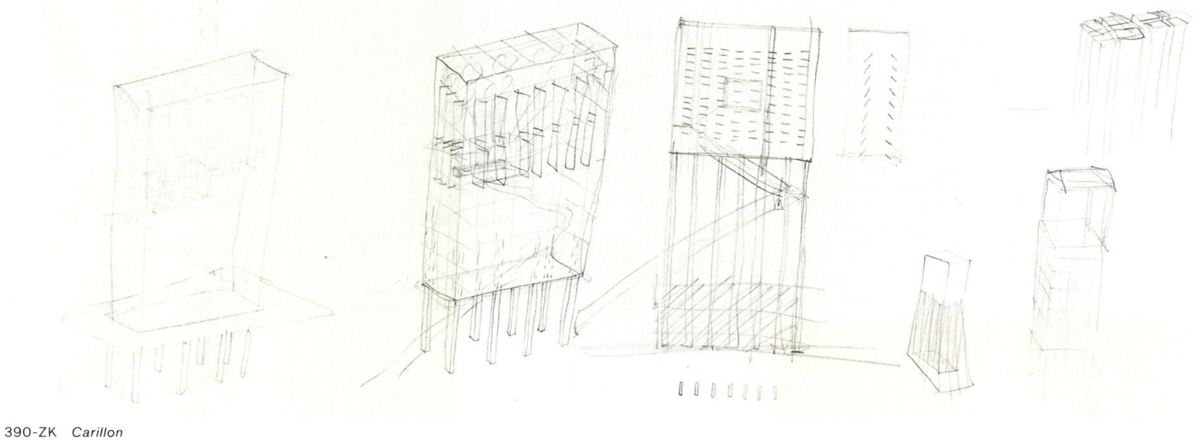

G 390-ZK *Carillon*

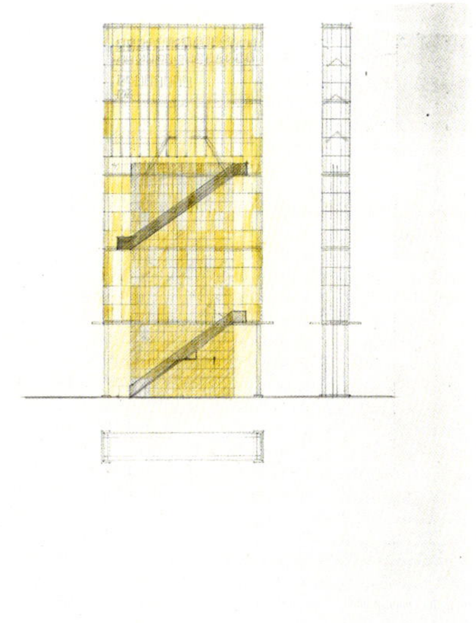

G 391-ZK *Carillon*

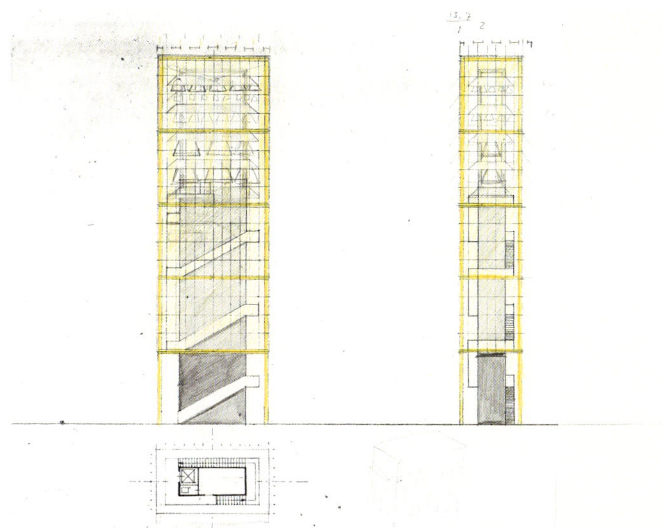

G 392-ZK *Carillon*

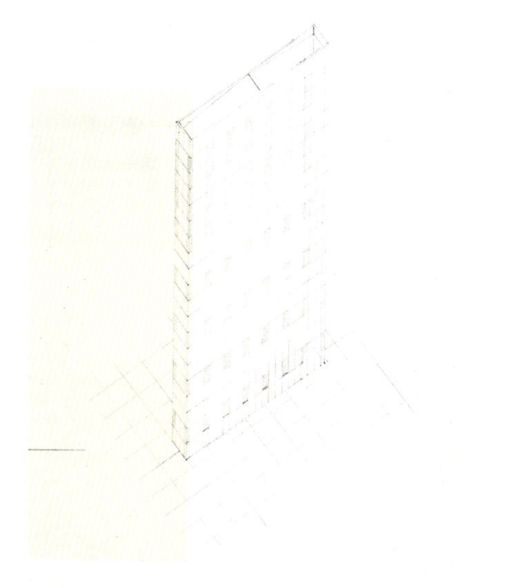

G 393-ZK *Carillon*

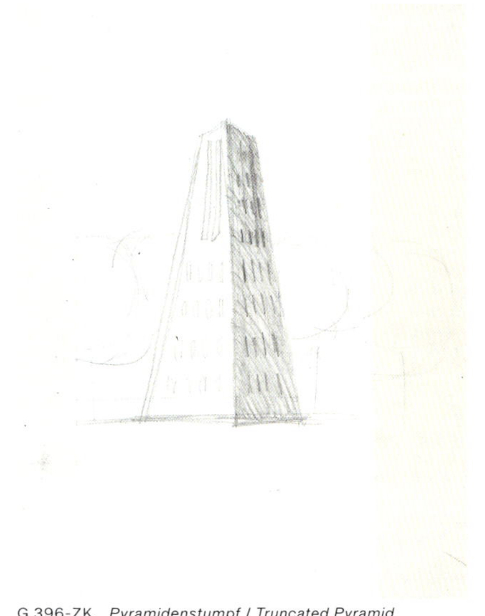

G 396-ZK *Pyramidenstumpf / Truncated Pyramid*

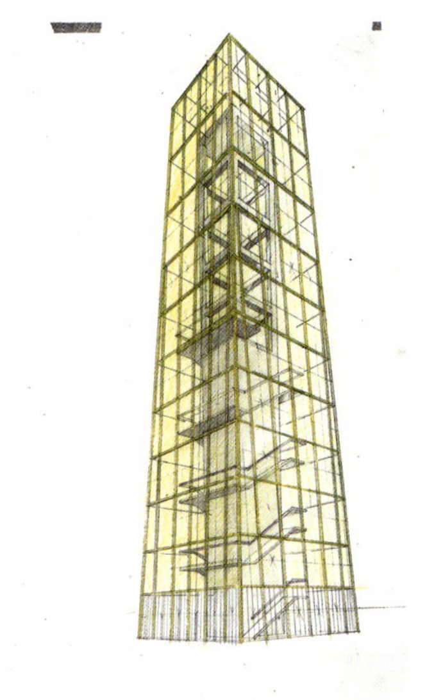

G 394-ZK *Pyramidenstumpf / Truncated Pyramid*

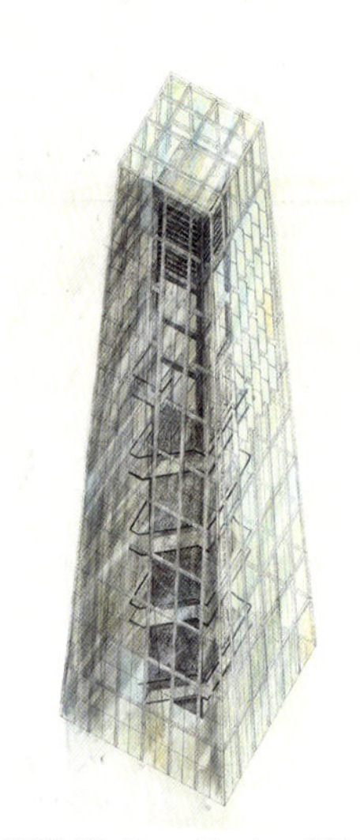

G 395-ZK *Pyramidenstumpf / Truncated Pyramid*

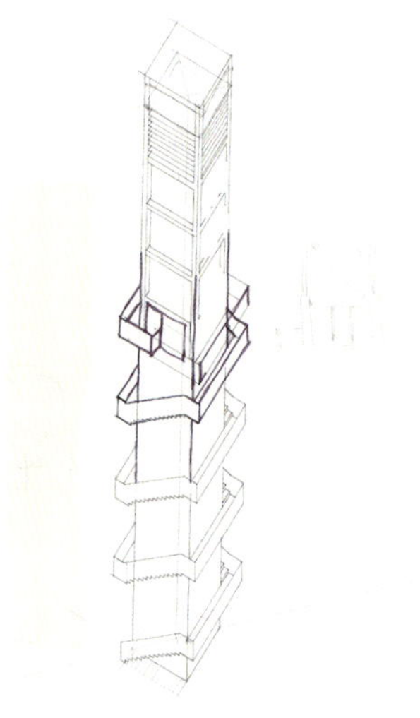

G 397-ZK *Pyramidenstumpf / Truncated Pyramid*

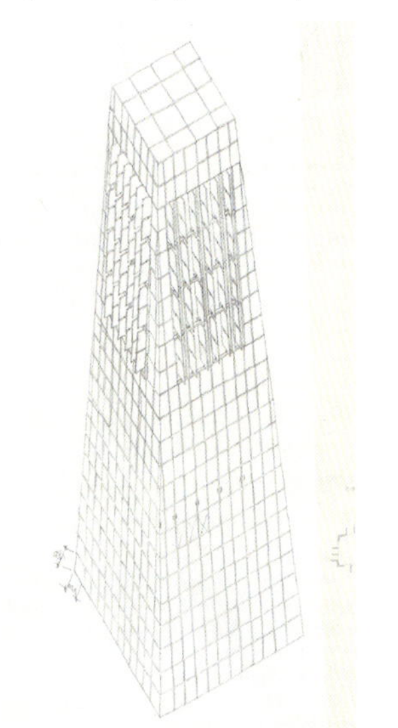

G 398-ZK *Pyramidenstumpf / Truncated Pyramid*

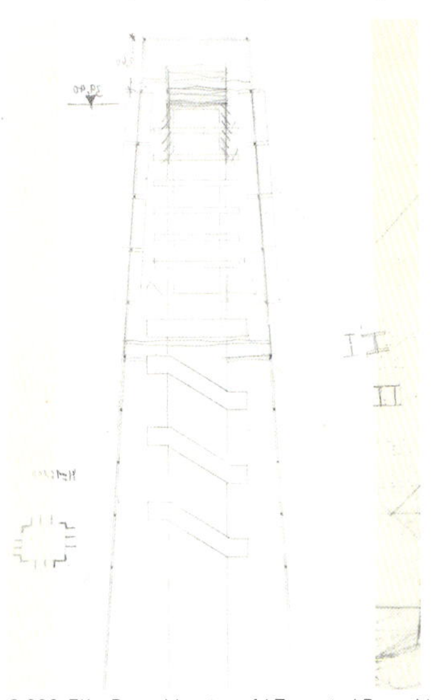

G 399-ZK *Pyramidenstumpf / Truncated Pyramid*

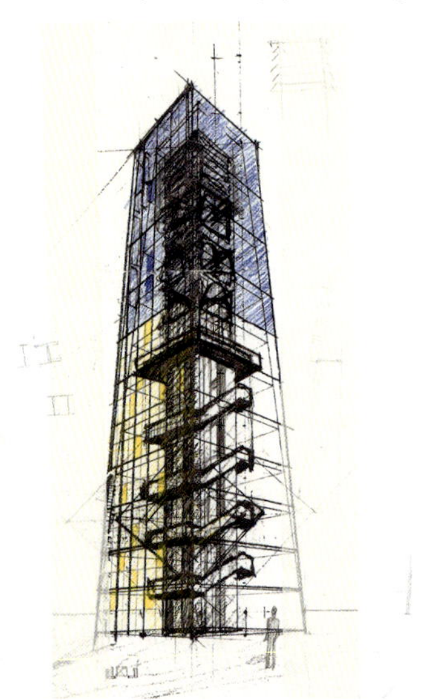

G 400-ZK *Pyramidenstumpf / Truncated Pyramid*

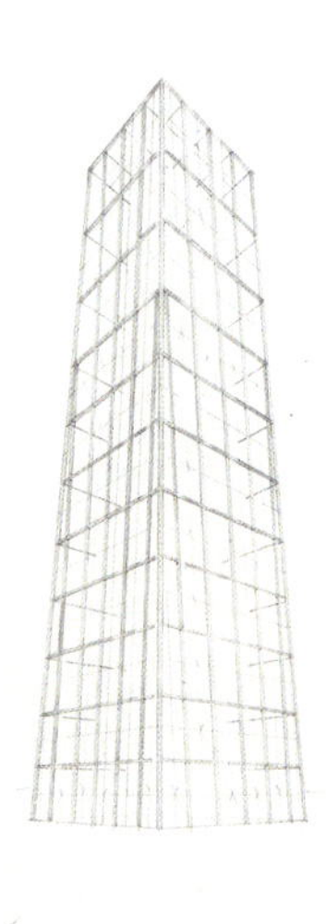

G 401-ZK *Pyramidenstumpf / Truncated Pyramid*

ZKM Karlsruhe, 1989

Haus-Rucker-Co (Günter Zamp Kelp, Laurids Ortner, Manfred Ortner)
in Kooperation mit Julius Krauss

Auf Einladung von Heinrich Klotz, dem Gründungsdirektor des *ZKM – Zentrum für Kunst und Medientechnologie* in Karlsruhe, entstand dieses letzte Projekt, das als Haus-Rucker-Co eingereicht wurde. Zentrale Absicht der am Karlsruher Hauptbahnhof neu zu bauenden Institution war es, Berührungspunkte zwischen analoger Kunst und neuen digitalen projektiven Prozessen herzustellen und die Gesellschaft an aktuelle Entwicklungen im Bereich der Medientechnologie heranzuführen.

Inspiration für den Entwurf ist das Raketenmontagegebäude auf Cape Canaveral als metaphorisches Statement, in dem Raumfahrt, Kunst und Medientechnologie mit ihrer Aufgabe, neuen Raum zu erkunden, aufeinander bezogen werden. Ein würfelförmiger, multifunktionaler Raum steht im Zentrum des Bauwerks, dessen Erscheinung sich nach außen fortsetzt und von Weitem sichtbar ist. Ein groß dimensioniertes Rolltor öffnet den Raum östlich hin zur Stadt Karlsruhe. Er ist mit Hubpodien, Seilzügen und Theatertechnik ausgestattet, sodass dort alle erdenklichen Experimente und Szenerien generiert werden können. Forschungs- und Serviceeinrichtungen sind um den zentralen Raum angeordnet und erzeugen im Stadtbild einen Würfel von 60 × 60 × 60 Metern Außenmaß.

Wenngleich das ZKM letzten Endes in die leerstehenden Räumlichkeiten einer Munitionsfabrik in Karlsruhe Einzug hielt, war der Ansatz, einen Kulturbau mit einem Hauptbahnhof in enge Beziehung zu setzen, ein fortschrittliches Konzept, das das Bauwerk in ein kommunikatives Verkehrsnetzwerk integriert hätte.

ZKM Karlsruhe, 1989

Haus-Rucker-Co (Günter Zamp Kelp, Laurids Ortner, Manfred Ortner)
in collaboration with Julius Krauss

At the invitation of Heinrich Klotz, the founding director of the *ZKM – Center for Art and Media Technology* in Karlsruhe, this was the last project presented as Haus-Rucker-Co. To be located at the main railway station in Karlsruhe, the principal objective of the new institution was to create points of contact between analogue art and new digital projective processes and to introduce society to current developments in the field of media technology.

The design was inspired by the rocket assembly building at Cape Canaveral as a metaphorical statement in which space travel, art and media technology are related to each other in their task of exploring new space. A cubic, multifunctional space is at the centre of the building, its form continued through to the exterior and visible from a distance. A large roller door opens the space out to the east towards the city of Karlsruhe. It is equipped with lifting platforms, rope hoists and theatre technology so that every conceivable kind of experiment and scenario can be generated there. Research and service facilities are positioned around the central space and create a cube of 60 × 60 × 60 metres in the cityscape.

Although the ZKM ultimately moved into the vacant premises of a munitions factory in Karlsruhe, the approach of placing a cultural building in close relation to a main railway station was a progressive concept that would have integrated the building into a communicative transport network.

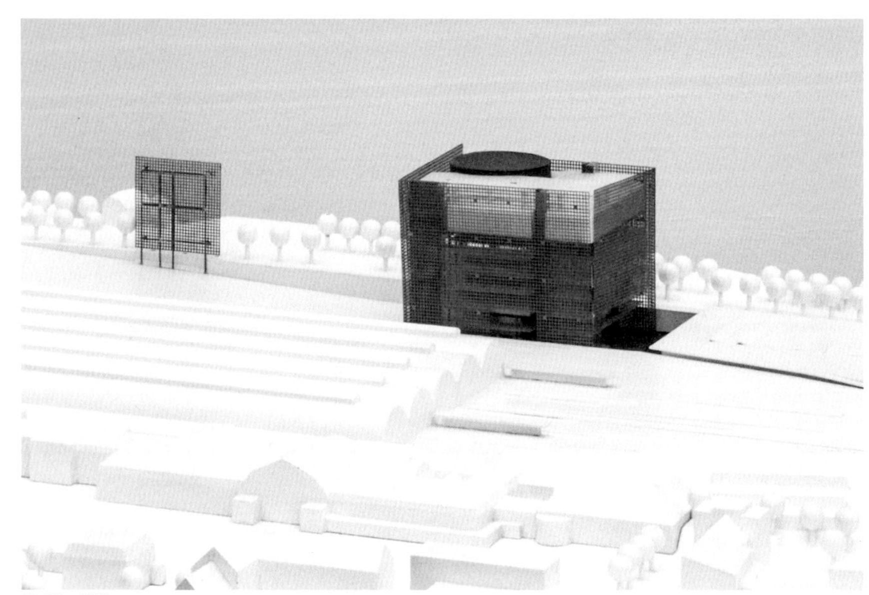

22-ZK *ZKM*

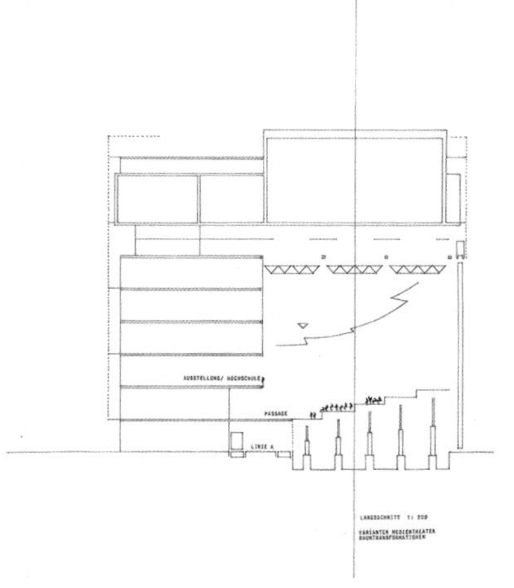

G 495-ZK *ZKM*

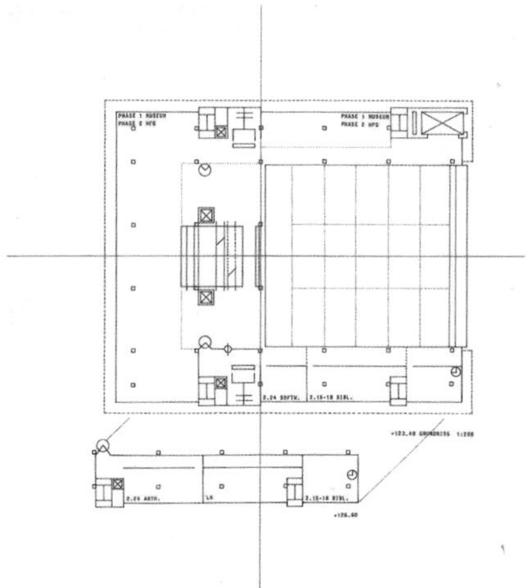

G 496-ZK *ZKM*

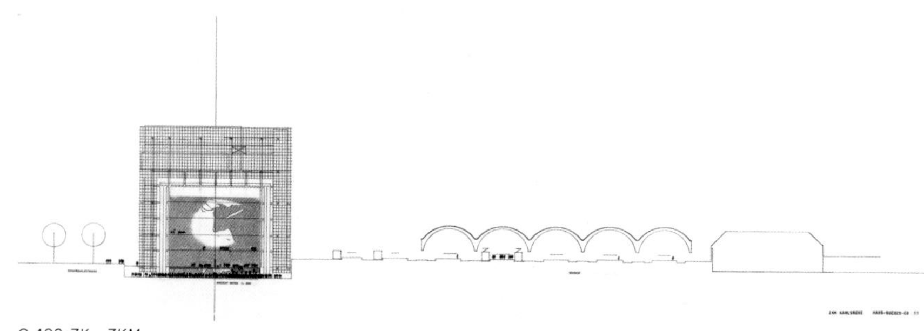

G 492-ZK *ZKM*

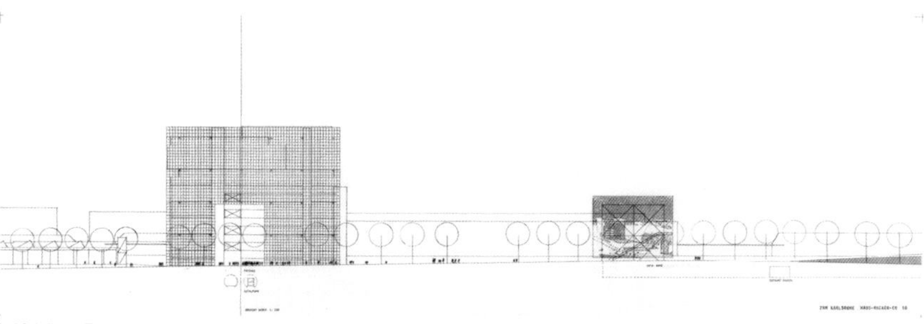

G 494-ZK *ZKM*

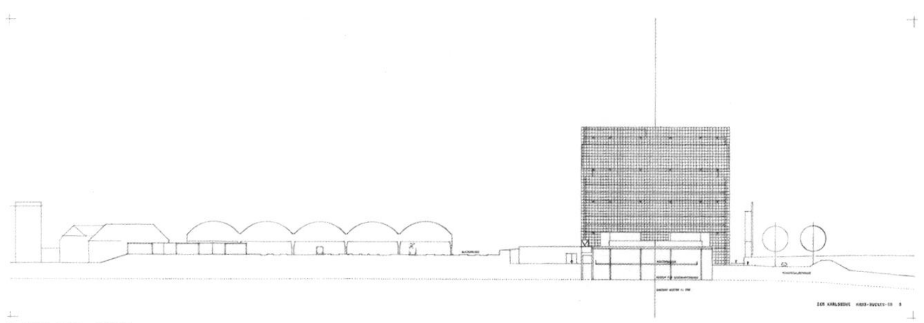

G 490-ZK *ZKM*

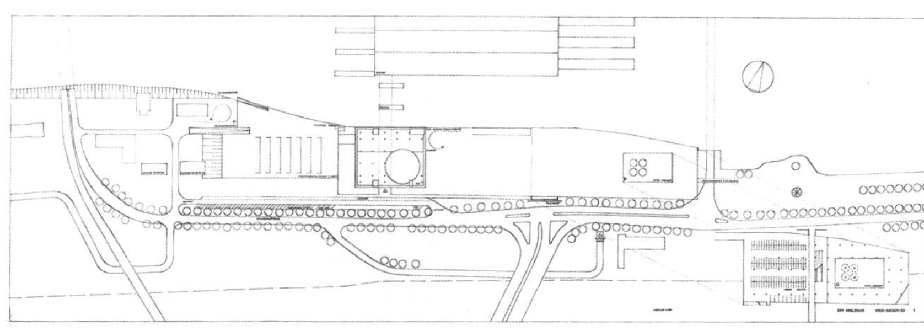

G 491-ZK *ZKM*

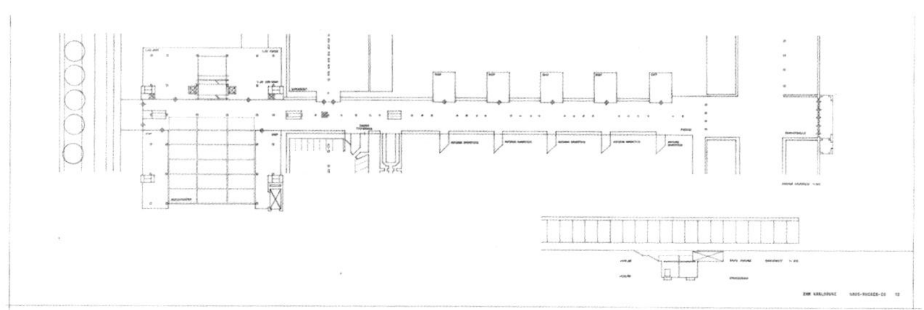
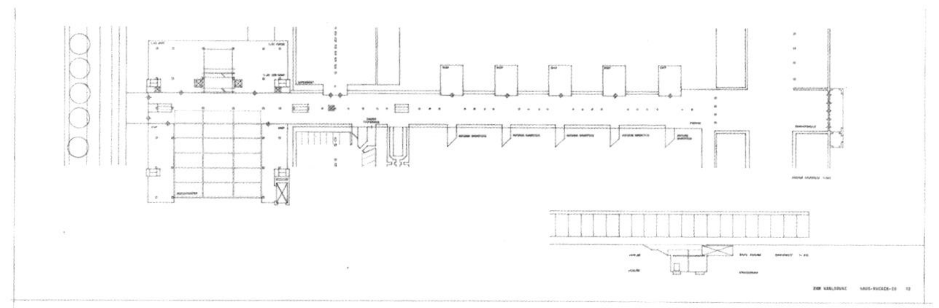

G 493-ZK *ZKM*

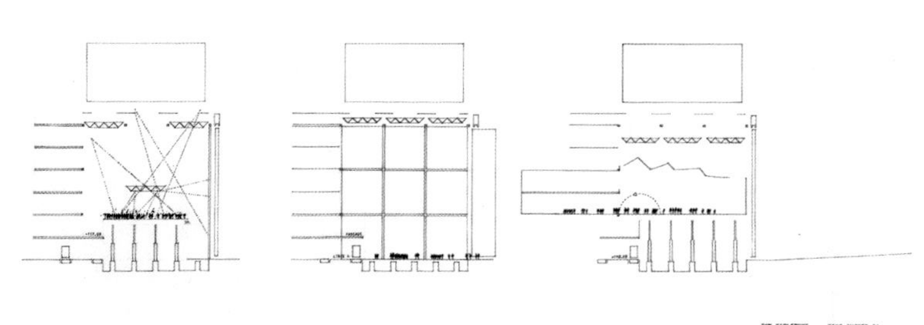
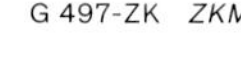

G 497-ZK *ZKM*

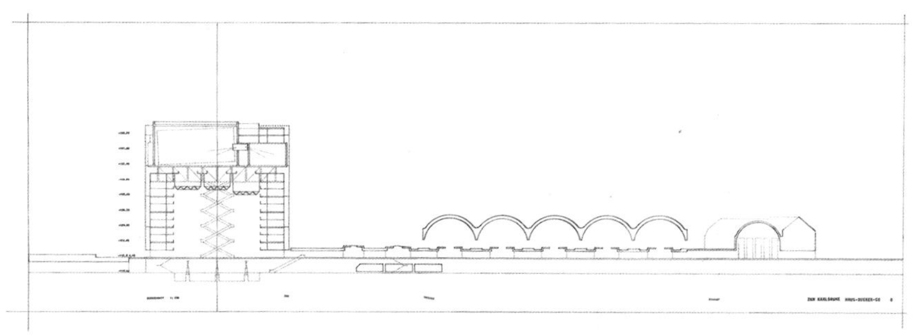

G 498-ZK *ZKM*

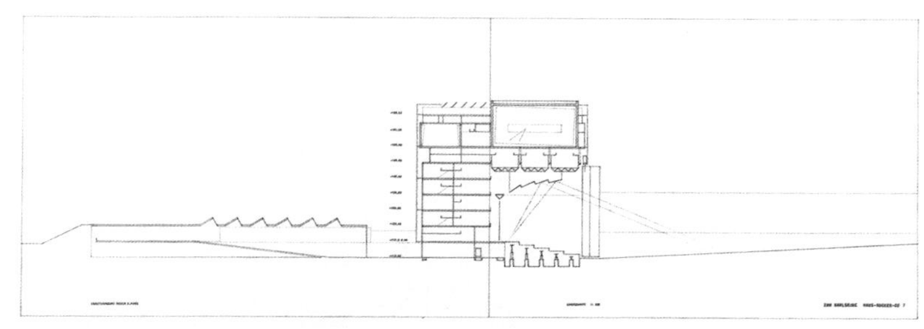

G 499-ZK *ZKM*

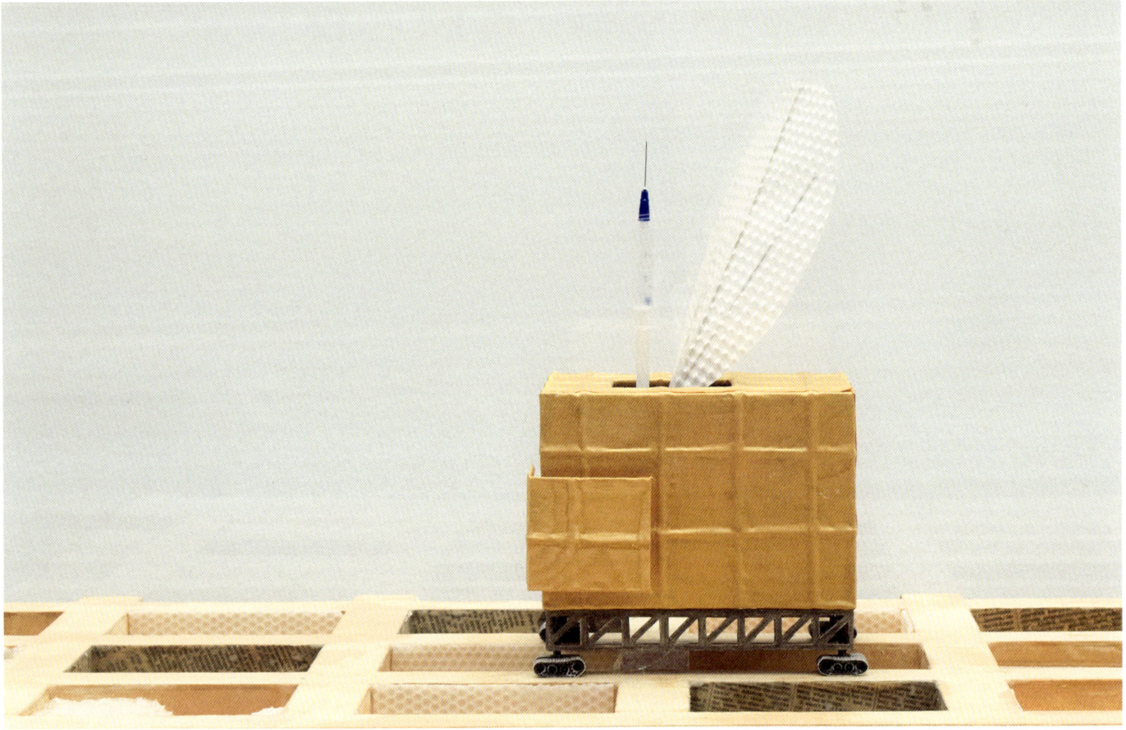

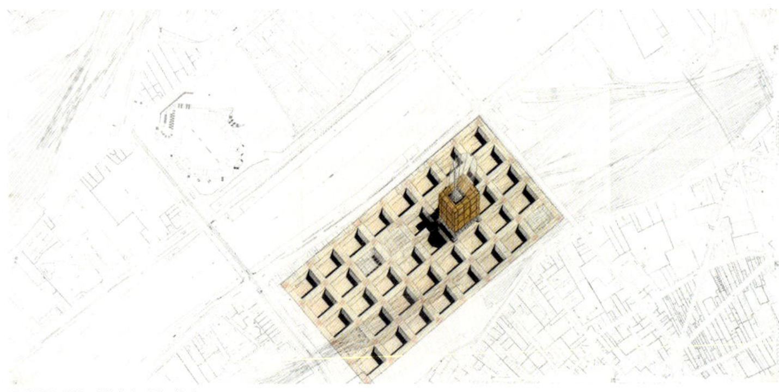

23-ZK   *Mekka Medial*

G 509-ZK   *Mekka Medial*

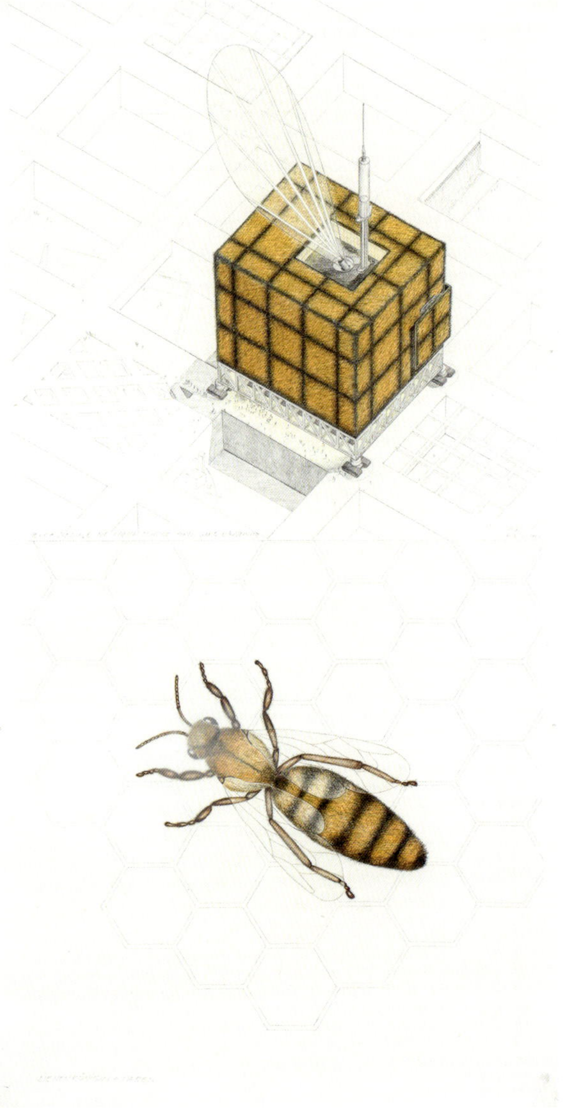

G 510-ZK   *Mekka Medial*

Mekka Medial, 1989

Haus-Rucker-Co (Günter Zamp Kelp)

Auf Einladung der Kuratorin Kirstin Feireiss von *Aedes Architecture Forum Berlin* entstand ein von Günter Zamp Kelp entworfenes Konzept für die Ausstellung *Architektur und Utopie*, die 1989 in Paris und 1990 in Berlin stattfand.

Der utopische Entwurf paraphrasiert die Bedeutung der Stadt Mekka als religiöses und kulturelles Zentrum der arabischen Welt. An die Stelle religiöser Aspekte tritt der gemeinsame Umgang mit medientechnologischen Phänomenen und deren gesellschaftlichen Auswirkungen. Das Bauwerk mit seinen 40 nach oben hin geöffneten Räumen wird zum Entstehungsort zeitbezogener medialer Inszenierungen, die durch einen integrierten TV-Kanal europaweit wahrnehmbar werden. Europäer·innen sind dazu eingeladen, durch einen Besuch an diesem permanenten kommunikativen Produktionsprozess in real teilzuhaben. Die *KAABA MOBILE* funktioniert dabei als Kubus, der die einzelnen Szenerien in zeitbezogenen Intervallen abfährt und insofern an eine Bienenkönigin erinnert, die das Feld ihrer Waben mit Inhalten füllt. Das als paneuropäische Pilgerstätte medialer Bildproduktion konzipierte Zentrum, dessen Architektur die Voraussetzungen identitätsstiftender Prozesse bildet, soll als Treffpunkt, Lern- und Erlebnisort aller Europäer·innen dienen und zugleich seine medialen Produkte im europäischen Raum verbreiten.

Mekka Medial, 1989

Haus-Rucker-Co (Günter Zamp Kelp)

At the invitation of curator Kirstin Feireiss of *Aedes Architecture Forum Berlin*, a concept designed by Günter Zamp Kelp was realised for the exhibition *Architecture and Utopia*, which took place in Paris in 1989 and in Berlin in 1990.

The utopian design paraphrases the significance of the city of Mecca as the religious and cultural centre of the Arab world. Instead of religious elements, there is a shared approach to media-technological phenomena and their social effects. With 40 rooms open to the sky, the structure becomes a point of origin for time-related media productions that can be seen across Europe via an integrated TV channel. Europeans are invited to participate in this continuous communicative production process in real life by visiting the location. The *KAABA MOBILE* operates as a cube that travels over the individual scenarios at time-related intervals, much like a queen bee filling the space of her honeycombs with content. The centre was conceived as a pan-European pilgrimage site for media image production, its architecture providing the conditions for identity-forming processes. Its location is intended to serve as a meeting point and a place of learning and experience for all Europeans, while at the same time disseminating its media products across Europe.

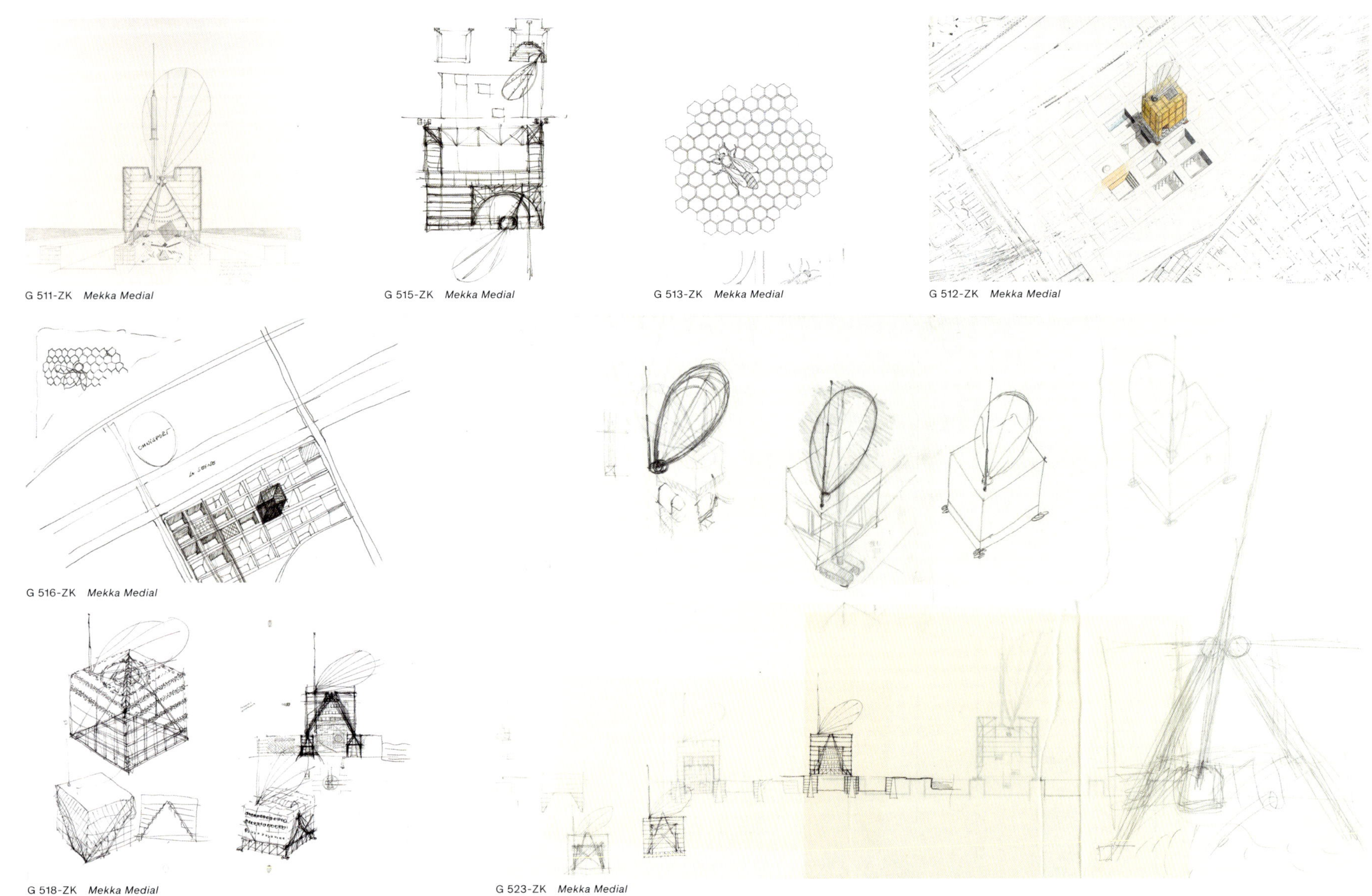

G 511-ZK *Mekka Medial*

G 515-ZK *Mekka Medial*

G 513-ZK *Mekka Medial*

G 512-ZK *Mekka Medial*

G 516-ZK *Mekka Medial*

G 518-ZK *Mekka Medial*

G 523-ZK *Mekka Medial*

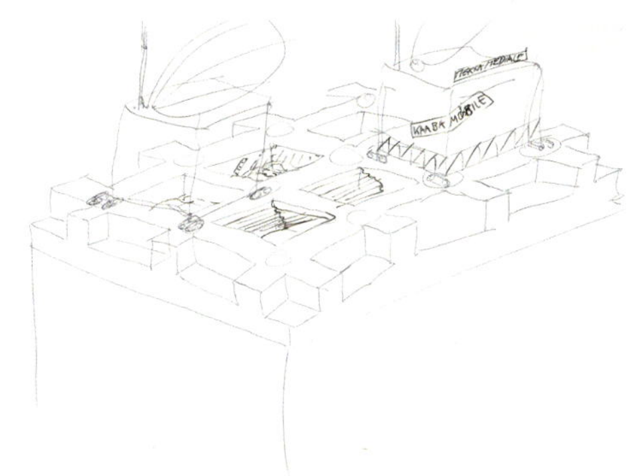

G 519-ZK   *Mekka Medial*

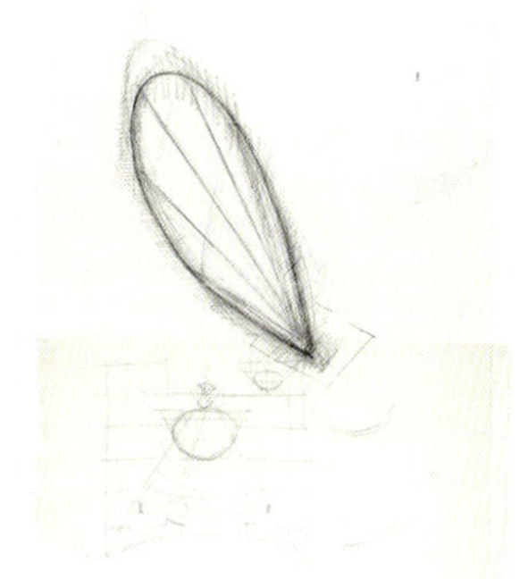

G 524-ZK   *Mekka Medial*

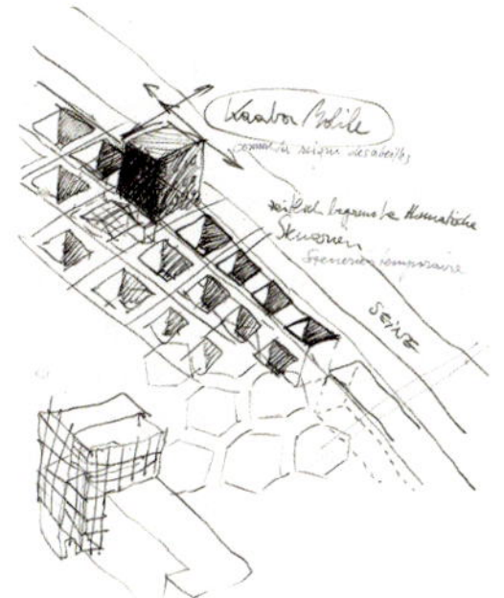

G 517-ZK   *Mekka Medial*

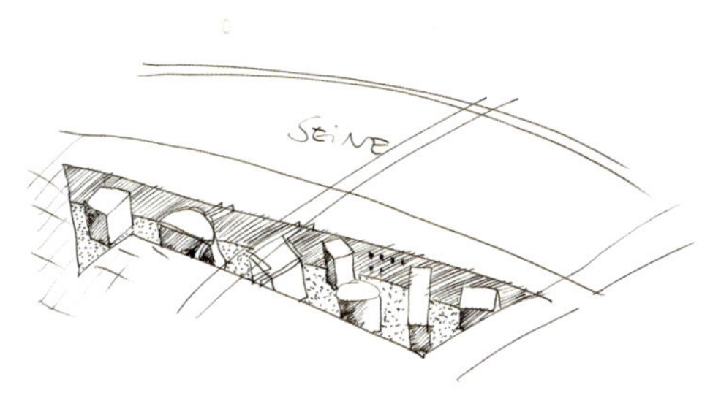

G 521-ZK   *Mekka Medial*

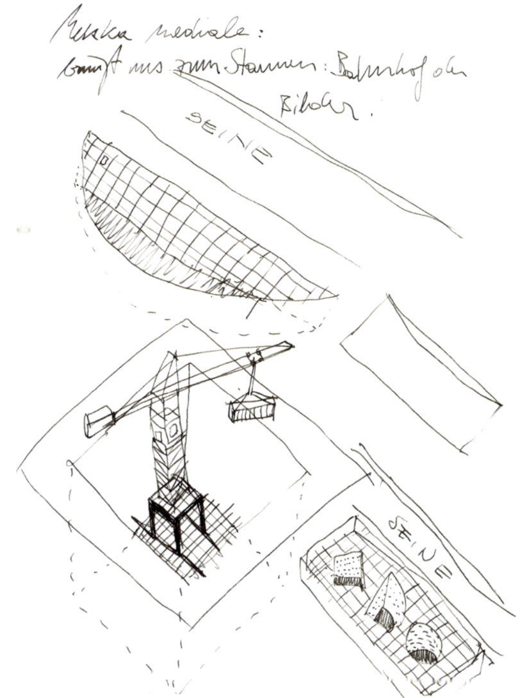

G 520-ZK   *Mekka Medial*

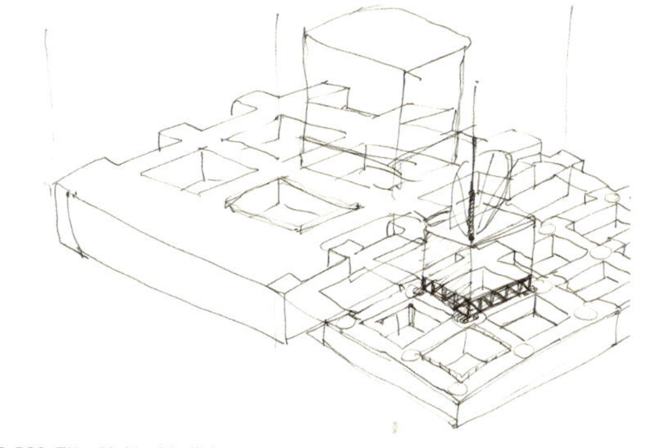

G 522-ZK   *Mekka Medial*

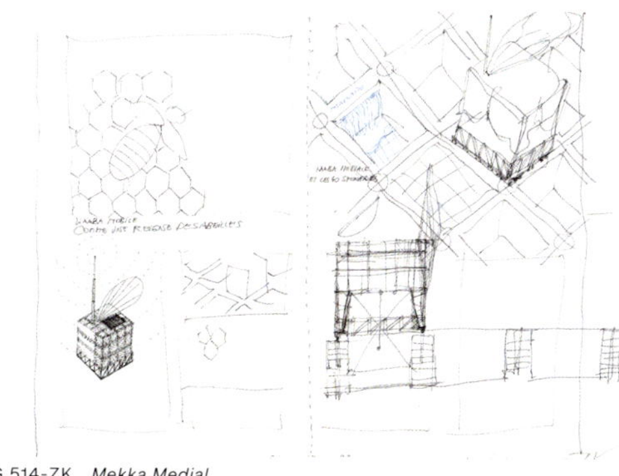

G 514-ZK   *Mekka Medial*

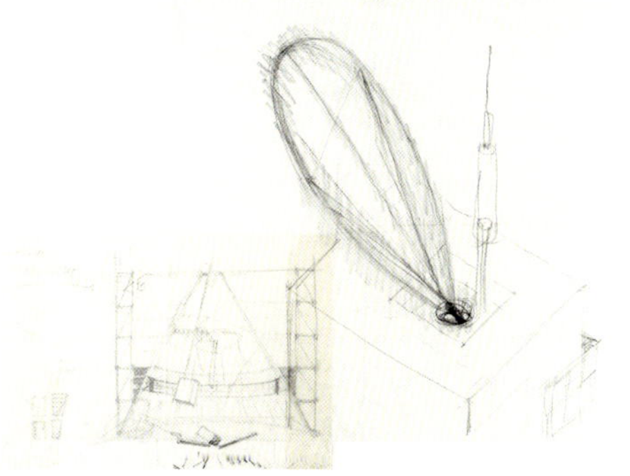

G 525-ZK   *Mekka Medial*

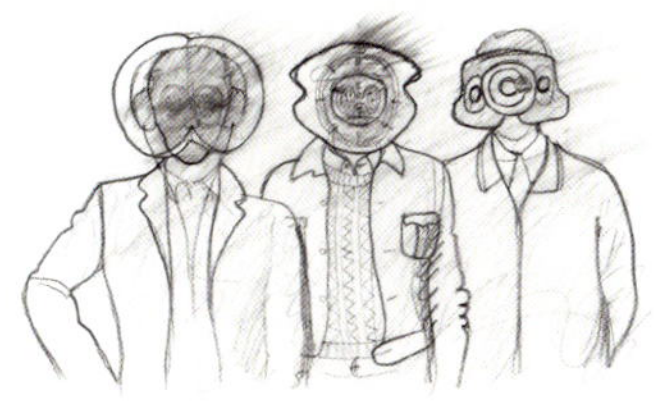

G 87-ZK   *Environment Transformer*

1967

Gründung von Haus-Rucker-Co durch Laurids Ortner, Günter Zamp Kelp und Klaus Pinter in Wien

Founding of Haus-Rucker-Co by Laurids Ortner, Günter Zamp Kelp and Klaus Pinter in Vienna

Mind-Expanding-Program, Wien / Vienna
  mit / with *Mind-Expander 1, Pneumacosm, Ballon für 2 / Balloon for 2, Wohnraum im Raum / Room in Room, Connexionskin*

1968

Gelbes Herz / Yellow Heart, Wien / Vienna
Mind-Expander 2, Wien / Vienna
Electric Skins, Wien / Vienna
Environment Transformer, Wien / Vienna
  mit / with *Fliegenkopf / Flyhead, Blickzerstäuber / View Atomizer, Drizzler*

1969

Ausstellung *Vanille Zukunft* / Exhibition *Vanilla Future*, Wien / Vienna, Linz
  mit / with *Battleship, Mind-Expander 2, Roomscraper, Blickzerstäuber / View Atomizer, Drizzler, Kusskuppel*
Stand für das Österreichische Institut für Formgebung / Stand for the Austrian Institute of Design, Wien / Vienna
Design-Post, Wien / Vienna

1970

Eröffnung von Studios in Düsseldorf (Laurids Ortner, Günter Zamp Kelp, ab 1971 Manfred Ortner) und New York (Klaus Pinter, Caroll Michels, Günter Zamp Kelp 1971/72)

Opening of studios in Düsseldorf (Laurids Ortner, Günter Zamp Kelp, from 1971 Manfred Ortner) and New York (Klaus Pinter, Caroll Michels, Günter Zamp Kelp 1971/72)

Ausstellung / Exhibition *Live*, Museum des 20. Jahrhunderts, Wien / Vienna
  mit / with *Giant Billiard*
Instant Situations, Wien / Vienna

Ausstellung / Exhibition *Haus-Rucker-Co. Live 2*, Museum of Contemporary Crafts, 53rd Street and 2nd Street Event, (anlässlich des / on the occasion of the *Congress of the Association of American Museums*), New York
  mit / with *Giant Billiard*

1971

Eintritt von Manfred Ortner

Manfred Ortner joins

Giant Gamut und / and *Big Piano*, New York, Kassel
Ausstellung *COVER. Überleben in verschmutzter Umwelt* / Exhibition *COVER. Survival in a Polluted Environment*, Museum Haus Lange Krefeld
Broadway Silkscreen Series, New York
Wegweiser / Direction Giver, Flughafen Nürnberg / Nuremberg Airport

1972

Oase Nr. 7 / Oasis No. 7, documenta 5, Kassel
100 Jahre Rathaus / 100 Years of the City Hall, Wien / Vienna

1973

Eigenständige Studios von Haus-Rucker-Co in Düsseldorf (Laurids Ortner, Günter Zamp Kelp, Manfred Ortner) und Haus-Rucker-Inc in New York (Klaus Pinter, Caroll Michels u. a.)

Independent studios of Haus-Rucker-Co in Düsseldorf (Laurids Ortner, Günter Zamp Kelp, Manfred Ortner) and Haus-Rucker-Inc in New York (Klaus Pinter, Caroll Michels and others)

1974

Bosch Messestand, Motorradmesse IFMA / Bosch exhibition stand, motorcycle exhibition IFMA, Köln / Cologne (1974–75)
Stadtoasen / City oases, München / Munich, Wien / Vienna, Zürich
Ausstellung *Sonnenuntergang* / Exhibition *Sundown*, Braunschweig

1975

Weg nach Lillyput / Way to Lillyput, Düsseldorf

1977

Auflösung von Haus-Rucker-Inc in New York. Beginn selbstständiger Tätigkeit von Klaus Pinter als freischaffender Künstler und Caroll Michels als Schriftstellerin

Break-up of Haus-Rucker-Inc in New York. Klaus Pinter starts working as a freelance artist and Caroll Michels as a writer

Rahmenbau / Frame Building, documenta 6, Kassel
Rathausmarkt / City Hall Market, Hamburg
Nike, im Rahmen des / as part of *Forum Metall*, Linz
Voliere und / and *Grüner Raum / Green Space*, Köln / Cologne (1977–83)

1978

Litfaßsäule / Advertising Columns, Düsseldorf
Lineares Haus / Linear House, Darmstadt

1979

Laubentore / Bowery Gates, Düsseldorf, Berlin

1980

Grüner Gasometer, Hannover / Green Gasometer, Hanover
Geteilte Häuser, Hausteile / Divided Houses, House fragments, Berlin
Forum Design, Linz

1981

Gänsemarkt, Hamburg

1982

Rathausplatz / City Hall Square, Bielefeld (1982–88)

1984

Fassadengalerie, Berlin
Ausstellung *3 Großstadtbauten*, Neue Nationalgalerie / Exhibition *3 Buildings for a Metropolis*, New National Gallery, Berlin

1985

Drei Orte in Berlin-Charlottenburg (Wohn- und Geschäftshäuser an der Uhlandstraße und an der Fasanenstraße, Turm am Kant-Dreieck) / Three locations in Berlin-Charlottenburg (Residential and commercial buildings on Uhlandstraße and Fasanenstraße, tower at Kant-Dreieck)

1986

Carillon Berlin-Tiergarten, Berlin

1987

Eröffnung zweier eigenständiger Architekturbüros durch Laurids Ortner und Manfred Ortner sowie durch Günter Zamp Kelp

Opening of two independent architectural offices by Laurids Ortner and Manfred Ortner and by Günter Zamp Kelp

1989

Zentrum für Kunst und Medientechnologie / Center for Art and Media Technology, Karlsruhe
Mekka Medial, Paris, Berlin

1992

Auflösung von Haus-Rucker-Co

Break-up of Haus-Rucker-Co

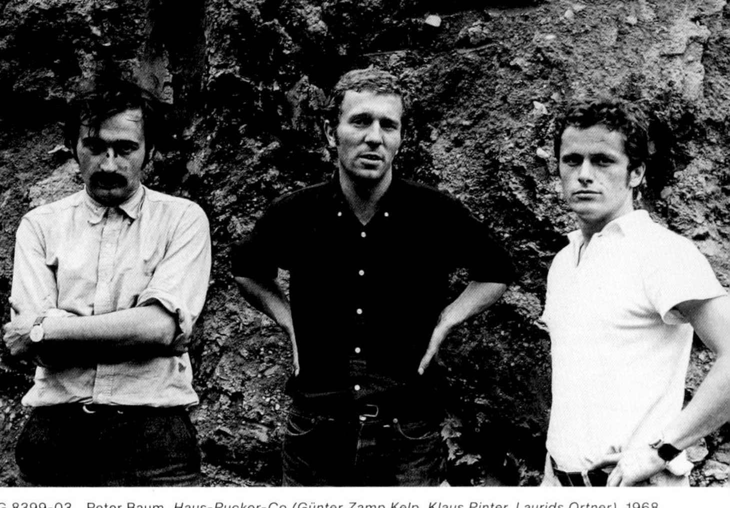

G 8399-03   Peter Baum, *Haus-Rucker-Co (Günter Zamp Kelp, Klaus Pinter, Laurids Ortner)*, 1968

1941

geboren in Bistritz, Transsylvanien
born in Bistritz, Transylvania

1959

Matura (Abitur), Realgymnasium Fadingerstraße, Linz
High school diploma, Realgymnasium Fadingerstraße, Linz

1967

Dipl. Ing. der Architektur, Technische Universität Wien
Diploma Architecture, Technical University Vienna

Gründung Haus-Rucker-Co durch Laurids Ortner, Klaus Pinter, Günter Zamp Kelp
Founding of Haus-Rucker-Co by Laurids Ortner, Klaus Pinter, Günter Zamp Kelp

1967–69

Assistent bei Prof. Karl Schwanzer, Technische Universität Wien an der Lehrkanzel für Gebäudeplanung und Entwerfen II
Assistant to Prof. Karl Schwanzer, Technical University Vienna at the Department of Building Planning and Design II

1970

Übersiedelung nach Düsseldorf
Transfer to Düsseldorf

Eintritt Architektenkammer NRW
Member of the Chamber of Architects Nordrhein-Westfalen

1972

Teilnehmer *documenta 5*, Kassel
Participant in *documenta 5*, Kassel

1977

Teilnehmer *documenta 6*, Kassel
Participant in *documenta 6*, Kassel

1979

Hochzeit mit Marlies-Luise Koch in New York
Marriage to Marlies-Luise Koch in New York

1980

Geburt von Christoph Friedrich Florian Kelp
Birth of Christoph Friedrich Florian Kelp

1981

Gastprofessor Cornell University, New York
Visiting Professor at Cornell University, New York

Gastprofessor für Design, Universität der Künste Berlin
Visiting Professor of Design, Berlin University of the Arts

1987

Eröffnung eigener Studios in Berlin und Düsseldorf
Opening of independent studios in Berlin and Düsseldorf

Eintritt Architektenkammer Berlin
Member of the Chamber of Architects Berlin

1988

Gastprofessor für Architektur, Städel Kunstschule, Frankfurt
Visiting Professor of Architecture, Städel Kunstschule, Frankfurt

Berufung zum Professor für Gebäudeplanung und Raumgestaltung, Universität der Künste, Berlin
Appointment as Professor of Building Design and Spatial Design, Berlin University of the Arts

1992

Auflösung Haus-Rucker-Co
Break-up of Haus-Rucker-Co

Prokura Marlies-Luise Kelp im Büro Günter Zamp Kelp
Procuration of Marlies-Luise Kelp at the office of Günter Zamp Kelp

1993

Leiter CAD-Labor und Lehrbereich GRuV (Gebäudeplanung, Raumgestaltung und Vermittlungstechnik), Universität der Künste Berlin
Head of CAD Laboratory and Teaching Department GRuV (Building Design, Spatial Design and Communications Technology), Berlin University of the Arts

1996

Gastprofessor für Gebäudeplanung, Technische Universität Wien
Visiting Professor of Building Planning, Technical University Vienna

1997

Architekturpreis Beton
Architecture Prize Beton

1998

Mitglied am Institut Metropole, Architektur, Design, Universität der Künste Berlin
Member of Institute for Metropolitan Planning, Architecture, Design, Berlin University of the Arts

2001

Mitglied im Beirat für Stadtgestaltung, Linz
Member of the Advisory Board for Urban Design, Linz

2002

Leiter der Architekturklasse, Internationale Sommerakademie Salzburg
Head of architecture class, International Summer Academy Salzburg

2004

Gastprofessor für Architektur am Lehrstuhl Entwerfen und Gebäudelehre II, Bauhaus-Universität Weimar
Visiting Professor of Architecture, in the Department of Design and Building Theory II, Bauhaus-Universität Weimar

2006

Vorsitzender im Beirat für Stadtgestaltung, Linz
Chairperson of the Advisory Board for Urban Design, Linz

Initiator Sommerakademie, Czernowitz
Initiator of the Summer Academy, Czernowitz

2009

Letzte Vorlesung an der Universität der Künste Berlin zum Thema *Auf der Suche nach dem vibrierenden Nerv unserer Zeit* zusammen mit Christoph Friedrich Florian Kelp
Last lecture at the Berlin University of the Arts on the theme *In search of the vibrating nerve of our time* together with Christoph Friedrich Florian Kelp

2014

Kurator der Ausstellung *Haus-Rucker-Co: Architekturutopie Reloaded* zusammen mit Katja Blomberg und Ludwig Engel, Haus am Waldsee, Berlin
Curator of the exhibition *Haus-Rucker-Co: Architectural Utopia Reloaded* together with Katja Blomberg and Ludwig Engel, Haus am Waldsee, Berlin

2017

Präsentation des *Archiv Günter Zamp Kelp*, Galerie Halle, Linz
Presentation of the *Günter Zamp Kelp archive*, Galerie Halle, Linz

2020

Ankauf des *Archiv Günter Zamp Kelp* durch die Stadt Linz
Purchase of the *Günter Zamp Kelp archive* by the City of Linz

2023

Umfangreiche Präsentation des *Archiv Günter Zamp Kelp* im Lentos Kunstmuseum Linz
Extensive presentation of the *Günter Zamp Kelp archive* at Lentos Kunstmuseum Linz

330 Haus-Rucker-Co (L. Ortner, G. Zamp Kelp, K. Pinter) • *Roomscraper* • 1969 • pneumatische Lampe mit Siebdruckaufdruck / Pneumatic lamp with screen print • Höhe / Height 240 cm

331 Haus-Rucker-Co (L. Ortner, G. Zamp Kelp, K. Pinter) • *Mind-Expander Schalensitz / Mind-Expander Shell Chair* • 1969 • Polyesterschalensitz für 2 Personen / Polyester bucket seat for 2 persons • 120×120 cm, H: 80 cm

1550 Haus-Rucker-Co • *Nike*, Modell / Model • 1977 • Plexiglasmodell auf Holzsockel, Leiter und *Nike* aus Karton, kleine Holzfigur / Plexiglass model on wooden base, ladder and cardboard *Nike*, small wooden figure • Sockel / Plint H: 36×27×1,7 cm, Plexiglaskasten / Plexicase: 36×27,2×14 cm

1555 Haus-Rucker-Co • *Instant Situation 25°, Oxer* • 1971 • Objekt in Plexiglas, montiert auf Bodenplatte / Object in Plexiglass, mounted on base plate • 23,5×30×13,5 cm

G 2284 Haus-Rucker-Co (G. Zamp Kelp, K. Pinter) • *HRC-Studio, 491 Broadway* • 1971 • Siebdruck / Screen print • 74×57,5 cm (65×46 cm)

G 2285 Haus-Rucker-Co (G. Zamp Kelp) • *Four Seasons Hotel, Times Square* • 1971 • Siebdruck / Screen print • 74×57,5 cm (61×50 cm)

G 2286 Haus-Rucker-Co (K. Pinter) • *Downtown Broadway View, Joe's Bar* • 1971 • Siebdruck / Screen print • 74×57,5 cm (60×50 cm)

G 2287 Haus-Rucker-Co (G. Zamp Kelp) • *Fresh Air Reservation, Broadway Bridge* • 1971 • Siebdruck / Screen print • 57,5×74 cm (48×63 cm)

G 2288 Haus-Rucker-Co (K. Pinter) • *72nd Street and Broadway, The Cocoon* • 1971 • Siebdruck auf Papier / Screen print on paper • 57,5×74 cm (52×64 cm)

G 8121 Haus-Rucker-Co • *Oase Nr. 7, Synthetisches Reservat / Oasis No. 7, Synthetic Reserve*, documenta 5, Plakat / Poster • 1972 • Offsetdruck, Plakat / Offset print, poster • 69×96,5 cm

G 8229-a Haus-Rucker-Co (L. Ortner) • *Changer* • 1972 • Siebdruck auf Papier / Screen print on paper • 60×75 cm

G 8229-b Haus-Rucker-Co (L. Ortner) • *Luft-Haus / Air House* • 1972 • Siebdruck auf Papier / Screen print on paper • 60×75 cm

G 8229-c Haus-Rucker-Co (L. Ortner) • *Regenbogen-Haus / Rainbow House* • 1972 • Siebdruck auf Papier / Screen print on paper • 60×75 cm

G 8229-d Haus-Rucker-Co (M. Ortner) • *Tankstelle / Petrol Station* • 1972 • Siebdruck auf Papier / Screen print on paper • 60×75 cm

G 8229-e Haus-Rucker-Co (L. Ortner) • *Oase Nr. 6 / Oasis No. 6* • 1972 • Siebdruck auf Papier / Screen print on paper • 62,5×86 cm

G 8332 Haus-Rucker-Co (L. Ortner, G. Zamp Kelp, K. Pinter, M. Ortner), *Go! Wahrnehmung zu Fuß / Go! Perception on Foot* • 1972 • Siebdruck auf Papier / Screen print on paper • 83×60 cm

G 8333 Haus-Rucker-Co (L. Ortner, G. Zamp Kelp, K. Pinter) • *COVER. Überleben in verschmutzter Umwelt / COVER. Survival in a Polluted Environment* • 1971 • Siebdruck auf Papier / Screen print on paper • 60×84 cm

G 8346 Haus-Rucker-Co (K. Pinter) • *Cover N.Y.C.* • 1971 • Collage auf Papier / Collage on paper • 27×64 cm, Rahmen / Frame: 70,5×88 cm

G 8347 Haus-Rucker-Co (K. Pinter) • *Joe's Bar on the West Side* • 1972 • überzeichnete Collage auf Papier / Overdrawn collage on paper • 29,5×42 cm, Rahmen / Frame: 51×65 cm

G 8406 Haus-Rucker-Co (L. Ortner) • *Instant Situation 25°* • 1970 • Graphit und roter Farbstift auf Transparentpapier / Graphite and red coloured pencil on tracing paper • 47×61,6 cm

G 8407 Haus-Rucker-Co • *,Oxer again' im Lentos 2007 als Nachtrag von und zu Haus-Rucker-Co / 'Oxer again' at Lentos 2007 as a supplement to and from Haus-Rucker-Co* • 2007 • Collage (Graphit auf Transparentpapier und normalem Papier / Graphite on tracing paper and normal paper • 4 Blätter / Sheets: 33×68 cm, 33×57 cm, 21×29,5 cm, 21×29,5 cm

G 8697-a Haus-Rucker-Co • *Nike von Samothrake / Nike of Samothrace*, Fotodokumentation / Photo documentation • 1977 (Foto / Photo: 2008) • C-Print • 37,3×30,4 cm

G 8697-b Haus-Rucker-Co • *Nike von Samothrake / Nike of Samothrace*, Fotodokumentation / Photo documentation • 1977 (Foto / Photo: 2008) • Gelatinesilberabzug / Gelatin silver print • 17,7×24 cm (16,2×19 cm)

1-ZK G. Zamp Kelp • *Architekturtrainer / Architecture Trainer*, Modell / Model • 1965 (2015) • Nachbau; Holzfaserplatte, Holz, Strukturauftrag (weiß), Papier, Plexiglashaube / Replica; fibreboard, wood, structural application (white), paper, Plexiglass cover • 35,9×96,5 cm, H: 62 cm

2-ZK Haus-Rucker-Co (G. Zamp Kelp) • *Pneumacosm, PC-Triptychon 2 / PC-Triptych 2* • 1967 (1971) • Reliefmodell, Zeichnung und Druck gerahmt / Relief model, drawing and print framed • 80,6×130,9 cm, H: ca. 15,5 cm

3-ZK Haus-Rucker-Co (L. Ortner, G. Zamp Kelp, K. Pinter) • *Gelbes Herz – Wohnraum im Raum / Yellow Heart – Room in Room* • 1967 • PVC-Folie bemalt, zwei Kissen und Gebläse / Painted PVC film, two cushions and fan • 300×245 cm, H: 200 cm

4-ZK Haus-Rucker-Co (L. Ortner, G. Zamp Kelp, K. Pinter) • *E-Skin 1* aus der Serie / from the series *Electric Skins* • 1968 • Hosenanzug (PVC-Folie rot mit silbernen und roten Applikationen) / Trouser suit (PVC foil red with silver and red appliqués) • 141×80 cm, T / D: 5 cm (mit Kleiderbügel / with coat hanger)

5-ZK Haus-Rucker-Co (L. Ortner, G. Zamp Kelp, K. Pinter) • *Roomscraper* • 1969 (2007) • Objekt aus PVC-Folie bedruckt (Siebdruck), bemalte Kartonbox mit Klebebuchstaben, Pumpe und Lampe / Object made of PVC foil printed (screen print), painted cardboard box with adhesive letters, pump and lamp • H: ca. 250 cm, Durchmesser / Diameter: 35 cm

6-ZK Haus-Rucker-Co (L. Ortner) • *Instant Situations, Shindai-Room* • 1970 • Holzfaserplatte weiß gefasst, PVC-Folie bemalt, Papier, Schnüre, Plexiglashaube / Wood fibre board white painted, PVC foil painted, paper, strings, Plexiglass cover • 24,6×40,6 cm, H: 22,4 cm

7-ZK Haus-Rucker-Co (M. Ortner) • *Matterhorn, Sonnenuntergang / Matterhorn, Sundown*, Modell / Model • 1974 • Zeichnung, Karton, Draht, Plexiglashaube / Drawing, card, wire, Plexiglass cover • 73,3×84,5 cm, H: 56,2 cm

8-ZK Haus-Rucker-Co (G. Zamp Kelp) • *Stück Natur auf Dreifuß / Piece of Nature on Tripod* • 1973 (2017 Stativ hinzugefügt / Tripod added) • Plexiglashaube, Holz, Einmachglas, Sand, irisches Moos, Papier und Vermessungsstativ / Plexiglass cover, wood, preserving jar, sand, Irish moss, paper and survey tripod • Box (26×26 cm); Stativ / Tripod H: ca. 125 cm, Durchmesser / Diameter: 70 cm

9-ZK Haus-Rucker-Co (G. Zamp Kelp) • *Straßenknoten / Intersections*, Straßenknoten-Objekt / Road junction object • 1973 • Holzgrundplatte, Gummistreifen (Schaumstoffstreifen), Kunststoff, Plexiglashaube / Wooden base plate, rubber strip (foam strip), plastic, Plexiglass cover • 26×121,1 cm, H: 26,6 cm

10-ZK Haus-Rucker-Co (L. Ortner) • *Stück Natur für Ihren Fuß / Piece of Nature for Your Foot* • 1972 • aufgeschnittener Schuh, irisches Moos, Holz und Plexiglashaube / Cut open shoe, Irish moss, wood and Plexiglass cover • 20×38,1 cm, H: 27 cm

11-ZK Haus-Rucker-Co mit / with T. Jänisch • *Rathausmarkt Hamburg*, Modell / Model • 1977 • Holzgrundplatte, Karton, Acrylglas / Wooden base plate, cardboard, acrylic glass • 78×119,5 cm, H: 47,5 cm

12-ZK Haus-Rucker-Co (G. Zamp Kelp) • *Giant Gamut, Tonleiter / Gamut, Big Piano* • 2014 • Holzgrundplatte, Strukturauftrag weiß gestrichen, Holz (weiß), Papier, Plexiglashaube / Wooden base plate, structure application painted white, wood (white), paper, Plexiglass cover • 36,3×96,3 cm, H: 63 cm

13-ZK Haus-Rucker-Co (M. Ortner) • *Offenes Haus, Bremen-Vegesack / Open House, Bremen-Vegesack*, Modell Kamin / Model chimney • 1981 • Kunststoff, Karton, Papier, Draht, Stoff, Plexiglashaube / Plastic, card, paper, wire, fabric, Plexiglass dome • 30,8×30,8 cm, H: 60,3 cm

14-ZK Haus-Rucker-Co (G. Zamp Kelp) • *Litfaßsäulen, Düsseldorf / Advertising Columns, Düsseldorf*, Modell / Model • 1979 • Holzgrundplatte, Karton, Plexiglashaube, Kunststoff und Glasperlen farbig (braun) gefasst / Wooden base plate, cardboard, Plexiglass bonnet, plastic and glass beads set in colour (brown) • 57,4×171,6 cm, H: 20,7 cm

15-ZK Haus-Rucker-Co (G. Zamp Kelp) • *Laubentore / Bowery Gates* • 1979 (1981) • Holzgrundplatte, Stoff (weiß gestrichen), Karton, Tore (Karton, Kunststoff, Faden, Glasperlen, Gitter, Holzstäbe etc. weiß gefasst) / Wooden base, fabric (painted white), cardboard, gates (cardboard, plastic, thread, glass beads, lattice, wooden sticks etc. painted white) • 45,1×198,8 cm, H: 28,7 cm

16-ZK Haus-Rucker-Co (G. Zamp Kelp) • *Papierhaus / Paper House*, Modell / Model • 1976 • Holzgrundplatte, Karton, Papier, Plexiglas / Wooden base plate, cardboard, paper, Plexiglass • 21,4×35,8 cm, H: 36,7 cm

17-ZK Haus-Rucker-Co (M. Ortner) • *Wassereck / Water Corner* • 1976 • Karton, Holzgrundplatte, Plexiglashaube, Kunstharz, Kunststoff / Card, wooden base plate, Plexiglass cover, synthetic resin, plastic • 55,9×56 cm, H: 34,5 cm

18-ZK Haus-Rucker-Co (G. Zamp Kelp) • *Kulturstift* • 1984 • verzinktes Blech / Galvanised sheet metal • 100,6×200,4 cm, H: 27,5 cm

19-ZK Haus-Rucker-Co (G. Zamp Kelp) • *Kulturstift, Transport* • 1984 • Holzgrundplatte, Plexiglas, Kunststoff, in Grautönen gefasst / Wooden base plate, Plexiglass, plastic, composed in grey tones • 100,3×200,2 cm, H: 26,4 cm

20-ZK Haus-Rucker-Co (G. Zamp Kelp) • *Kulturstift, Konstruktion und Oberfläche / Construction and Surface* • 1984 • Karton, Plexiglas, Kunststoff, Holz / Card, Plexiglass, plastic, wood • 100,3×200,5 cm, H: 26 cm

21-ZK Haus-Rucker-Co (G. Zamp Kelp) • *Kulturstift, Raum / Kulturstift, Space*, (Fragment) • 1984 • Wachsblöcke / Wax blocks • div. Maße / Variable dimensions

22-ZK Haus-Rucker-Co (G. Zamp Kelp, L. Ortner, M. Ortner), *ZKM, Zentrum für Kunst und Medientechnologie, Karlsruhe / Centre for Art and Media Technology, Karlsruhe* • 1989 • Holz, Kunststoff, Metall / Wood, plastic, metal • 93×155,1 cm, H: 17,5 cm

23-ZK Haus-Rucker-Co (G. Zamp Kelp) • *Mekka Medial*, Ausstellung Paris, Kaaba Mobile + 40 Szenarien / Paris exhibition, Kaaba mobile + 40 scenarios • 1989 • Karton, Kunststoff, Stoff, Zeitung, Bienenwaben, Plexiglashaube, Holzgrundplatte / Card, plastic, fabric, newspaper, honeycomb, Plexiglass cover, wooden base plate • 86,5×66,5 cm, H: 42,5 cm

24-ZK Haus-Rucker-Co (G. Zamp Kelp, K. Pinter) mit / with C. Michels, *Food City, Urban Cook, T-Shirt NY* • 1972 • Holzrahmen mit Plexiglasscheibe, Holzstange, T-Shirt, Fotografien (zwei Stück) / Wooden frame with Plexiglass pane, wooden pole, T-shirt, photographs (two pieces) • 102,6×72,5 cm, H: 4,3 cm

G 1-ZK G. Zamp Kelp • *Architekturtrainer / Architecture Trainer*, Vorstudie / Preliminary study • 1965 • Tusche auf Papier / Ink on paper • 25,7×45,5 cm

G 2-ZK G. Zamp Kelp • *Architekturtrainer / Architecture Trainer*, Vorstudie / Preliminary study • 1965 • Tusche auf Papier / Ink on paper • 21×29,6 cm

G 3-ZK G. Zamp Kelp • *Architekturtrainer / Architecture Trainer*, Vorstudie / Preliminary study • 1965 • Tusche auf Papier / Ink on paper • 21×29,6 cm

G 4-ZK G. Zamp Kelp • *Architekturtrainer / Architecture Trainer*, Vorstudie / Preliminary study • 1965 • Tusche auf Papier / Ink on paper • 35,1×50,2 cm

G 5-ZK G. Zamp Kelp • *Architekturtrainer / Architecture Trainer*, Vorstudie / Preliminary study • 1965 • Tusche auf Papier / Ink on paper • 35,1×50,2 cm

G 6-ZK G. Zamp Kelp • *Architekturtrainer / Architecture Trainer*, Vorstudie / Preliminary study • 1965 • Tusche auf Papier / Ink on paper • 21,1×29,7 cm

G 7-ZK G. Zamp Kelp • *Architekturtrainer / Architecture Trainer*, Vorstudie / Preliminary study • 1965 • Bleistift auf Transparentpapier / Pencil on tracing paper • 30×38,2 cm

G 8-ZK G. Zamp Kelp • *Architekturtrainer / Architecture Trainer*, Vorstudie / Preliminary study • 1965 • Tusche auf Transparentpapier / Ink on tracing paper • 29,8×43,6 cm

G 9-ZK G. Zamp Kelp • *Architekturtrainer / Architecture Trainer*, Modellfoto / Model photo • 1966 • Gelatinesilberabzug / Gelatin silver print • 20,6×30,1 cm

G 10-ZK G. Zamp Kelp • *Architekturtrainer / Architecture Trainer*, Modellfoto / Model photo • 1966 • Gelatinesilberabzug / Gelatin silver print • 20,6×30,1 cm

G 11-ZK G. Zamp Kelp • *Architekturtrainer / Architecture Trainer*, Zeichnung / Drawing • 1965 • Bleistift auf Papier / Pencil on paper • 34,2×45,5 cm

G 12-ZK G. Zamp Kelp • *Architekturtrainer / Architecture Trainer*, Zeichnung / Drawing • 1965 • Tusche auf Papier / Ink on paper • 33×60 cm

G 13-ZK G. Zamp Kelp • *Architekturtrainer / Architecture Trainer*, Zeichnung / Drawing • 1965 • Tusche auf Papier / Ink on paper • 32,1×59,7 cm

G 14-ZK G. Zamp Kelp • *Architekturtrainer / Architecture Trainer*, Zeichnung / Drawing • 1965 • Bleistift auf Transparentpapier / Pencil on tracing paper • 29,9×66 cm

G 15-ZK G. Zamp Kelp • *Architekturtrainer / Architecture Trainer*, Zeichnung / Drawing • 1965 • Bleistift auf Transparentpapier (2-lagig) / Pencil on tracing paper (2 layers) • 30,6×61,8 cm

G 16-ZK G. Zamp Kelp • *Architekturtrainer / Architecture Trainer*, Zeichnung / Drawing • 1965 • Bleistift auf Transparentpapier / Pencil on tracing paper • 29,8×28,7 cm

G 17-ZK G. Zamp Kelp • *Architekturtrainer / Architecture Trainer*, Zeichnung / Drawing • 1965 • Tusche auf Transparentpapier / Ink on tracing paper • 40,9×60 cm

G 18-ZK G. Zamp Kelp • *Architekturtrainer / Architecture Trainer*, Zeichnung / Drawing • 1965 • Tusche auf Transparentpapier / Ink on tracing paper • 39,1×60 cm

G 19-ZK G. Zamp Kelp • *Architekturtrainer / Architecture Trainer*, Zeichnung / Drawing • 1965 • Tusche auf Transparentpapier / Ink on tracing paper • 42,9×60,1 cm

G 20-ZK G. Zamp Kelp • *Architekturtrainer / Architecture Trainer*, Zeichnung / Drawing • 1965 • Tusche auf Transparentpapier / Ink on tracing paper • 33×59,8 cm

G 21-ZK G. Zamp Kelp • *Architekturtrainer / Architecture Trainer*, Zeichnung / Drawing • 1965 • Bleistift auf Transparentpapier / Pencil on tracing paper • 29,8×66 cm

G 22-ZK G. Zamp Kelp • *Architekturtrainer / Architecture Trainer*, Zeichnung / Drawing • 1965 • Bleistift auf Transparentpapier / Pencil on tracing paper • 30×65,8 cm

G 23-ZK G. Zamp Kelp • *Architekturtrainer / Architecture Trainer*, Zeichnung / Drawing • 1965 • Bleistift auf Transparentpapier / Pencil on tracing paper • 29,9×65,8 cm

G 24-ZK G. Zamp Kelp • *Architekturtrainer / Architecture Trainer*, Zeichnung / Drawing • 1965 • Tusche auf Transparentpapier / Ink on tracing paper • 33×60 cm

G 25-ZK G. Zamp Kelp • *Architekturtrainer / Architecture Trainer*, Zeichnung / Drawing • 1965 • Tusche auf Transparentpapier / Ink on tracing paper • 33×59,8 cm

G 26-ZK G. Zamp Kelp • *Architekturtrainer / Architecture Trainer*, Zeichnung / Drawing • 1965 • Bleistift auf Transparentpapier / Pencil on tracing paper • 30×27 cm

G 27-ZK G. Zamp Kelp • *St. Elias Kirche / St. Elias church*, Zeichnung, Innenraum / Drawing, interior • 1966 • Bleistift auf Transparentpapier / Pencil on tracing paper • 33×65 cm

G 28-ZK G. Zamp Kelp • *St. Elias Kirche / St. Elias church*, Zeichnung, Eingang / Drawing, entrance • 1966 • Bleistift und brauner Farbstift auf Papier / Pencil and brown colour pencil on paper • 35×51,5 cm

G 29-ZK G. Zamp Kelp • *St. Elias Kirche / St. Elias church*, Zeichnung, Seitenansicht / Drawing, side view • 1966 • Bleistift, gelber und brauner Farbstift auf Papier / Pencil, yellow and brown colour pencil on paper • 37×54,7 cm

G 30-ZK G. Zamp Kelp • *St. Elias Kirche / St. Elias church*, Skizze, Seitenansicht / Sketch, side view • 1966 • Bleistift auf Papier (Architekturplan) / Pencil on paper (architectural plan) • 34×49 cm

G 31-ZK Haus-Rucker-Co (G. Zamp Kelp) • *Pneumacosm, PC-Triptychon 1 / PC-Triptych 1* • 1967 • Gelatinesilberabzug / Gelatin silver print • 78×89 cm

G 32-ZK Haus-Rucker-Co (G. Zamp Kelp) • *Pneumacosm, PC-Triptychon 1 / PC-Triptych 1* • 1967 • Bleistift auf Transparentpapier / Pencil on tracing paper • 28,5×32 cm

G 33-ZK Haus-Rucker-Co (G. Zamp Kelp) • *Pneumacosm, PC-Triptychon 1 / PC-Triptych 1* • 1967 • Bleistift auf Transparentpapier / Pencil on tracing paper • 28×34 cm

G 34-ZK Haus-Rucker-Co (G. Zamp Kelp) • *Pneumacosm, PC-Triptychon 3, Formation NY / PC-Triptych 3, Formation NY* • 1968 (2007) • Collage (Lithographie mit Foto), überzeichnet (Farbkreide) auf Papier / Collage (lithograph with photo), overdrawn (coloured crayon) on paper • 79,6×130 cm

G 35-ZK Haus-Rucker-Co (G. Zamp Kelp) • *Pneumacosm, PC-Formation*, Konvolut Farbstudien / Set of colour studies • 1968 (2015) • sieben Kopien, handkoloriert / Seven copies, hand-coloured • 29,8×42 cm

G 36-ZK Haus-Rucker-Co (G. Zamp Kelp) • *Pneumacosm, PC-Formation*, Konvolut Farbstudien / Set of colour studies • 1967 (2007) • Kopie, handkoloriert / Copy, hand-coloured • 29,5×42 cm

G 37-ZK Haus-Rucker-Co (G. Zamp Kelp) • *Pneumacosm, PC-Formation*, Konvolut Farbstudien / Set of colour studies • 1968 • Kopie, handkoloriert / Copy, hand-coloured • 29,7×42 cm

G 38-ZK Haus-Rucker-Co (G. Zamp Kelp) • *Pneumacosm, PC-Formation*, Konvolut Farbstudien / Set of colour studies • 1968 • Acryl auf Leinwand / Acrylic on canvas • 29,7×42 cm

G 39-ZK G. Zamp Kelp • *Pneumacosm, PC an ISS / PC on ISS*, Raumstation / Space Station • 2017 • Mischtechnik und Collage (Bleistift, Leuchtstift, Fotoreproduktion, Transparentpapier) auf Karton / Mixed media and collage (pencil, luminous pen, photo reproduction, tracing paper) on card • 70×50 cm

G 40-ZK G. Zamp Kelp • *Pneumacosm als Erweiterung von ISS / Pneumacosm as extension of ISS*, Raumstation 2 / Space Station 2 • 2017 • Fotokopie kaschiert auf Karton, handkoloriert / Photocopy laminated on card, hand-coloured • 54,7×70 cm (42×59,5 cm)

G 41-ZK G. Zamp Kelp • *Pneumacosm*, Studie zu / Study for *PC-ISS* • 2016 • Bleistift, Kohle, handkoloriert auf Transparentpapier / Pencil, charcoal, hand-coloured on tracing paper • 33×69 cm

G 42-ZK G. Zamp Kelp • *Pneumacosm*, Studie zu / Study for *PC-ISS* • 2016 • Bleistift auf Transparentpapier / Pencil on tracing paper • 34,6×50 cm

G 43-ZK G. Zamp Kelp • *Pneumacosm*, Studie zu / Study for *PC-ISS* • 2016 • Bleistift auf Transparentpapier / Pencil on tracing paper • 34,6×50 cm

G 44-ZK G. Zamp Kelp • *Pneumacosm*, Studie zu / Study for *PC-ISS* • 2016 • Bleistift und Leuchtstift auf Transparentpapier / Pencil and luminous pen on tracing paper • 33×70 cm

G 45-ZK G. Zamp Kelp • *Pneumacosm*, Studie zu / Study for *PC-ISS* • 2015 • Bleistift auf Transparentpapier / Pencil on tracing paper • 33×67 cm

G 46-ZK G. Zamp Kelp • *Pneumacosm, PC in Victoria und Albert Museum*, Studie / Study • 2007 • Bleistift auf Transparentpapier, kaschiert auf Karton / Pencil on tracing paper, laminated on card • 33×42 cm

G 47-ZK G. Zamp Kelp • *Pneumacosm, PC in Victoria und Albert Museum*, Studie / Study • 2007 (21. Februar / February) • Mischtechnik (Bleistift und Fotokopie) auf Papier / Mixed media (pencil and Photocopy) on paper • 29,7×39,7 cm

G 48-ZK Haus-Rucker-Co (M. Ortner) • *Pneumacosm, Agitationsgrenzen / Agitation Limits* • 1971 • Bleistift und blauer Farbstift auf Papier, kaschiert auf Karton / Pencil and blue coloured pencil on paper, laminated on card • 31,7×50 cm

G 49-ZK Haus-Rucker-Co (M. Ortner) • *Pneumacosm, Agitationsgrenzen / Agitation Limits* • 1971 • Bleistift und blauer Farbstift auf Papier, kaschiert auf Karton / Pencil and blue coloured pencil on paper, laminated on card • 31×50 cm

G 50-ZK G. Zamp Kelp • *Pneumacosm, Collage PC + Trabant* • 2013 • Mischtechnik (Collage, Fotokopie, geheftet u. überzeichnet mit Bleistift und Tipp-Ex) auf Papier, kaschiert auf Karton / Mixed media (collage, Photocopy, stapled and overdrawn with pencil and Tipp-Ex) on paper, laminated on card • 29,5×57 cm (25,9×50 cm)

G 51-ZK G. Zamp Kelp • *Pneumacosm, Collage PC + Trabant* • 2013 • Mischtechnik (Collage, Fotokopie, überzeichnet mit Bleistift, Klebestreifen) auf Papier, kaschiert auf Karton / Mixed media (collage, Photocopy, overdrawn with pencil, adhesive tape) on paper, laminated on card • 70×49,8 cm (62,5×31 cm)

G 52-ZK G. Zamp Kelp • *Pneumacosm, Collage PC Pläne zu Reliefmodell / collage PC plans for relief model* • 2007 • Architekturplan, Fotokopie mit Leuchtstiften koloriert / Architectural plan, Photocopy coloured with luminous pens • 29,5×21 cm

G 53-ZK G. Zamp Kelp • *Pneumacosm, PC Pläne zu Reliefmodell / PC plans for relief model* • 2007 • Architekturplan, Bleistift und Leuchtstifte auf Papier / Architectural plan, pencil and luminous pen on paper • 57,9×41,9 cm

G 54-ZK G. Zamp Kelp • *Pneumacosm, Studien zu PC-Triptychon / studies for PC triptych* • 1968 (2008) • Fotokopien, Skizzen, Pläne und Originalzeichnungen / Photocopies, sketches, plans and original drawings • div. Maße / Variable dimensions

G 55-ZK G. Zamp Kelp • *Pneumacosm, Kosmos-Studie / Cosmos study* • 2013 • Bleistift und Farbstift auf Transparentpapier / Pencil and coloured pencil on tracing paper • 33×75 cm

G 56-ZK G. Zamp Kelp • *Pneumacosm, Kosmos-Studie / Cosmos study* • 2013 • Bleistift und Farbstift auf Transparentpapier / Pencil and coloured pencil on tracing paper • 33×85 cm

G 57-ZK Haus-Rucker-Co (G. Zamp Kelp) • *Pneumacosm, PC-Formation* • 1968 (1980) • S/W-Abzug auf Papier / B/W print on paper • 50×70 cm

G 58-ZK Haus-Rucker-Co • *Pneumacosm, PC-Schnitt / PC section* • 1980 • S/W-Abzug auf Papier / B/W print on paper • 50×70 cm

G 59-ZK G. Zamp Kelp • *Pneumacosm, PC im V&A London / PC in V&A London*, Studie / study • 2007 (20. Februar / February) • Skizze, Bleistift und Fineliner auf Papier / Sketch, pencil and fineliner on paper • 29,8×21 cm

G 60-ZK G. Zamp Kelp • *Pneumacosm, PC im V&A London / PC in V&A London* • 2007 • Mischtechnik (Collage, Fotokopie, koloriert mit Leuchtstift und überzeichnet mit Bleistift) auf Papier / Mixed media (collage, Photocopy, coloured with luminous pen and overdrawn with pencil) on paper • 21×29,8 cm

G 61-ZK G. Zamp Kelp • *Pneumacosm, PC im V&A London / PC in V&A London* • 2007 • Mischtechnik (Collage, Fotokopierte Architekturpläne, koloriert mit Leuchtstift und überzeichnet mit Bleistift) auf Papier / Mixed media (collage, photocopied architectural plans, coloured with luminous pen and overdrawn with pencil) on paper • 21×29,8 cm

G 62-ZK Haus-Rucker-Co • *Ballon für 2, Bf2 Apollogasse / Balloon for 2, Bf2 Apollogasse* • 1967 • S/W-Abzug auf Papier / B/W print on paper • 70×50 cm

G 63-ZK Haus-Rucker-Co • *Ballon für 2, Bf2 Apollogasse / Balloon for 2, Bf2 Apollogasse* • 1967 • S/W-Abzug auf Papier / B/W print on paper • 70×50 cm

G 64-ZK Haus-Rucker-Co (G. Zamp Kelp) • *Ballon für 2, Ballon am Steiger / Balloon for 2, Balloon on Lift* • 1968 • Mischtechnik (Collage, Architekturplan, Foto, überzeichnet mit Bleistift) auf Karton kaschiert / Mixed media (collage, architectural plan, photo, overdrawn with pencil) laminated on card • 50×35 cm

G 65-ZK G. Zamp Kelp • *Ballon für 2 / Balloon for 2, Überzeichnung eines Fotos / Overdrawing of a photo* • 2015 • Bleistift auf Transparentpapier, auf Karton kaschiert / Pencil on tracing paper, laminated on card • 50,2×70 cm (33×60 cm)

G 66-ZK G. Zamp Kelp • *Connexionskin, Überzeichnung eines Fotos / Overdrawing of a photo* • 2015 • Bleistift auf Transparentpapier, auf Karton kaschiert / Pencil on tracing paper, laminated on card • 50×70 cm (33×45,5 cm)

G 68-ZK Haus-Rucker-Co • *Gelbes Herz / Yellow Heart, Schnitt / Section* • 1972 (1990) • Fotokopie (Elektrofotografie), handkoloriert / Photocopy (electrophotography), hand-coloured • 36,1×69,4 cm

G 69-ZK Haus-Rucker-Co • *Gelbes Herz / Yellow Heart, Grundriss / Floor plan* • 1972 (1990) • Fotokopie (Elektrofotografie), handkoloriert / Photocopy (electrophotography), hand-coloured • 35×69,4 cm

G 70-ZK Haus-Rucker-Co • *Gelbes Herz / Yellow Heart* • ca. 1970 • Mischtechnik (Fotos und Zeichnung in Bleistift und Faserstift) auf Karton / Mixed media (photos and drawing in pencil and felt-tip pen) on cardboard • 32×31,5 cm

G 71-ZK Haus-Rucker-Co • *Gelbes Herz / Yellow Heart* • ca. 1970 • S/W-Abzug / B/W print • 17,7×24,2 cm

G 72-ZK Haus-Rucker-Co • *Gelbes Herz / Yellow Heart* • ca. 1970 • Collage aus zwei S/W-Abzügen / Collage from two B/W prints • 20,2×24 cm

G 73-ZK G. Zamp Kelp • *Gelbes Herz / Yellow Heart, Zero Gravity Heart* • 2012 • Mischtechnik (Collage aus Fotokopien und Zeichnungen, koloriert) auf Karton kaschiert / Mixed media (collage of photocopies and drawings, coloured) laminated on card • 50,2×69,9 cm

G 74-ZK G. Zamp Kelp • *Gelbes Herz / Yellow Heart, ZGH Skizzen / ZGH sketches* • 2010 • Mischtechnik (Collage aus S/W-Foto und Bleistift und Farbstift auf Transparentpapier) auf Karton kaschiert / Mixed media (collage from B/W photo and pencil and coloured pencil on tracing paper) laminated on card • 50,1×69,9 cm

G 75-ZK G. Zamp Kelp • *Gelbes Herz / Yellow Heart, ZGH Skizzen / ZGH sketches* • 2010 • Bleistift und Farbstift auf Transparentpapier, kaschiert auf Karton / Pencil and coloured pencil on tracing paper, laminated on card • 33,1×72 cm

G 76-ZK G. Zamp Kelp • *Gelbes Herz / Yellow Heart, ZGH Skizzen / ZGH sketches* • 2010 • Bleistift, Farbstift und Leuchtstift auf Transparentpapier, kaschiert auf Karton / Pencil, coloured pencil and luminous pen on tracing paper, laminated on card • 33,1×100 cm

G 77-ZK G. Zamp Kelp • *Gelbes Herz / Yellow Heart, ZGH Skizzen / ZGH sketches* • 2010 • Mischtechnik (Collage aus handkoloriertem S/W-Fotoausschnitt und Bleistift auf Transparentpapier) auf Karton kaschiert / Mixed media (collage of hand-coloured B/W photo cut-out and pencil on tracing paper) laminated on card • 70×100,2 cm

G 78-ZK Haus-Rucker-Co (G. Zamp Kelp) • *Gelbes Herz / Yellow Heart, Montageanleitung / Assembly instructions, Phase I: Steelpipe Construction* • 1988 (März / March) • Bleistift auf Papier, kaschiert auf Papier / Pencil on paper, laminated on paper • 70×80,3 cm (21×29,7 cm)

G 79-ZK Haus-Rucker-Co (G. Zamp Kelp) • *Gelbes Herz / Yellow Heart, Montageanleitung / Assembly instructions, Phase II: Montage of Balloon* • 1988 • Bleistift auf Papier, kaschiert auf Papier / Pencil on paper, laminated on paper • 70×80,3 cm (21×29,7 cm)

G 80-ZK Haus-Rucker-Co (G. Zamp Kelp) • *Gelbes Herz / Yellow Heart, Montageanleitung / Assembly instructions, Phase III: Platform in the Centre* • 1988 (März / March) • Bleistift auf Papier, kaschiert auf Papier / Pencil on paper, laminated on paper • 70×80,3 cm (21×29,7 cm)

G 81-ZK Haus-Rucker-Co (G. Zamp Kelp) • *Gelbes Herz / Yellow Heart, Montageanleitung / Assembly instructions, Phase IV: Montage of Entrance* • 1988 • Bleistift auf Papier, kaschiert auf Papier / Pencil on paper, laminated on paper • 70×80,3 cm (21×29,7 cm)

G 82-ZK Haus-Rucker-Co (G. Zamp Kelp) • *Gelbes Herz / Yellow Heart, Montageanleitung / Assembly instructions, Regulation of Airpressure inside Inflatable* • 1988 • Bleistift auf Papier, kaschiert auf Papier / Pencil on paper, laminated on paper • 70×80,3 cm (21×29,7 cm)

G 83-ZK Haus-Rucker-Co • *Gelbes Herz für / Yellow Heart for Centre Pompidou* • ca. 1995 • Fotografie, kaschiert auf Papier / Photo, laminated on paper • 70×80,3 cm (10,1×15,1 cm)

G 84-ZK G. Zamp Kelp • *Gelbes Herz / Yellow Heart, Überzeichnung / Overdrawing* • 2015 • Bleistift auf Transparentpapier, kaschiert auf Karton / Pencil on tracing paper, laminated on card • 50×70 cm (33×41,5 cm)

G 85-ZK Haus-Rucker-Co • *Gelbes Herz – Wohnraum im Raum, Cover Protects You / Yellow Heart - Room in Room, Cover Protects You* • 1971 • Mischtechnik (zwei S/W-Fotografien und Bleistift) auf Karton / Mixed media (two B/W photographs and pencil) on card • 65×50 cm

G 86-ZK Haus-Rucker-Co (L. Ortner) • *Mind-Expander + Environment Transformer, Mind-Expander 2* • 1968 • Bleistift auf Transparentpapier, kaschiert auf Karton / Pencil on tracing paper, laminated on card • 44,2×34,7 cm (30×22 cm)

G 87-ZK G. Zamp Kelp • *Environment Transformer, Überzeichnung / Overdrawing* • 2015 • Bleistift auf Transparentpapier, kaschiert auf Karton / Pencil on tracing paper, laminated on card • 50×70 cm (33×46 cm)

G 88-ZK Haus-Rucker-Co (G. Zamp Kelp) • *Vanille Zukunft / Vanilla Future, VZ schwarzgelb / VF black-yellow* • 1969 • Siebdruck, Plakat auf Papier / Screen print, poster on paper • 70×50 cm

G 89-ZK Haus-Rucker-Co (G. Zamp Kelp) • *Vanille Zukunft / Vanilla Future, VZ rot-gelb / VF red-yellow* • 1969 • Siebdruck, Plakat auf Papier / Screen print, poster on paper • 70×50,5 cm

G 90-ZK Haus-Rucker-Co (G. Zamp Kelp) • *Vanille Zukunft, Have a 'Psy-Year' / Vanilla Future, Have a 'Psy-Year'* • 1968 • Siebdruck, Plakat auf Papier / Screen print, poster on paper • 50,8×79,9 cm

G 91-ZK Haus-Rucker-Co (M. Ortner) • *Mind-Expanding-Program, Flyhead* • 1972 • Siebdruck, Plakat / Screen print, poster • 59,5×42 cm

G 92-ZK Haus-Rucker-Co (M. Ortner) • *Mind-Expanding-Program, Mind-Expander* • 1972 • Siebdruck, Plakat / Screen print, poster • 59,5×42 cm

G 93-ZK Haus-Rucker-Co • *Mind-Expanding-Program, Gelbes Herz / Yellow Heart* • 1972 • Siebdruck, Plakat / Screen print, poster • 59,6×42 cm

G 94-ZK Haus-Rucker-Co (M. Ortner) • *Mind-Expanding-Program, Pneumacosm* • 1972 • Siebdruck, Plakat / Screen print, poster • 59,6×41,9 cm

G 95-ZK Haus-Rucker-Co (G. Zamp Kelp) • *Bubbler* • 1967 • Bleistift auf Transparentpapier, kaschiert auf Karton • 50×65 cm (37,5×30,5 cm)

G 96-ZK Haus-Rucker-Co (G. Zamp Kelp) • *Battleship, Erster Entwurf / First draft* • 1969 • Zeichnung, Bleistift auf Transparentpapier / Pencil on tracing paper, laminated on card • 43×59,8 cm

G 97-ZK Haus-Rucker-Co (G. Zamp Kelp, L. Ortner), *Battleships* • 1969 • Siebdruck, Plakat / Screen print, poster • 70×99,9 cm

G 98-ZK Haus-Rucker-Co (G. Zamp Kelp) • *Live*, Initiale Collage / Museum des 20. Jahrhunderts, Wien / Museum 20th Century, Vienna, initiale Collage • 1969 • Mischtechnik (Collage und Zeichnung) auf Karton / Mixed media (collage and drawing) on cardboard • 50,2×65,4 cm

G 99-ZK Haus-Rucker-Co (G. Zamp Kelp) • Vitrineninformation Vorfeld / Vitrine formation *Live* • 1969 • Bleistift auf Transparentpapier, kaschiert auf Papier / Pencil on tracing paper, laminated on paper • 35,1×94,2 cm

G 100-ZK Haus-Rucker-Co (G. Zamp Kelp) • *Richtungsgeber / Direction Giver, Fingerthema / Finger theme* • 1969 • Bleistift auf Transparentpapier, kaschiert auf Karton / Pencil on tracing paper, laminated on card • 25,5×36,5 cm

G 101-ZK Haus-Rucker-Co (G. Zamp Kelp) • *Richtungsgeber / Direction Giver, Fingerthema / Finger theme* • 1969 • Bleistift auf Transparentpapier, kaschiert auf Karton / Pencil on tracing paper, laminated on card • 25,7×36,7 cm

G 102-ZK Haus-Rucker-Co (G. Zamp Kelp) • *Richtungsgeber / Direction Giver, Fingerthema / Finger theme* • 1969 • Bleistift auf Transparentpapier, kaschiert auf Karton / Pencil on tracing paper, laminated on card • 27,6×36,2 cm

G 103-ZK Haus-Rucker-Co (G. Zamp Kelp) • *Richtungsgeber / Direction Giver, Fingerthema / Finger theme* • 1969 • Bleistift auf Transparentpapier, kaschiert auf Karton / Pencil on tracing paper, laminated on card • 25,4×36,5 cm

G 104-ZK Haus-Rucker-Co (L. Ortner, G. Zamp Kelp, K. Pinter) • *ÖIF Pavillon / ÖIF Pavilion, Fingerthema / Finger theme* • 1969 • Fotografie / Photo • 24×18,3 cm

G 105-ZK Haus-Rucker-Co (G. Zamp Kelp) • *ÖIF Pavillon / ÖIF Pavilion, Fingerthema / Finger theme* • 1969 • Bleistift auf Transparentpapier / Pencil on tracing paper • 30×18 cm

G 106-ZK Haus-Rucker-Co (G. Zamp Kelp) • *ÖIF Pavillon / ÖIF Pavilion, Fingerthema / Finger theme* • 1969 • Bleistift auf Transparentpapier / Pencil on tracing paper • 20,6×30 cm

G 107-ZK Haus-Rucker-Co (G. Zamp Kelp) • *ÖIF Pavillon / ÖIF Pavilion, Fingerthema / Finger theme* • 1969 • Bleistift auf Transparentpapier / Pencil on tracing paper • 30,1×20 cm

G 108-ZK Haus-Rucker-Co (G. Zamp Kelp) • *ÖIF Pavillon / ÖIF Pavilion, Fingerthema / Finger theme* • 1969 • Bleistift auf Transparentpapier / Pencil on tracing paper • 17,3×29,8 cm

G 109-ZK Haus-Rucker-Co (G. Zamp Kelp) • *ÖIF Pavillon / ÖIF Pavilion, Fingerthema / Finger theme, Überzeichnung / Overdrawing* • 2015 • Bleistift auf Transparentpapier, kaschiert auf Papier / Pencil on tracing paper, laminated on paper • 70×50 cm (41×33 cm)

G 110-ZK Haus-Rucker-Co (M. Ortner) • *Wegweiser Nürnberg / Direction Giver Nuremberg, Fingerthema / Finger theme* • 1971 • Mischtechnik (Collage aus Fotografie und Zeichnung, Farb- und Bleistift auf Transparentpapier) kaschiert auf Karton / Mixed media (collage of photo and drawing, coloured pencil and pencil on tracing paper) laminated on card • 65×100 cm (59,5×80 cm)

G 111-ZK Haus-Rucker-Co (L. Ortner, G. Zamp Kelp, K. Pinter) • *Instant Situations, Instant Situation* • 1970 • Mischtechnik, sechs Fotoausschnitte auf Karton kaschiert mit Beschreibung / Mixed media, six photo cut-outs laminated on card with description • 47 × 71,5 cm

G 112-ZK Haus-Rucker-Co (L. Ortner) • *Instant Situations, Shindai-Room* • 1970 • Bleistift und Farbstift auf Transparentpapier, kaschiert auf Karton / Pencil and coloured pencil on tracing paper, laminated on card • 65 × 100 cm (45,3 × 74,7 cm)

G 113-ZK Haus-Rucker-Co (G. Zamp Kelp) • *COVER. Überleben in verschmutzter Umwelt / COVER. Survival in a Polluted Environment, Klima 1 / Climate 1*, Museum Haus Lange • 1970 • Bleistift und Farbstift auf Transparent-papier / Pencil and coloured pencil on tracing paper • 53 × 64,5 cm (29,9 × 49 cm)

G 114-ZK Haus-Rucker-Co (G. Zamp Kelp) • *COVER. Überleben in verschmutzter Umwelt / COVER. Survival in a Polluted Environment, Protected Farmhouse* • 1970 • Mischtechnik (Foto übermalt und überzeichnet) kaschiert auf Papier / Mixed media (photo painted over and overdrawn) laminated on paper • 72,8 × 102,5 cm (45 × 59 cm)

G 115-ZK Haus-Rucker-Co (G. Zamp Kelp) • *COVER. Überleben in verschmutzter Umwelt / COVER. Survival in a Polluted Environment, Klima 3 Schlafen / Climate 3 Sleep* • 1970 • Mischtechnik (Buchseite auf Papier kaschiert, übermalt und überzeichnet) auf Papier / Mixed media (book page laminated on paper, painted over and overdrawn) on paper • 51,6 × 64,4 cm (43 × 41 cm)

G 116-ZK Haus-Rucker-Co (G. Zamp Kelp) • *COVER. Überleben in verschmutzter Umwelt / COVER. Survival in a Polluted Environment, Klima 1 / Climate 1* • 1971 (2018) • Digitale Collage, Ausdruck auf Papier / Digital collage, print on paper • 45 × 59 cm (29,7 × 42 cm)

G 117-ZK Haus-Rucker-Co (M. Ortner) • *Matterhorn, Sonnenuntergang / Matterhorn, Sundown* • 1974 • Mischtechnik (Bleistift auf Papier und Foto überzeichnet) auf Papier / Mixed media (pencil on paper and photo overdrawn laminated on paper) on paper • 70 × 99,8 cm

G 118-ZK Haus-Rucker-Co (M. Ortner) • *Matterhorn, Sonnenuntergang / Matterhorn, Sundown*, Grundriss, Aufriss / Floor plan, elevation • 1974 • Bleistift und Farbstift auf Transparentpapier, kaschiert auf Karton / Pencil and coloured pencil on tracing paper, laminated on card • 70 × 99 cm (58,1 × 71 cm)

G 119-ZK Haus-Rucker-Co • *Mitternachts-sonne (Norwegen) / Midnight sun (Norway)* • 1971 (Fotosequenz 26. Juni 1950 / Photo sequence 26 June, 1950) • Fotografie, Fotomontage / Photo, photomontage • 48,7 × 89,5 cm

G 120-ZK Haus-Rucker-Co • *Matterhorn, Sonnenuntergang / Matterhorn, Sundown* • 1974 • Siebdruck, Plakat auf Papier / Screen print, poster on paper • 84,2 × 59,4 cm

G 121-ZK Haus-Rucker-Co (G. Zamp Kelp) • *Stadtnatur / City Nature*, 2 Treppen mit Bäumen / 2 staircases with trees • 1972 • Bleistift und Farbstift auf Papier / Pencil and coloured pencil on paper • 50,1 × 65,1 cm (21 × 29,6 cm)

G 122-ZK Haus-Rucker-Co (G. Zamp Kelp) • *Stadtnatur / City Nature*, 2 Treppen mit Bäumen / 2 staircases with trees • 1972 • Bleistift und Farbstift auf Papier / Pencil and coloured pencil on paper • 50,1 × 65,1 cm (21 × 21 cm)

G 123-ZK Haus-Rucker-Co (G. Zamp Kelp) • *Stadtnatur / City Nature*, Naturdenkmal / Natural Monument • 1973 • Bleistift und Farb-stift auf Papier / Pencil and coloured pencil on paper • 60 × 80 cm (42 × 57,6 cm)

G 124-ZK Haus-Rucker-Co (G. Zamp Kelp) • *Stadtnatur / City Nature*, Sandkasten / Sandpit • 1973 • Mischtechnik (Bleistift, Fotoreproduktion (Photostatverfahren) und Stecknadeln) auf Papier / Mixed media (pencil, photo reproduction (photostat process) and pins) on paper • 67 × 86,7 cm, H: 3,8 cm

G 125-ZK Haus-Rucker-Co (G. Zamp Kelp) • *Stadtnatur / City Nature*, Blue Box + Wasserfall / Blue Box + Waterfall • 1972 • Zeichnung, Bleistift auf Transparentpapier, kaschiert auf Karton / Drawing, pencil on tracing paper, laminated on card • 65 × 50 cm (56 × 29,7 cm)

G 126-ZK Haus-Rucker-Co (G. Zamp Kelp) • *Stadtnatur / City Nature*, Laune der Natur oder ‚Die Ergänzung' / Freak of Nature or ‘The Extension' • ca. 1975–1976 • Zeichnung, Bleistift auf Transparentpapier, kaschiert auf Karton / Drawing, pencil on tracing paper, laminated on card • 59,9 × 80 cm (52,4 × 69 cm)

G 127-ZK Haus-Rucker-Co (G. Zamp Kelp) • *Stadtnatur / City Nature, Ballon Allee / Ballon Avenue* • 1973 • Bleistift und Farbstift auf Transparentpapier, kaschiert auf Karton / Pencil and coloured pencil on tracing paper, laminated on card • 60 × 80 cm (29,6 × 69 cm)

G 128-ZK Haus-Rucker-Co (G. Zamp Kelp) • *Stadtnatur / City Nature, Ballon Allee / Ballon Avenue* • 1973 • Bleistift und Farbstift auf Transparentpapier, kaschiert auf Karton / Pencil and coloured pencil on tracing paper, laminated on card • 60 × 77 cm (35,2 × 29,7 cm)

G 129-ZK Haus-Rucker-Co (G. Zamp Kelp) • *Stadtnatur / City Nature, Ballon Allee 2 / Ballon Avenue 2* • 1973 • Bleistift und Farbstift auf Transparentpapier, kaschiert auf Karton / Pencil and coloured pencil on tracing paper, laminated on card • 60 × 77 cm (54,6 × 29,7 cm)

G 130-ZK Haus-Rucker-Co • *Stadtnatur / City Nature*, Wiesenstück / Piece of meadow • Bleistift und Farbstift auf Transparentpapier, kaschiert auf Karton / Pencil and coloured pencil on tracing paper, laminated on card • 100 × 70 cm

G 131-ZK Haus-Rucker-Co (G. Zamp Kelp) • *Stadtnatur / City Nature*, Naturdenkmal / Natural Monument, Color Kopie / Colour copy • 1972 • Fotokopie (Elektrofotografie), handkoloriert (Farbstift) / Photocopy (electrophotography), hand-coloured (coloured pencil) • 59,2 × 69,2 cm

G 132-ZK Haus-Rucker-Co (G. Zamp Kelp) • *Stadtnatur / City Nature*, Naturdenkmal 2 / Natural Monument 2 • 1973 • Bleistift und Farbstift auf Transparentpapier / Pencil and coloured pencil on tracing paper • 79,9 × 60 cm (59,4 × 41,7 cm)

G 133-ZK Haus-Rucker-Co (G. Zamp Kelp) • *Stadtnatur / City Nature*, Naturdenkmal 3 / Natural Monument 3 • 1987 • Bleistift und Farbstift auf Papier / Pencil and coloured pencil on paper • 60,7 × 94,6 cm

G 134-ZK Haus-Rucker-Co (G. Zamp Kelp) • *Stadtnatur / City Nature*, Sonnenstrahl / Sunray, Schattenuhr im Uferbereich des Herzogenriedpark-Sees / Shadow clock in the lakeshore area of the Herzogenriedpark-See • 1975 • Mischtechnik (Bleistift, Farbstift und Collage, überzeichnet auf Papier) / Mixed media (pencil, coloured pencil and collage, overdrawn on paper) • 51 × 72,8 cm

G 135-ZK Haus-Rucker-Co (G. Zamp Kelp) • *Stadtnatur / City Nature*, Sonnenstrahl / Sunray, Studie Gartenschau Stuttgart / Study for Stuttgart Horticultural Show • 1973–1974 (1976) • Bleistift und Farbstift auf Trans-parentpapier, kaschiert auf Karton / Pencil and coloured pencil on tracing paper, laminated on card • 79,8 × 59,8 cm (61 × 29,8 cm)

G 136-ZK Haus-Rucker-Co (M. Ortner) • *Stadtnatur / City Nature*, Landschaftsbilder, Wasserstiege u. a. / Landscape pictures, water stairs, etc. • 1974 • Bleistift auf Papier / Pencil on paper • 66,4 × 97,2 cm

G 137-ZK Haus-Rucker-Co • *Stadtnatur / City Nature*, o. T. / untitled, Brücke in der Landschaft / bridge in the landscape • Bleistift auf Transparentpapier, kaschiert auf Karton / Pencil on tracing paper, laminated on card • 50 × 65 cm (29,8 × 40,3 cm)

G 138-ZK Haus-Rucker-Co • *Stadtnatur / City Nature*, Grünes Dach / Green roof • ca. 1975 • Bleistift und Farbstift auf Transparentpapier, kaschiert auf Karton / Pencil and coloured pencil on tracing paper, laminated on card • 50 × 64,8 cm (43,3 × 29,7 cm)

G 139-ZK Haus-Rucker-Co (G. Zamp Kelp, K. Pinter) • *Stadtnatur / City Nature, Rooftop Garden, Planet of Vienna* • 1971 (2014) • Siebdruck auf Papier / Screen print on paper • 70,1 × 55,1 cm

G 140-ZK Haus-Rucker-Co (G. Zamp Kelp) • *Stadtnatur / City Nature, Fresh Air Reservation, Broadway Bridge* • 1971 • Sieb-druck auf Papier / Screen print on paper • 54,5 × 71 cm

G 141-ZK Haus-Rucker-Co (G. Zamp Kelp) • *Stadtnatur / City Nature, Four Seasons Hotel, Times Square* • 1971 • Siebdruck auf Papier / Screen print on paper • 74,1 × 57,4 cm

G 142-ZK Haus-Rucker-Co (G. Zamp Kelp) • *Stadtnatur / City Nature*, Erste Studie für Gartenausstellung Stuttgart / First study for Stuttgart Horticultural Show • ca. 1976 • Bleistift und Farbstift auf Transparentpapier, kaschiert auf Karton / Pencil and coloured pencil on tracing paper, laminated on card • 60 × 80 cm (29,8 × 68,5 cm)

G 143-ZK Haus-Rucker-Co (G. Zamp Kelp) • *Stadtnatur / City Nature*, Erste Studie für Gartenbauausstellung Stuttgart, Seiten-ansicht / First study for Stuttgart Horticultural Show • 1976 • Bleistift und Farbstift auf Trans-parentpapier, kaschiert auf Karton / Pencil and coloured pencil on tracing paper, laminated on card • 50 × 65,1 cm (29,8 × 56 cm)

G 144-ZK Haus-Rucker-Co (G. Zamp Kelp) • *Stadtnatur / City Nature*, Zweite Studie für Gartenschau Stuttgart / Zweite study for Stuttgart Horticultural Show • 1976 • Bleistift und Faserstift auf Transparentpapier, kaschiert auf Karton / Pencil and felt-tip pen on tracing paper, laminated on card • 59,9 × 80 cm (29,7 × 65,5 cm)

G 145-ZK Haus-Rucker-Co (G. Zamp Kelp) • *Stadtnatur / City Nature*, 3. Studie Gartenschau Stuttgart / 3rd study for Stuttgart Horticultural Show • 1976 • Bleistift auf Karton / Pencil on tracing paper, laminated on card • 50 × 65,2 cm (29,7 × 59,5 cm)

G 146-ZK G. Zamp Kelp • *Stadtnatur / City Nature, Flying Frame. Salut to Charles and Ray Eames* • 2017 • Collage aus Kopien, überzeichnet, kaschiert auf Karton / Collage of copies overdrawn, laminated on card • 40,2 × 53,4 cm (28,5 × 40,3 cm)

G 147-ZK Haus-Rucker-Co (G. Zamp Kelp) • *Stadtnatur / City Nature, Generator 1* • 1991 • Fotokopie (Elektrofotografie), überzeichnet (Faser-, Blei- u. Farbstift), kaschiert auf Karton / Photocopy (electrophotography), overdrawn (felt-tip, pencil and coloured pencil), laminated on card • 45,4 × 62,5 cm (29,9 × 42,2 cm)

G 148-ZK Haus-Rucker-Co (G. Zamp Kelp) • *Stadtnatur / City Nature, Generator 2* • 1991 • Fotokopie (Elektrofotografie), überzeichnet (Faser-, Blei- u. Farbstift), kaschiert auf Karton / Photocopy (electrophotography), overdrawn (felt-tip, pencil and coloured pencil), laminated on card • 62,6 × 83,3 cm (43 × 58,7 cm)

G 149-ZK Haus-Rucker-Co (G. Zamp Kelp) • *Stadtnatur / City Nature*, Landschaft mit Lichtung / Landscape with Clearing • 1983 • Mischtechnik (Zeitschriftenausschnitt über-zeichnet, Bleistift und Farbstift auf Papier), kaschiert auf Karton / Mixed media (magazine cutting overdrawn, pencil and coloured pencil on paper), laminated on card • 51 × 71 cm (29,2 × 43,9 cm)

G 150-ZK Haus-Rucker-Co (G. Zamp Kelp) • *Straßenknoten 1 / Intersection 1* • 1973 • Bleistift und Farbstift auf Transparentpapier, kaschiert auf Karton / Pencil and coloured pencil on tracing paper, laminated on card • 69,6 × 75 cm

G 151-ZK Haus-Rucker-Co (G. Zamp Kelp) • *Straßenknoten 2 / Intersection 2* • 1973 • Bleistift und Farbstift auf Transparentpapier, kaschiert auf Karton / Pencil and coloured pencil on tracing paper, laminated on card • 74,9 × 99,9 cm

G 152-ZK Haus-Rucker-Co (M. Ortner) • *Stück Natur für ihren Fuß / Piece of Nature for Your Foot*, Zeichnung / Drawing • 1972 • Bleistift und Farbstift auf Transparentpapier, kaschiert auf Karton / Pencil and coloured pencil on tracing paper, laminated on card • 59,9 × 75 cm (54,5 × 65,4 cm)

G 153-ZK G. Zamp Kelp • *Oase im Ausstellungsraum / Oasis in exhibition space*, Rekonstruktion *Oase Nr. 7 / Reconstruction Oasis No. 7* • 2008 • Mischtechnik (Collage und Bleistift) auf Transparentpapier und Karton / Mixed media (collage and pencil) on tracing paper and card • 59,5 × 42,2 cm

G 154-ZK G. Zamp Kelp • *Oase / Oasis*, Rekonstruktion *Oase Nr. 7* im V&A London, Test Innenraum, Studie / *Reconstruction Oasis No. 7 in V&A London, Test Interior, study* • 2008 • Mischtechnik (Fotokopien von Architekturplänen, überzeichnet und übermalt mit Bleistift und Faserstift, Annotation in Kugelschreiber) kaschiert auf Karton / Mixed media (photocopies of architectural plans, overdrawn and overpainted in pencil and felt-tip pen, annotation in ballpoint pen) laminated on card • 55 × 69,9 cm

G 155-ZK G. Zamp Kelp • *Oase / Oasis*, Überzeichnung *documenta 5 / Overdrawing documenta 5* • 2015 • Bleistift auf Transparentpapier, kaschiert auf Papier / Bleistift auf Transparentpapier, kaschiert auf Karton / Pencil on tracing paper, laminated on paper • 49,8 × 70,1 cm (33 × 60,5 cm)

G 156-ZK Haus-Rucker-Co (G. Zamp Kelp) • *Straßen und Plätze / Streets and Squares* Kunsthalle Düsseldorf 1978 • Bleistift auf Transparentpapier, kaschiert auf Karton / Pencil on tracing paper, laminated on card • 65 × 100,1 cm

G 157-ZK Haus-Rucker-Co (G. Zamp Kelp) • *Straßen und Plätze / Streets and Squares, Ruheplatz I / Resting Place I* • 1983 • Bleistift auf Transparentpapier, kaschiert auf Karton / Pencil on tracing paper, laminated on card • 65 × 50,1 cm (25,9 × 39,9 cm)

G 158-ZK Haus-Rucker-Co (G. Zamp Kelp) • *Straßen und Plätze / Streets and Squares, Ruheplatz II / Resting Place II* • 1983 • Bleistift und Farbstift auf Transparentpapier, kaschiert auf Karton / Pencil and coloured pencil on tracing paper, laminated on card • 50 × 65 cm (34,1 × 50,5 cm)

G 159-ZK Haus-Rucker-Co (G. Zamp Kelp) • *Straßen und Plätze / Streets and Squares, Platz im Schatten / Square in the Shadow* • 1983 • Bleistift auf Transparentpapier, kaschiert auf Karton / Pencil on tracing paper, laminated on card • 50 × 64,9 cm (29,7 × 46,1 cm)

G 160-ZK Haus-Rucker-Co (G. Zamp Kelp) • *Straßen und Plätze / Streets and Squares, Voliere und Grüner Raum I / Aviary and Green Space I* • 1983 • Bleistift auf Transparentpapier, kaschiert auf Karton / Pencil on tracing paper, laminated on card • 46,8 × 65,2 cm (33,4 × 45 cm)

G 161-ZK Haus-Rucker-Co (G. Zamp Kelp) • *Straßen und Plätze / Streets and Squares, Voliere und Grüner Raum II / Aviary and Green Space II* • 1983 • Bleistift auf Transparentpapier, kaschiert auf Karton / Pencil on tracing paper, laminated on card • 65 × 50,1 cm (25,9 × 39,7 cm)

G 162-ZK Haus-Rucker-Co (G. Zamp Kelp) • *Straßen und Plätze / Streets and Squares, Voliere und Grüner Raum II / Aviary and Green Space III* • 1983 • Fotokopie, handkoloriert (Farbstift), kaschiert auf Karton / Photocopy, hand-coloured (coloured pencil), laminated on card • 49,9 × 65,1 cm (28,2 × 43,8 cm)

G 163-ZK Haus-Rucker-Co (G. Zamp Kelp) • *Straßen und Plätze / Streets and Squares, Voliere und Grüner Raum / Aviary and Green Space*, Aufsicht und Ansicht / *Top view and elevation* • 1983 • Bleistift auf Transparentpapier, kaschiert auf Karton / Pencil on tracing paper, laminated on card • 60 × 79,9 cm (49 × 29,6 cm)

G 164-ZK Haus-Rucker-Co (G. Zamp Kelp) • *Straßen und Plätze / Streets and Squares, Voliere und Grüner Raum / Aviary and Green Space*, Ansicht • 1983 • Bleistift und Farbstift auf Transparentpapier, kaschiert auf Karton / Pencil on tracing paper, laminated on card • 60 × 79,9 cm (29,6 × 42 cm)

G 165-ZK Haus-Rucker-Co (G. Zamp Kelp) • *Straßen und Plätze / Streets and Squares*, Torkonstrukt / *Gate Structure* • 1977 • Bleistift auf Transparentpapier, kaschiert auf Karton / Pencil on tracing paper, laminated on card • 69,9 × 100,1 cm (60 × 41,9 cm)

G 166-ZK Haus-Rucker-Co (G. Zamp Kelp) • *Straßen und Plätze / Streets and Squares*, Torkonstrukt / *Gate Structure* • 1977 • Bleistift auf Transparentpapier, kaschiert auf Papier / Pencil on tracing paper, laminated on paper • 69,9 × 100,1 cm (60,8 × 41,5 cm)

G 167-ZK Haus-Rucker-Co (G. Zamp Kelp) • *Straßen und Plätze / Streets and Squares*, Grundriss Alleetor / *Floor plan avenue gate* • 1977 • Fotokopie (Elektrofotografie), handkoloriert (Farbstift), kaschiert auf Karton / Photocopy (electrophotography), hand-coloured (coloured pencil), laminated on card • 50 × 65,1 cm (41,9 × 53,7 cm)

G 168-ZK Haus-Rucker-Co (G. Zamp Kelp) • *Straßen und Plätze / Streets and Squares, Egg Room* • 1977 • Bleistift und Farbstift auf Transparentpapier, kaschiert auf Karton / Pencil and coloured pencil on tracing paper, laminated on card • 59,8 × 79,9 cm (29,6 × 69,2 cm)

G 169-ZK Haus-Rucker-Co (L. Ortner, G. Zamp Kelp, M. Ortner) • *Straßen und Plätze / Streets and Squares, U-Theater München, Marienhof, / U-Theater Munich, Marienhof, Freilichttheater / Open-air theatre* • 1985 • Bleistift auf Papier, kaschiert auf Karton / Pencil on paper, laminated on card • 100,1 × 65,1 cm (21 × 29,8 cm)

G 170-ZK Haus-Rucker-Co (L. Ortner, G. Zamp Kelp, M. Ortner) • *Straßen und Plätze / Streets and Squares, U-Theater München, Marienhof, Café / U-Theater Munich, Marienhof, café* • 1985 • Bleistift auf Papier, kaschiert auf Karton / Pencil on paper, laminated on card • 100,1 × 65,1 cm (21 × 29,7 cm)

G 171-ZK Haus-Rucker-Co (L. Ortner, G. Zamp Kelp, M. Ortner) • *Straßen und Plätze / Streets and Squares, U-Theater München, Marienhof, / U-Theater Munich, Marienhof, Freilichttheater / Open-air theatre* • 1985 • Bleistift auf Papier, kaschiert auf Karton / Pencil on paper, laminated on card • 100,1 × 65,1 cm (21 × 29,6 cm)

G 172-ZK Haus-Rucker-Co (L. Ortner, G. Zamp Kelp, M. Ortner) • *Straßen und Plätze / Streets and Squares, U-Theater München, Marienhof, / U-Theater Munich, Marienhof, Freilichttheater / Open-air theatre* • 1985 • Bleistift auf Papier, kaschiert auf Karton / Pencil on paper, laminated on card • 100,1 × 65,1 cm (21 × 29,6 cm)

G 173-ZK Haus-Rucker-Co (L. Ortner, G. Zamp Kelp, M. Ortner) • *Straßen und Plätze / Streets and Squares, U-Theater München, Marienhof, / U-Theater Munich, Marienhof, Café + Mauer / Café + wall* • 1985 • Bleistift auf Papier, kaschiert auf Karton / Pencil on paper, laminated on card • 100,1 × 65,1 cm (21 × 29,7 cm)

G 174-ZK Haus-Rucker-Co (L. Ortner, G. Zamp Kelp, M. Ortner) • *Straßen und Plätze / Streets and Squares, U-Theater München, Marienhof, / U-Theater Munich, Marienhof, Café + Mauer / Café + wall* • 1985 • Bleistift auf Papier, kaschiert auf Karton / Pencil on paper, laminated on card • 100,1 × 65,1 cm (21 × 29,7 cm)

G 175-ZK Haus-Rucker-Co (L. Ortner, G. Zamp Kelp, M. Ortner) • *Straßen und Plätze / Streets and Squares, U-Theater München, Marienhof, / U-Theater Munich, Marienhof, Freilichttheater / Open-air theatre* • 1985 • Bleistift auf Papier, kaschiert auf Karton / Pencil on paper, laminated on card • 100,1 × 65,1 cm (21 × 29,7 cm)

G 176-ZK Haus-Rucker-Co (G. Zamp Kelp) • *Straßen und Plätze / Streets and Squares, U-Theater München, Marienhof, / U-Theater Munich, Marienhof* • 1985 • Bleistift auf Papier, kaschiert auf Karton / Pencil on paper, laminated on card • 100,1 × 65,1 cm (29,7 × 21 cm)

G 177-ZK Haus-Rucker-Co (G. Zamp Kelp) • *Straßen und Plätze / Streets and Squares*, Studien Schieferturm in Kassel / *Studies Schieferturm in Kassel* • 1983 • Tusche auf Papier, kaschiert auf Karton / Ink on paper, laminated on card • 45,5 × 70,1 cm (29,7 × 21 cm)

G 178-ZK Haus-Rucker-Co (G. Zamp Kelp) • *Straßen und Plätze / Streets and Squares*, Studien Schieferturm in Kassel / *Studies Schieferturm in Kassel* • 1983 • Tusche und Farbstift auf Papier, kaschiert auf Karton / Ink and coloured pencil on paper, laminated on card • 45,5 × 70,1 cm (29,8 × 21,1 cm)

G 179-ZK Haus-Rucker-Co (G. Zamp Kelp) • *Straßen und Plätze / Streets and Squares*, Studien Schieferturm in Kassel / *Studies Schieferturm in Kassel* • 1983 • Tusche und Kugelschreiber auf Papier, kaschiert auf Karton / Ink and ballpoint pen on paper, laminated on card • 45,5 × 70,1 cm (29,6 × 21,1 cm)

G 180-ZK Haus-Rucker-Co (G. Zamp Kelp) • mit / with T. Jänisch • *Gänsemarkt Hamburg*, Beleuchtungskonzept, Isometrie / *Lighting concept, isometry* • 1981 • Bleistift auf Transparentpapier, kaschiert auf Karton / Pencil on tracing paper, laminated on card • 70,1 × 100,3 cm (59,1 × 71,4 cm)

G 181-ZK Haus-Rucker-Co (G. Zamp Kelp) • mit / with T. Jänisch • *Gänsemarkt Hamburg*, Beleuchtungskonzept, Lichtfächer / *Lighting concept, light fans* • 1981 • Fotokopie (Elektrofotografie), handkoloriert (Farbstift), auf Papier, kaschiert auf Karton / Photocopy (electrophotography), hand-coloured (coloured pencil), on paper, laminated on card • 60 × 87,9 cm (57,8 × 85,5 cm)

G 182-ZK Haus-Rucker-Co (G. Zamp Kelp) • mit / with T. Jänisch • *Gänsemarkt Hamburg*, Beleuchtungskonzept, Studie Lessing Denkmal / *Lighting concept, Lessing monument study* • 1981 • Fotokopie (Elektrofotografie), handkoloriert (Farbstift), auf Papier, kaschiert auf Karton / Photocopy (electrophotography), hand-coloured (coloured pencil), on paper, laminated on card • 49,7 × 100,2 cm (29,3 × 28 cm)

G 183-ZK Haus-Rucker-Co (G. Zamp Kelp) • mit / with T. Jänisch • *Gänsemarkt Hamburg*, Beleuchtungskonzept, Studie Lessing Denkmal / *Lighting concept, Lessing monument study* • 1981 • Fotokopie (Elektrofotografie), handkoloriert (Farbstift), auf Papier, kaschiert auf Karton / Photocopy (electrophotography), hand-coloured (coloured pencil), on paper, laminated on card • 49,7 × 100,2 cm (29,2 × 31,1 cm)

G 184-ZK Haus-Rucker-Co (G. Zamp Kelp) • mit / with T. Jänisch • *Gänsemarkt Hamburg*, Beleuchtungskonzept, Studie Lessing Denkmal / *Lighting concept, Lessing monument study* • 1981 • Fotokopie (Elektrofotografie), handkoloriert (Farbstift), auf Papier, kaschiert auf Karton / Photocopy (electrophotography), hand-coloured (coloured pencil), on paper, laminated on card • 49,7 × 100,2 cm (38,8 × 28,4 cm)

G 185-ZK Haus-Rucker-Co (G. Zamp Kelp) • mit / with T. Jänisch • *Gänsemarkt Hamburg*, Beleuchtungskonzept, Perspektive / *Lighting concept, perspective* • 1981 • Tusche auf Transparentpapier, kaschiert auf Papier / Ink on tracing paper, laminated on paper • 100 × 70 cm (32 × 48,5 cm)

G 186-ZK Haus-Rucker-Co (G. Zamp Kelp) • mit / with T. Jänisch • *Gänsemarkt Hamburg*, Beleuchtungskonzept, Blick vom Jungfernsteg / *Lighting concept, view from Jungfernsteg* • 1981 • Bleistift und Farbstift auf Transparentpapier, kaschiert auf Papier / Pencil and coloured pencil on tracing paper, laminated on paper • 100 × 70 cm (57 × 70 cm)

G 187-ZK Haus-Rucker-Co (G. Zamp Kelp) • mit / with T. Jänisch • *Gänsemarkt Hamburg*, Beleuchtungskonzept, Perspektive / *Lighting concept, perspective* • 1981 • Bleistift auf Transparentpapier, kaschiert auf Karton / Pencil on tracing paper, laminated on card • 100,1 × 70 cm (31,8 × 56,6 cm)

G 188-ZK Haus-Rucker-Co (G. Zamp Kelp) • mit / with T. Jänisch • *Gänsemarkt Hamburg*, Beleuchtungskonzept, Perspektive / *Lighting concept, perspective* • 1981 • Tusche auf Transparentpapier, kaschiert auf Karton / Ink on tracing paper, laminated on card • 100,1 × 70 cm (59,5 × 56,4 cm)

G 189-ZK Haus-Rucker-Co (G. Zamp Kelp) • mit / with T. Jänisch • *Gänsemarkt Hamburg*, Beleuchtungskonzept, Vorstudie Skizze und Situation / *Lighting concept, Preliminary study sketch and situation* • 1981 • Bleistift und Farbstift auf Transparentpapier, kaschiert auf Karton / Pencil and coloured pencil on tracing paper, laminated on card • 100 × 70 cm (30,5 × 35,4 cm)

G 190-ZK Haus-Rucker-Co (G. Zamp Kelp) mit / with T. Jänisch • *Gänsemarkt Hamburg*, Beleuchtungskonzept, Vorstudie Skizze und Situation / Lighting concept, Preliminary study sketch and situation • 1981 • Bleistift und Farbstift auf Transparentpapier, kaschiert auf Karton / Pencil and coloured pencil on tracing paper, laminated on card • 100 × 70 cm (44,5 × 61 cm)

G 191-ZK Haus-Rucker-Co (G. Zamp Kelp) mit / with T. Jänisch • *Gänsemarkt Hamburg*, Beleuchtungskonzept, Studie Lichtmarkisenlinie / Lighting concept, lighting concept, study for light blind line • 1981 • Bleistift und Farbstift auf Transparentpapier, kaschiert auf Karton / Pencil and coloured pencil on tracing paper, laminated on card • 100 × 70 cm (30,5 × 101,1 cm)

G 192-ZK Haus-Rucker-Co (G. Zamp Kelp) • mit / with T. Jänisch • *Gänsemarkt Hamburg*, Beleuchtungskonzept, Studie Lichtmarkisenlinie / Lighting concept, lighting concept, study for light blind line • 1981 • Bleistift und Farbstift auf Transparentpapier, kaschiert auf Karton / Pencil and coloured pencil on tracing paper, laminated on card • 100 × 70 cm (60,9 × 43,5 cm)

G 193-ZK Haus-Rucker-Co (G. Zamp Kelp, L. Ortner, M. Ortner) mit / with T. Jänisch • *Rathausmarkt Hamburg, Stadtraum-Blick / Urban Space Views*, Raumstudie / Spatial study • 1977 • Tusche auf Transparentpapier, kaschiert auf Karton / Ink on tracing paper, laminated on card • 65,2 × 100,1 cm (22,3 × 21,2 cm)

G 194-ZK Haus-Rucker-Co (G. Zamp Kelp, L. Ortner, M. Ortner) mit / with T. Jänisch • *Rathausmarkt Hamburg, Stadtraum-Blick / Urban Space Views*, Raumstudie / Spatial study • 1977 • Tusche auf Transparentpapier, kaschiert auf Papier / Ink on tracing paper, laminated on paper • 65,2 × 100,1 cm (25,9 × 68,8 cm)

G 195-ZK Haus-Rucker-Co (G. Zamp Kelp, L. Ortner, M. Ortner) mit / with T. Jänisch • *Rathausmarkt Hamburg, Stadtraum-Blick / Urban Space Views*, Raumstudie / Spatial study • 1977 • Tusche auf Transparentpapier, kaschiert auf Karton / Ink on tracing paper, laminated on card • 65,2 × 100,1 cm (22,6 × 30,8 cm)

G 196-ZK Haus-Rucker-Co (G. Zamp Kelp, L. Ortner, M. Ortner) mit / with T. Jänisch • *Rathausmarkt Hamburg, Stadtraum-Blick / Urban Space Views*, Raumstudie / Spatial study • 1977 • Tusche auf Transparentpapier, kaschiert auf Karton / Ink on tracing paper, laminated on card • 65,2 × 100,1 cm (23,6 × 59,3 cm)

G 197-ZK Haus-Rucker-Co (G. Zamp Kelp, L. Ortner, M. Ortner) mit / with T. Jänisch • *Rathausmarkt Hamburg*, Baldachin / Canopy • 1977 • Tusche auf Transparentpapier, kaschiert auf Papier / Ink on tracing paper, laminated on paper • 70 × 100 cm (28,4 × 26 cm)

G 198-ZK Haus-Rucker-Co (G. Zamp Kelp, L. Ortner, M. Ortner) mit / with T. Jänisch • *Rathausmarkt Hamburg*, Wandzeitung / Wall Newspaper • 1977 • Tusche auf Transparentpapier, kaschiert auf Papier / Ink on tracing paper, laminated on paper • 70 × 100 cm (24 × 95,2 cm)

G 199-ZK Haus-Rucker-Co (G. Zamp Kelp, L. Ortner, M. Ortner) mit / with T. Jänisch • *Rathausmarkt Hamburg*, Isometrie Übersicht / Isometry overview • 1977 • Bleistift auf Transparentpapier, kaschiert auf Karton / Pencil on tracing paper, laminated on card • 65 × 100,1 cm (59,1 × 68,3 cm)

G 200-ZK Haus-Rucker-Co (G. Zamp Kelp, L. Ortner, M. Ortner) mit / with T. Jänisch • *Rathausmarkt Hamburg*, Lageplan / Site plan • 1977 • Tusche auf Transparentpapier, kaschiert auf Karton / Ink on tracing paper, laminated on card • 60 × 79,9 cm (31,8 × 48,5 cm)

G 201-ZK Haus-Rucker-Co (G. Zamp Kelp, L. Ortner, M. Ortner) mit / with T. Jänisch • *Rathausmarkt Hamburg*, Platzraumstudien I / Square Spatial Studies I • 1977 • Tusche auf Transparentpapier, kaschiert auf Karton / Ink on tracing paper, laminated on card • 50,4 × 65 cm (29,7 × 19 cm)

G 202-ZK Haus-Rucker-Co (G. Zamp Kelp, L. Ortner, M. Ortner) mit / with T. Jänisch • *Rathausmarkt Hamburg*, Platzraumstudien I / Square Spatial Studies I • 1977 • Tusche auf Transparentpapier, kaschiert auf Karton / Ink on tracing paper, laminated on card • 50,4 × 65 cm (29,7 × 39,5 cm)

G 203-ZK Haus-Rucker-Co (G. Zamp Kelp, L. Ortner, M. Ortner) mit / with T. Jänisch • *Rathausmarkt Hamburg*, Platzraumstudien II / Square Spatial Studies II • 1977 • Tusche auf Transparentpapier, kaschiert auf Karton / Ink on tracing paper, laminated on card • 50,4 × 65 cm (29,7 × 31,5 cm)

G 204-ZK Haus-Rucker-Co (G. Zamp Kelp, L. Ortner, M. Ortner) mit / with T. Jänisch • *Rathausmarkt Hamburg*, Platzraumstudien II / Square Spatial Studies II • 1977 • Tusche auf Transparentpapier, kaschiert auf Karton / Ink on tracing paper, laminated on card • 50,4 × 65 cm (29,7 × 34,5 cm)

G 205-ZK Haus-Rucker-Co (G. Zamp Kelp, L. Ortner, M. Ortner) mit / with T. Jänisch • *Rathausmarkt Hamburg*, Mobiler Baldachin / Mobile Canopy • 1977 • Bleistift auf Transparentpapier, kaschiert auf Karton / Pencil on tracing paper, laminated on card • 65 × 100 cm (29,7 × 47 cm)

G 206-ZK Haus-Rucker-Co (G. Zamp Kelp, L. Ortner, M. Ortner) mit / with T. Jänisch • *Rathausmarkt Hamburg*, Mobiler Baldachin / Mobile Canopy • 1977 • Bleistift auf Transparentpapier, kaschiert auf Karton / Pencil on tracing paper, laminated on card • 65 × 100 cm (29,7 × 46,4 cm)

G 207-ZK Haus-Rucker-Co (G. Zamp Kelp, L. Ortner, M. Ortner) mit / with T. Jänisch • *Rathausmarkt Hamburg*, Mobiler Baldachin / Mobile Canopy • 1977 • Bleistift auf Transparentpapier, kaschiert auf Karton / Pencil on tracing paper, laminated on card • 65 × 100 cm (29,7 × 46 cm)

G 208-ZK Haus-Rucker-Co (L. Ortner, G. Zamp Kelp, M. Ortner) • *Rathausplatz Bielefeld*, Steintuch / Stone Sheet I • ca. 1986 • Bleistift und Farbstift auf Transparentpapier, kaschiert auf Papier / Pencil and coloured pencil on tracing paper, laminated on paper • 69,7 × 100 cm (29,7 × 44 cm)

G 209-ZK Haus-Rucker-Co (L. Ortner, G. Zamp Kelp, M. Ortner) • *Rathausplatz Bielefeld*, Steintuch I / Stone Sheet I • ca. 1986 • Bleistift auf Transparentpapier, kaschiert auf Karton / Pencil on tracing paper, laminated on card • 69,7 × 100 cm (29,7 × 49,2 cm)

G 210-ZK Haus-Rucker-Co (L. Ortner, G. Zamp Kelp, M. Ortner) • *Rathausplatz Bielefeld*, Steintuch I / Stone Sheet I • ca. 1986 • Bleistift und Farbstift auf Transparentpapier, kaschiert auf Papier / Pencil and coloured pencil on tracing paper, laminated on paper • 69,7 × 100 cm (29,6 × 81,3 cm)

G 211-ZK Haus-Rucker-Co (L. Ortner, G. Zamp Kelp, M. Ortner) • *Rathausplatz Bielefeld*, Steintuch II / Stone Sheet II • ca. 1986 • Bleistift auf Transparentpapier, kaschiert auf Papier / Pencil on tracing paper, laminated on paper • 70 × 100 cm (29,7 × 59,5 cm)

G 212-ZK Haus-Rucker-Co (L. Ortner, G. Zamp Kelp, M. Ortner) • *Rathausplatz Bielefeld*, Steintuch II / Stone Sheet II • ca. 1986 • Bleistift auf Transparentpapier, kaschiert auf Papier / Pencil on tracing paper, laminated on paper • 70 × 100 cm (29,7 × 62,7 cm)

G 213-ZK Haus-Rucker-Co (L. Ortner, G. Zamp Kelp, M. Ortner) • *Rathausplatz Bielefeld*, Laubsäule / Green Column • ca. 1986 • Bleistift auf Transparentpapier, kaschiert auf Papier / Pencil on tracing paper, laminated on paper • 70,1 × 100,1 cm (29,6 × 56,6 cm)

G 214-ZK Haus-Rucker-Co (L. Ortner, G. Zamp Kelp, M. Ortner) • *Rathausplatz Bielefeld*, Laubsäulen Positionen / Green Column Positions • ca. 1986 • Bleistift und Farbstift auf Transparentpapier, kaschiert auf Papier / Pencil and coloured pencil on tracing paper, laminated on paper • 70,1 × 100,1 cm (29,6 × 79,4 cm)

G 215-ZK Haus-Rucker-Co (L. Ortner, G. Zamp Kelp, M. Ortner) • *Rathausplatz Bielefeld, Alpenpanorama I / Alpine Panorama I* • ca. 1986 • Bleistift und Farbstift auf Transparentpapier, kaschiert auf Papier / Pencil and coloured pencil on tracing paper, laminated on paper • 70 × 100,2 cm (29,6 × 37,5 cm)

G 216-ZK Haus-Rucker-Co (L. Ortner, G. Zamp Kelp, M. Ortner) • *Rathausplatz Bielefeld, Alpenpanorama I / Alpine Panorama I* • ca. 1986 • Bleistift auf Transparentpapier, kaschiert auf Papier / Pencil on tracing paper, laminated on paper • 70 × 100,2 cm (29,6 × 54,5 cm)

G 217-ZK Haus-Rucker-Co (L. Ortner, G. Zamp Kelp, M. Ortner) • *Rathausplatz Bielefeld, Alpenpanorama I / Alpine Panorama I* • ca. 1986 • Bleistift auf Transparentpapier, kaschiert auf Papier / Pencil on tracing paper, laminated on paper • 70 × 100,2 cm (29,7 × 92,8 cm)

G 218-ZK Haus-Rucker-Co (G. Zamp Kelp) • *Rathausplatz Bielefeld, Alpenpanorama II / Alpine Panorama II* • ca. 1986 • Bleistift auf Transparentpapier, kaschiert auf Papier / Pencil on tracing paper, laminated on paper • 79,9 × 100,1 cm (29,6 × 71 cm)

G 219-ZK Haus-Rucker-Co (G. Zamp Kelp) • *Rathausplatz Bielefeld, Alpenpanorama II / Alpine Panorama II* • ca. 1986 • Bleistift auf Transparentpapier, kaschiert auf Papier / Pencil on tracing paper, laminated on paper • 79,9 × 100,1 cm (29,6 × 49,9 cm)

G 220-ZK Haus-Rucker-Co (G. Zamp Kelp) • *Rathausplatz Bielefeld, Alpenpanorama II / Alpine Panorama II* • ca. 1986 • Bleistift auf Transparentpapier, kaschiert auf Papier / Pencil on tracing paper, laminated on paper • 79,9 × 100,1 cm (29,7 × 38,4 cm)

G 221-ZK Haus-Rucker-Co (L. Ortner, G. Zamp Kelp, M. Ortner) mit / with T. Jänisch • *Gründgensplatz Düsseldorf*, Grundrisse und Skizzen, Studien Gustaf-Gründgens-Platz mit Künstlerturm / Floor plans and sketches studies Gustaf-Gründgens-Platz with artist tower • 1980 • Fotokopie (Elektrofotografie), überzeichnet (Bleistift und Farbstift), auf Papier, kaschiert auf Karton / Photocopy (electrophotography), overdrawn (pencil and coloured pencil), on paper, laminated on card • 65 × 99,7 cm (29,6 × 21 cm)

G 222-ZK Haus-Rucker-Co (L. Ortner, G. Zamp Kelp, M. Ortner) mit / with T. Jänisch • *Gründgensplatz Düsseldorf*, Studien Gustaf-Gründgens-Platz mit Künstlerturm, Grundrisse / Studies Gustaf-Gründgens-Platz with artist tower, floor plans • 1980 • Fotokopie, überzeichnet (Bleistift und Farbstift), auf Papier, kaschiert auf Karton / Photocopy, overdrawn (pencil and coloured pencil), on paper, laminated on cardboard • 65 × 99,7 cm (29,6 × 21 cm)

G 223-ZK Haus-Rucker-Co (L. Ortner, G. Zamp Kelp, M. Ortner) mit / with T. Jänisch • *Gründgensplatz Düsseldorf*, Studien Gustaf-Gründgens-Platz mit Künstlerturm, Grundrisse / Studies Gustaf-Gründgens-Platz with artist tower, floor plans • 1980 • Fotokopie (Elektrofotografie), überzeichnet (Bleistift und Farbstift), auf Papier, kaschiert auf Karton / Photocopy (electrophotography), overdrawn (pencil and coloured pencil), on paper, laminated on card • 65 × 99,7 cm (29,6 × 20,9 cm)

G 224-ZK Haus-Rucker-Co (L. Ortner, G. Zamp Kelp, M. Ortner) mit / with T. Jänisch • *Gründgensplatz Düsseldorf*, Studien Gustaf-Gründgens-Platz mit Künstlerturm, Grundrisse / Studies Gustaf-Gründgens-Platz with artist tower, floor plans • 1980 • Fotokopie, überzeichnet (Bleistift und Farbstift), auf Papier, kaschiert auf Karton / Photocopy, overdrawn (pencil and coloured pencil), on paper, laminated on cardboard • 65 × 99,7 cm (29,7 × 21 cm)

G 225-ZK Haus-Rucker-Co (G. Zamp Kelp) • *Gründgensplatz Düsseldorf*, Studien Gustaf-Gründgens-Platz mit Künstlerturm, Skizzen / Studies Gustaf-Gründgens-Platz with artist tower, sketches • 1980 • Bleistift auf Transparentpapier, kaschiert auf Karton / Pencil on tracing paper, laminated on card • 65 × 99,7 cm (29,5 × 29,5 cm)

G 226-ZK Haus-Rucker-Co (G. Zamp Kelp) • *Gründgensplatz Düsseldorf*, Studien Gustaf-Gründgens-Platz mit Künstlerturm, Skizzen / Studies Gustaf-Gründgens-Platz with artist tower, sketches • 1980 • Bleistift auf Transparentpapier, kaschiert auf Karton / Pencil on tracing paper, laminated on card • 65 × 99,7 cm (29,5 × 21 cm)

G 227-ZK Haus-Rucker-Co (G. Zamp Kelp) • *Gründgensplatz Düsseldorf*, Studien Gustaf-Gründgens-Platz mit Künstlerturm, Skizzen / Studies Gustaf-Gründgens-Platz with artist tower, sketches • 1980 • Bleistift auf Transparentpapier, kaschiert auf Karton / Pencil on tracing paper, laminated on card • 65 × 99,7 cm (29,6 × 32,8 cm)

G 228-ZK Haus-Rucker-Co (G. Zamp Kelp) • *Gründgensplatz Düsseldorf*, Studien Gustaf-Gründgens-Platz mit Künstlerturm, Skizzen / Studies Gustaf-Gründgens-Platz with artist tower, Sketches • 1980 • Bleistift auf Transparentpapier, kaschiert auf Karton / Pencil on tracing paper, laminated on card • 65 × 99,7 cm (29,6 × 27 cm)

G 229-ZK Haus-Rucker-Co (G. Zamp Kelp) • *Gründgensplatz Düsseldorf*, Künstlerturm / Artist tower • 1980 • Bleistift auf Transparentpapier, kaschiert auf Papier / Pencil on tracing paper, laminated on paper • 69,9 × 100,2 cm (29,7 × 48 cm)

G 230-ZK Haus-Rucker-Co (L. Ortner, G. Zamp Kelp, M. Ortner) mit / with T. Jänisch • *Gründgensplatz Düsseldorf*, Künstlerturm & Bühnenwagen / Artist tower & stage wagon • 1980 • Bleistift auf Transparentpapier, kaschiert auf Papier / Pencil on tracing paper, laminated on paper • 69,9 × 100,2 cm (29,8 × 47,8 cm)

G 231-ZK Haus-Rucker-Co (L. Ortner, G. Zamp Kelp, M. Ortner) mit / with T. Jänisch • *Gründgensplatz Düsseldorf*, Künstlerturm & Bühnenwagen / Artist tower & stage wagon • 1980 • Tusche und Bleistift auf Transparentpapier, kaschiert auf Papier / Ink and pencil on tracing paper, laminated on paper • 69,9 × 100,2 cm (32,9 × 40,7 cm)

G 232-ZK Haus-Rucker-Co (L. Ortner, G. Zamp Kelp, M. Ortner) mit / with T. Jänisch • *Gründgensplatz Düsseldorf*, Künstlerturm & Bühnenwagen / Artist tower & stage wagon • 1980 • Tusche auf Transparentpapier, kaschiert auf Papier / Ink on tracing paper, laminated on paper • 69,9 × 100,2 cm (24,9 × 34,2 cm)

G 233-ZK Haus-Rucker-Co (L. Ortner, G. Zamp Kelp, M. Ortner) mit / with T. Jänisch • *Gründgensplatz Düsseldorf*, Künstlerturm / Artist tower • 1980 • Bleistift auf Karton / Pencil on card • 65 × 88,4 cm (53,1 × 58,3 cm)

G 234-ZK Haus-Rucker-Co (L. Ortner, G. Zamp Kelp, M. Ortner) mit / with T. Jänisch • *Gründgensplatz Düsseldorf*, Künstlerturm & Bühnenwagen / Artist tower & stage wagon • 1980 • Bleistift auf Transparentpapier, kaschiert auf Karton / Pencil on tracing paper, laminated on card • 69,9 × 95,5 cm (59,3 × 86,9 cm)

G 235-ZK Haus-Rucker-Co (L. Ortner, G. Zamp Kelp, M. Ortner) mit / with T. Jänisch • *Gründgensplatz Düsseldorf*, Künstlerturm Gründgensplatz / Artist tower Gründgensplatz • 1980 • Bleistift auf Karton / Pencil on card • 70,1 × 95,8 cm

G 236-ZK Haus-Rucker-Co (L. Ortner, G. Zamp Kelp, M. Ortner) mit / with T. Jänisch • *Gründgensplatz Düsseldorf*, Künstlerturm / Artist tower • 1980 • Bleistift auf Transparentpapier, kaschiert auf Karton / Pencil on tracing paper, laminated on card • 69,9 × 95,7 cm (59,1 × 81,7 cm)

G 237-ZK Haus-Rucker-Co (L. Ortner, G. Zamp Kelp, M. Ortner) mit / with T. Jänisch • *Gründgensplatz Düsseldorf*, Künstlerturm / Artist tower • 1980 • Bleistift auf Karton / Pencil on card • 69,8 × 95,2 cm

G 238-ZK Haus-Rucker-Co (L. Ortner, G. Zamp Kelp, M. Ortner) mit / with T. Jänisch • *Gründgensplatz Düsseldorf*, Künstlerturm, Schattenstudie / Artist tower, shadow study • 1980 • Bleistift und Tusche auf Transparentpapier, kaschiert auf Papier / Pencil and ink on tracing paper, laminated on paper • 50,1 × 70 cm (29,6 × 50,4 cm)

G 239-ZK Haus-Rucker-Co (G. Zamp Kelp) • *Provisorien / Provisionals*, Ideen, Skizzen, Int. Gartenschau, Stuttgart / Ideas, sketches, International Horticultural Show, Stuttgart • 1976 • Bleistift und Farbstift auf Papier, kaschiert auf Karton / Pencil and coloured pencil on paper, laminated on card • 100,1 × 65,1 cm (20,9 × 29,6 cm)

G 240-ZK Haus-Rucker-Co (G. Zamp Kelp) • *Provisorien / Provisionals*, Ideen, Skizzen, Int. Gartenschau, Stuttgart / Ideas, sketches, International Horticultural Show, Stuttgart • 1976 • Bleistift und Farbstift auf Papier, kaschiert auf Karton / Pencil and coloured pencil on paper, laminated on card • 100,1 × 65,1 cm (21 × 29,7 cm)

G 241-ZK Haus-Rucker-Co (G. Zamp Kelp) • *Provisorien / Provisionals*, Ideen, Skizzen, Int. Gartenschau, Stuttgart / Ideas, sketches, International Horticultural Show, Stuttgart • 1976 • Bleistift und Farbstift auf Papier, kaschiert auf Karton / Pencil and coloured pencil on paper, laminated on card • 100,1 × 65,1 cm (21 × 29,6 cm)

G 242-ZK Haus-Rucker-Co (G. Zamp Kelp) • *Provisorien / Provisionals*, Ideen, Skizzen, Int. Gartenschau, Stuttgart / Ideas, sketches, International Horticultural Show, Stuttgart • 1976 • Bleistift und Farbstift auf Papier, kaschiert auf Karton / Pencil and coloured pencil on paper, laminated on card • 100,1 × 65,1 cm (21 × 29,8 cm)

G 243-ZK Haus-Rucker-Co (G. Zamp Kelp) • *Provisorien / Provisionals*, Ideen, Skizzen, Int. Gartenschau, Stuttgart / Ideas, sketches, International Horticultural Show, Stuttgart • 1976 • Bleistift auf Papier, kaschiert auf Karton / Pencil on paper, laminated on card • 100,1 × 65,1 cm (21 × 29,7 cm)

G 244-ZK Haus-Rucker-Co (G. Zamp Kelp) • *Provisorien / Provisionals*, Ideen, Skizzen, Int. Gartenschau, Stuttgart / Ideas, sketches, International Horticultural Show, Stuttgart • 1976 • Bleistift und Tinte auf Papier, kaschiert auf Karton / Pencil and ink on paper, laminated on card • 100,1 × 65,1 cm (21 × 29,8 cm)

G 245-ZK Haus-Rucker-Co (G. Zamp Kelp) • *Provisorien / Provisionals*, Ideen, Skizzen, Int. Gartenschau, Stuttgart / Ideas, sketches, International Horticultural Show, Stuttgart • 1976 • Bleistift auf Papier (bedruckt), kaschiert auf Karton / Pencil on paper (printed), laminated on card • 100,1 × 65,1 cm (21 × 29,7 cm)

G 246-ZK Haus-Rucker-Co (G. Zamp Kelp) • *Provisorien / Provisionals*, Ideen, Skizzen, Int. Gartenschau, Stuttgart / Ideas, sketches, International Horticultural Show, Stuttgart • 1976 • Bleistift und Tinte auf Papier, kaschiert auf Karton / Pencil and ink on paper, laminated on card • 100,1 × 65,1 cm (21 × 29,7 cm)

G 247-ZK Haus-Rucker-Co (G. Zamp Kelp) • *Provisorien / Provisionals*, Treppenwand / Staircase wall • 1979 • Bleistift und Farbstift auf Transparentpapier, kaschiert auf Karton / Pencil and coloured pencil on tracing paper, laminated on card • 50 × 65,3 cm (34 × 41 cm)

G 248-ZK Haus-Rucker-Co (G. Zamp Kelp) • *Provisorien / Provisionals*, Stadtoasen, Lenbachhaus / City oases, Lenbachhaus • 1974 • Bleistift auf Transparentpapier, kaschiert auf Karton / Pencil on tracing paper, laminated on card • 59,9 × 79,9 cm (24,8 × 38,9 cm)

G 249-ZK Haus-Rucker-Co (G. Zamp Kelp) • *Provisorien / Provisionals*, Stadtoasen 2, Lenbachhaus / City oases 2, Lenbachhaus • 1974 • Bleistift und Leuchtstift auf Transparentpapier, kaschiert auf Karton / Pencil and luminous pen on tracing paper, laminated on card • 59,9 × 79,9 cm (29,6 × 38,7 cm)

G 250-ZK Haus-Rucker-Co (G. Zamp Kelp) • *Provisorien / Provisionals*, Stadtoasen 2, Lenbachhaus / City oases 2, Lenbachhaus • 1974 • Bleistift auf Transparentpapier, kaschiert auf Karton / Pencil on tracing paper, laminated on card • 59,9 × 79,9 cm (29,7 × 27,9 cm)

G 251-ZK Haus-Rucker-Co (G. Zamp Kelp) • *Provisorien / Provisionals*, HRC Panorama Lenbachhaus / HRC Panorama Lenbachhaus, Schnitt / Section • 1974 • Bleistift und Faserstift auf Transparentpapier, kaschiert auf Karton / Pencil and felt-tip pen on tracing paper, laminated on card • 65 × 100,1 cm (25 × 92,6 cm)

G 252-ZK Haus-Rucker-Co (G. Zamp Kelp) • *Provisorien / Provisionals*, HRC Panorama Lenbachhaus / HRC Panorama Lenbachhaus, Draufsicht und Detail / Top view and detail • 1974 • Bleistift und Faserstift auf Transparentpapier, kaschiert auf Karton / Pencil and felt-tip pen on tracing paper, laminated on card • 65 × 100,1 cm (33,2 × 92,6 cm)

G 253-ZK Haus-Rucker-Co (G. Zamp Kelp) • *Provisorien / Provisionals*, Stadtoasen 2, Lenbachhaus / City oases 2, Lenbachhaus, Rückprojektionsfläche / Rear projection area • 1974 • Bleistift auf Transparentpapier, kaschiert auf Karton / Pencil on tracing paper, laminated on card • 60,1 × 79,9 cm (29,7 × 47,6 cm)

G 254-ZK Haus-Rucker-Co (G. Zamp Kelp) • *Provisorien / Provisionals*, Stadtoasen 2, Lenbachhaus / City oases 2, Lenbachhaus, Detail • 1974 • Bleistift auf Transparentpapier, kaschiert auf Karton / Pencil on tracing paper, laminated on card • 60,1 × 79,9 cm (29,7 × 47,6 cm)

G 255-ZK Haus-Rucker-Co (G. Zamp Kelp) • *Provisorien / Provisionals*, 100 Jahre Rathaus Wien / 100 years of Vienna City Hall • 1972 (1976) • Bleistift auf Transparentpapier, kaschiert auf Karton / Pencil on tracing paper, laminated on card • 74,7 × 99,9 cm (59,4 × 75,6 cm)

G 256-ZK Haus-Rucker-Co (G. Zamp Kelp) • *Provisorien / Provisionals*, 100 Jahre Rathaus Wien / 100 years of Vienna City Hall, Studie / Study • 1972 • Bleistift auf Transparentpapier, kaschiert auf Karton / Pencil on tracing paper, laminated on card • 59,9 × 79,9 cm (29,7 × 67,5 cm)

G 257-ZK Haus-Rucker-Co (G. Zamp Kelp) • *Provisorien / Provisionals*, Ring aus Rahmen, Bolzplatz, Berlin Spandau / Ring of Frames, Bolzplatz, Berlin Spandau • 1990 • Bleistift auf Papier / Pencil on paper • 70 × 99,9 cm

G 258-ZK Haus-Rucker-Co (M. Ortner) • *Provisorien / Provisionals*, Insel Hamburg • 1985 • Bleistift und Farbstift auf Transparentpapier, kaschiert auf Papier / Pencil and coloured pencil on tracing paper, laminated on paper • 69,7 × 99,8 cm (29,6 × 43,9 cm)

G 259-ZK Haus-Rucker-Co (M. Ortner) • *Provisorien / Provisionals*, Insel Hamburg • 1985 • Bleistift und Farbstift auf Transparentpapier, kaschiert auf Papier / Pencil and coloured pencil on tracing paper, laminated on paper • 69,7 × 99,8 cm (29,6 × 39,4 cm)

G 260-ZK Haus-Rucker-Co (G. Zamp Kelp) • *Provisorien / Provisionals*, Studien provisorische Räume / Studies provisional rooms • 1979 • Bleistift und Farbstift auf Papier, kaschiert auf Karton / Pencil and coloured pencil on paper, laminated on card • 65 × 99,6 cm (20,9 × 29,7 cm)

G 261-ZK Haus-Rucker-Co (G. Zamp Kelp) • *Provisorien / Provisionals*, Studien provisorische Räume / Studies provisional rooms • 1984 • Bleistift auf Papier, kaschiert auf Karton / Pencil on paper, laminated on card • 65 × 99,6 cm (21 × 29,8 cm)

G 262-ZK Haus-Rucker-Co (G. Zamp Kelp) • *Provisorien / Provisionals*, Studien provisorische Räume / Studies provisional rooms • 1984 • Bleistift auf Papier, kaschiert auf Karton / Pencil on paper, laminated on card • 65 × 99,6 cm (29,7 × 20,9 cm)

G 263-ZK Haus-Rucker-Co (G. Zamp Kelp) • *Provisorien / Provisionals*, Studien provisorische Räume / Studies provisional rooms • 1984 • Bleistift auf Papier, kaschiert auf Karton / Pencil on paper, laminated on card • 65 × 99,6 cm (29,6 × 21 cm)

G 264-ZK Haus-Rucker-Co (G. Zamp Kelp) • *Provisorien / Provisionals*, Studien provisorische Räume / Studies provisional rooms • 1984 • Bleistift auf Papier, kaschiert auf Karton / Pencil on paper, laminated on card • 65 × 99,6 cm (29,7 × 21 cm)

G 265-ZK Haus-Rucker-Co (G. Zamp Kelp) • *Provisorien / Provisionals*, Studien provisorische Räume / Studies provisional rooms • 1979 • Bleistift auf Papier, kaschiert auf Karton / Pencil on paper, laminated on card • 65 × 99,6 cm (29,7 × 21 cm)

G 266-ZK Haus-Rucker-Co (L. Ortner, G. Zamp Kelp, M. Ortner) • *Provisorien / Provisionals, Nike Kunsthalle Düsseldorf* • 1985 (13. Juni / June) • Fotokopie (Elektrofotografie) auf Papier, kaschiert auf Karton / Photocopy (electrophotography) on paper, laminated on card • 35,3 × 41,1 cm (19,5 × 25 cm)

G 267-ZK Haus-Rucker-Co (G. Zamp Kelp) • *Giant Gamut, Tonleiter / Gamut* • 1971 • Bleistift auf Transparentpapier, kaschiert auf Karton / Pencil on tracing paper, laminated on card • 50,3 × 69,9 cm (34,7 × 49,7 cm)

G 268-ZK Haus-Rucker-Co (G. Zamp Kelp) • *Giant Gamut, Tonleiter / Gamut, Walk into the Cloud* • 1971 • Fotokopie (Elektrofotografie), überzeichnet (Bleistift), auf Papier / Photo, overdrawn, laminated on card • 66,4 × 87 cm (45,6 × 67,9 cm)

G 269-ZK Haus-Rucker-Co (G. Zamp Kelp) • *Giant Gamut, Tonleiter / Gamut, Urban Toy NY Central Park*, Studie / Study • 1972 • Fotografie, überzeichnet, kaschiert auf Karton / Photo-reproduction (photostat process), overpainted, on paper, laminated on card • 38,1 × 49,2 cm (21,5 × 42,2 cm)

G 270-ZK Haus-Rucker-Co (G. Zamp Kelp) • *Tonleiter / Gamut, Big Piano* • 1972 • Fotoreproduktion (Photostatverfahren), übermalt, auf Papier, kaschiert auf Karton / Photo-reproduction (photostat process in two parts), laminated on paper • 38,1 × 49,2 cm (28,9 × 41,8 cm)

G 271-ZK Haus-Rucker-Co (G. Zamp Kelp) • *Tonleiter / Gamut, Big Piano* • 1972 • Fotoreproduktion (Photostatverfahren aus zwei Teilen), kaschiert auf Papier / Photo-reproduction (photostat process in two parts), laminated on paper • 100 × 69,9 cm (42 × 57 cm)

G 272-ZK Haus-Rucker-Co (G. Zamp Kelp) • *Giant Gamut, Tonleiter / Gamut, Big Piano, Musical Sculpture Switching Diagram* • Druck auf Papier, kaschiert auf Papier / Print on paper, laminated on paper • 100 × 69,9 cm (30 × 63 cm)

G 273-ZK Haus-Rucker-Co (G. Zamp Kelp) • *Tonleiter / Gamut, Big Piano* • 1971 • Fotoreproduktion (Photostatverfahren) auf Papier, kaschiert auf Papier / Photo-reproduction (photostat process) on paper, laminated on paper • 69,9 × 100 cm (22,5 × 33,5 cm)

G 274-ZK Haus-Rucker-Co (G. Zamp Kelp) • *Tonleiter / Gamut, Big Piano* • Fotoreproduktion (Photostatverfahren), übermalt (Marker), auf Papier, kaschiert auf Papier / Photo-reproduction (photostat process), overpainted (marker), on paper, laminated on paper • 69,9 × 100 cm (33,4 × 52 cm)

G 275-ZK Haus-Rucker-Co (G. Zamp Kelp) • *Tonleiter / Gamut, Sky Stair* • Bleistift auf Papier, kaschiert auf Papier / Pencil on paper, laminated on paper • 100 × 69,9 cm (21,6 × 27,9 cm)

G 276-ZK Haus-Rucker-Co (G. Zamp Kelp) • *Tonleiter / Gamut, Sky Stair* • Bleistift auf Papier, kaschiert auf Papier / Pencil on paper, laminated on paper • 100 × 69,9 cm (42 × 57,5 cm)

G 277-ZK Haus-Rucker-Co (G. Zamp Kelp) • *Giant Gamut, Tonleiter / Gamut* • 2014 • Fotoreproduktion (digitaler Ausdruck) auf Papier, kaschiert auf Papier / Photo-reproduction (digital print) on paper, laminated on paper • 100 × 69,9 cm (19,4 × 29 cm)

G 278-ZK Haus-Rucker-Co (G. Zamp Kelp) • *Giant Gamut, Tonleiter / Gamut* • Bleistift, Leuchtstift, Deckweiß auf Papier, kaschiert auf Papier / Pencil, luminous pen, opaque white on paper, laminated on paper • 70 × 100 cm (29,7 × 42 cm)

G 279-ZK Haus-Rucker-Co (G. Zamp Kelp) • *Giant Gamut, Tonleiter / Gamut* • Kugelschreiber auf Transparentpapier, kaschiert auf Papier / Ballpoint pen on tracing paper, laminated on paper • 70 × 100 cm (33,1 × 120,2 cm)

G 280-ZK G. Zamp Kelp • *Giant Gamut, Tonleiter / Gamut, Gran Concertino*, Studie / Study • 2015 • Bleistift und Farbkreide auf Transparentpapier, kaschiert auf Papier / Pencil and coloured chalk on tracing paper, laminated on paper • 50 × 70 cm (33,1 × 70 cm)

G 281-ZK G. Zamp Kelp • *Giant Gamut, Tonleiter / Gamut*, Farbwolken, Studie / Colour clouds, study • 2015 • Bleistift und Farbkreide auf Transparentpapier, kaschiert auf Papier / Pencil and coloured chalk on tracing paper, laminated on paper • 34,7 × 100,1 cm

G 282-ZK Haus-Rucker-Co (G. Zamp Kelp) • *Giant Gamut, Tonleiter / Gamut*, Studie / Study • Bleistift auf Papier, kaschiert auf Papier / Pencil on paper, laminated on paper • 69,9 × 50,1 cm (21 × 29,8 cm)

G 283-ZK Haus-Rucker-Co (G. Zamp Kelp) • *Giant Gamut, Tonleiter / Gamut* • Bleistift und Kugelschreiber auf Transparentpapier, kaschiert auf Papier / Pencil and ballpoint pen on tracing paper, laminated on paper • 69,9 × 50,1 cm (33 × 57,9 cm)

G 284-ZK Haus-Rucker-Co (G. Zamp Kelp) • *Giant Gamut, Tonleiter / Gamut* • Bleistift auf Transparentpapier, kaschiert auf Papier / Pencil on tracing paper, laminated on paper • 69,9 × 100 cm (33 × 54 cm)

G 285-ZK Haus-Rucker-Co (G. Zamp Kelp) • *Big Piano, Tonleiter / Gamut* • Bleistift auf Papier (aus div. Papieren zusammengeklebt), kaschiert auf Papier / Pencil on paper (various papers glued together), laminated on paper • 69,9 × 100 cm (53,7 × 84,7 cm)

G 286-ZK Haus-Rucker-Co (G. Zamp Kelp) • *Big Piano, Tonleiter / Gamut* • 17. Juli / July 2019 • Bleistift auf Papier / Pencil on paper • 53,1 × 78,7 cm

G 287-ZK Haus-Rucker-Co (G. Zamp Kelp) • *Big Piano, Tonleiter / Gamut* • ca. 1976 • Mischtechnik (kolorierte Fotoreproduktion kaschiert auf Papier, Bleistift und Farbstift) auf Papier / Mixed media (coloured photo-reproduction laminated on paper, pencil and coloured pencil) on paper • 50,9 × 72,9 cm

G 288-ZK Haus-Rucker-Co (M. Ortner) • *Lineares Haus / Linear House* • 1979 • Bleistift auf Transparentpapier, kaschiert auf Karton / Pencil on tracing paper, laminated on card • 65 × 100 cm (53,7 × 99,4 cm)

G 289-ZK Haus-Rucker-Co (M. Ortner) • *Lineares Haus / Linear House*, Treppe mit Dach / Stairway with roof • 1980 • Bleistift und Farbstift auf Papier / Pencil and coloured pencil on paper • 100 × 70 cm

G 290-ZK Haus-Rucker-Co (M. Ortner) • *Lineares Haus / Linear House*, 15 Feuerplätze / 15 fireplaces • 1980 • Tusche auf Transparentpapier, kaschiert auf Karton / Ink on tracing paper, laminated on card • 65 × 99,8 cm (29,6 × 45,6 cm)

G 291-ZK Haus-Rucker-Co (M. Ortner) • *Lineares Haus / Linear House*, 15 Feuerplätze / 15 fireplaces • 1980 • Tusche auf Transparentpapier, kaschiert auf Karton / Ink on tracing paper, laminated on card • 65 × 99,8 cm (29,6 × 40 cm)

G 292-ZK Haus-Rucker-Co (M. Ortner) • *Lineares Haus / Linear House*, 15 Feuerplätze / 15 fireplaces • 1980 • Tusche auf Transparentpapier, kaschiert auf Karton / Ink on tracing paper, laminated on card • 65 × 99,8 cm (29,6 × 42,2 cm)

G 293-ZK Haus-Rucker-Co (M. Ortner) • *Lineares Haus / Linear House*, 15 Feuerplätze / 15 fireplaces • 1980 • Tusche auf Transparentpapier, kaschiert auf Karton / Ink on tracing paper, laminated on card • 65 × 99,8 cm (29,6 × 38,5 cm)

G 294-ZK Haus-Rucker-Co (G. Zamp Kelp) • *Litfaßsäulen, Düsseldorf / Advertising Columns, Düsseldorf*, Isometrie Situation / Isometry Situation, Wettbewerb / Competition • ca. 1979 • Bleistift auf Transparentpapier, kaschiert auf Papier / Pencil on tracing paper, laminated on paper • 69,9 × 100 cm (60,8 × 92 cm)

G 295-ZK Haus-Rucker-Co (G. Zamp Kelp) • *Litfaßsäulen, Düsseldorf / Advertising Columns, Düsseldorf, Kommunikative Kreuzung / Communicative Intersection*, Skizzengruppe / Sketch group • ca. 1979 • Bleistift und Farbstift auf Transparentpapier, kaschiert auf Papier / Pencil and coloured pencil on tracing paper, laminated on paper • 100,1 × 70 cm (29,7 × 67,4 cm)

G 296-ZK Haus-Rucker-Co (G. Zamp Kelp) • *Litfaßsäulen, Düsseldorf / Advertising Columns, Düsseldorf*, Skizzengruppe / Sketch group • ca. 1979 • Bleistift und Farbstift auf Transparentpapier, kaschiert auf Papier / Pencil and coloured pencil on tracing paper, laminated on paper • 100,1 × 70 cm (29,6 × 70 cm)

G 297-ZK Haus-Rucker-Co (G. Zamp Kelp) • *Litfaßsäulen, Düsseldorf / Advertising Columns, Düsseldorf*, Skizzengruppe / Sketch group • ca. 1979 • Bleistift auf Transparentpapier, darüber Transparentpapier, kaschiert auf Papier / Pencil on tracing paper, tracing paper on top, laminated on paper • 100,1 × 70 cm (33 × 70 cm)

G 298-ZK Haus-Rucker-Co (G. Zamp Kelp) • *Litfaßsäulen, Düsseldorf / Advertising Columns, Düsseldorf*, Pläne / Plans • ca. 1979 • Bleistift auf Transparentpapier, kaschiert auf Papier / Pencil on tracing paper, laminated on paper • 70 × 100,1 cm (43 × 65,3 cm)

G 299-ZK Haus-Rucker-Co (G. Zamp Kelp) • *Litfaßsäulen, Düsseldorf / Advertising Columns, Düsseldorf*, Pläne / Plans • ca. 1979 • Bleistift und Farbstift auf Transparentpapier, kaschiert auf Papier / Pencil and coloured pencil on tracing paper, laminated on paper • 70 × 100,1 cm (29,7 × 48,8 cm)

G 300-ZK Haus-Rucker-Co (G. Zamp Kelp) • *Litfaßsäulen, Düsseldorf / Advertising Columns, Düsseldorf*, Pläne / Plans • ca. 1979 • Bleistift und Farbstift auf Transparentpapier (mehrere Teile mit Klebestreifen zusammengeklebt), kaschiert auf Papier / Pencil and coloured pencil on tracing paper (several parts stuck together with adhesive tape), laminated on paper • 70 × 100,1 cm (29,8 × 50,9 cm)

G 301-ZK Haus-Rucker-Co (G. Zamp Kelp) • *Litfaßsäulen, Düsseldorf / Advertising Columns, Düsseldorf*, Pläne und Skizzen / Plans and sketches • ca. 1979 • Mischtechnik (Collage aus Fotografie, Tusche, Farbstift und Bleistift auf Transparentpapier), kaschiert auf Papier / Mixed media (collage of photo, ink, coloured pencil and pencil on tracing paper), laminated on paper • 70 × 93 cm

G 302-ZK Haus-Rucker-Co (G. Zamp Kelp) • *Litfaßsäulen, Düsseldorf / Advertising Columns*, Skizzengruppe Realisation / Sketch group realisation • ca. 1979 • Bleistift auf Transparentpapier, kaschiert auf Papier / Pencil on tracing paper, laminated on paper • 70 × 49,9 cm (29,6 × 45 cm)

G 303-ZK Haus-Rucker-Co (G. Zamp Kelp) • *Litfaßsäulen, Düsseldorf / Advertising Columns*, Skizzengruppe Realisation / Sketch group realisation • ca. 1979 • Bleistift auf Transparentpapier, kaschiert auf Papier / Pencil on tracing paper, laminated on paper • 70 × 49,9 cm (29,7 × 49,9 cm)

G 304-ZK Haus-Rucker-Co (G. Zamp Kelp) • *Litfaßsäulen, Düsseldorf / Advertising Columns*, Skizzengruppe / Sketch group • ca. 1979 • Bleistift auf Transparentpapier, kaschiert auf Papier / Pencil on tracing paper, laminated on paper • 70 × 50 cm (29,6 × 48,5 cm)

G 305-ZK Haus-Rucker-Co (G. Zamp Kelp) • *Litfaßsäulen, Düsseldorf / Advertising Columns*, Skizzengruppe / Sketch group • ca. 1979 • Tinte auf Transparentpapier, kaschiert auf Papier / Ink on tracing paper, laminated on paper • 70 × 50,1 cm (29,7 × 50,1 cm)

G 306-ZK Haus-Rucker-Co (G. Zamp Kelp) • *Litfaßsäulen, Düsseldorf / Advertising Columns*, Skizzengruppe / Sketch group • ca. 1979 • Bleistift auf Transparentpapier, kaschiert auf Papier / Pencil on tracing paper, laminated on paper • 70 × 100,1 cm (29,7 × 49,8 cm)

G 307-ZK Haus-Rucker-Co (G. Zamp Kelp) • *Litfaßsäulen, Düsseldorf / Advertising Columns*, Skizzengruppe / Sketch group • ca. 1979 • Bleistift auf Transparentpapier, kaschiert auf Papier / Pencil on tracing paper, laminated on paper • 70 × 100,1 cm (29,5 × 53,6 cm)

G 308-ZK Haus-Rucker-Co (G. Zamp Kelp) • *Litfaßsäulen, Düsseldorf / Advertising Columns*, Skizzengruppe / Sketch group • ca. 1979 • Bleistift auf Transparentpapier, kaschiert auf Papier / Pencil on tracing paper, laminated on paper • 70 × 100,1 cm (54,4 × 47,5 cm)

G 309-ZK Haus-Rucker-Co (G. Zamp Kelp) • *Litfaßsäulen, Düsseldorf / Advertising Columns*, Perspektive / Perspective • 1979 • Bleistift auf Karton / Pencil on card • 57,2 × 94,7 cm

G 310-ZK Haus-Rucker-Co (G. Zamp Kelp) • *Litfaßsäulen, Düsseldorf / Advertising Columns*, Skizzengruppe / Sketch group • ca. 1979 • Tusche auf Papier, kaschiert auf Karton / Ink on paper, laminated on card • 65,1 × 100,1 cm (21 × 29,7 cm)

G 311-ZK Haus-Rucker-Co (G. Zamp Kelp) • *Litfaßsäulen, Düsseldorf / Advertising Columns*, Skizzengruppe / Sketch group • ca. 1979 • Tusche und Bleistift auf Papier, kaschiert auf Karton / Ink and Pencil on paper, laminated on card • 65,1 × 100,1 cm (21 × 29,7 cm)

G 312-ZK Haus-Rucker-Co (G. Zamp Kelp) • *Litfaßsäulen, Düsseldorf / Advertising Columns*, Skizzengruppe / Sketch group • ca. 1979 • Tusche auf Papier, kaschiert auf Karton / Ink on paper, laminated on card • 65,1 × 100,1 cm (21 × 29,6 cm)

G 313-ZK Haus-Rucker-Co (G. Zamp Kelp) • *Litfaßsäulen, Düsseldorf / Advertising Columns*, Skizzengruppe / Sketch group • ca. 1979 • Tusche auf Papier, kaschiert auf Karton / Ink on paper, laminated on card • 65,1 × 100,1 cm (29,7 × 21 cm)

G 314-ZK Haus-Rucker-Co (G. Zamp Kelp) • *Litfaßsäulen, Düsseldorf / Advertising Columns*, Skizzengruppe / Sketch group • ca. 1979 • Bleistift und Farbstift auf Transparentpapier, kaschiert auf Karton / Pencil and coloured pencil on tracing paper, laminated on card • 65,1 × 100,1 cm (52,1 × 29,7 cm)

G 315-ZK Haus-Rucker-Co (G. Zamp Kelp) • *Litfaßsäulen, Düsseldorf / Advertising Columns, Düsseldorf*, Pläne / Plans • ca. 1979 • Tusche auf Transparentpapier, kaschiert auf Karton / Ink on tracing paper, laminated on card • 66,7 × 59,2 cm

G 316-ZK Haus-Rucker-Co (G. Zamp Kelp) • *Litfaßsäulen, Düsseldorf / Advertising Columns, Düsseldorf*, Pläne / Plans • ca. 1979 • Tusche auf Transparentpapier / Ink on tracing paper • 56,9 × 64,8 cm

G 317-ZK Haus-Rucker-Co (G. Zamp Kelp) • *Litfaßsäulen, Düsseldorf / Advertising Columns, Düsseldorf*, Pläne / Plans • ca. 1979 • Bleistift auf Transparentpapier / Pencil on tracing paper • 59,2 × 65,8 cm

G 318-ZK Haus-Rucker-Co (G. Zamp Kelp) • *Litfaßsäulen, Düsseldorf / Advertising Columns, Düsseldorf*, Pläne / Plans • ca. 1979 • Bleistift auf Transparentpapier / Pencil on tracing paper • 59,4 × 70,3 cm

G 319-ZK Haus-Rucker-Co (G. Zamp Kelp) • *Litfaßsäulen, Düsseldorf / Advertising Columns, Düsseldorf*, Pläne / Plans • ca. 1979 • Bleistift und Farbstift auf Transparentpapier / Pencil and coloured pencil on tracing paper • 59,2 × 51,5 cm

G 320-ZK Haus-Rucker-Co (G. Zamp Kelp) • *Litfaßsäulen, Düsseldorf / Advertising Columns, Düsseldorf*, Pläne / Plans • ca. 1979 • Bleistift auf Transparentpapier / Pencil on tracing paper • 54,9 × 57,6 cm

G 321-ZK Haus-Rucker-Co (G. Zamp Kelp) • *Litfaßsäulen, Düsseldorf / Advertising Columns, Düsseldorf*, Planskizze / Planning sketch • ca. 1979 • Bleistift auf Transparentpapier / Pencil on tracing paper • 29,6 × 60,9 cm

G 322-ZK Haus-Rucker-Co (G. Zamp Kelp) • *Litfaßsäulen, Düsseldorf / Advertising Columns, Düsseldorf*, Planskizze / Planning sketch • ca. 1979 • Bleistift auf Transparentpapier / Pencil on tracing paper • 29,5 × 69,6 cm

G 323-ZK Haus-Rucker-Co (G. Zamp Kelp) • *Litfaßsäulen, Düsseldorf / Advertising Columns, Düsseldorf*, Planskizze / Planning sketch • ca. 1979 • Bleistift auf Transparentpapier / Pencil on tracing paper • 29,6 × 60,7 cm

G 324-ZK Haus-Rucker-Co (G. Zamp Kelp) • *Litfaßsäulen, Düsseldorf / Advertising Columns, Düsseldorf*, Planskizze / Planning sketch • ca. 1979 • Bleistift auf Transparentpapier / Pencil on tracing paper • 29,6 × 60,5 cm

G 325-ZK Haus-Rucker-Co (G. Zamp Kelp) • *Litfaßsäulen, Düsseldorf / Advertising Columns, Düsseldorf*, Pläne / Plans • ca. 1979 • Tusche auf Transparentpapier / Ink on tracing paper • 57,2 × 74,2 cm

G 326-ZK Haus-Rucker-Co (G. Zamp Kelp) • *Litfaßsäulen, Düsseldorf / Advertising Columns, Düsseldorf*, Pläne / Plans • ca. 1979 • Tusche auf Transparentpapier / Ink on tracing paper • 54,3 × 47,9 cm

G 327-ZK Haus-Rucker-Co (G. Zamp Kelp) • *Laubentore, Berlin / Bowery Gates, Berlin* • 1978 (1981) • Bleistift und Farbstift auf Papier (aus zwei Teilen zusammengefügt), kaschiert auf Karton / Pencil and coloured pencil on paper (assembled from two parts), laminated on card • 69,9 × 99,8 cm (60,4 × 80,4 cm)

G 328-ZK Haus-Rucker-Co (G. Zamp Kelp) • *Laubentore, Berlin / Bowery Gates, Berlin*, Zeichnung / Drawing • 1979 • Bleistift auf Transparentpapier, kaschiert auf Karton / Pencil on tracing paper, laminated on card • 69,5 × 99,4 cm (29,6 × 83,1 cm)

G 329-ZK Haus-Rucker-Co (G. Zamp Kelp) • *Laubentore, Berlin, / Bowery Gates, Berlin* Detail, Skizze und Lageplan / Detail, sketch and site plan • ca. 1979 • Bleistift auf Transparentpapier, kaschiert auf Karton / Pencil on tracing paper, laminated on card • 70 × 100,1 cm (29,6 × 52,7 cm)

G 330-ZK Haus-Rucker-Co (G. Zamp Kelp) • *Laubentore, Berlin / Bowery Gates, Berlin*, Detail, Skizze und Lageplan / Detail, sketch and site plan • ca. 1979 • Bleistift auf Transparentpapier, kaschiert auf Karton / Pencil on tracing paper, laminated on card • 70 × 100,1 cm (29,6 × 60 cm)

G 331-ZK Haus-Rucker-Co (G. Zamp Kelp) • *Laubentore, Berlin / Bowery Gates, Berlin*, Detail, Skizze und Lageplan / Detail, sketch and site plan • ca. 1979 • Bleistift auf Transparentpapier, kaschiert auf Karton / Pencil on tracing paper, laminated on card • 70 × 100,1 cm (29,6 × 89 cm)

G 332-ZK Haus-Rucker-Co (G. Zamp Kelp) • *Laubentore, Berlin / Bowery Gates, Berlin*, Detail, Skizze und Lageplan / Detail, sketch and site plan • ca. 1979 • Bleistift und Farbstift auf Transparentpapier (3 Teile übereinander), kaschiert auf Papier / Pencil and coloured pencil on tracing paper (3 parts on top of each other), laminated on paper • 100 × 70 cm (61,6 × 68,8 cm)

G 333-ZK Haus-Rucker-Co (G. Zamp Kelp) • *Laubentore, Berlin / Bowery Gates, Berlin*, Detail, Skizze und Lageplan / Detail, sketch and site plan • ca. 1979 • Tusche und Bleistift auf Transparentpapier, kaschiert auf Karton / Ink and pencil on tracing paper, laminated on card • 100 × 70 cm (32,6 × 56,6 cm)

G 334-ZK Haus-Rucker-Co (G. Zamp Kelp) • *Laubentore, Berlin / Bowery Gates, Berlin*, Zeichnung / Drawing • ca. 1979 • Bleistift und Farbstift auf Transparentpapier (2 Teile übereinander), kaschiert auf Karton / Pencil and coloured pencil on tracing paper (2 parts on top of each other), laminated on card • 70,1 × 50,1 cm (29,8 × 30 cm)

G 335-ZK Haus-Rucker-Co (G. Zamp Kelp) • *Laubentore, Berlin / Bowery Gates, Berlin*, Zeichnung / Drawing • ca. 1979 • Bleistift auf Transparentpapier, kaschiert auf Karton / Pencil on tracing paper, laminated on card • 70,1 × 50,1 cm (29,6 × 50,1 cm)

G 336-ZK Haus-Rucker-Co (G. Zamp Kelp) • *Laubentore, Berlin / Bowery Gates, Berlin*, Treppendetail Skizzenpalimpsest / Stair detail sketch palimpsest • ca. 1979 • Bleistift auf Transparentpapier, kaschiert auf Karton / Pencil on tracing paper, laminated on card • 100 × 70 cm (29,7 × 100 cm)

G 337-ZK Haus-Rucker-Co (G. Zamp Kelp) • *Laubentore, Berlin / Bowery Gates, Berlin*, Treppendetail Skizzenpalimpsest / Stair detail sketch palimpsest • ca. 1979 • Bleistift, Farbstift und Tinte auf Transparentpapier (2 Teile übereinander), kaschiert auf Karton / Pencil, coloured pencil and ink on tracing paper (2 parts on top of each other), laminated on card • 100 × 70 cm (32,1 × 70 cm)

G 338-ZK Haus-Rucker-Co (G. Zamp Kelp) • *Laubentore, Berlin / Bowery Gates, Berlin*, Treppendetail Skizzenpalimpsest / Stair detail sketch palimpsest • ca. 1979 • Bleistift und Tusche auf Transparentpapier, kaschiert auf Karton / Pencil and ink on tracing paper, laminated on card • 100 × 70 cm (29,7 × 74,3 cm)

G 339-ZK Haus-Rucker-Co (G. Zamp Kelp) • *Laubentore, Berlin / Bowery Gates, Berlin*, Treppendetail Skizzenpalimpsest / Stair detail sketch palimpsest • ca. 1979 • Bleistift und Farbstift auf Transparentpapier, kaschiert auf Karton / Pencil and coloured pencil on tracing paper, laminated on card • 70 × 100,1 cm (29,5 × 90 cm)

G 340-ZK Haus-Rucker-Co (G. Zamp Kelp) • *Laubentore, Berlin / Bowery Gates, Berlin*, Seilbahn und Studie Stationen / Cableway and study stations • ca. 1979 • Bleistift und Farbstift auf Transparentpapier, kaschiert auf Karton / Pencil and coloured pencil on tracing paper, laminated on card • 70 × 100,1 cm (29,6 × 59,4 cm)

G 341-ZK Haus-Rucker-Co (G. Zamp Kelp) • *Laubentore, Berlin / Bowery Gates, Berlin*, Seilbahn und Studie Stationen / Cableway and study stations • ca. 1979 • Bleistift und Farbstift auf Transparentpapier, kaschiert auf Karton / Pencil and coloured pencil on tracing paper, laminated on card • 70 × 100,1 cm (29,6 × 53,5 cm)

G 342-ZK Haus-Rucker-Co (G. Zamp Kelp) • *Laubentore, Berlin / Bowery Gates, Berlin*, Treppendetail, Ansicht Grundriss, Skizzen / Stair detail floor plan view, sketches • ca. 1979 • Bleistift auf Transparentpapier, kaschiert auf Karton / Pencil on tracing paper, laminated on card • 100,1 × 70 cm (29,6 × 56,7 cm)

G 343-ZK Haus-Rucker-Co (G. Zamp Kelp) • *Laubentore, Berlin / Bowery Gates, Berlin*, Treppendetail, Ansicht Grundriss, Skizzen / Stair detail floor plan view, sketches • ca. 1979 • Tusche auf Transparentpapier, kaschiert auf Karton / Ink on tracing paper, laminated on card • 100,1 × 70 cm (33 × 44,1 cm)

G 344-ZK Haus-Rucker-Co (G. Zamp Kelp) • *Laubentore, Berlin / Bowery Gates, Berlin*, Treppendetail, Ansicht Grundriss, Skizzen / Stair detail floor plan view, sketches • ca. 1979 • Bleistift auf Transparentpapier, kaschiert auf Karton / Pencil on tracing paper, laminated on card • 100,1 × 70 cm (29,6 × 40,3 cm)

G 345-ZK Haus-Rucker-Co (G. Zamp Kelp) • *Laubentore, Berlin / Bowery Gates, Berlin*, Treppendetail, Ansicht Grundriss, Skizzen / Stair detail floor plan view, sketches • ca. 1979 • Tusche und Bleistift auf Transparentpapier (2 Teile übereinander), kaschiert auf Karton / Ink and pencil on tracing paper (2 parts on top of each other), laminated on card • 100,1 × 70 cm (31 × 75,6 cm)

G 346-ZK Haus-Rucker-Co (G. Zamp Kelp) • *Laubentore, Berlin / Bowery Gates, Berlin*, Studien Tor und Skizze / studies gate and sketch • ca. 1979 • Bleistift auf Transparentpapier, kaschiert auf Karton / Pencil on tracing paper, laminated on card • 60 × 79,8 cm (29,7 × 46,4 cm)

G 347-ZK Haus-Rucker-Co (G. Zamp Kelp) • *Laubentore, Berlin / Bowery Gates, Berlin*, Studien Tor und Skizze / Studies gate and sketch • ca. 1979 • Bleistift auf Papier, kaschiert auf Karton / Pencil on paper, laminated on card • 60 × 79,8 cm (29,7 × 21 cm)

G 348-ZK Haus-Rucker-Co (G. Zamp Kelp) • *Laubentore, Berlin / Bowery Gates, Berlin*, Studien Tor und Skizze / Studies gate and sketch • ca. 1979 • Bleistift und Farbstift auf Transparentpapier, kaschiert auf Karton / Pencil and coloured pencil on tracing paper, laminated on card • 60 × 79,8 cm (29,7 × 66,2 cm)

G 349-ZK Haus-Rucker-Co (G. Zamp Kelp) • *Laubentore, Berlin / Bowery Gates, Berlin*, Situationsstudien / Situation studies • ca. 1979 • Bleistift und Farbstift auf Transparentpapier (6 Teile überlappend), kaschiert auf Karton / Pencil and coloured pencil on tracing paper (6 parts overlapping), laminated on card • 70 × 100 cm

G 350-ZK Haus-Rucker-Co (G. Zamp Kelp) • *Laubentore, Berlin / Bowery Gates, Berlin*, Skizzen zu Torbogen / Sketches for the arch • ca. 1979 • Bleistift und Farbstift auf Papier, kaschiert auf Karton / Pencil and coloured pencil on paper, laminated on card • 69,6 × 99,7 cm (21 × 29,7 cm)

G 351-ZK Haus-Rucker-Co (G. Zamp Kelp) • *Laubentore, Berlin / Bowery Gates, Berlin*, Skizzen zu Torbogen / Sketches for the arch • ca. 1979 • Bleistift und Farbstift auf Papier, kaschiert auf Karton / Pencil and coloured pencil on paper, laminated on card • 69,6 × 99,7 cm (21 × 29,7 cm)

G 352-ZK Haus-Rucker-Co (G. Zamp Kelp) • *Laubentore, Berlin / Bowery Gates, Berlin*, Skizzen zu Torbogen / Sketches for the arch • ca. 1979 • Tusche und Bleistift auf Papier, kaschiert auf Karton / Ink and pencil on paper, laminated on card • 69,6 × 99,7 cm (21 × 29,7 cm)

G 353-ZK Haus-Rucker-Co (G. Zamp Kelp) • *Laubentore, Berlin / Bowery Gates, Berlin*, Skizzen zu Torbogen / Sketches for the arch • ca. 1979 • Bleistift auf Papier, kaschiert auf Karton / Pencil on paper, laminated on card • 69,6 × 99,7 cm (21 × 29,7 cm)

G 354-ZK Haus-Rucker-Co (G. Zamp Kelp) • *Laubentore, Berlin / Bowery Gates, Berlin*, Skizzen zu Torbogen / Sketches for the arch • ca. 1979 • Bleistift und Farbstift auf Papier, kaschiert auf Karton / Pencil and coloured pencil on paper, laminated on card • 69,6 × 99,7 cm (21 × 29,7 cm)

G 355-ZK Haus-Rucker-Co (G. Zamp Kelp) • *Laubentore, Berlin / Bowery Gates, Berlin*, Skizzen zu Torbogen / Sketches for the arch • ca. 1979 • Bleistift auf Papier, kaschiert auf Karton / Pencil on paper, laminated on card • 69,6 × 99,7 cm (21 × 29,7 cm)

G 356-ZK Haus-Rucker-Co (G. Zamp Kelp) • *Laubentore, Berlin / Bowery Gates, Berlin*, Torseilbahn WB, Berlin Schlangenbader Straße, Studie / Arch cableway WB, Berlin Schlangenbader Straße, study • ca. 1979 • Bleistift auf Transparentpapier (kaschiert auf Papier) und Papier / Pencil on tracing paper (laminated on paper) and paper • 64,9 × 99,9 cm

G 357-ZK Haus-Rucker-Co (G. Zamp Kelp) • *Laubentore, Berlin / Bowery Gates, Berlin*, Torseilbahn, Entwurfsstudie / Arch cableway, draft study • ca. 1979 • Bleistift auf Transparentpapier, kaschiert auf Karton / Pencil on tracing paper, laminated on card • 70,1 × 100,2 cm (59,3 × 65,7 cm)

G 358-ZK Haus-Rucker-Co (G. Zamp Kelp) • *Laubentore, Berlin / Bowery Gates, Berlin*, Tore, Modellfoto / Gate, model photo • ca. 1979 • S/W-Abzug, kaschiert auf Karton / B/W print, laminated on card • 50 × 69,9 cm (17,8 × 19,4 cm)

G 359-ZK Haus-Rucker-Co (G. Zamp Kelp) • *Laubentore, Berlin / Bowery Gates, Berlin*, Tore, Modellfoto / Gate, model photo • ca. 1979 • S/W-Abzug, kaschiert auf Karton / B/W print, laminated on card • 50 × 69,9 cm (17,8 × 22 cm)

G 360-ZK Haus-Rucker-Co (G. Zamp Kelp) • *Laubentore, Berlin / Bowery Gates, Berlin*, Lageplan Brückendorf WB, Berlin Schlangenbader Straße / Site plan Brückendorf WB, Berlin Schlangenbader Straße • ca. 1979 • Mischtechnik (Collage aus Fotoreproduktion (Photostatverfahren) und Tusche) auf Karton / Mixed media (collage of photo-reproduction (photostat process) and ink) on card • 49,9 × 70 cm

G 361-ZK Haus-Rucker-Co (G. Zamp Kelp) • *Laubentore, Berlin / Bowery Gates, Berlin*, Brückendorf Entwürfe / Brückendorf drafts • ca. 1979 • Fotoreproduktion (Photostatverfahren), kaschiert auf Karton / Photo-reproduction (photostat process), laminated on card • 50 × 70 cm (21 × 34,3 cm)

G 362-ZK Haus-Rucker-Co (G. Zamp Kelp) • *Laubentore, Berlin / Bowery Gates, Berlin*, Brückendorf Entwürfe / Brückendorf drafts • ca. 1979 • Fotoreproduktion (Photostatverfahren), kaschiert auf Karton / Photo-reproduction (photostat process), laminated on card • 50 × 70 cm (21 × 34 cm)

G 363-ZK Haus-Rucker-Co (G. Zamp Kelp) • *Laubentore, Berlin / Bowery Gates, Berlin*, Brückendorf Entwürfe / Brückendorf drafts • ca. 1979 • Fotoreproduktion (Photostatverfahren), kaschiert auf Karton / Photo-reproduction (photostat process), laminated on card • 50 × 70 cm (15 × 34,2 cm)

G 364-ZK Haus-Rucker-Co (G. Zamp Kelp) • *Laubentore, Berlin / Bowery Gates, Berlin*, Brückendorf Entwürfe / Brückendorf drafts • ca. 1979 • Fotoreproduktion (Photostatverfahren), kaschiert auf Karton / Photo-reproduction (photostat process), laminated on card • 50 × 70 cm (15,1 × 17,3 cm)

G 365-ZK Haus-Rucker-Co (G. Zamp Kelp) • *Laubentore, Berlin / Bowery Gates, Berlin*, Brückendorf Entwürfe / Brückendorf drafts • ca. 1979 • Fotoreproduktion (Photostatverfahren), kaschiert auf Karton / Photo-reproduction (photostat process), laminated on card • 50 × 70 cm (15,1 × 16,5 cm)

G 366-ZK Haus-Rucker-Co (G. Zamp Kelp) • *Laubentore, Berlin / Bowery Gates, Berlin*, Brückendorf Modellfotos / Brückendorf model photos • ca. 1979 • S/W-Abzug, kaschiert auf Karton / B/W print, laminated on card • 50,1 × 70 cm (15,5 × 22,5 cm)

G 367-ZK Haus-Rucker-Co (G. Zamp Kelp) • *Laubentore, Berlin / Bowery Gates, Berlin*, Brückendorf Modellfotos / Brückendorf model photos • ca. 1979 • S/W-Abzug, kaschiert auf Karton / B/W print, laminated on card • 50,1 × 70 cm (15,6 × 28,9 cm)

G 368-ZK Haus-Rucker-Co (G. Zamp Kelp) • *Laubentore, Berlin / Bowery Gates, Berlin*, Torstudie Wettbewerbsprojekt / Arch study competition project • ca. 1979 • Mischtechnik (Collage Fotoreproduktion (Photostatverfahren), Fotografien und Tusche) auf Karton / Mixed media (collage photo-reproduction (photostat process), photos and ink) on card • 49,9 × 69,9 cm

G 369-ZK Haus-Rucker-Co (G. Zamp Kelp) • *Laubentore, Berlin / Bowery Gates, Berlin*, Torseilbahn, Lageplan Wettbewerb / Arch cableway, site plan competition • ca. 1979 • Collage (Fotoreproduktion (Photostatverfahren)) auf Karton / Collage (photo-reproduction (photostat process)) on card • 50 × 69,9 cm

G 370-ZK Haus-Rucker-Co (G. Zamp Kelp) • *Torstudien / Arch Studies*, Torstudie I / Arch Study I • ca. 1979 • Bleistift und Farbstift auf Transparentpapier, kaschiert auf Karton / Pencil and coloured pencil on tracing paper, laminated on card • 50 × 65,2 cm (29,7 × 56,2 cm)

G 371-ZK Haus-Rucker-Co (G. Zamp Kelp) • *Torstudien / Arch Studies*, Torstudie II / Arch Study II • ca. 1979 • Bleistift und Farbstift auf Transparentpapier, kaschiert auf Karton / Pencil and coloured pencil on tracing paper, laminated on card • 65 × 50,1 cm (29,6 × 39,9 cm)

G 372-ZK Haus-Rucker-Co (G. Zamp Kelp) • *Torstudien / Arch Studies*, Torstudie II / Arch Study II • ca. 1979 • Bleistift und Farbstift auf Transparentpapier, kaschiert auf Karton / Pencil and coloured pencil on tracing paper, laminated on card • 65 × 50,1 cm (29,7 × 42,5 cm)

G 373-ZK Haus-Rucker-Co (G. Zamp Kelp) • *Torstudien / Arch Studies*, Torstudie III / Arch Study III • ca. 1979 • Bleistift und Farbstift auf Transparentpapier, kaschiert auf Karton / Pencil and coloured pencil on tracing paper, laminated on card • 65,1 × 50,2 cm (29,7 × 47,2 cm)

G 374-ZK Haus-Rucker-Co (G. Zamp Kelp) • *Torstudien / Arch Studies*, Torstudie III / Arch Study III • ca. 1979 • Bleistift und Farbstift auf Transparentpapier, kaschiert auf Karton / Pencil and coloured pencil on tracing paper, laminated on card • 65,1 × 50,2 cm (29,6 × 41,4 cm)

G 375-ZK Haus-Rucker-Co (G. Zamp Kelp) • *Torstudien / Arch Studies*, Torstudie IV / Arch Study IV • ca. 1979 • Bleistift und Farbstift auf Transparentpapier, kaschiert auf Karton / Pencil and coloured pencil on tracing paper, laminated on card • 65 × 50,1 cm (29,7 × 45 cm)

G 376-ZK Haus-Rucker-Co (G. Zamp Kelp) • *Torstudien / Arch Studies*, Torstudie IV / Arch Study IV • ca. 1979 • Bleistift und Farbstift auf Transparentpapier, kaschiert auf Karton / Pencil and coloured pencil on tracing paper, laminated on card • 65 × 50,1 cm (29,7 × 46,1 cm)

G 377-ZK Haus-Rucker-Co (G. Zamp Kelp) • *Torstudien / Arch Studies*, Torstudie V / Arch Study V • ca. 1979 • Bleistift und Farbstift auf Transparentpapier, kaschiert auf Karton / Pencil and coloured pencil on tracing paper, laminated on card • 65,1 × 50,1 cm (29,7 × 43,8 cm)

G 378-ZK Haus-Rucker-Co (G. Zamp Kelp) • *Torstudien / Arch Studies*, Torstudie V / Arch Study V • ca. 1979 • Bleistift auf Transparentpapier, kaschiert auf Karton / Pencil on tracing paper, laminated on card • 65,1 × 50,1 cm (29,6 × 41 cm)

G 379-ZK Haus-Rucker-Co (G. Zamp Kelp) • *Torstudien / Arch Studies*, Torstudie VI / Arch Study VI • ca. 1979 • Bleistift auf Transparentpapier, kaschiert auf Karton / Pencil on tracing paper, laminated on card • 65,1 × 50,1 cm (29,7 × 42 cm)

G 380-ZK Haus-Rucker-Co (G. Zamp Kelp) • *Torstudien / Arch Studies*, Torstudie VI / Arch Study VI • ca. 1979 • Bleistift auf Transparentpapier, kaschiert auf Karton / Pencil on tracing paper, laminated on card • 65,1 × 50,1 cm (29,7 × 42,9 cm)

G 381-ZK Haus-Rucker-Co (G. Zamp Kelp) • *Torstudien / Arch Studies*, Torstudie VII / Arch Study VII • ca. 1979 • Bleistift auf Transparentpapier, kaschiert auf Karton / Pencil on tracing paper, laminated on card • 65,1 × 50,1 cm (29,7 × 45,4 cm)

G 382-ZK Haus-Rucker-Co (G. Zamp Kelp) • *Carillon, Berlin*, Skizzengruppe A4 / Sketch group A4 • 1986/87 • Bleistift auf Transparentpapier, kaschiert auf Karton / Pencil on tracing paper, laminated on card • 65,1 × 100,1 cm (29,4 × 21,9 cm)

G 383-ZK Haus-Rucker-Co (G. Zamp Kelp) • *Carillon, Berlin*, Skizzengruppe A4 / Sketch group A4 • 1986/87 • Bleistift auf Papier, kaschiert auf Karton / Pencil on paper, laminated on card • 65,1 × 100,1 cm (29,6 × 21 cm)

G 384-ZK Haus-Rucker-Co (G. Zamp Kelp) • *Carillon, Berlin*, Skizzengruppe A4 / Sketch group A4 • 1986/87 • Fotokopie (Elektrofotografie), überzeichnet (Blei- u. Farbstift), auf Papier, kaschiert auf Karton / Photocopy (electrophotography) overdrawn (pencil and coloured pencil) on paper, laminated on card • 65,1 × 100,1 cm (29,7 × 21 cm)

G 385-ZK Haus-Rucker-Co (G. Zamp Kelp) • *Carillon, Berlin*, Skizzengruppe A4 / Sketch group A4 • 1986/87 • Bleistift auf Papier, kaschiert auf Karton / Pencil on paper, laminated on card • 65,1 × 100,1 cm (29,6 × 21 cm)

G 386-ZK Haus-Rucker-Co (G. Zamp Kelp) • *Carillon, Berlin*, Skizzengruppe A4 / Sketch group A4 • 1986/87 • Bleistift auf Papier, kaschiert auf Karton / Pencil on paper, laminated on card • 65,1 × 100,1 cm (29,7 × 21 cm)

G 387-ZK Haus-Rucker-Co (G. Zamp Kelp) • *Carillon, Berlin*, Skizzengruppe A4 / Sketch group A4 • 1986/87 • Bleistift auf Papier, kaschiert auf Karton / Pencil on paper, laminated on card • 65,1 × 100,1 cm (29,7 × 21 cm)

G 388-ZK Haus-Rucker-Co (G. Zamp Kelp) • *Carillon, Berlin*, Skizzengruppe A4 / Sketch group A4 • 1986/87 • Bleistift auf Papier, kaschiert auf Karton / Pencil on paper, laminated on card • 65,1 × 100,1 cm (29,6 × 21 cm)

G 389-ZK Haus-Rucker-Co (G. Zamp Kelp) • *Carillon, Berlin,* Skizzengruppe A4 / Sketch group A4 • 1986/87 • Bleistift auf Papier, kaschiert auf Karton / Pencil on paper, laminated on card • 65,1×100,1 cm (29,7×21 cm)

G 390-ZK Haus-Rucker-Co (G. Zamp Kelp) • *Carillon, Berlin,* Studien, Skizzen und Pläne / Studies, sketches and plans • 1986/87 • Bleistift auf Transparentpapier (2 Bögen übereinander), kaschiert auf Papier / Pencil on tracing paper (2 sheets on top of each other), laminated on paper • 70,1×100,1 cm (30×85,2 cm)

G 391-ZK Haus-Rucker-Co (G. Zamp Kelp) • *Carillon, Berlin,* Studien, Skizzen und Pläne / Studies, sketches and plans • 1986/87 • Fotokopie (Elektrofotografie), überzeichnet (Blei- und Farbstift), auf Papier, kaschiert auf Papier / Photocopy (electrophotography), overdrawn (pencil and coloured pencil), on paper, laminated on paper • 70,1×100,1 cm (35×29,7 cm)

G 392-ZK Haus-Rucker-Co (G. Zamp Kelp) • *Carillon, Berlin,* Studien, Skizzen und Pläne / Studies, sketches and plans • 1986/87 • Fotokopie (Elektrofotografie), überzeichnet (Blei- und Farbstift), auf Papier, kaschiert auf Papier / Photocopy (electrophotography), overdrawn (pencil and coloured pencil), on paper, laminated on paper • 70,1×100,1 cm (29,6×42 cm)

G 393-ZK Haus-Rucker-Co (G. Zamp Kelp) • *Carillon, Berlin,* Studien, Skizzen und Pläne / Studies, sketches and plans • 1986/87 • Bleistift auf Transparentpapier, kaschiert auf Papier / Pencil on tracing paper, laminated on paper • 70,1×100,1 cm (46,4×29,5 cm)

G 394-ZK Haus-Rucker-Co (G. Zamp Kelp) • *Pyramidenstumpf I / Truncated Pyramid I,* Studien / Studies • 1987 • Fotokopie (Elektrofotografie), überzeichnet (Blei- und Farbstift), auf Papier, kaschiert auf Papier / Photocopy (electrophotography), overdrawn (pencil and coloured pencil), on paper, laminated on paper • 70,1×100,1 cm (42,1×29,5 cm)

G 395-ZK Haus-Rucker-Co (G. Zamp Kelp) • *Pyramidenstumpf I / Truncated Pyramid I,* Studien / Studies • 1987 • Fotokopie (Elektrofotografie aus zwei Teilen), überzeichnet (Blei- und Farbstift), auf Papier, kaschiert auf Papier / Photocopy (electrophotography in two parts), overdrawn (pencil and coloured pencil), on paper, laminated on paper • 70,1×100,1 cm (57,3×31,2 cm)

G 396-ZK Haus-Rucker-Co (G. Zamp Kelp) • *Pyramidenstumpf I / Truncated Pyramid I,* Studien / Studies • 1987 • Bleistift und Farbkreide auf Transparentpapier, kaschiert auf Karton / Pencil and coloured chalk on tracing paper, laminated on card • 70,1×100,1 cm (29,5×ca. 28 cm)

G 397-ZK Haus-Rucker-Co (G. Zamp Kelp) • *Pyramidenstumpf I / Truncated Pyramid I,* Studien / Studies • 1987 • Tusche und Faserstift auf Transparentpapier, kaschiert auf Papier / Ink and felt-tip pen on tracing paper, laminated on paper • 70,1×100,1 cm (60,3×26,4 cm)

G 398-ZK Haus-Rucker-Co (G. Zamp Kelp) • *Pyramidenstumpf II / Truncated Pyramid II,* Studien / Studies • 1987 • Bleistift auf Transparentpapier, kaschiert auf Papier / Pencil on tracing paper, laminated on paper • 70×100,1 cm (66,7×29,5 cm)

G 399-ZK Haus-Rucker-Co (G. Zamp Kelp) • *Pyramidenstumpf II / Truncated Pyramid II,* Studien / Studies • 1987 • Bleistift auf Transparentpapier, kaschiert auf Papier / Pencil on tracing paper, laminated on paper • 70×100,1 cm (62,2×29,5 cm)

G 400-ZK Haus-Rucker-Co (G. Zamp Kelp) • *Pyramidenstumpf II / Truncated Pyramid II,* Studien / Studies • 1987 • Fotokopie (Elektrofotografie), überzeichnet (Blei- und Farbstift), auf Papier, kaschiert auf Papier / Photocopy (electrophotography), overdrawn (pencil and coloured pencil), on paper, laminated on paper • 70×100,1 cm (47×21 cm)

G 401-ZK Haus-Rucker-Co (G. Zamp Kelp) • *Pyramidenstumpf II / Truncated Pyramid II,* Studien / Studies • 1987 • Bleistift auf Transparentpapier, kaschiert auf Papier / Pencil on tracing paper, laminated on paper • 70×100,1 cm (57,2×29,5 cm)

G 402-ZK Haus-Rucker-Co (L. Ortner, G. Zamp Kelp, M. Ortner) • *Tal Berlin Marienfelde* • 1974 • Präsentationsmappe mit handkolorierten (Faserstift/Marker und Bleistift) Fotokopien (Elektrofotografie) und Beschreibungen, kaschiert auf Karton / Presentation folder with handcoloured (felt-tip/marker and pencil) photocopies (electrophotography) and descriptions, laminated on card • 49,5×148 cm

G 403-ZK Haus-Rucker-Co (G. Zamp Kelp) • *Workshop Bremerhaven, Randbebauung / Workshop Bremerhaven, Peripheral Development,* städtebauliche Studie / Urban design study • 1984 • Bleistift auf Transparentpapier, kaschiert auf Karton / Pencil on tracing paper, laminated on card • 60×80,1 cm (33×48,8 cm)

G 404-ZK Haus-Rucker-Co (G. Zamp Kelp) • *Fassadenlift / Façade lift* • ca. 1974 • Mischtechnik (Foto, überzeichnet und Blei- und Farbstift) auf Karton / Mixed media (photo, overdrawn and pencil and coloured pencil) on card • 64,9×100 cm

G 405-ZK Haus-Rucker-Co (G. Zamp Kelp) • *Aerarium, Hamburg* • 1972 • Bleistift und Farbstift auf Karton / Pencil and coloured pencil on card • 50×65 cm

G 406-ZK Haus-Rucker-Co (G. Zamp Kelp) • *Ruine mit Ergänzung / Ruin with Extension* • 1973 • Bleistift auf Transparentpapier, kaschiert auf Karton / Pencil on tracing paper, laminated on card • 79,9×60 cm (29,7×40,6 cm)

G 407-ZK Haus-Rucker-Co (G. Zamp Kelp) • *Ruine mit Ergänzung / Ruin with Extension* • 1973 • Bleistift auf Transparentpapier, kaschiert auf Karton / Pencil on tracing paper, laminated on card • 79,9×60 cm (29,7×52,4 cm)

G 408-ZK Haus-Rucker-Co (G. Zamp Kelp) • *Ruine mit Ergänzung II / Ruin with Extension II* • 1973 • Bleistift auf Transparentpapier, kaschiert auf Karton / Pencil on tracing paper, laminated on card • 79,9×60 cm (29,7×44 cm)

G 409-ZK Haus-Rucker-Co (G. Zamp Kelp) • *Ruine mit Ergänzung II / Ruin with Extension II* • 1973 • Bleistift auf Transparentpapier, kaschiert auf Karton / Pencil on tracing paper, laminated on card • 79,9×60 cm (29,7×42,5 cm)

G 410-ZK Haus-Rucker-Co (G. Zamp Kelp) • *Papierhaus, Inside Out / Paper House, Inside Out* • 1976 • Bleistift auf Papier, kaschiert auf Karton / Pencil on paper, laminated on card • 65,2×99,8 cm (21×29,7 cm)

G 411-ZK Haus-Rucker-Co (G. Zamp Kelp) • *Papierhaus, Inside Out / Paper House, Inside Out* • 1976 • Bleistift auf Papier, kaschiert auf Karton / Pencil on paper, laminated on card • 65,2×99,8 cm (21×29,7 cm)

G 412-ZK Haus-Rucker-Co (G. Zamp Kelp) • *Papierhaus, Inside Out / Paper House, Inside Out* • 1976 • Bleistift auf Papier, kaschiert auf Karton / Pencil on paper, laminated on card • 65,2×99,8 cm (21×29,7 cm)

G 413-ZK Haus-Rucker-Co (G. Zamp Kelp) • *Papierhaus, Inside Out / Paper House, Inside Out* • 1976 • Bleistift auf Papier, kaschiert auf Karton / Pencil on paper, laminated on card • 65,2×99,8 cm (21×29,7 cm)

G 414-ZK Haus-Rucker-Co (G. Zamp Kelp) • *Meinungsanalysator I / Opinion Analyser I,* Umfrageprojekt, Kiel / Survey project, Kiel • 1973 • Mischtechnik (Fotografie, übermalt und überklebt, Bleistift und Farbstift) auf Karton / Mixed media (photo, overpainted and pasted over, pencil and coloured pencil) on card • 49,9×65 cm

G 415-ZK Haus-Rucker-Co (G. Zamp Kelp) • *Meinungsanalysator II / Opinion Analyser II,* Umfrageprojekt, Kiel / Survey project, Kiel • 1973 (März / March) • Bleistift und Farbstift auf Karton / Pencil and coloured pencil on card • 50,1×65 cm

G 416-ZK Haus-Rucker-Co (G. Zamp Kelp) • *Meinungsanalysator III / Opinion Analyser III,* Umfrageprojekt, Kiel / Survey project, Kiel • 1973 • Mischtechnik (Fotokopie (Elektrofotografie) überklebt, Blei- u. Farbstift, (Transparent-)Papier) auf Karton / Mixed media (Photocopy (electrophotography) pasted over, pencil and coloured pencil, (tracing) paper) on card • 49,9×65 cm

G 417-ZK Haus-Rucker-Co (G. Zamp Kelp) • *Meinungsanzeiger / Opinion Indicator,* Umfrageprojekt, Kiel / Survey project, Kiel • 1973 • Bleistift und Farbstift auf Karton / Pencil and coloured pencil on card • 50×65 cm

G 418-ZK Haus-Rucker-Co (G. Zamp Kelp) • *Bosch Messestand IFMA, Köln / Bosch exhibition stand IFMA, Cologne,* Schaubild / Illustration • 1974 • Bleistift und Faserstift auf Transparentpapier, kaschiert auf Karton / Pencil and felt-tip pen on tracing paper, laminated on card • 49,4×73,6 cm (35,3×69,8 cm)

G 419-ZK Haus-Rucker-Co (G. Zamp Kelp) • *Bosch Messestand IFMA, Köln / Bosch exhibition stand IFMA, Cologne,* Schnitt / Section • 1974 • Collage (Bleistift auf Transparentpapier und Faserstift/Marker auf Papier) kaschiert auf Karton / Collage (pencil on tracing paper and felt-tip pen/marker on paper) laminated on card • 50×66 cm

G 420-ZK Haus-Rucker-Co (G. Zamp Kelp) • *Bosch Messestand IFMA, Köln / Bosch exhibition stand IFMA, Cologne,* Fotos Realisation / Photos realistation • 1974 • Mischtechnik (Collage aus Fotos und Zeitschriftenausschnitt, Bleistift und Faserstift) auf Karton / Mixed media (Collage of photos and magazine clippings, pencil and felt-tip pen) on card • 60,8×35 cm

G 421-ZK Haus-Rucker-Co (G. Zamp Kelp) • *Bosch Messestand IFMA, Köln / Bosch exhibition stand IFMA, Cologne,* Motorstier / Engine bull • 1974 • Bleistift auf Transparentpapier, kaschiert auf Papier / Pencil on tracing paper, laminated on paper • 70,1×88.9 cm (47,3×64,7 cm)

G 422-ZK Haus-Rucker-Co (G. Zamp Kelp) • *Bosch Messestand IFMA, Köln / Bosch exhibition stand IFMA, Cologne,* Motorpferd, Studie / Engine horse, study • 1974 • Bleistift auf Transparentpapier, kaschiert auf Papier / Pencil on tracing paper, laminated on paper • 70×89 cm (49,3×69,3 cm)

G 423-ZK Haus-Rucker-Co (L. Ortner, G. Zamp Kelp, M. Ortner) • *Honda Messestand IFMA, Köln / Honda exhibition stand IFMA, Cologne,* Ansicht, Entwurf / Elevation, sketch • 1976 (11. Mai / May) • Fotokopie (Elektrofotografie aus zwei Teilen), handkoloriert (Farbstift), kaschiert auf Karton / Photocopy (electrophotography in two parts), hand-coloured (coloured pencil), laminated on card • 55,8×77,2 cm (17,8×73,1 cm)

G 424-ZK Haus-Rucker-Co (L. Ortner, G. Zamp Kelp, M. Ortner) • *Honda Messestand IFMA, Köln / Honda exhibition stand IFMA, Cologne,* Grundriss, Entwurf / Floor plan, sketch • 1976 (11. Mai / May) • Fotokopie (Elektrofotografie aus zwei Teilen), handkoloriert (Farbstift), kaschiert auf Karton / Photocopy (electrophotography in two parts), hand-coloured (coloured pencil), laminated on card • 55,8×77,2 cm (21,3×63,3 cm)

G 425-ZK Haus-Rucker-Co (L. Ortner, G. Zamp Kelp, M. Ortner) • *Honda Messestand IFMA, Köln / Honda exhibition stand IFMA, Cologne,* Panorama, Entwurf / Panorama, sketch • 1976 (18. Mai / May) • Fotokopie (Elektrofotografie aus zwei Teilen), handkoloriert (Blei- und Farbstift), kaschiert auf Karton (zwei Teile mit Klebeband zusammengehalten) / Photocopy (electrophotography in two parts), hand-coloured (pencil and coloured pencil), laminated on card (two parts held together with tape) • 32,4×100 cm (21×71,5 cm)

G 426-ZK Haus-Rucker-Co (L. Ortner, G. Zamp Kelp, M. Ortner) • *Honda Messestand IFMA, Köln / Honda exhibition stand IFMA, Cologne,* Perspektive, Entwurf / Perspective, sketch • 1976 (11. Mai / May) • Fotokopie (Elektrofotografie), handkoloriert (Blei- und Farbstift), kaschiert auf Karton / Photocopy (electrophotography), hand-coloured (pencil and coloured pencil), laminated on card • 55,9×77,2 cm (32,4×58,9 cm)

G 427-ZK Haus-Rucker-Co (L. Ortner, G. Zamp Kelp, M. Ortner) • *Honda Messestand IFMA, Köln / Honda exhibition stand IFMA, Cologne,* Perspektive, Entwurf / Perspective, sketch • 1976 • Mischtechnik (Collage und Bleistift auf Transparentpapier) kaschiert auf Papier / Mixed media (Collage and pencil on tracing paper) laminated on paper • 70 × 100 cm (29,6 × 80,7 cm)

G 428-ZK Haus-Rucker-Co (L. Ortner, G. Zamp Kelp, M. Ortner) • *Honda Messestand IFMA, Köln / Honda exhibition stand IFMA, Cologne,* sketch • 1976 • Bleistift auf Transparentpapier, kaschiert auf Papier / Pencil on tracing paper, laminated on paper • 70 × 100 cm (29,6 × 78,6 cm)

G 429-ZK Haus-Rucker-Co (L. Ortner, G. Zamp Kelp, M. Ortner) • *Honda Messestand IFMA, Köln / Honda exhibition stand IFMA, Cologne,* Ansicht, Entwurf / Elevation, sketch • 1976 • Bleistift auf Transparentpapier, kaschiert auf Papier / Pencil on tracing paper, laminated on paper • 70 × 100,1 cm (29,6 × 85,8 cm)

G 430-ZK Haus-Rucker-Co (L. Ortner, G. Zamp Kelp, M. Ortner) • *Honda Messestand IFMA, Köln / Honda exhibition stand IFMA, Cologne,* Grundriss, Entwurf / Floor plan, sketch • 1976 • Bleistift auf Transparentpapier, kaschiert auf Papier / Pencil on tracing paper, laminated on paper • 70 × 100,1 cm (29,6 × 78,8 cm)

G 431-ZK Haus-Rucker-Co (L. Ortner, G. Zamp Kelp, M. Ortner) • *Gabor Schuhe Messestand / Gabor Schuhe exhibition stand,* Entwurf / Sketch • 1973 • Bleistift und Farbstift auf Papier / Pencil and coloured pencil on paper • 49,9 × 64,9 cm (22,7 × 48,8 cm)

G 432-ZK Haus-Rucker-Co (L. Ortner, G. Zamp Kelp, M. Ortner) • *Gabor Schuhe Messestand / Gabor Schuhe exhibition stand,* Entwurf / Sketch • 1973 • Bleistift, Farbstift und Faserstift/Marker auf Transparentpapier, kaschiert auf Karton / Pencil, coloured pencil and felt-tip pen/marker on tracing paper, laminated on card • 49,9 × 64,9 cm (23,4 × 53,9 cm)

G 433-ZK Haus-Rucker-Co (L. Ortner, G. Zamp Kelp, M. Ortner) • *Gabor Schuhe Messestand / Gabor Schuhe exhibition stand,* Entwurf / Sketch • 1973 • Mischtechnik (Collage, Papier überzeichnet und Faser-, Farb- und Bleistift auf Transparentpapier, kaschiert auf Karton / Mixed media (collage, paper overdrawn and felt-tip pen, coloured pencil and pencil on tracing paper), laminated on card • 49,9 × 64,9 cm (25,0 × 10,0 cm)

G 434-ZK Haus-Rucker-Co (L. Ortner, G. Zamp Kelp, M. Ortner) • *Gabor Schuhe Messestand / Gabor Schuhe exhibition stand,* Entwurf / Sketch • 1973 • Bleistift, Farbstift und Faserstift/Marker auf Transparentpapier, kaschiert auf Karton / Pencil, coloured pencil and felt-tip pen/marker on tracing paper, laminated on card • 49,9 × 64,9 cm (25,8 × 46,7 cm)

G 435-ZK Haus-Rucker-Co • *Beratungsstellen LBS / Advice Centres LBS,* Entwurf / Sketch • ca. 1971 • Tusche, Bleistift, Farbstift und Faserstift/Marker auf Transparentpapier, kaschiert auf Karton / Ink, pencil, coloured pencil and felt-tip pen/marker on tracing paper, laminated on card • 49,9 × 65 cm (48,7 × 47,1 cm)

G 436-ZK Haus-Rucker-Co • *Beratungsstellen LBS / Advice Centres LBS,* Entwurf / Sketch • ca. 1971 • Bleistift, Farbstift und Faserstift/Marker auf Transparentpapier, kaschiert auf Karton / Pencil, coloured pencil and felt-tip pen/marker on tracing paper, laminated on card • 49,9 × 65 cm (48,7 × 45,5 cm)

G 437-ZK Haus-Rucker-Co • *Beratungsstellen LBS / Advice Centres LBS,* Entwurf / Sketch • ca. 1971 • Tusche, Bleistift, Farbstift und Faserstift/Marker auf Transparentpapier, kaschiert auf Karton / Ink, pencil, coloured pencil and felt-tip pen/marker on tracing paper, laminated on card • 49,9 × 65 cm (47,8 × 55,9 cm)

G 438-ZK Haus-Rucker-Co • *Beratungsstellen LBS / Advice Centres LBS,* Entwurf / Sketch • ca. 1971 • Bleistift, Farbstift und Faserstift auf Transparentpapier, in Passepartout, kaschiert auf Karton / Pencil, coloured pencil and felt-tip pen on tracing paper, in passepartout, laminated on card • 49,9 × 65 cm (24,7 × 39,1 cm)

G 439-ZK Haus-Rucker-Co • *Beratungsstellen LBS / Advice Centres LBS,* Entwurf / Sketch • ca. 1971 • Bleistift und Farbstift auf Transparentpapier, kaschiert auf Karton / Pencil and coloured pencil on tracing paper, laminated on card • 50 × 64,9 cm (47,8 × 63,8 cm)

G 440-ZK Haus-Rucker-Co (L. Ortner, G. Zamp Kelp, K. Pinter) • *Tarzan Messestand, Bärmeier Nickel / Tarzan exhibition stand, Bärmeier Nickel* • 1970 • Bleistift auf Transparentpapier, kaschiert auf Karton / Pencil on tracing paper, laminated on card • 49,9 × 64,8 cm (18,4 × 40 cm)

G 441-ZK Haus-Rucker-Co (L. Ortner, G. Zamp Kelp, K. Pinter) • *Tarzan Messestand, Bärmeier Nickel / Tarzan exhibition stand, Bärmeier Nickel* • 1970 • S/W-Abzug, kaschiert auf Karton / B/W print, laminated on card • 49,9 × 64,8 cm (13,7 × 23,7 cm)

G 442-ZK Haus-Rucker-Co (G. Zamp Kelp) • *Grüner Gasometer, Hannover / Green Gasometer, Hanover,* Siedlungsverband Ruhr, Hannover Messe, Perspektive / Settlement association Ruhr, Hanover Fair, perspective • 1981 • Bleistift und Farbstift auf Papier / Pencil and coloured pencil on paper • 58 × 82,2 cm

G 443-ZK Haus-Rucker-Co (G. Zamp Kelp) • *Grüner Gasometer, Hannover / Green Gasometer, Hanover,* Siedlungsverband Ruhr, Hannover Messe, Isometrie / Isometry • 1981 • Bleistift auf Transparentpapier, kaschiert auf Karton / Pencil on tracing paper, laminated on card • 65,1 × 100,1 cm (54,6 × 77,9 cm)

G 444-ZK Haus-Rucker-Co (G. Zamp Kelp) • *Grüner Gasometer, Hannover / Green Gasometer, Hanover,* Siedlungsverband Ruhr, Hannover Messe, Isometrie / Isometry • 1981 • Lichtpause (Diazotypie), handkoloriert (Blei- und Farbstift, silberne Farbe), auf Papier, kaschiert auf Karton / Blueprint (diazotype), hand-coloured (pencil and coloured pencil, silver paint), on paper, laminated on card • 70 × 105 cm (64.9 × 81,1 cm)

G 445-ZK Haus-Rucker-Co (G. Zamp Kelp) • *Grüner Gasometer, Hannover / Green Gasometer, Hanover,* Siedlungsverband Ruhr, Hannover Messe, Grundriss / Floor plan • 1981 • Bleistift auf Transparentpapier, kaschiert auf Karton / Pencil on tracing paper, laminated on card • 65,2 × 100,1 cm (56,2 × 81,3 cm)

G 446-ZK Haus-Rucker-Co (G. Zamp Kelp) • *Grüner Gasometer, Hannover / Green Gasometer, Hanover,* Siedlungsverband Ruhr, Hannover Messe, Ansicht / Elevation • 1981 • Bleistift auf Transparentpapier, kaschiert auf Karton / Pencil on tracing paper, laminated on card • 65,2 × 100,1 cm (43,6 × 95,7 cm)

G 447-ZK Haus-Rucker-Co (G. Zamp Kelp) • *Grüner Gasometer, Hannover / Green Gasometer, Hanover,* Siedlungsverband Ruhr, Hannover Messe, Studie / Study • 1981 • Bleistift auf Transparentpapier, kaschiert auf Karton / Pencil on tracing paper, laminated on card • 65,1 × 100,1 cm (57,1 × 83,7 cm)

G 448-ZK Haus-Rucker-Co (G. Zamp Kelp) • *Grüner Gasometer, Hannover / Green Gasometer, Hanover,* Siedlungsverband Ruhr, Hannover Messe, Skizzenblatt / Sketch sheet • 1981 • Bleistift und Farbstift auf Transparentpapier, kaschiert auf Karton / Pencil and coloured pencil on tracing paper, laminated on card • 65,1 × 100,1 cm (59,3 × 91,5 cm)

G 449-ZK Haus-Rucker-Co (G. Zamp Kelp) • *Prinzip der Bekleidung / Principle of Cladding, Die 2 Aufgaben des Architekten / The 2 Tasks of the Architect,* Zeichnung und Text (nach Adolf Loos) / Drawing and text (after Adolf Loos) • 1977 • Bleistift, Farbstift und Textausschnitt (aufkaschierte Kopie) auf Papier / Pencil, coloured pencil and text clipping (laminated copy) on paper • 100 × 69,7 cm

G 450-ZK Haus-Rucker-Co (G. Zamp Kelp) • *Prinzip der Bekleidung / Principle of Cladding,* Teppichzimmer, Skizze / Carpet Room, sketch • 1977 • Mischtechnik (Bleistift auf Transparentpapier und Textausschnitt, Kopie) kaschiert auf Karton / Mixed media (pencil on tracing paper and text extract, copy) laminated on card • 60 × 80 cm (47,8 × 68,9 cm)

G 451-ZK Haus-Rucker-Co (G. Zamp Kelp) • *Prinzip der Bekleidung / Principle of Cladding,* Teppichzimmer II / Carpet Room II • ca. 1978 • Bleistift auf Transparentpapier, kaschiert auf Karton / Pencil on tracing paper, laminated on card • 60 × 80 cm (50,2 × 70,7 cm)

G 452-ZK Haus-Rucker-Co (G. Zamp Kelp) • *Prinzip der Bekleidung / Principle of Cladding,* Konstruktion und Oberfläche (nach Adolf Loos) / Construction and surface (after Adolf Loos) • 1977 • Bleistift auf Transparentpapier, kaschiert auf Karton / Pencil on tracing paper, laminated on card • 60 × 80 cm (52,3 × 77,3 cm)

G 453-ZK Haus-Rucker-Co (G. Zamp Kelp) • *Geteiltes Haus / Divided House,* Hausteile, IBA Berlin, Isometrie / House parts, IBA Berlin, isometry • 1980 (1984) • Bleistift und Farbstift auf Papier / Pencil and coloured pencil on paper • 105,8 × 134,5 cm

G 454-ZK Haus-Rucker-Co (G. Zamp Kelp) • *Geteiltes Haus / Divided House,* Hausteile, IBA Berlin, Isometrie Teilungsprinzip / House parts, IBA Berlin, isometry division principle • 1980 • Bleistift auf Papier / Pencil on paper • 70,1 × 100,1 cm

G 455-ZK Haus-Rucker-Co (G. Zamp Kelp) • *Geteiltes Haus / Divided House,* Hausteile, IBA Berlin, Lageplan / House parts, IBA Berlin, site plan • 1980 • Bleistift und Farbstift auf Transparentpapier, kaschiert auf Papier / Pencil and coloured pencil on tracing paper, laminated on paper • 70 × 50,2 cm (29,6 × 49,2 cm)

G 456-ZK Haus-Rucker-Co (G. Zamp Kelp) • *Geteiltes Haus / Divided House,* Hausteile, IBA Berlin, Ansicht / House parts, IBA Berlin, elevation • 1980 • Bleistift auf Transparentpapier, kaschiert auf Papier / Pencil on tracing paper, laminated on paper • 70 × 50,2 cm (29,6 × 50,2 cm)

G 457-ZK Haus-Rucker-Co (G. Zamp Kelp) • *Geteiltes Haus / Divided House,* Hausteile, IBA Berlin, isometrische Ansicht / House parts, IBA Berlin, isometric elevation • 1980 • Bleistift auf Transparentpapier, kaschiert auf Papier / Pencil on tracing paper, laminated on paper • 70 × 49,9 cm (33,3 × 49,9 cm)

G 458-ZK Haus-Rucker-Co (G. Zamp Kelp) • *Geteiltes Haus / Divided House,* Hausteile, IBA Berlin, isometrische Ansicht / House parts, IBA Berlin, isometric elevation • 1980 • Bleistift auf Transparentpapier, kaschiert auf Papier / Pencil on tracing paper, laminated on paper • 70 × 49,9 cm (29,6 × 49,9 cm)

G 459-ZK Haus-Rucker-Co (G. Zamp Kelp) • *Geteiltes Haus / Divided House,* Hausteile, IBA Berlin, Isometrisches Teilungsprinzip / House parts, IBA Berlin, isometric division principle • 1980 • Bleistift auf Transparentpapier, kaschiert auf Karton / Pencil on tracing paper, laminated on card • 70,2 × 100,1 cm (48,7 × 44 cm)

G 460-ZK Haus-Rucker-Co (G. Zamp Kelp) • *Geteiltes Haus / Divided House,* Hausteile, IBA Berlin, Isometrisches Teilungsprinzip / House parts, IBA Berlin, isometric division principle • 1980 • Bleistift auf Transparentpapier, kaschiert auf Karton / Pencil on tracing paper, laminated on card • 70,2 × 100,1 cm (54,2 × 48,8 cm)

G 461-ZK Haus-Rucker-Co (G. Zamp Kelp) • *Geteiltes Haus / Divided House,* Hausteile, IBA Berlin, Ansichten / House parts, IBA Berlin, elevations • 1980 • Bleistift und Farbstift auf Transparentpapier, kaschiert auf Karton / Pencil and coloured pencil on tracing paper, laminated on card • 70,2 × 100,1 cm (29,6 × 63,4 cm)

G 462-ZK Haus-Rucker-Co (G. Zamp Kelp) • *Geteiltes Haus / Divided House,* Hausteile, IBA Berlin, Ansichten / House parts, IBA Berlin, elevations • 1980 • Bleistift auf Transparentpapier, kaschiert auf Karton / Pencil on tracing paper, laminated on card • 70,2 × 100,1 cm (29,6 × 57 cm)

G 463-ZK Haus-Rucker-Co (G. Zamp Kelp) • *Geteiltes Haus / Divided House,* Hausteile, IBA Berlin, Ansichten / House parts, IBA Berlin, elevations • 1980 • Bleistift und Farbstift auf Transparentpapier, kaschiert auf Karton / Pencil and coloured pencil on tracing paper, laminated on card • 70,2 × 100,1 cm (28 × 52,2 cm)

G 464-ZK Haus-Rucker-Co (G. Zamp Kelp) • *Geteiltes Haus / Divided House*, Hausteile, IBA Berlin, Viertreppenhaus, Ansicht / House parts, IBA Berlin, fourth staircase, elevation • 1980 • Bleistift und Farbstift auf Transparentpapier, kaschiert auf Karton / Pencil and coloured pencil on tracing paper, laminated on card • 70,2 × 100,2 cm (27,9 × 50,9 cm)

G 465-ZK Haus-Rucker-Co (G. Zamp Kelp) • *Geteiltes Haus / Divided House*, Hausteile, IBA Berlin, Viertreppenhaus, Ansicht / House parts, IBA Berlin, fourth staircase, elevation • 1980 • Bleistift und Farbstift auf Transparentpapier, kaschiert auf Karton / Pencil and coloured pencil on tracing paper, laminated on card • 70,2 × 100,2 cm (29,6 × 37,2 cm)

G 466-ZK Haus-Rucker-Co (G. Zamp Kelp) • *Geteiltes Haus / Divided House*, Hausteile, IBA Berlin, Viertreppenhaus, Ansicht / House parts, IBA Berlin, fourth staircase, elevation • 1980 • Bleistift und Farbstift auf Papier, kaschiert auf Karton / Pencil and coloured pencil on paper, laminated on card • 70,2 × 100,2 cm (29,7 × 21 cm)

G 467-ZK Haus-Rucker-Co (G. Zamp Kelp) • *IBA Block 7, B-Plan, Isometrie I / B-Plan, isometry I* • 1987 • Bleistift auf Papier / Pencil on paper • 100 × 72,9 cm

G 468-ZK Haus-Rucker-Co (G. Zamp Kelp) • *IBA Block 7, B-Plan, Ostansicht und Schnitt AA / B-Plan, east elevation and section AA* • 1987 • Bleistift auf Papier / Pencil on paper • 73 × 100,1 cm

G 469-ZK Haus-Rucker-Co (G. Zamp Kelp) • *IBA Block 7, B-Plan, Westansicht und Schnitt BB / B-Plan, west elevation and section BB* • 1987 • Bleistift auf Papier / Pencil on paper • 73 × 100 cm

G 470-ZK Haus-Rucker-Co (G. Zamp Kelp) • *IBA Block 7, B-Plan, Nord- und Südansichten / B-Plan, north and south elevations* • 1987 • Bleistift auf Papier / Pencil on paper • 73 × 100,1 cm

G 471-ZK Haus-Rucker-Co (G. Zamp Kelp) • *IBA Block 7, B-Plan, Grundriss und Isometrie / B-Plan, floor plan und isometry* • 1987 • Bleistift auf Papier / Pencil on paper • 73 × 100 cm

G 472-ZK Haus-Rucker-Co (G. Zamp Kelp) • *IBA Block 7, Studie Ansichten Schöneberger Straße / Study elevations Schöneberger Straße* • ca. 1983 • Bleistift auf Papier / Pencil on paper • 69,6 × 77 cm

G 473-ZK Haus-Rucker-Co (G. Zamp Kelp) • *IBA Block 7, Studie Frontfassade Schöneberger Straße / Study front façade Schöneberger Straße* • ca. 1983 • Fotokopie (Elektrofotografie), handkoloriert (Farb- und Bleistift), auf Papier / Photocopy (electrophotography), hand-coloured (coloured pencil and pencil), on paper • 62,4 × 67,8 cm

G 474-ZK Haus-Rucker-Co (G. Zamp Kelp) • *IBA Block 7, Fassadenstudie Schöneberger Straße / Façade study Schöneberger Straße* • ca. 1983 • Bleistift auf Transparentpapier, kaschiert auf Karton / Pencil on tracing paper, laminated on card • 50 × 70 cm (24 × 53,5 cm)

G 475-ZK Haus-Rucker-Co (G. Zamp Kelp) • *IBA Block 7, Fassadenstudie Schöneberger Straße / Façade study Schöneberger Straße* • ca. 1983 • Bleistift und Farbstift auf Transparentpapier, kaschiert auf Karton / Pencil and coloured pencil on tracing paper, laminated on card • 50 × 70 cm (19 × 38,5 cm)

G 476-ZK Haus-Rucker-Co (G. Zamp Kelp) • *IBA Block 7, Fassadenstudie Schöneberger Straße / Façade study Schöneberger Straße* • ca. 1983 • Fotokopie (Elektrofotografie), handkoloriert (Farb- und Bleistift und Farbkreide) auf Papier, kaschiert auf Karton / Photocopy (electrophotography), hand-coloured (coloured pencil and pencil and coloured chalk) on paper, laminated on card • 50 × 70 cm (69 × 13,4 cm)

G 477-ZK Haus-Rucker-Co (G. Zamp Kelp) • *IBA Block 7, Studie Front, Hoffassade Schöneberger Straße / Study front courtyard façade Schöneberger Straße* • ca. 1983 • Bleistift auf Transparentpapier, kaschiert auf Papier / Pencil on tracing paper, laminated on paper • 49,7 × 70 cm (26 × 68 cm)

G 478-ZK Haus-Rucker-Co (G. Zamp Kelp) • *IBA Block 7, Studie Front, Hoffassade Schöneberger Straße / Study front courtyard façade Schöneberger Straße* • ca. 1983 • Fotokopie (Elektrofotografie), handkoloriert (Farbstift/-kreide), kaschiert auf Papier / Photocopy (electrophotography), hand-coloured (coloured pencil / chalk), laminated on paper • 49,7 × 70 cm (22 × 55,1 cm)

G 479-ZK Haus-Rucker-Co (G. Zamp Kelp) • *IBA Block 7, 3D Studie Ansicht Schöneberger Straße / 3D study elevation Schöneberger Straße* • ca. 1983 • Fotokopie (Elektrofotografie) aus zwei Teilen, handkoloriert (Farbstift/-kreide), kaschiert auf Karton / Photocopy (electrophotography) in two parts, hand-coloured (coloured pencil / chalk), laminated on card • 50 × 65 cm (25,9 × 60, 6 cm)

G 480-ZK Haus-Rucker-Co (G. Zamp Kelp) • *IBA Block 7, Blick Schöneberger Straße / View Schöneberger Straße* • ca. 1983 • Fotokopie (Elektrofotografie) aus zwei Teilen, handkoloriert (Farbstift), kaschiert auf Karton / Photocopy (electrophotography) in two parts, hand-coloured (coloured pencil), laminated on card • 50 × 65 cm (32,2 × 43,5 cm)

G 481-ZK Haus-Rucker-Co (G. Zamp Kelp) • *Observatorium für gutes und schlechtes Design / Observatory for Good and Bad Design*, Skizze / Sketch • 1982 • Bleistift und Farbstift auf Transparentpapier, kaschiert auf Papier / Pencil and coloured pencil on tracing paper, laminated on paper • 50,2 × 70,4 cm (33 × 66,9 cm)

G 482-ZK Haus-Rucker-Co • *Wohnbauanlage, Oberösterreich / Residential complex, Upper Austria*, Raumstudie / Spatial study • 1982 • Bleistift auf Transparentpapier, kaschiert auf Papier / Pencil on tracing paper, laminated on paper • 50 × 70 cm (44,5 × 53 cm)

G 483-ZK Haus-Rucker-Co (G. Zamp Kelp) • *Theaterplatz*, Isometrie / Isometry • ca. 1979 • Bleistift auf Transparentpapier, kaschiert auf Karton / Pencil on tracing paper, laminated on card • 59,9 × 79,9 cm (47,5 × 60 cm)

G 484-ZK Haus-Rucker-Co (G. Zamp Kelp) • *Theaterplatz*, Grundriss / Floor plan • 1979 • Tusche und Bleistift auf Transparentpapier, kaschiert auf Karton / Ink and pencil on tracing paper, laminated on card • 39,7 × 70 cm (29,6 × 60,9 cm)

G 485-ZK Haus-Rucker-Co (G. Zamp Kelp) • *Palmenhaus, Schlagenbaderstrasse / Palm House, Schlagenbaderstrasse*, Vorentwurfsstudie / Preliminary design study • 1978 • Bleistift auf Transparentpapier, kaschiert auf Papier / Pencil on tracing paper, laminated on paper • 100 × 70 cm (41,6 × 59,3 cm)

G 486-ZK Haus-Rucker-Co (G. Zamp Kelp) • *Palmenhaus, Schlagenbaderstrasse / Palm House, Schlagenbaderstrasse*, Vorentwurfsstudie / Preliminary design study • 1978 • Bleistift auf Transparentpapier, kaschiert auf Papier / Pencil on tracing paper, laminated on paper • 100 × 70 cm (42,4 × 59,9 cm)

G 487-ZK Haus-Rucker-Co (G. Zamp Kelp) • *Palmenhaus, Schlagenbaderstrasse / Palm House, Schlagenbaderstrasse*, Vorentwurfsstudie / Preliminary design study • 1978 • Fotokopie (Elektrofotografie), handkoloriert (Farbstift), auf Papier, kaschiert auf Karton / Photocopy (electrophotography), hand-coloured (coloured pencil), on paper, laminated on card • 48,5 × 63,3 cm (25,3 × 51,2 cm)

G 488-ZK Haus-Rucker-Co (G. Zamp Kelp) • *Palmenhaus, Schlagenbaderstrasse / Palm House*, Schnitte Vorentwurfsstudie / Sections Preliminary design study • 1978 • Lichtpause (Diazotypie), überzeichnet/-malt/-schrieben (Faserstift und Bleistift), auf Papier, kaschiert auf Karton / Blueprint (diazotype), overdrawn/painted/written (felt-tip pen and pencil), on paper, laminated on card • 48,5 × 63,4 cm (27,3 × 54,4 cm)

G 489-ZK Haus-Rucker-Co (L. Ortner, G. Zamp Kelp, M. Ortner) • *Turm am Kantdreieck, Berlin Charlottenburg / Tower at the Kantdreieck, Berlin Charlottenburg*, WB • 1985/86 • Lichtpause (Diazotypie), handkoloriert (Farbkreide), auf Papier, kaschiert auf Karton / Blueprint (diazotype), hand-coloured (coloured chalk), on paper, laminated on card • 99,7 × 69,9 cm (89,5 × 69,4 cm)

G 490-ZK Haus-Rucker-Co (G. Zamp Kelp, L. Ortner, M. Ortner) mit / with J. Krauss • *ZKM Karlsruhe*, Wettbewerb, Rückansicht / Competition, back elevation • 1989 • Tusche auf Transparentpapier und Klebebänder mit Beschriftung, kaschiert auf Papier / Ink on tracing paper and adhesive tape with annotation, laminated on paper • 70 × 100,1 cm (25,3 × 75 cm)

G 491-ZK Haus-Rucker-Co (G. Zamp Kelp, L. Ortner, M. Ortner) mit / with J. Krauss • *ZKM Karlsruhe*, Wettbewerb, Lageplan / Competition, site plan • 1989 • Tusche auf Transparentpapier und Klebebänder mit Beschriftung, kaschiert auf Papier / Ink on tracing paper and adhesive tape with annotation, laminated on paper • 70 × 100,1 cm (31,7 × 91,4 cm)

G 492-ZK Haus-Rucker-Co (G. Zamp Kelp, L. Ortner, M. Ortner) mit / with J. Krauss • *ZKM Karlsruhe*, Wettbewerb, Frontansicht / Competition, front elevation • 1989 • Mischtechnik (Tusche, Klebebänder mit Beschriftung auf Transparentpapier und Fotokopie) kaschiert auf Papier / Mixed media (ink, adhesive tape with annotation on tracing paper and Photocopy) laminated on paper • 70 × 100,2 cm (31,1 × 75,3 cm)

G 493-ZK Haus-Rucker-Co (G. Zamp Kelp, L. Ortner, M. Ortner) mit / with J. Krauss • *ZKM Karlsruhe*, Wettbewerb, Passage Hauptbahnhof / Competition, station passage • 1989 • Tusche auf Transparentpapier und Klebebänder mit Beschriftung, kaschiert auf Papier / Ink on tracing paper and adhesive tape with annotation, laminated on paper • 70 × 100,2 cm (27,4 × 79,6 cm)

G 494-ZK Haus-Rucker-Co (G. Zamp Kelp, L. Ortner, M. Ortner) mit / with J. Krauss • *ZKM Karlsruhe*, Wettbewerb, Seitenansicht / Competition, side elevation • 1989 • Tusche auf Transparentpapier und Klebebänder mit Beschriftung, kaschiert auf Papier / Ink on tracing paper and adhesive tape with annotation, laminated on paper • 70 × 100,1 cm (32,1 × 75 cm)

G 495-ZK Haus-Rucker-Co (G. Zamp Kelp, L. Ortner, M. Ortner) mit / with J. Krauss • *ZKM Karlsruhe*, Wettbewerb, variable Bühne / Competition, variable stage • 1989 • Tusche auf Transparentpapier und Klebebänder mit Beschriftung, kaschiert auf Papier / Ink on tracing paper and adhesive tape with annotation, laminated on paper • 70 × 100,1 cm (24 × 20,9 cm)

G 496-ZK Haus-Rucker-Co (G. Zamp Kelp, L. Ortner, M. Ortner) mit / with J. Krauss • *ZKM Karlsruhe*, Wettbewerb, variable Bühne / Competition, variable stage • 1989 • Tusche auf Transparentpapier und Klebebänder mit Beschriftung, kaschiert auf Papier / Ink on tracing paper and adhesive tape with annotation, laminated on paper • 70 × 100,1 cm (23,7 × 20,8 cm)

G 497-ZK Haus-Rucker-Co (G. Zamp Kelp, L. Ortner, M. Ortner) mit / with J. Krauss • *ZKM Karlsruhe*, Wettbewerb, Schnitt / Competition, section • 1989 • Tusche auf Transparentpapier und Klebebänder mit Beschriftung, kaschiert auf Papier / Ink on tracing paper and adhesive tape with annotation, laminated on paper • 70 × 100,1 cm (23,9 × 50,9 cm)

G 498-ZK Haus-Rucker-Co (G. Zamp Kelp, L. Ortner, M. Ortner) mit / with J. Krauss • *ZKM Karlsruhe*, Wettbewerb, Querschnitt / Competition, cross section • 1989 • Tusche auf Transparentpapier und Klebebänder mit Beschriftung, kaschiert auf Papier / Ink on tracing paper and adhesive tape with annotation, laminated on paper • 70 × 100 cm (30,2 × 85,6 cm)

G 499-ZK Haus-Rucker-Co (G. Zamp Kelp, L. Ortner, M. Ortner) mit / with J. Krauss • *ZKM Karlsruhe*, Wettbewerb, Längsschnitt / Competition, longitudinal section • 1989 • Tusche auf Transparentpapier und Klebebänder mit Beschriftung, kaschiert auf Papier / Ink on tracing paper and adhesive tape with annotation, laminated on paper • 70 × 100 cm (26,2 × 80,4 cm)

G 500-ZK Haus-Rucker-Co (L. Ortner, G. Zamp Kelp, M. Ortner) • *Verlagshaus mit Scheibe, DuMont, Köln / Publishing House with Glazing, DuMont, Cologne*, Blick 1 Neven-DuMont-Straße / View 1 Neven-DuMont-Straße • 1977 • Lichtpause (Diazotypie), handkoloriert (Blei- und Farbstift), auf Papier, kaschiert auf Karton / Blueprint (diazotype), hand-coloured (pencil and coloured pencil), on paper, laminated on card • 60 × 79,9 cm (34,8 × 64,4 cm)

G 501-ZK Haus-Rucker-Co (L. Ortner, G. Zamp Kelp, M. Ortner) • *Verlagshaus mit Scheibe, DuMont, Köln / Publishing House with Glazing, DuMont, Cologne*, Blick 2 Neven-DuMont-Straße / View 2 Neven-DuMont-Straße • 1977 • Lichtpause (Diazotypie), handkoloriert (Blei- und Farbstift), auf Papier, kaschiert auf Karton / Blueprint (diazotype), hand-coloured (pencil and coloured pencil), on paper, laminated on card • 60 × 79,9 cm (42 × 54,7 cm)

G 502-ZK Haus-Rucker-Co (L. Ortner, G. Zamp Kelp, M. Ortner) • *Verlagshaus mit Scheibe, DuMont, Köln / Publishing House with Glazing, DuMont, Cologne*, Isometrie / Isometry • 1977 • Tusche und Bleistift auf Transparentpapier, kaschiert auf Karton / Ink and pencil on tracing paper, laminated on card • 60 × 80 cm (39,9 × 50,1 cm)

G 503-ZK Haus-Rucker-Co (L. Ortner, G. Zamp Kelp, M. Ortner) • *Verlagshaus mit Scheibe, DuMont, Köln / Publishing House with Glazing, DuMont, Cologne*, Innenperspektive / Interior perspective • 1977 • Tusche auf Transparentpapier, kaschiert auf Karton / Ink on tracing paper, laminated on card • 60 × 80 cm (46,5 × 43 cm)

G 504-ZK Haus-Rucker-Co (L. Ortner, G. Zamp Kelp, M. Ortner) • *Verlagshaus mit Scheibe, DuMont, Köln / Publishing House with Glazing, DuMont, Cologne*, Blick 1 Breite Straße / View 1 Breite Straße • 1977 • Lichtpause (Diazotypie), handkoloriert (Blei- und Farbstift), auf Papier, kaschiert auf Karton / Blueprint (diazotype), hand-coloured (pencil and coloured pencil), on paper, laminated on card • 60 × 79,9 cm (41 × 70,3 cm)

G 505-ZK Haus-Rucker-Co (L. Ortner, G. Zamp Kelp, M. Ortner) • *Verlagshaus mit Scheibe, DuMont, Köln / Publishing House with Glazing, DuMont, Cologne*, Blick 2 Breite Straße / View 2 Breite Straße • 1977 • Lichtpause (Diazotypie), handkoloriert (Blei- und Farbstift), auf Papier, kaschiert auf Karton / Blueprint (diazotype), hand-coloured (pencil and coloured pencil), on paper, laminated on card • 59,9 × 79,9 cm (38,7 × 67,1 cm)

G 506-ZK Haus-Rucker-Co (L. Ortner, G. Zamp Kelp, M. Ortner) • *Verlagshaus mit Scheibe, DuMont, Köln / Publishing House with Glazing, DuMont, Cologne*, Ansicht Neven-DuMont-Str. / Elevation Neven-DuMont-Straße • 1977 • Lichtpause (Diazotypie), handkoloriert (Blei- und Farbstift), auf Papier, kaschiert auf Karton / Blueprint (diazotype), hand-coloured (pencil and coloured pencil), on paper, laminated on card • 60 × 79,9 cm (36,9 × 63,1 cm)

G 507-ZK Haus-Rucker-Co (L. Ortner, G. Zamp Kelp, M. Ortner) • *Verlagshaus mit Scheibe, DuMont, Köln / Publishing House with Glazing, DuMont, Cologne*, Schnitt • 1977 • Tusche und Bleistift auf Transparentpapier, koloriert, kaschiert auf Papier / Ink and pencil on tracing paper, coloured, laminated on paper • 60 × 80 cm (29,7 × 55,5 cm)

G 508-ZK Haus-Rucker-Co (L. Ortner, G. Zamp Kelp, M. Ortner) • *Verlagshaus mit Scheibe, DuMont, Köln / Publishing House with Glazing, DuMont, Cologne*, Grundriss • 1977 • Tusche und Bleistift auf Transparentpapier, kaschiert auf Papier / Ink and pencil on tracing paper, laminated on paper • 60 × 80 cm (54,5 × 41,6 cm)

G 509-ZK Haus-Rucker-Co (G. Zamp Kelp) • *Mekka Medial*, Ausstellung Paris, Lageplan / Paris exhibition, site plan • 1989 • Lageplan (mehrere Teile), überzeichnet (Blei- und Farbstift), auf Papier / Site plan (several parts), overdrawn (pencil and coloured pencil), on paper • 104 × 203,7 cm

G 510-ZK Haus-Rucker-Co (G. Zamp Kelp) • *Mekka Medial*, Ausstellung Paris, King Bee / Paris exhibition, King Bee • 1989 • Bleistift und Farbstift auf Karton / Pencil and coloured pencil on card • 203,7 × 104 cm

G 511-ZK Haus-Rucker-Co (G. Zamp Kelp) • *Mekka Medial*, Gare d'Austerlitz Schnitt durch Kaaba Mobile 1989, Ausstellung Paris, Schnitt / Gare d'Austerlitz section through Kaaba Mobile 1989, Paris exhibition, section • 1989 • Bleistift auf Karton / Pencil on card • 103,9 × 104,8 cm

G 512-ZK Haus-Rucker-Co (G. Zamp Kelp) • *Mekka Medial*, Ausstellung Paris, überzeichnete Kopie / Paris exhibition, overdrawn copy • 1989 • Lageplan, überzeichnet (Blei- und Farbstift), auf Papier / Site plan, overdrawn (pencil and coloured pencil), on paper • 63,2 × 99,9 cm

G 513-ZK Haus-Rucker-Co (G. Zamp Kelp) • *Mekka Medial*, Ausstellung Paris, Skizzengruppe / Paris exhibition, sketch group • 1989 • Tusche und Bleistift auf Papier (Fotokopie), kaschiert auf Karton / Ink and pencil on paper (Photocopy), laminated on card • 70 × 100 cm (29,6 × 21 cm)

G 514-ZK Haus-Rucker-Co (G. Zamp Kelp) • *Mekka Medial*, Ausstellung Paris, Skizzengruppe / Paris exhibition, sketch group • 1989 • Tusche und Tinte auf Papier, kaschiert auf Karton / Ink and pencil on paper (Photocopy), laminated on card • 70 × 100 cm (29,7 × 42 cm)

G 515-ZK Haus-Rucker-Co (G. Zamp Kelp) • *Mekka Medial*, Ausstellung Paris, Skizzengruppe / Paris exhibition, sketch group • 1989 • Tusche auf Papier, kaschiert auf Karton / Ink on paper, laminated on card • 70 × 100 cm (29,7 × 21 cm)

G 516-ZK Haus-Rucker-Co (G. Zamp Kelp) • *Mekka Medial*, Ausstellung Paris, Skizzengruppe / Paris exhibition, sketch group • 1989 • Tusche auf Papier, kaschiert auf Karton / Ink on paper, laminated on card • 70 × 100 cm (29,6 × 42 cm)

G 517-ZK Haus-Rucker-Co (G. Zamp Kelp) • *Mekka Medial*, Ausstellung Paris, Skizzengruppe / Paris exhibition, sketch group • 1989 • Tusche auf Papier, kaschiert auf Karton / Ink on paper, laminated on card • 70 × 100 cm (29,6 × 21 cm)

G 518-ZK Haus-Rucker-Co (G. Zamp Kelp) • *Mekka Medial*, Ausstellung Paris, Skizzengruppe / Paris exhibition, sketch group • 1989 • Tusche auf Papier, kaschiert auf Karton / Ink on paper, laminated on card • 70 × 100 cm (29,6 × 21 cm)

G 519-ZK Haus-Rucker-Co (G. Zamp Kelp) • *Mekka Medial*, Ausstellung Paris, Skizzengruppe / Paris exhibition, sketch group • 1989 • Tusche auf Papier, kaschiert auf Karton / Ink on paper, laminated on card • 70 × 100 cm (21 × 29,6 cm)

G 520-ZK Haus-Rucker-Co (G. Zamp Kelp) • *Mekka Medial*, Ausstellung Paris, Skizzengruppe / Paris exhibition, sketch group • 1989 • Tusche auf Papier, kaschiert auf Karton / Ink on paper, laminated on card • 70 × 100 cm (29,6 × 21 cm)

G 521-ZK Haus-Rucker-Co (G. Zamp Kelp) • *Mekka Medial*, Ausstellung Paris, Skizzengruppe / Paris exhibition, sketch group • 1989 • Tusche auf Papier, kaschiert auf Karton / Ink on paper, laminated on card • 70 × 100 cm (21 × 29,6 cm)

G 522-ZK Haus-Rucker-Co (G. Zamp Kelp) • *Mekka Medial*, Ausstellung Paris, Skizzengruppe / Paris exhibition, sketch group • 1989 • Tusche auf Papier, kaschiert auf Karton / Ink on paper, laminated on card • 70 × 100 cm (21 × 29,6 cm)

G 523-ZK Haus-Rucker-Co (G. Zamp Kelp) • *Mekka Medial*, Ausstellung Paris, Entwurfsstudien / Paris exhibition, design studies • 1989 • Bleistift und Tusche auf Transparentpapier (mehrere Teile), kaschiert (stark überlappend) auf Karton / Pencil and ink on tracing paper (several parts), laminated (heavily overlapping) on card • 69,9 × 100 cm

G 524-ZK Haus-Rucker-Co (G. Zamp Kelp) • *Mekka Medial*, Ausstellung Paris, Entwurfsstudien / Paris exhibition, design studies • 1989 • Bleistift auf Transparentpapier (zwei Teile), kaschiert (stark überlappend) auf Karton / Pencil on tracing paper (two parts), laminated (heavily overlapping) on card • 69,9 × 100 cm

G 525-ZK Haus-Rucker-Co (G. Zamp Kelp) • *Mekka Medial*, Ausstellung Paris, Entwurfsstudien / Paris exhibition, design studies • 1989 • Bleistift auf Transparentpapier (zwei Teile), kaschiert (stark überlappend) auf Karton / Pencil on tracing paper (two parts), laminated (heavily overlapping) on card • 69,9 × 100 cm

G 526-ZK Haus-Rucker-Co (G. Zamp Kelp) • *Wertheim Fassadengalerie, Berlin, Kurfürstendamm* • 1981 • Tusche und Farbstift auf Transparentpapier, kaschiert auf Karton / Ink and coloured pencil on tracing paper, laminated on card • 70 × 49,9 cm (29,6 × 49,9 cm)

G 527-ZK Haus-Rucker-Co (G. Zamp Kelp) • *Wertheim Fassadengalerie, Berlin, Kurfürstendamm* • 1981 • Fotokopie (Elektrofotografie), überzeichnet (Bleistift), auf Papier, kaschiert auf Karton / Photocopy (electrophotography) overdrawn (pencil) on paper, laminated on card • 70 × 49,9 cm (21,5 × 36,3 cm)

G 528-ZK Haus-Rucker-Co (G. Zamp Kelp) • *Wertheim Fassadengalerie, Berlin*, Blick Kurfürstendamm / View Kurfürstendamm • 1981 • Bleistift auf Transparentpapier, kaschiert auf Papier / Pencil on tracing paper, laminated on paper • 70 × 50,2 cm (27,8 × 42,5 cm)

G 529-ZK Haus-Rucker-Co (G. Zamp Kelp) • *Wertheim Fassadengalerie, Berlin*, Blick Kurfürstendamm / View Kurfürstendamm • 1981 • Bleistift auf Transparentpapier, kaschiert auf Papier / Pencil on tracing paper, laminated on paper • 70 × 50,2 cm (29,6 × 50,2 cm)

G 530-ZK Haus-Rucker-Co (L. Ortner, G. Zamp Kelp, K. Pinter) • *Giant Billard*, Farbstudien / Colour studies • vier Ausdrucke, handkoloriert, geheftet / Four prints, hand-coloured, attached • je 29,5 × 42 cm

G 531-ZK Haus-Rucker-Co (G. Zamp Kelp) • *Weg nach Lillyput / Way to Lillyput* • 1975 • Collage, Mischtechnik, kaschiert auf Karton (Graphit, Farbstifte, Offset, Messingschild) / Collage, mixed media, laminated on card (graphite, coloured pencils, offset, brass plate) • 41 × 60,8 cm

G 532-ZK Haus-Rucker-Co (G. Zamp Kelp) • *Wertheim Fassadengalerie, Berlin, Kurfürstendamm* • 1981 • Fotokopie (Elektrofotografie), überzeichnet (Bleistift und blauer Farbstift), auf Papier / Photocopy (electrophotography) overdrawn (pencil and blue coloured pencil) on paper • 21 × 36,4 cm

G 533-ZK Haus-Rucker-Co (L. Ortner, G. Zamp Kelp, K. Pinter) • *Ballon für 2 / Balloon for 2* • 1967 • Digitalfilm / Digital film • 41 Sek.

G 534-ZK Haus-Rucker-Co (L. Ortner, G. Zamp Kelp, K. Pinter) • *Gelbes Herz / Yellow Heart* • 1968 • 16 mm Film, SD Video • 4:46 Min.

G 535-ZK Haus-Rucker-Co (L. Ortner, G. Zamp Kelp, K. Pinter) • *COVER. Überleben in verschmutzter Umwelt / COVER. Survival in a Polluted Environment* • 1971 • Super 8 Film, SD Video • 1:28 Min.

Diese Publikation erscheint anlässlich der Ausstellung

This catalogue is published on the occasion of the exhibition

Haus-Rucker-Co
Atemzonen
Breathing Zones

6.10.2023 – 25.2.2024

Lentos Kunstmuseum Linz
Ernst-Koref-Promenade 1
A-4020 Linz
www.lentos.at

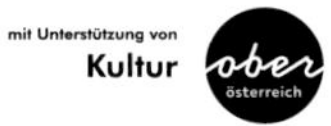

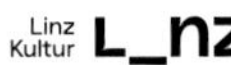

Ausstellung / Exhibition

Künstlerische Direktorin / Artistic Director:
Hemma Schmutz

Kaufmännischer Direktor / Financial Director: Gernot Barounig

Kurator·innen / Curators: Hemma Schmutz, Günter Zamp Kelp

Kuratorische Assistenz / Curatorial Assistant: Sarah Jonas

Ausstellungsarchitektur / Exhibition Design: Günter Zamp Kelp

Registratur und Bildrechte / Registration and Image Rights: Laura Winkler, Sarah Jonas

Kunstvermittlung / Art Education:
Karin Schneider und / and Team

Produktionsleitung / Head of Production: Magnus Hofmüller

Restaurierung / Restoration:
Andreas Strohhammer

Marketing: Doris Günther

Presse und Kommunikation / Press and PR: Clarissa Ujvari

Verlagskontakt und Shop / Publisher Liaison and Shop: Julia Furtner

Katalog / Catalogue

Herausgegeben von / Edited by:
Hemma Schmutz

Autor·innen / Authors: Hemma Schmutz, Günter Zamp Kelp, Ludwig Engel, Verena Konrad, Karin Wilhelm, Sarah Jonas

Redaktion / Editorial Department:
Sarah Jonas

Deutsches Lektorat / German Copy-Editing: Thomas Taborsky

Englisches Lektorat und Übersetzung / English Copy-Editing and Translation:
Kate Howlett-Jones

Gestaltung / Design:
Katarina Schildgen & Paul Gasser

Fotos / Photographs: S. / p. 24 (*Mind-Expander 1*): Josef Tandler
alle anderen / all others: Reinhard Haider

Druck und Produktion / Print and Production: Gerin Druck GmbH

Auflage / Print Run: 850 Stück / copies

Verlag der Buchhandlung
Walther und Franz König
Ehrenstraße 4
D-50672 Köln

Vertrieb / Distribution

Germany, Austria, Switzerland / Europe
Buchhandlung Walther König
Ehrenstr. 4
D-50672 Köln
+49 (0) 221 / 20 59 6 53
verlag@buchhandlung-walther-koenig.de

UK & Ireland
Cornerhouse Publications Ltd. – HOME
2 Tony Wilson Place
Manchester M15 4FN, UK
+44 (0) 161 212 3466
publications@cornerhouse.org

Outside Europe
D.A.P. / Distributed Art Publishers, Inc.
75 Broad Street, Suite 630
New York, NY 10004, USA
+1 (0) 212 627 1999
orders@dapinc.com

ISBN 978-3-7533-0441-0

Die Deutsche Nationalbibliothek verzeichnet diese Publikation in der Deutschen National-bibliografie; detaillierte bibliografische Daten sind im Internet über http://dnb.d-nb.de abrufbar.

The Deutsche Nationalbibliothek lists this publication in the Deutsche Nationalbibliografie; detailed bibliographic data is available on the internet at http://dnb.d-nb.de.

Umschlag / Cover

Haus-Rucker-Co (G. Zamp Kelp),
Pneumacosm, PC-Triptychon 1, 1967

Haus-Rucker-Co (G. Zamp Kelp),
Giant Gamut, Tonleiter / Gamut, Walk into the Cloud, 1971

Cover Innenseiten / Insides

Haus-Rucker-Co (G. Zamp Kelp, K. Pinter), *HRC-Studio, 491 Broadway*, 1971
(Detail / detail)

Haus-Rucker-Co (G. Zamp Kelp),
Four Seasons Hotel, Times Square, 1971
(Detail / detail)

Frontispiz / Frontispiece

Haus-Rucker-Co (M. Ortner),
Mind-Expanding-Program, Flyhead, 1972
(Detail / detail)

Rechte / Rights

Inv.-Nr. 330, 331, 1550, 1555, G 2284, G 2285, G 2287, G 8121, G 8229a-e, G 8332, G 8333, G 8406, G 8407, G 8697a-b: Haus-Rucker-Co

Inv.-Nr. G 8346, G 8347, G 2286, G 2288: Klaus Pinter, Bildrecht Wien, 2023

Inv.-Nr. G 8399-03: Peter Baum

Alle anderen / All others: Archiv Günter Zamp Kelp, Lentos Kunstmuseum Linz

Die Quellen aller Abbildungen wurden sorg-fältig recherchiert. Sollte uns ein Nachweis entgangen sein, bitten wir Sie, mit dem Lentos Kunstmuseum Linz Kontakt aufzu-nehmen.

The sources of all illustrations have been carefully researched. Should we have missed any credits, please contact the Lentos Kunst-museum Linz.